Elżbieta Kaczyńska

Das größte Gefängnis der Welt

der Welt

Sibirien als Strafkolonie zur Zarenzeit

Campus Verlag
Frankfurt/New York

Aus dem Polnischen von Jürgen Hensel und Ryszard Turczyn
(Einleitung, Kapitel 1-5, 8, 9; Eligiusz Janus), Andreas Warnecke und
Monika Wrzosek-Müller (Kapitel 6, 7, 10-12, Epilog)

Redaktion: Margret Klösges

Die Deutsche Bibliothek – CIP-Einheitsaufnahme

Kaczyńska, Elżbieta:
Das größte Gefängnis der Welt: Sibirien als Strafkolonie
zur Zarenzeit / Elżbieta Kaczyńska. Aus dem Poln. von
Jürgen Hensel ... – Frankfurt/Main; New York:
Campus Verlag, 1994
  ISBN 3-593-35192-7

Umschlaggestaltung: Atelier Warminski, Büdingen
Satz: Siegfried Lottes, Freiburg
Druck und Bindung: Druck Partner Rübelmann, Hemsbach
Gedruckt auf säurefreiem und chlorfrei gebleichtem Papier.
Printed in Germany

Inhalt

Statt einer Einleitung

Diese Geschichte Sibiriens als gigantische Strafkolonie war in ihrer ersten Fassung für den polnischen Leser bestimmt, denn er hat nur beschränkten Zugang zu einer Reihe von Veröffentlichungen: Im letzten Krieg wurden Bibliotheken vernichtet; Bücher, die vor dem Ersten Weltkrieg erschienen sind, gibt es oft nur noch in vereinzelten und dazu schwer zugänglichen Exemplaren, aus Geldmangel können nur wenige im Westen erschienene Bücher von den Bibliotheken erworben werden, und für Privatpersonen sind sie sowieso unerschwinglich. In diesem Buch sollten also Nachrichten über Sibirien als Strafkolonie gesammelt und einem breiteren Leserkreis zugänglich gemacht werden.

Dieses Buch ist keine historische Monographie des Landes, sondern der Strafkolonie Sibirien, als Teil eines umfassenden Repressionssystems. Es ist denen gewidmet, die unter ihm gelitten haben, sei es wegen ihrer politischen Tätigkeit oder wegen eines gewöhnlichen Verbrechens.

Der bisherige polnische und russische Forschungsstand läßt sehr viele Aussagen über die politischen Gefangenen, Zwangsarbeiter und Deportierten zu, so gut wie keine aber über die gewöhnlichen Kriminellen, die die Hauptmasse der Strafverfolgten und auch der Deportierten ausmachten. Die wenigen polnischen Veröffentlichungen aus der Nachkriegszeit erwähnen diese Gruppe fast gar nicht, und die sowjetischen Historiker übersehen sie völlig, obwohl die politischen Gefangenen und Deportierten, über die sie schreiben, doch unter Strafverbrechern lebten. Die letzten Arbeiten über Deportation und Zwangsarbeit im weiteren Sinne stammen noch aus dem 19. Jh. (Maksimow 1899-1900, Salomon 1900).

Verdienen diese Straftäter also nicht die Aufmerksamkeit der Historiker? Viele der polnischen und sowjetischen Fachkollegen sehen keinen Sinn darin, sich mit sozialen Randgruppen zu befassen, so daß Forschungen über die Ge-

schichte der Kriminalität oder allgemeiner der Sozialpathologie in diesen
Ländern fast überhaupt nicht durchgeführt werden.[1]

Die Geschichte der Strafinstitutionen und des Repressionssystems wird
einseitig unter dem Gesichtspunkt der Revolutionsbewegung dargestellt. Indes ist eine moderne Sozialgeschichte ohne eine Berücksichtigung der gewöhnlichen Kriminalität und ihrer Gründe und Folgen nur schwer denkbar.
Gefangene, Zwangsarbeiter und Deportierte bildeten eine besondere Gesellschaftsgruppe, und die Interaktion zwischen ihnen und den übrigen Bevölkerungsgruppen hatte wichtige Folgen für Mentalität und Kultur. Das Verhältnis der Bevölkerung zu den Rechtsnormen, zu Strafen und Bestraften gehört
mit zum Verhältnis zwischen Staatsmacht und Gesellschaft, und die Geschichte der Strafjustiz ist ein Bestandteil der Geschichte der Methoden und
Mittel zur Machtausübung. Im Zarenreich war Sibirien das wichtigste Glied
des Unterdrückungssystems.

Die polnischen Fragen in diesem Buch nehmen relativ viel Platz ein. Die
Polen stellten die größte Gruppe der aus politischen Gründen Unterdrückten,
und nach dem fehlgeschlagenen Januaraufstand (1863/64) kann man sogar
von einer Massendeportation sprechen. Geht man von der Gesamtzahl der
Deportierten und Zwangsarbeiter aus, dann waren die Polen nicht in der
Mehrheit, nimmt man aber den Prozentsatz der Deportierten unter den einzelnen Völkern des Russischen Reichs, dann stehen sie eindeutig an erster
Stelle. Aber es geht um mehr als um Statistik: Sibirien spielte in der Geschichte Polens eine ebenso prägende Rolle wie die zwangsweise angesiedelten Polen in der Geschichte Sibiriens. Das wird übereinstimmend in allen älteren Berichten und auch in den heutigen Arbeiten sowjetischer Historiker
betont. Bis heute ist in Sibirien die Erinnerung an den Beitrag der Polen zur
Erkundung, Beschreibung und wirtschaftlichen Erschließung des Landes lebendig.

Entgegen allem Anschein sind die Möglichkeiten, in Polen die Geschichte
des russischen Repressionssystems und in dieser Hinsicht namentlich die Geschichte Sibiriens zu erforschen, sehr günstig. Zwar ist das wichtigste russische Archivmaterial für Polen praktisch unzugänglich[2], doch die polnischen

---

1 Forschungsberichte aus verschiedenen Ländern erscheinen regelmäßig in den »IAHCCJ
   Newsletters«, dem vom Maison des Sciences de l'Homme in Paris herausgegebenen
   Bulletin der International Association for History of Crime and Criminal Justice. Gelegentlich werden dort auch polnische, nie aber sowjetische Arbeiten zitiert. Soweit ich
   sehe, wurden in der UdSSR derartige Untersuchungen überhaupt nicht unternommen.
2 Die langjährigen Bemühungen der Autorin, im Irkutsker und Moskauer Archiv forschen
   zu können, blieben erfolglos. Die letzte Ablehnung erhielt sie bereits zur Zeit von Pere-
   stroika und Glasnost. Die Verfasserin konnte lediglich das ihr im Leningrader Archiv
   vom Personal zur Verfügung gestellte Material verwenden, da ihr keine Einsicht in die
   Findbücher gestattet wurde.

Archive enthalten den Schriftverkehr zwischen Lokal- und Zentralbehörden und die Privatkorrespondenz einiger Deportierter. Vor allem aber befinden sich in den Bibliotheken zahllose Erinnerungen, Tagebücher und Berichte als Druck oder in Manuskriptform. Glücklicherweise blieb auch der Bestand der Warschauer Universitätsbibliothek erhalten. Die Universität war bis zum Ersten Weltkrieg eine russische Universität und die Bibliothek eine zaristische Bibliothek. Dort befinden sich die Berichte des russischen Justizministeriums und seine Strafstatistiken, alte russische und polnische Zeitschriften, darunter Fachzeitschriften und sibirische Regionalzeitschriften, zahlreiche Veröffentlichungen aus dem 19. und 20. Jh., beispielsweise 60 Bände von »Katorga i Ssylka« [Zwangsarbeit und Deportation] oder die polnische Zeitschrift »Niepodległość« [Unabhängigkeit] mit Berichten, Dokumenten und Erinnerungen. Die berühmten Arbeiten von Alexander Salomon, Nikolaj Jadrinzew und Maksimow, der viele Angaben den Erinnerungen des Polen Agaton Giller entnahm, die juristischen Abhandlungen von Nikolaj Taganzew, Nikolaj Gernet und andere sind in Polen vorhanden und bilden an sich bereits eine ausreichende Basis für eine neue Gesamtsicht der Geschichte Sibiriens. Die vorrevolutionären russischen Zeitschriften und Drucke, die vor den Lesern in der Sowjetunion sorgsam gehütet wurden, waren in Polen stets zugänglich. Aus all diesen Gründen war es wohl leichter, dieses Buch in Polen zu schreiben als in der Sowjetunion.

Bei Benutzung der Archive in Irkutsk und Omsk könnten die Forschungen sicherlich noch vertieft und einige bislang ungeklärte Fragen beantwortet werden. Jedoch auch ohne diese Quellen gibt es mehr Material, das einem breiteren Leserkreis unbekannt ist oder vergessen wurde, als sich in einem Band darstellen ließe. Man sollte in diesem Buch daher einen Versuch sehen, das Wissen zusammenzufassen, das im Prinzip aufgrund bereits veröffentlichten Materials erlangt werden kann. Allerdings werden diese Kenntnisse hier in die soziale und politische Struktur eingebunden, denn es scheint mir an der Zeit, von der bloßen Untersuchung von Verordnungen, Grundsätzen und nie erfolgten Reformprojekten und einer *histoire événementielle* zur Forschung über Deportierte, Zwangsarbeiter und Gefangene als besondere Gesellschaftsgruppen überzugehen.[3] Wir wissen bereits viel über die Leidensgeschichte der Revolutionäre, über Urteile und Exekutionen, aber wir wissen wenig über das Los der nach Zehntausenden zählenden Landstreicher, Diebe oder irrtümlichen Opfer der schwerfälligen russischen Verwaltungsmaschinerie zur

---

3 Ermunterung und finanzielle Hilfe zur Durchführung dieser Untersuchungen erhielt ich vom Institut für Soziale Prophylaktik und Resozialisation (IPSiR) der Warschauer Universität. Dieses Buch entstand im Rahmen des Forschungsplans dieses Instituts in den Jahren 1986-1987. Später erschien: *Zesłanie i Katorga na Syberii w dziejach Polaków 1815-1914* (Deportationen und Katorga in Sibirien in der Geschichte der Polen), Warschau: PWN 1992.

Zarenzeit, über das Verhältnis von freier Welt und Gefängniswelt, über den Einfluß, den Sibirien auf die »soziale Psyche« ausübte und weiterhin ausübt. Das Wort »Sibirien«, das von einer Legende umwoben ist, hat schließlich sowohl in Polen als auch in Rußland den Rang eines Symbols.

15.11.1993   E. Kaczyńska

Kapitel 1

Deportation und Zwangsarbeit bis zur Mitte des 19. Jahrhunderts

Als der Journalist und Rußlandkenner George Kennan und der Zeichner George A. Frost sich 1884 vom New Yorker Century Magazine für eine Expedition in den asiatischen Teil des Russischen Reichs verpflichten ließen, ahnten sie noch nichts von den Schwierigkeiten, die ihnen bevorstanden. In Rußland riefen sie mit ihrer Erklärung, sie reisten auf eigenen Wunsch, nur Mißtrauen und Argwohn hervor. »Nach Sibirien fährt man nicht zu seinem Vergnügen«, hielt ihnen ein Polizeibeamter bei einem Verhör entgegen (Kennan 1907: I, 26 ff.).

Alexander Salomon, Direktor der russischen Gefängnisverwaltung von 1896 bis 1900, nannte Sibirien »ein riesiges Gefängnis ohne Dach« (1900: 17 f.), eine oft variierte Formulierung, die noch bis in die jüngste Gegenwart gebräuchlich war. Dieser traurige Ruhm begann mit der Eroberung des Landes durch die Russen und hielt sich durch Jahrhunderte, weil Deportation, Katorga (Zwangsarbeit; zum Begriff »Katorga« s. Kap. 5) und schließlich auch GULAG ihm ihren schweren Stempel aufdrückten. Dabei war Sibirien, wie Jurij Semjonow den Historiker Jadrinzew zustimmend zitiert, »ein reiches und schönes Land« (Semjonow 1937: 129).

Tatsächlich war im 19. Jh. der Anteil der Deportierten und Katorgasträflinge an der Bevölkerung in Sibirien viel geringer, als es der allgemeinen Vorstellung entspricht. Einige schaurige Berichte können als literarische Übertreibung angesehen und ins Reich der Legende verwiesen werden. Den Behörden kam diese düstere Legende allerdings nicht ungelegen, weil sie mit der Furcht vor Sibirien über ein wirksames Abschreckungsmittel zu verfügen meinten. So stellte ein nach Sachalin Deportierter in seinen Erinnerungen fest: »Bei der Deportationsstrafe spielte der ungewöhnliche Ort der Strafverbüßung sicherlich eine größere Rolle als die Strafe selbst.« (Jellinskij 1928: 45) Die Furcht erwies sich andererseits als Hindernis für das Kolonisationsvorhaben. Aus diesem Dilemma fand die russische Regierung keinen Ausweg, so daß ihre Sibirienpolitik in sich widersprüchlich und damit ineffektiv blieb.

Deportation und Zwangsarbeit waren keine Besonderheit des russischen Strafsystems, sondern wurden von allen Kolonialmächten angewandt: Die Spanier verfrachteten ihren »Auswurf der Gesellschaft« seit Kolumbus nach Mittel- und Südamerika, die Portugiesen seit dem 18. Jh. nach Mosambik und die Dänen seit 1728 nach Grönland; auch in den Niederlanden, der Türkei und China war Zwangsansiedlung üblich. Am verbreitetsten war die Deportation, gekoppelt mit harter Zwangsarbeit, in England und Frankreich, wobei Frankreich sie – abgesehen von Rußland – am längsten beibehielt (Céré 1872).

Bezeichnend für die Verhältnisse in Rußland war, daß die Verhängung der Deportationsstrafe ständig zunahm, während sonst überall von ihr abgegangen wurde. Als Frankreich noch 1863 Neukaledonien durch Sträflinge kolonisierte, galt das bereits damals unter Juristen und Politikern allgemein als nicht mehr vertretbar. Dagegen wurden die »Verschickungen« nach Sibirien beinahe bis in die Gegenwart uneingeschränkt fortgesetzt, wobei der »administrativen Verschickung« (der präventiven Deportation ohne Gerichtsurteil) immer größere Bedeutung zukam. Die Bürokratie nahm überhand und produzierte immer neue Vorschriften, die zu befolgen sich als unmöglich erwies. Während im Westen die Kritik an Deportation und Zwangsarbeit – hier »Galeerenstrafe« genannt – über kurz oder lang Wirkung zeigte und zu Reformen führte, blieb in Rußland alles beim alten, obwohl es auch dort keinen kompetenten Politiker als Verwaltungsbeamten gab, der sich für die Beibehaltung dieser Strafen ausgesprochen bzw. nicht auf ihre negativen Seiten hingewiesen hätte. Es ist also nicht erstaunlich, wenn George Kennan Ende des 19. Jh. im »sibirischen System« einen eklatanten Anachronismus sah.

Ähnlich wie das Recht anderer Staaten kannte auch das altrussische Recht die Verbannung, die jedoch nicht mit Deportation gleichzusetzen ist. Verbannung bedeutete, daß man den Verurteilten des Landes verwies, ohne vorzuschreiben, wo er sich niederzulassen und was im Falle der Rückkehr mit ihm zu geschehen habe. In Rußland wurden im 17. Jh. politische und religiöse Delikte mit Verbannung geahndet. Die Deportation, d.h. die Verschickung an einen zugewiesenen Aufenthaltsort nebst Einschränkung der Freiheitsrechte, fand zum ersten Mal in einem Ukas aus dem Jahre 1582 Erwähnung, doch galt sie bereits seit 1563 offiziell als Strafe, ja sie zählte sogar zu den Kardinalstrafen.

Die erste Deportation nach Sibirien soll die Glocke des Klosters in Uglitsch erfahren haben, weil sie 1593 angeblich das Zeichen zum Aufstand gegen Boris Godunow gegeben hatte. Sie war tatsächlich »verurteilt« worden; man hatte sie sogar verstümmelt, d.h. ihr die »Ohren« (Henkel) abgeschnitten. Bis zum Ende des 19. Jh. blieb sie in Tobolsk; später forderten die Uglitscher ihre Rückkehr (Salomon 1900: 3-6). Doch sie war nicht das erste Deportationsopfer. Bereits 30 Jahre vor ihr waren Sträflinge nach Sibirien gebracht worden. Bis in die Mitte des 17. Jh. wurden Staatsverbrecher, Räuber, Diebe und Kriegsgefangene dorthin verschickt, aufrührerische Bauern oder meuternde

Soldaten gleich gruppenweise. Knute, d.h. Prügelstrafe, und Deportation
drohten denen, die »Karten spielten, nach dem Spielverlust aber stahlen und auf
der Straße Menschen erstachen, ausraubten und ihnen die [teuren Pelz-]Mützen
abrissen«, ja selbst den Tabakrauchern (Semjonow 1937: 259 f.). Auf Meineid,
Verleumdung oder »Ausstreuung von Unruhe im Volk« stand Verschickung an
einen bestimmten Ort, in der Regel zu einer im Grenzgebiet stationierten Kosa-
keneinheit. Die Deportierten galten als im Dienst des Zaren stehend, nur daß es
sich dabei um Strafdienst handelte. Die einheimische Bevölkerung war gehalten, ihnen ihre Töchter zu Ehefrauen zu geben, und ein Deportierter sollte am
Strafort bereits als Einheimischer angesehen werden. Die Deportation war also
eher die Folge einer Strafe als die Strafe selbst.

Anfangs kannte man keine konkreten Strafkolonien, sondern schickte die
Sträflinge dorthin, wo gerade Menschen fehlten. Der Deportationsort lag also
nicht immer in Sibirien; doch seit dem Ende des 17. Jh. brachte man bereits
die meisten Verurteilten dorthin. Tobolsk wurde zum Mittelpunkt der sibirischen Ansiedlung. Die Deportierten wurden an Staatsgüter und Staatsbetriebe
überwiesen, in Schützenregimenter eingereiht oder als »Bojarenkinder« Privatpersonen zum Dienst zur Verfügung gestellt. Sie wurden in Dörfern als leibeigene Bauern (*tjaglie ljudi*) oder als freie Kolonisten (mit eingeschränkter Bewegungsfreiheit) angesiedelt. Mit dem territorialen Ausgreifen des Moskauer
Staates häuften sich auch die Deportationsstrafen. Die Grenzen wurden länger,
ihr Schutz erforderte immer mehr Menschen, und die Expansion nach Osten
nahm immer mehr Soldaten in Anspruch, die verpflegt werden mußten, wozu
die einheimische Bevölkerung aber nicht in der Lage war. Als Lösung des
Problems bot sich eine Ausweitung der russischen Besiedlung Sibiriens an, die
hauptsächlich im Zwangsverfahren in die Tat umgesetzt wurde.

Seit Mitte des 17. Jh. wurde die Deportation Strafe und Gnade zugleich: eine selbständige Strafe bei vielen Vergehen und eine Gnade im Falle der Todesstrafe. Außerdem bedeutete sie sehr oft nichts anderes als Verbannung. Nach
und nach wurde die Deportation auch gleichbedeutend mit Zwangsarbeit, so
daß sämtliche Kategorien durcheinandergerieten: Schuldige, Verdächtige und
Unbequeme, Schwerbrecher, Gelegenheitsdiebe und entlaufene leibeigene Bauern teilten das gleiche Los. In Sibirien verwischten sich dann die Unterschiede
endgültig, da alle unter denselben Bedingungen lebten. Weitere Gesetze dehn-
ten den Anwendungsbereich der Deportation aus; die Inkonsequenzen wurden
nicht beseitigt, sondern noch vermehrt. Das Gesetzbuch von 1649 kannte die
Deportation für neun verschiedene Straftaten und bestimmte die Zone zwischen
Asow und dem Bergwerksbezirk von Nertschinsk zum Ansiedlungsgebiet. In
der zweiten Hälfte des 17. Jh. ergingen immer neue Verordnungen: Deportation mit vorangehendem Auspeitschen und Abschneiden der Finger der linken
Hand trat an die Stelle der Todesstrafe für Raub (1653) bzw. Kir-
chenschändung (1667); des weiteren wurden nun Falschmünzer samt ihren

Familien deportiert sowie Landstreicher, denen zunächst ein Finger der linken Hand, später ein Ohr abgeschnitten wurde. 1683 wurde erstmals Deportation auf dem Verwaltungsweg, d.h. ohne Gerichtsurteil, als Vorbeugungsmaßnahme gegen Verdächtige angewendet. Die Deportation ersetzte mit der Zeit das Abschlagen von Händen und Füßen, wurde bei Diebstahl und dann auch bei Schwarzhandel mit Schnaps und Tabak verhängt. Nach wie vor gingen Kriegsgefangene, Kriegsdienstuntaugliche und kleine Gesetzesbrecher nach Sibirien, wo sie sich an vorher bestimmten Orten ansiedeln durften.

Seit 1736 wurde Deportation auch kraft Entscheidung der bäuerlichen Dorfgemeinschaft (*obschtschina*) verhängt. Die Gemeindeversammlung (*mir*), praktisch aber der Ältestenrat der Gemeinde oder häufiger noch deren staatliche Verwaltung fällten derartige Entscheidungen gegenüber »verderbten« Personen, die einen schlechten Einfluß auf die Gemeindemitglieder ausübten oder öffentlich Anstoß erregten. Der Landanteil der Verbannten wurde dann unter die übrigen verteilt. Die Dorfgemeinschaft konnte einem ehemaligen Mitglied, das nach Verbüßung seiner Strafe zurückkehrte, die Aufnahme verweigern. Ein solch Unglücklicher mußte sich nach einer anderen Dorfgemeinschaft umsehen, die bereit war, ihn aufzunehmen. Nach drei vergeblichen Versuchen mußte die staatliche Verwaltung ihm eine Bleibe zuweisen. So wurde jemand, der seine Strafe verbüßt hatte, abermals bestraft, mitunter noch empfindlicher als durch das Gericht.

Frauen konnten seit 1751 deportiert werden, und 1760 erhielten Grundbesitzer das Recht, aufgegriffene entlaufene Bauern und widerspenstige Leibeigene nach Sibirien zu schicken (ab 1765 ohne Angabe einer Frist bei Personen, die nicht älter als 45 und kriegsdiensttauglich waren). Ähnliche Rechte bekamen bald auch die Manufakturbesitzer zugesprochen, denen der Staat leibeigene Bauern überschrieben hatte, sowie die Kleinadligen, die nun ihre Leute für Ungehorsam und andere Verfehlungen nach Sibirien schicken durften. Die Bauern wurden ohne Frauen und Kinder deportiert, oft sogar lebenslänglich. Selbst die Gouverneure meldeten die ungünstigen Auswirkungen dieser Maßnahmen, doch blieben sie bis in die Mitte des 19. Jh. in Kraft und wurden nur zweimal für kurze Zeit ausgesetzt. 1771 wurden auf diese Weise etwa 6 000 Bauern nach Sibirien verschickt. Zwischen 1768 und 1772 kamen schätzungsweise 20 500 leibeigene russische Bauern ins Gouvernement Tobolsk und in die Provinz Jenissej. Erst 1857 wurden derartige Deportationen eingeschränkt. Seitdem lag die Entscheidung bei der Regierung, während Manufakturbesitzern und Adligen lediglich das Recht blieb, die aus der Deportation oder dem Gefängnis Zurückkehrenden nicht wieder aufzunehmen. Mit der Aufhebung der Leibeigenschaft 1861 gingen Privatpersonen auch dieses Rechts verlustig, doch die Dorfgemeinschaften konnten nach wie vor über Deportationen entscheiden. Dagegen protestierten dann ebenso heftig wie ergebnislos alle fortschrittlichen und selbst die gemäßigten Kräfte in Rußland (Bajkalow 1932: 567).

In Sibirien wurden auch Kriegsgefangene angesiedelt. Auf diese Weise waren im 17. Jh. erstmals Polen dorthin gelangt, die seitdem einen immer größeren Anteil unter den Deportierten ausmachten. Sie wurden anfänglich in Festungen gelegt, um deren Besatzung aufzufüllen. 1621 waren es elf Personen. Wie viele Gefangene Peter der Große aus seinen Kriegen nach Sibirien schickte, läßt sich schwer sagen. Seit 1768, als sich ein Teil des polnischen Adels in der Barer Konföderation gegen den bereits von Rußland abhängigen polnischen König Stanislaus August Poniatowski stellte, bildeten die Polen die größte Gruppe unter den politischen Deportierten. In zeitgenössischen Registern wird die Zahl der 1768 und 1769 verschickten Konföderierten mit 5 000 oder 5 500 angegeben, doch sprechen einige Historiker von 14-15 000. Etwa 40 % starben bereits auf dem Weg nach Kiew, weitere 12-15 % auf den nächsten Etappen nach Sibirien. Der Fall war beispiellos und skandalös: Da Katharina II. im Namen des polnischen Königs eingriff, hätten die rebellischen Patrioten sich vor ihrem Monarchen verantworten und ihre eventuelle Strafe in der Heimat verbüßen müssen. Zu den damals Deportierten gehörte Maurycy Beniowski, der aufgrund seines abenteuerlichen Lebens in die Literatur Eingang fand (Semjonow 1937: 197-218).[1] Ein weiterer Deportierter mit ungewöhnlicher Vita war der Franzose Auguste Thesby de Belcour, der sich 1776 den konföderierten Truppen unter Fürst Jerzy Lubomirski angeschlossen hatte und in russische Gefangenschaft geraten war.[2] 1773 befahl Katharina II., die gefangenen Konföderierten zu befreien, doch General Denis Tschitscherin ließ lediglich Offiziere, alte Soldaten und Kriegsinvaliden frei, während er die übrigen Männer den in Sibirien stationierten Kosakeneinheiten zuteilte. 1774 wurde eine weitere Gruppe entlassen, 1781 folgte die letzte. Etwa 90 Konföderierte blieben freiwillig. Sie hatten einheimische Frauen geheiratet, damit zur Orthodoxie übertreten müssen und sich im Laufe der Zeit russifiziert (Kraushar 1895).

Die nächsten 900 Polen gerieten hauptsächlich infolge von Napoleons Rußlandfeldzug nach Sibirien und wurden gleichfalls Kosakenregimentern einverleibt. 1815 erhielten sie die Erlaubnis, in ihre Heimat zurückzukehren, doch 160 von ihnen blieben. Nach dem Wiener Kongreß konnten diejenigen Polen

---

1   Seine Erinnerungen – M.A. Beniowski, *Historia podróży i osobliwych zdarzeń* [*Geschichte meiner Reise und merkwürdiger Ereignisse*] – erschienen zuerst auf französisch und gleich darauf (1790) in englischer Übersetzung. Neben weiteren Übersetzungen gibt es auch fünf deutsche Ausgaben (Berlin 1790, 1806; Leipzig und Hamburg 1791; Reutlingen 1796; Hamburg 1797). Als literarische Gestalt erscheint Beniowski bei dem polnischen Romantiker Juliusz Słowacki (1841), aber auch bei der Deutschen Luise Mühlbach [d.i. Klara Mundt, 1814-1873], deren Roman ins Niederländische, Schwedische und Tschechische übersetzt wurde.

2   F.A. Thesby de Belcour veröffentlichte seine Memoiren in Amsterdam. Eine polnische Übersetzung erschien 1866 in Lemberg, eine deutsche Fassung liegt ebenfalls vor.

nach Sibirien geschickt werden, die in den von Rußland annektierten polnischen Gebieten lebten. Aus einem anderen, ebenfalls von Rußland beherrschten, doch weitaus kleineren Teil des ehemaligen Polen wurde das sogenannte
Königreich Polen geschaffen, das anfänglich eine gewisse Autonomie besaß.
Seine vom russischen Kaiser und polnischen König Alexander I. gewährte Verfassung garantierte den Einwohnern die Strafverbüßung in der Heimat. Aber
nach dem Novemberaufstand von 1830 wurde die Verfassung durch das Organische Statut (1832) ersetzt, in dem von dieser Garantie nicht mehr die Rede
war. So verhängte man auch über die Polen aus dem Königreich die Deportationsstrafe. Davon waren insbesondere die Teilnehmer am Novemberaufstand
und an späteren patriotischen Verschwörungen betroffen.

    Im 17. Jh. galt Sibirien vor allem als ein Land der Zwangskolonisation,
während im 18. Jh. die schweren Zwangsarbeiten (Katorga) zunehmend an Bedeutung gewannen. Der Grund dafür waren die Bauvorhaben, die Peter der
Große begonnen hatte: Man brauchte Arbeitskräfte beim Bau von Festungen,
städtischen Siedlungen, Straßen, Häfen und Flußanlegestellen. Das Wort »Sibirien« wurde immer häufiger als Synonym für Katorga verwendet, auch wenn
Zwangsarbeiten zuerst in Asow am Don verrichtet wurden. Nachdem die Stadt
wieder verlorengegangen war, lenkten die Behörden die Sträflinge nach Norden an die Ostsee um, wo jährlich bei Hafenarbeiten rund 600 Zwangsarbeiter
eingesetzt wurden. Auch beim Bau von St. Petersburg fanden sie Verwendung.
Seit Ende der 60er Jahre des 18. Jh. verlagerte sich ihr Einsatz zunehmend auf
Minenarbeiten im Altaj und im Bergbaugebiet von Nertschinsk. Nach 1826, als
auch Privatpersonen Schürfrechte erhielten, nahm die Förderung rasch zu. In
den staatlichen Bergwerken wurden hauptsächlich leibeigene Bauern beschäftigt, deren Lage sich nur wenig von der der Zwangsarbeiter unterschied, während die Privatunternehmer vor allem freie Lohnarbeiter einstellten. Da aber
ständig Arbeitskräfte fehlten, sah sich die Regierung gezwungen, auch Sträflinge einzusetzen, und versuchte, die Privatunternehmer ebenfalls dazu zu bewegen – allerdings mit geringem Erfolg. Schließlich wurden zwar viele
Zwangsarbeiter in den Minen und Gruben beschäftigt, ihre Arbeit blieb jedoch
sehr ineffektiv.

    Zu Katorga wurde man für schwerere Verbrechen verurteilt, z.B. drohte
seit 1703 »ewige Katorga« Aufrührern, Verrätern und Mördern sowie Schuld-
nern und Steuersäumigen. Die Katorga konnte zeitlich begrenzt sein; dann bedeutete sie nur Zwangsarbeit ohne Ehrverlust. Diese Katorgasträflinge konnten
von ihren Frauen und Kindern besucht werden. »Ewige Katorga« folgte dagegen auf eine schwere Strafe, gewöhnlich auf eine Mutilationsstrafe, die mit
dem Ritual des bürgerlichen Todes und der Entehrung verbunden war. Nach
den Vorschriften von 1753 bestand dieses Ritual darin, daß der Verurteilte auf
den Henkersblock gelegt oder unter den Galgen geführt wurde; danach
peitschte man ihn aus und schnitt ihm die Nasenflügel ab. Als nächstes wurde

ihm das Wort *WOR* [russ. Dieb] ins Gesicht gebrannt. Die Ehe eines solchen Delinquenten wurde aufgelöst. Nach dem bürgerlichen Tod gab es keine einfache Deportation für begrenzte Zeit mehr; zwar war es möglich, zu zeitlich begrenzter Zwangsarbeit verurteilt zu werden, aber nach Verbüßung dieser Strafe durfte man Sibirien nicht verlassen. Die Bezeichnung »ewige Deportation« blieb der Deportationsstrafe vorbehalten, die nach Verbüßung der Zwangsarbeit erfolgte; daneben kannte man noch die lebenslängliche Deportation. Der Unterschied zwischen beiden bestand darin, daß bei letzterer der Verurteilte seine Rechte als Familienoberhaupt behielt und seine Angehörigen ihn nach Sibirien begleiten konnten. Weiterhin wurde auch Deportation ohne Zwangsarbeit als gewöhnliche Gerichtsstrafe verhängt, doch ging ihr stets die Prügelstrafe voraus. Auf diese Weise verwischten sich die Unterschiede zwischen den einzelnen Strafarten zusehends.

Katorga und Deportation drohten für vieles, u.a. für das von Peter dem Großen verbotene Tragen eines Bartes und der »altrussischen Tracht«, für Holzschlag oder Münzfälschung und seit 1811 auch für Diebstahl, sofern der Wert des gestohlenen Guts 100 Rubel überstieg. Eine genauere Bestimmung dessen, was unter einer Katorgastrafe zu verstehen war, erfolgte 1753 mit dem Ukas von Elisabeth I. über die – im übrigen fiktive – Aufhebung der Todesstrafe, doch blieb das Durcheinander weiterhin bestehen, zumal nicht alle zu Katorga Verurteilten auch wirklich arbeiten mußten; die Arbeitsunfähigen kamen einfach ins Gefängnis. Eine weitere Verwirrung ergab sich daraus, daß bereits im 18. Jh. Katorga in Festungsarbeit umgewandelt werden konnte und in der zweiten Jahrhunderthälfte sogenannte Arbeitshäuser gegründet wurden, die jedoch nicht viel mit den englischen *workhouses*, den niederländischen *werkhuizen* oder den deutschen *Arbeitshäusern* gemein hatten. Auf diese Weise entstanden neue, parallel angewandte Straftypen: Deportation zur Arbeit in einer Festung und Einweisung in ein Arbeitshaus.

Die Kolonisierung des weiten sibirischen Raums wurde immer dringender, weil das ständig wachsende Territorium des Russischen Reiches verteidigt und das fern von den russischen Landwirtschafts- und Handwerkszentren stationierte Militär versorgt werden mußte. In einem System, in dem 80-90 % der Bevölkerung Leibeigene waren, konnte sich kein freies Siedlungswesen entwickeln. Zwar flüchteten entlaufene Bauern nach Sibirien, aber das konnte ein Staat, dessen Aufgabe es war, die Leibuntertänigkeit aufrechtzuerhalten und die Bauernflucht zu bestrafen, prinzipiell nicht dulden, wenn es auch hier Ausnahmen gab: Entlaufene Bauern, die 1662 am Amur eine Siedlung angelegt hatten, erlangten nach Jahren in Anerkennung ihrer Verdienste vom Zaren Vergebung, da sie die benachbarten Chinesen zu einer Abgabe in Naturalien (jasak), gezwungen hatten. Möglicherweise war die Begründung nur ein Vorwand; denn an sich war allein schon die Ansiedlung im Grenzgebiet erwünscht. Auch Kaufleute und Abenteurer wurden zu Expeditionen nach Sibirien ermutigt, doch war das kein geeignetes Mittel, um landwirtschaftliche Siedlungen mit seßhaften Bewohnern zu schaffen. Die relativ besten Ergebnisse zeitigte die Ansiedlung von Altgläubigen, die in Rußland verfolgt, in Sibirien aber geduldet wurden.

In der russischen und sowjetischen Literatur wird oft betont, daß Sibirien durch freie Ansiedlung und nicht auf dem Zwangswege kolonisiert und erschlossen worden sei. Allerdings ist das nicht sehr überzeugend. Die freie Ansiedlung wurde zwar vom Staat unterstützt, aber auch reguliert und verlief höchst zögernd. Sie wurde bereits im 16. Jh. eingeleitet, doch noch im 19. Jh. kam sie nur stockend voran. 1760 wurden am Irtysch Kolonisten angesetzt, um den Chinesen zuvorzukommen. Das Unternehmen zog sich über gut fünf Jahre hin und kostete Hunderte, wenn nicht gar Tausende das Leben, die zwangsweise in die dortige Kolonie geschickt wurden, wo sie an Kälte und Hunger zugrunde gingen. Trotzdem erfolgte 1783 ein neuer Versuch, die Straße zwischen Jakutsk und Ochotsk – diesmal mit Deportierten – zu besiedeln. Die Siedler entwichen, starben oder, falls sie etwas länger lebten, bildeten Banden, die andere Kolonisten überfielen. 1799 bestand die Absicht, nicht weniger als 10 000 Menschen östlich des Baikalsees anzusiedeln, doch als es nicht gelang, mehr als 1 500 zur Niederlassung zu bewegen, wurde das Vorhaben abgebrochen.

Dieses Beispiel steht für viele. Bereits im 18. Jh. wurde bezweifelt, daß Ansiedlungspläne namentlich bei Zwangsanwendung erfolgversprechend waren. Nach Ansicht vieler staatlicher Würdenträger war ein solches Vorgehen unangemessen und schädlich. 1773 wurde sogar erwogen, die Deportationen nach Sibirien einzustellen und die zur Zwangsarbeit Verurteilten in die Festungen in Asow, Taganrog und Finnland sowie zu den Bauarbeiten in St. Petersburg und an der Düna zu schicken. Doch da Gefängnisse und Festungen überfüllt waren und die Verwaltung sich in einem chaotischen Zustand befand, ging man allen Schwierigkeiten aus dem Weg, indem man die Sträflinge wie gewohnt nach Sibirien lenkte.

Die Deportationen brachten Sibirien in Mißkredit. So war es nicht verwunderlich, daß es an freiwilligen Siedlern fehlte, zumal auch das rauhe Klima nicht auf eine rasche Verbesserung der Lebensbedingungen hoffen ließ. 1806 wurden 2 800 Menschen in den Bezirk Nishneudinsk geschickt, die man mit allem versorgt hatte, was von Amts wegen als nötig erachtet worden war. Doch war nicht nur das Klima, sondern auch die Disziplin in der Kolonie so streng, daß die meisten Siedler entwichen und der verbleibende Rest sich trotz aller Disziplinierung nicht arbeitswillig zeigte. Einige wenige legten dann an selbstgewählten und Beamten nicht zugänglichen Orten eigene Siedlungen an. Die Siedlungspolitik war auch insofern inkonsequent, als versucht wurde, die Kolonisierung auf eine Weise zu fördern, die dem russischen Großgrundbesitz nicht schadete. Steuerbefreiungen sollten einen Anreiz geben, sich in den Bergwerken zu verdingen, doch wollte kein Freier Seite an Seite mit einem

Verbrecher arbeiten. Da auch Frauenmangel das Interesse an der Besiedlung Sibiriens beeinträchtigte, ging man dazu über, Frauen zwangsweise anzusiedeln. Ungeachtet aller Fehlschläge wurde die Kolonisierung Sibiriens um den Preis unsäglichen Leids und Tausender Menschenleben vorangetrieben. Letztendlich überwog jedoch die Militärkolonisation, die ebenfalls gravierende Mängel zeigte (Jadrinzew 1892: 126-132).

1708 wurde Rußland in acht Gouvernements eingeteilt. Sibirien bildete zusammen mit kleinen Teilen des europäischen Rußland und Mittelasiens ein Gouvernement mit Verwaltungssitz in Tobolsk. Zwischen 1717 und 1783 wurden seine Gebietseinteilung und Verwaltungsordnung wiederholt geändert, doch behielt es eine gewisse Besonderheit gegenüber der Verwaltung im eigentlichen Rußland. Die Sibirienpolitik stand anfänglich im Zeichen militärischer Bedürfnisse, später kamen auch fiskalische Erwägungen hinzu. Folglich wurde die Verwaltung ausgebaut, um die Geschäfte und Einkünfte der Bevölkerung zu kontrollieren und Steuern und Zölle einziehen zu können. 1882-1883 wurden die Amtsbezirke eingeführt; ein Amtsbezirk (*volost*) war eine Gebietsgemeinschaft, die ihre Verwaltung, bestehend aus einem Ältesten, zwei Polizisten und einem Steuereinzieher, formal selbst wählen konnte. Es handelte sich jedoch um eine »Selbstverwaltung« unter den Bedingungen der Unfreiheit: Die Wahlen mußten von den staatlichen Kreisbehörden bestätigt werden, und die Bewohner eines Amtsbezirks konnten sich nur im Umkreis von etwa 30 km von ihrem Wohnsitz frei bewegen; für eine weitere Reise benötigten sie eine schriftliche Erlaubnis.

Mit den Verwaltungsreformen von 1796 fand Sibiriens relative Selbständigkeit ein Ende. Seit 1797 war es in die Gouvernements Irkutsk und Tobolsk eingeteilt, wobei der Irkutsker Gouverneur Militärgouverneur (mit zivilen Vollmachten) war. Für Deportationsangelegenheiten gab es keine besonderen Verwaltungsorgane. Doch während alle Gouverneure in Rußland in starker Abhängigkeit vom Zaren standen, konnten sie in Sibirien immer noch selbständige Statthalter sein, die auch die Gelegenheit wahrnahmen, sich zu bereichern, so daß einige von ihnen riesige Vermögen anhäuften. Sibiriens übler Ruf rührte unter anderem auch daher, daß dort allgemeiner Überzeugung nach Rechtlosigkeit herrschte und sowohl die Bevölkerung als auch der Fiskus von einer korrupten Verwaltung ausgeplündert wurden (Jadrinzew 1892: 298-317).

Die wachsende Unzufriedenheit und immer dramatischere Berichte bewogen schließlich den Zaren, Schritte zur Reform des Deportationswesens zu unternehmen, auf das man – trotz offensichtlicher Mißerfolge – immer noch große Hoffnungen bei der Kolonisierung setzte. 1819 ernannte Alexander I. Graf Michail M. Speranskij zum Generalgouverneur von Sibirien mit weitreichenden Vollmachten. Speranskij selbst empfand diese Ernennung als »Verschickung« und ging ungern, da auch er Sibirien gegenüber voreingenommen war. Er war

ein Höfling, doch bekannt für seine Ehrlichkeit. Sein Amt übte er drei Jahre
lang – bis 1821 – aus und nahm seine Pflichten sehr ernst. Er suchte Kontakt
zu den Einwohnern, empfing Kaufleute, wanderte zu Fuß durchs Land und
sprach mit den Siedlern. Kein Wunder, daß die sibirischen Würdenträger und
Beamten in Panik gerieten. Speranskijs Säuberung war mehr als nur Formsa-
che, obwohl es auch die Ansicht gibt, er habe nicht gründlich genug durchge-
griffen. Etwa 700 Beamten konnten Unterschlagungen nachgewiesen werden,
doch wurden lediglich 48 verhaftet und vor Gericht gestellt, darunter allerdings
die beiden Gouverneure. Einem der verhafteten Würdenträger konfiszierte man
das ganze Vermögen. Einige Fälle vertuschte Speranskij, da die Spuren zu
hoch führten, unter anderem zu Graf Alexej A. Araktschejew, dem Kriegsmi-
nister und Alexanders engstem Vertrauten, der seit 1815 praktisch unum-
schränkt in Rußland herrschte. Außerdem war es unmöglich, alle korrupten
Beamten auf einmal zu entlassen, da Verwaltungspersonal fehlte. Speranskijs
Eingriffe blieben jedoch nicht folgenlos; seitdem wurden die höheren Beamten
sorgfältiger ausgewählt.

1822 ergingen neue Verwaltungsvorschriften für Sibirien, die – so wird es
gemeinhin in der Forschung dargestellt – von Speranskijs Vorschlägen abwichen. Das dürfte jedoch übertrieben sein, denn Speranskij hatte in der Befürchtung, die Beamten durch zu radikale Maßnahmen zum Widerstand zu provozieren, selbst seine Ansichten geändert. Sibirien wurde diesmal in das
Generalgouvernement Westsibirien mit dem Verwaltungssitz in Tobolsk (seit
1839 Omsk) und das Generalgouvernement Ostsibirien mit Verwaltungssitz in
Irkutsk aufgeteilt. Den Generalgouverneuren standen nun Gouvernementsräte
zur Seite. Die Gouvernements waren in Kreise eingeteilt, deren Vorstehern Be-
ratungskommissionen beigegeben wurden. Ferner berief man Stadtvorsteher
und beratende Körperschaften (*duma*), die sich mit Wirtschaftsfragen befaßten.
Die Ordnungsfunktionen übte der Kreispolizeichef (*isprawnik*) mit seinem
Gehilfen aus. Die Kreise bestanden aus Amtsbezirken, die bis zu 20 Dörfer
umfassen konnten, nun aber keine Selbstverwaltung mehr besaßen, sondern einen ernannten Vorstand. Zu dessen Pflichten gehörten u.a. die Aushebung von
Rekruten und die Steuereinnahme. Außerdem war jeder Kreis in drei bis sechs
Polizeireviere (*utschastok*) unterteilt.[3]

---

3   1882 wurde die Verwaltungseinteilung Sibiriens erneut geändert: Das Generalgouverne-
    ment Westsibirien wurde aufgelöst, und seine beiden bisherigen Bestandteile, die Gou-
    vernements Tobolsk und Tomsk, wurden genauso wie die europäischen Gouvernements
    St. Petersburg direkt unterstellt. Für das Deportationswesen war das eher nebensächlich,
    doch allgemein betrachtet war es ein Schritt auf dem Wege zur vollständigen Unifizie-
    rung des Russischen Reichs und zur Beseitigung der Unterschiede zwischen Rußland und
    seinen asiatischen Besitzungen. Weiterhin bestehen blieben jedoch das Generalgouver-
    nement Ostsibirien mit den beiden Gouvernements Irkutsk und Jenissej sowie dem Be-
    zirk (*oblast*) Jakutsk, und auch das Generalgouvernement Amur mit Transbaikalien, der

Rechte und Pflichten der deportierten wie der freien Bewohner Sibiriens waren in verschiedenen Verordnungen geregelt. Aber die Generalgouverneure verfügten nach wie vor über umfangreiche zivile und militärische Befugnisse, und zudem wurde Sibirien nach dem Ausnahmerecht verwaltet. Kraft der Gesetze von 1834 konnte der Generalgouverneur Zwangsarbeiter, die an einer von zehn oder mehr Personen getragenen Meuterei teilnahmen, vor ein Feldgericht stellen; Siedler kamen in ähnlichen Fällen vor ein Militärgericht. Das rief zahlreiche Proteste hervor, und in Denkschriften wurde auf die völlig unbegründete und schädliche Strenge dieser Verfügung hingewiesen, die trotzdem noch zweimal, 1837 und 1840, bestätigt wurde. Die Stadt-, Kreis- und Gouvernementsräte waren machtlos und dienten selbstherrlichen Beamten häufig als Deckmantel. Das Umorganisieren der Verwaltung allein konnte nur kurzfristige Besserung bringen, da die Verhältnisse generell unverändert blieben.

Seit 1811 bzw. 1817 waren für die Deportierten und Katorgasträflinge das Korps für den Häftlingstransport und die Etappenstationen zuständig. 1822 wurden beide Institutionen der Deportationsverwaltung in Tobolsk unterstellt, deren Büro ein Verzeichnis aller auf dem Gerichts- und Verwaltungswege Deportierten führte und sie in Gruppen zusammenfaßte. Den Transport überwachten Büroinspekteure in Kasan, Perm, Tomsk, Krasnojarsk und Irkutsk. Auch die Länge der einzelnen Etappen, die die Deportierten zurücklegten, wurde festgesetzt (Jadrinzew 1892: 323-363).

Vermutlich war das wichtigste Ergebnis für die Organisation des Deportiertenwesens während Speranskijs Amtszeit eine schärfere Unterscheidung zwischen Personen, die auf unbestimmte, und solchen, die auf bestimmte Zeit deportiert worden waren, sowie eine Klärung des Zusammenhangs zwischen Deportation und Katorga. Die »ewige Katorga« wurde abgeschafft, und »Katorga ohne zeitliche Begrenzung« diente nun als Bezeichnung für schwere Zwangsarbeit, die so lange dauerte, bis sich der Sträfling »gebessert« hatte, maximal aber 20 Jahre. Danach konnte er sich in der Nähe des Ortes niederlassen, wo er seine Katorga verbüßt hatte. Diese Platzwahl galt lebenslänglich. Ein zu einer begrenzten Anzahl von Jahren verurteilter Katorgasträfling wurde nach Ablauf der Strafe zu den gleichen Bedingungen angesiedelt wie ein normaler Siedler; ehemalige Militärpersonen wurden wieder zur Truppe zurückgeschickt. Die Angesiedelten hatten sich vor allem mit Ackerbau zu beschäftigen und in getrennten Siedlungen oder in der Nähe von Anwesen alteingesessener Sibirjaken europäischer Abstammung (*starashili*) zu wohnen (Łukawski 1981: 164-167; Salomon 1900: 17; Taganzew 1887-92: IV, 1261-

---

Amur-Provinz und der Küsten-Provinz. Die Gouvernements wurden von Generalgouverneuren und ihren Kanzleien verwaltet. Sie unterstanden dem Innenministerium, das immer mehr Befugnisse an sich zog. Das bedeutete auch, daß das Justizministerium, das die Gefängnisse über die Gefängnishauptverwaltung kontrollierte, an Einfluß verlor.

1312). Mit diesen Präzisierungen war aber keineswegs auch die Deportationspraxis durchsichtiger geworden. Das zeigt ein Blick auf die Statistiken, deren Terminologie irreführend ist und deren Angaben einer sorgfältigen Überprüfung bedürfen, weil man nie sicher sein kann, welche Deportiertenkategorie wirklich gemeint ist. Speranskij selbst hatte den Sinn einer landwirtschaftlichen Zwangsansiedlung bezweifelt und daher zusätzlich nichtlandwirtschaftliche Pflichtarbeiten eingeführt, durch die ein Angesiedelter sich ernähren und gleichzeitig dem Staat nützlich sein konnte. Er ließ sämtliche Deportierten und ehemaligen Katorgasträflinge in sechs Kategorien einteilen, die sich aber als ebenso künstlich und untauglich für die Praxis erwiesen wie manch andere damaligen Reformideen. Die Einteilung umfaßte:

1. Zeitweilige Fabrikarbeiter. Für diese Gruppe waren Verbrecher vorgesehen, die für schwerere Vergehen zu Körperstrafe und Deportation verurteilt worden waren. Sie sollten ein Jahr lang zusammen mit Katorgasträflingen in Staats- oder Privatbetrieben arbeiten, aber den doppelten Lohn der Katorgasträflinge erhalten. Ein Jahr dieser Arbeit galt für zwei Jahre verhängter Strafe. Nach einem Jahr sollten sie in eine der nächsten Kategorien übernommen werden. Speranskijs Reform war hier nicht konsequent: Zwar bestand der Definition nach ein Unterschied zwischen einfacher Deportation und Katorga, aber in der Praxis wurde er bei einem Teil der Sträflinge wieder verwischt.
2. Straßenbauarbeiter. Zu ihnen sollten in erster Linie junge, kräftige Männer gehören, die für ernstere Vergehen verurteilt worden waren.
3. Handwerker. Sie sollten unter den Häftlingen rekrutiert werden, die über verschiedene Fähigkeiten verfügten, aber weder charakterlich noch durch schwerere Strafen belastet waren. Von ihrem Lohn sollte so viel abgezogen werden, daß sie niemals über mehr als insgesamt 75 Rubel verfügten. Sie hatten nach russischem Vorbild Genossenschaften (*artel*) zu bilden.
4. »Bedienstetenzunft«. Diese Häftlinge sollten gruppenweise Privatpersonen oder der Ortsverwaltung zu Dienstleistungsarbeiten zur Verfügung gestellt werden, z.B. als Wächter; hierfür waren Juden und diejenigen vorgesehen, die als untauglich zur Landbestellung galten.
5. Bauern. Sie durften neue Siedlungen anlegen oder sich bereits bestehenden anschließen.
6. »Untaugliche« (*nesposobnyje*). Diese Kategorie sollte alle Alten, Kranken und Krüppel umfassen. Sie wurden einem Amtsbezirk zugeschrieben und hatten Anrecht auf Unterstützung aus dem Ansiedlungsfonds, der aus den erwarteten Arbeitserträgen und den Lohnabzügen der Deportierten gespeist werden sollte (Salomon 1900: 17 f.).

Die gesamte ausgeklügelte Konstruktion erwies sich als Fehlschlag. Keine Privatfabrik wollte Deportierte beschäftigen; zwang man sie ihnen trotzdem auf, bekamen sie keine Arbeit zugeteilt, ganz davon abgesehen, daß sie oft physisch viel zu erschöpft waren. In einem Betrieb stieß man z.b. auf 22 praktisch nackte Katorgasträflinge, die nicht zur Arbeit gingen, weil sie keine Kleidung besaßen. 1837 arbeiteten 200 Deportierte in einer Omsker Tuchfabrik, während damals in ganz Sibirien 9-10 000 Deportierte lebten, darunter mindestens 1 400, die sich für die 1. Kategorie eigneten. Im übrigen gab es in dieser Fabrik eine Menge Ärger mit den Zwangsarbeitern, so daß man ihnen bereits 1831 erlaubt hatte, ins Handwerkerhaus nach Irkutsk zu gehen, wo man auch Katorgasträflinge aufnahm, obwohl diese Anstalt für die 3. Kategorie vorgesehen war. Darüber hinaus wurden besondere Verordnungen erlassen, die z.b. eigens für Tataren galten oder je nach Bedarf eine Trennung bzw. Zusammenfassung von Kategorien zuließen. Jedes neue Vorkommnis zog neue Vorschriften und zusätzliche Einrichtungen nach sich; so wurde beispielsweise 1826 die Nertschinsker Kommandantur einzig und allein ins Leben gerufen, um die Urteile an den Dekabristen zu vollstrecken, und bestand nur bis 1830.

Das System war viel zu kompliziert, um anwendbar zu sein. Die 2. Kategorie wurde überhaupt nicht eingerichtet und 1828 aus dem Register gestrichen. Die drei Handwerkerhäuser in den größten sibirischen Städten Tomsk, Tobolsk und Irkutsk ließen sich nicht mehr unterhalten, so daß zwei davon geschlossen werden mußten. 1833 arbeiteten etwa 380 Männer und 80-85 Frauen in Fabriken, beim Straßenbau und als Handwerker. Die »Bedienstetenzunft« reüssierte ebenfalls nicht, da die Bevölkerung, die den Sträflingen mißtraute, deren Dienste nicht in Anspruch nehmen wollte. In ihrem besten Jahr (1831) zählte die »Zunft« über 500 Männer und Frauen, doch schon 1835 gehörte niemand mehr zu dieser Kategorie. Die Ansiedlung von Deportierten als Bauern brachte keinerlei Erfolg. Die Kolonisten flohen zumeist, und wenn sie wirklich Dörfer anlegten, taten sie das an völlig unzugänglichen Plätzen, an die zumindest kein Beamter vordrang. Am häufigsten schlossen sie sich Landstreichern und Räuberbanden an oder lebten auf Staatskosten in der Nähe von Gefängnissen. Die alteingesessenen Sibirjaken sahen es ungern, wenn diese unerwünschten Neuankömmlinge sich in der Nähe ihrer Gehöfte niederließen; mitunter verhinderten sie die Ansiedlung auch. Trotzdem forcierten die Behörden die landwirtschaftliche Kolonisation, weil sie überzeugt waren, nur so die wachsende Kriminalität in Sibirien eindämmen zu können, deren sie nicht Herr wurden (Salomon 1900: 29).

Als Beispiel für eine Zwangsansiedlung kann ein Versuch im Gouvernement Jenissej gelten. 1827 stellte das Sibirische Komitee 479 000 Rubel für die Gründung von Bauernsiedlungen bereit. Auf eine Person entfielen bis zu 150, in den meisten Fällen 100 Rubel. In den Bezirken Kainsk, Minussinsk und Atschinsk wurden 20 Siedlungen angelegt (zwei bestanden bereits) und mit Getreide versehen, für das die Siedler ab sofort selbst zu sorgen hatten. Desgleichen erhielten sie Nutztiere und die nötigen Gerätschaften. Die Neuankömmlinge wurden zunächst in nahe gelegenen Siedlungen bei Bauern einquartiert, bis 1830 der Bau einheitlicher Häuser begann. In jedem Haus war ein *artel* (Genossenschaft), bestehend aus vier ledigen oder verheirateten Siedlern, sogenannten Brüdern, untergebracht. Jedes *artel* hatte seinen »älteren Bruder«. Die Aufsicht über die Siedlungen oblag den Starosten (Vorstehern), den Verwaltern in Minussinsk und Kainsk sowie der Landpolizei (*urjadniki*), die Kosaken einsetzen konnte. Die Frauen hatten ihre Starostinnen, die die einzelnen Häuser auf Ordnung und Sauberkeit zu überprüfen hatten. Den Siedlern stand das Recht zu, auf Versammlungen über ihre eigenen Angelegenheiten zu entscheiden. Hausbau und Feldarbeit waren Pflicht; ein täglich verlesener Befehl bestimmte die Arbeitsteilung bis ins kleinste.

Bei dieser Mischung aus Kommune und Gefängnis war die Selbstverwaltung Fiktion, denn das ganze Leben der Siedler war strengstens geregelt. Der Häuserbau zog sich über zehn Jahre hin. Der Pferdediebstahl wurde zur Plage, denn aus der Tatsache, daß der Staat zwei Kummetgeschirre, aber nur ein Pferd zugeteilt hatte, zogen die Siedler den Schluß, daß sie zur Selbsthilfe aufgefordert seien. Da das Geschlechterverhältnis sehr ungünstig war – auf eine Frau entfielen sechs Männer –, wurde Frauenraub, wo immer es möglich war, zum zweiten negativen Charakteristikum; allerdings drückten die Behörden hierbei ein Auge zu, um die Siedler am Ort zu halten. Dennoch dauerte die Massenflucht an. Die Verwaltung mußte sich damit abfinden und sogar schrittweise das Verlassen von Siedlungen legalisieren. Insgesamt scheiterten die Ansiedlungspläne völlig, und 1842 wurden die Kolonien aufgelöst. Diejenigen Bewohner, die blieben, erhielten den Rechtsstatus von steuerpflichtigen Bauern. Das war noch die beste Lösung, da sich ein Teil der Wirtschaften mit der Zeit rentierte und einige Bauern sogar zu Vermögen kamen. Nach Jahren waren auch sie Alteingesessene, deren kriminelle Vergangenheit sogar einige Historiker gerne vergessen. Doch nicht alle hatten Erfolg. 1835 ergab eine Inspektion in Dörfern von Alteingesessenen (also in älteren Siedlungen als denen, von denen eben die Rede war), daß 49 % der Bewohner alt oder gebrechlich und arbeitsunfähig waren; in der Gruppe der ehemaligen Sträflinge waren es 60 % (Maksimow 1899: I, 18-28).

Man fragt sich daher, warum das sibirische Strafsystem trotz aller Fehlschläge der Zwangsansiedlungspolitik, trotz Schwierigkeiten, hoher Kosten und gegen heftige Kritik weiter ausgebaut wurde. Der tieferliegende Grund ist im russischen Imperialismus zu suchen: Rußland sah Asien als *sein* Territorium und Objekt *seiner* zivilisatorischen Mission an. Träger dieser Mission aber konnte unter den damaligen Verhältnissen nur die Armee sein, die gehorsame, disziplinierte und unselbständige Siedler zu ihrer Versorgung brauchte. Außerdem behinderten die Grundbesitzverhältnisse, die man nicht anzutasten wagte, die Entwicklung eines freien Markts in Rußland und einer freien Siedlung in Sibirien. Selbst nach der Bauernbefreiung 1861 waren die Bauern zu arm, um sich auf der Suche nach einem ungewissen Wohlstand auf den extrem langen und beschwerlichen Weg in ein Land mit sehr hartem Klima zu machen. Daher ist ein Vergleich der Kolonisierung Sibiriens mit der des amerikanischen Wilden Westens auch völlig verfehlt. Im ersten Fall herrschte Zwang vor, und er war sehr lange eigentlich auch die einzig mögliche Methode. Außerdem war Sibirien ein Sicherheitsventil: Mit seiner Hilfe konnte Rußland sich sämtlicher Randgruppen und gefährlichen Elemente entledigen. Diese Methode war möglicherweise sogar weniger kostspielig, mit Sicherheit aber leichter anzuwenden als der Bau von Gefängnissen.

Kapitel 2

»Totenhaus« oder freies Land?
Sibirien bis 1914

Die Höhe der Strafe, die oft riesige Entfernung vom Heimatort, die schwierigen Lebensbedingungen, das Fehlen jeglicher staatsbürgerlicher Garantien und mangelndes Vertrauen in die Justiz – all das hatte zur Folge, daß Sibirien als gewaltiger Abgrund angesehen wurde, in dem die Menschen unwiederbringlich verschwanden. Nach allgemeiner Empfindung war es ein »Totenhaus«, wie Dostojewskij die sibirische Katorga nannte – nicht nur, weil die Sträflinge zeitweise oder für immer bürgerlich »tot« waren, sondern auch, weil es fast kein Entkommen gab. Unter Nikolaus I. war diese Vorstellung von Sibirien durchaus begründet, zumindest was das Schicksal der gewöhnlichen Kriminellen betraf. Kaum einer von ihnen erlebte den Augenblick seiner Befreiung, und wenn er ihn doch erlebte, hatte er keine Mittel oder keine Kraft mehr, um dieses Land zu verlassen. Anders verhielt es sich mit den Politischen; von ihnen kehrten die meisten nach Hause zurück. In der zweiten Hälfte des 19. Jh. begann sich die Lage langsam zu bessern; namentlich nach 1885 kann man Sibirien nicht mehr als »Grab« bezeichnen, obwohl das mit Verspätung wahrgenommen wurde.

War es besser, Gefängnisse zu bauen oder Sträflinge nach Sibirien zu schicken? Sollte Sibirien Rußlands »natürliche Verlängerung in Asien« oder eine Strafkolonie, ein »Totenhaus« sein? Diese grundsätzliche Frage, die sich in aller Deutlichkeit bereits während Speranskijs Reformtätigkeit gestellt hatte, blieb auch weiterhin offen. Obwohl Ende des 19. Jh. selbst in Regierungskreisen niemand mehr daran zweifelte, daß Deportation und Katorga auf ein Mindestmaß beschränkt, wenn nicht gar abgeschafft werden müßten und statt dessen eine ungehinderte Kolonisation zu fördern sei, blieb die offizielle Sibirienpolitik nach wie vor inkonsequent. Sooft die Regierung schüchterne Ansätze machte, von ihrer Deportationspolitik abzugehen, setzten politische Ereignisse wie das Attentat auf Alexander II. (1881) oder die Revolution von 1905 die Repressionsmaschinerie, die auf den sibirischen Raum nicht verzichten wollte, abermals in hektische Bewegung.

1845 wurde ein neues russisches Strafgesetzbuch eingeführt, ein höchst kasuistisch und umständlich abgefaßtes Gesetzeswerk mit 2224 Artikeln, das zehn Hauptstrafarten in 30facher Graduierung unterschied (Kaczyńska 1982; 1989: 42-70). Danach galt die Deportation als eine der schwersten Hauptstrafen, die dem Geiste der russischen Gesetzgebung zufolge alle treffen sollten, die ein schweres Verbrechen begangen hatten und folglich als unverbesserlich galten. Es fällt jedoch schwer, die Intention des Gesetzgebers zu verstehen, wenn er die Deportation gleichzeitig in nur scheinbar anderer Form auch zu den Erziehungsstrafen zählt. Und schließlich konnte die Deportation nicht nur als Strafe für ein Vergehen, sondern auch als Präventivmaßnahme auf alle diejenigen angewendet werden, die nur im Verdacht standen, die staatliche oder öffentliche Ordnung gefährden zu können. So etwas war zwar nicht vom Gesetz vorgesehen, ließ sich aber durch zusätzliche Verordnungen bewerkstelligen, die je nach Bedarf bei innenpolitischen Krisen erlassen wurden. Überhaupt ist für das damalige Rußland bezeichnend, daß Grundrechte von mitunter konstitutivem Charakter, deren Fortschrittlichkeit und Liberalität das russische Prestige im Ausland heben sollten (wie beispielsweise die Reformen Alexanders II.), fast sofort nach ihrer Verkündigung wieder teilweise oder völlig außer Kraft gesetzt oder ganz aufgehoben wurden. Das geschah durch eine Flut geheimer Runderlasse (*sekretnyje cirkuljary*), die bis heute noch nicht alle erfaßt und untersucht werden konnten, sowie durch sogenannte Interimsgesetze, denen nie endgültige folgten. Das war der Fall bei der angeblichen Abschaffung der Todesstrafe, und so war es auch mit der Deportation: Daß sie im Strafgesetzbuch geregelt war, hieß noch nicht, daß man auch nur aufgrund eines im Strafgesetz vorgesehenen Urteils nach Sibirien kam.

Das Strafgesetzbuch unterschied zwischen Deportation zur Ansiedlung (*poselenie*) und Deportation zur Ansetzung (*wodworenie*). Im ersten Fall handelte es sich um eine Hauptstrafe, im zweiten um eine Erziehungsstrafe. Die Ansiedlung erfolgte nach verbüßter Katorga oder war eine Strafe an sich. Die Ansetzung war zunächst nur eine selbständige Strafe, bis 1859 angeordnet wurde, daß ein Sträfling vor seiner Ansetzung mindestens vier Jahre gearbeitet haben mußte. Auf diese Weise wurde der Unterschied zwischen den beiden Deportationsarten wieder verwischt. Mit der Zeit bürgerte sich noch eine neue Form der Deportation, die »zum Wohnen« (*na shitje*) ein, die in der Praxis genauso aussah wie die anderen. Sie galt nur für privilegierte, d.h. von der Körperstrafe ausgenommene Personen wie Adlige, »Ehrenbürger« oder einer Gilde angehörende Kaufleute. Das »Wohnen« war im Unterschied zu den anderen Deportationsarten zeitlich begrenzt.

Sehr häufig wurde auch zur administrativen Verschickung, d.h. einer Deportation ohne Gerichtsurteil, gegriffen. Die Betroffenen wurden dann sofort zur »freien«, d.h. steuerpflichtigen, Bevölkerung gerechnet. Ihre »Freiheit«

war im übrigen relativ, da es in Rußland sowieso nur eine begrenzte Bewegungsfreiheit gab. Zusätzlich standen diese Deportierten noch unter Polizeiaufsicht und durften eine Anzahl von Berufen nicht ausüben, was aber häufig unbeachtet blieb. Dieses »Wohn-Recht« rief bei den Betroffenen nicht immer Begeisterung hervor, denn abgesehen davon, daß es in Sibirien nicht leicht war, seinen Lebensunterhalt zu verdienen, herrschte ziemlich lange die Ansicht vor, daß man leichter auf dem Gnadenwege aus dem Gefängnis oder der Katorga freikäme und nach Hause zurückkehren könne. Angesichts des allgemeinen Durcheinanders kann kaum von einer konsequenten Behandlung der Sträflinge die Rede sein. Das lag zum einen an dem Wust der lebensfremden Verordnungen, zum andern an der Inkompetenz und Trägheit der Beamten. Ergänzend sei hinzugefügt, daß es bis zum Ende der Zarenherrschaft zu keiner Modernisierung und Professionalisierung der russischen Verwaltung kam (Amburger 1966; Yaney 1973).

Die im Strafgesetzbuch vorgesehene Abstufung in Haupt- und Erziehungsstrafen machte die Situation noch komplizierter. Beispielsweise konnte die Deportation mit einer Aberkennung bzw. Einschränkung von Rechten, mit der Prügelstrafe oder mit vorangehender Katorga gekoppelt werden. Diese war wieder nach Härtegraden unterteilt, wobei die Arbeit in den Bergwerken als die schwerste galt, gefolgt von der Festungsarbeit und der Beschäftigung in Industriebetrieben, beispielsweise Salzsiedereien. Doch angesichts der konkreten Arbeitsmöglichkeiten erwiesen sich sämtliche Klassifizierungen als untauglich. Die »Deportations- und Katorgaverwaltung« stand sowohl den Verurteilten, namentlich wenn viele auf einmal eintrafen, als auch den von vorgesetzter Stelle erlassenen Verordnungen ratlos gegenüber. Dabei wurden von 1783 bis in die 60er Jahre des 19. Jh. noch sehr viele Verurteilte in den Kaukasus und bis zum Beginn des I. Weltkriegs in die sog. entfernten Gouvernements des europäischen Rußland geschickt. Aus Sibirien Entlassene mußten sich häufig ebenfalls eine Zeitlang in diesen Gouvernements aufhalten, ehe sie in ihre Heimat zurückkehren durften (wobei die Erlaubnis zur Rückkehr in den eigentlichen Heimatort so gut wie nie erteilt wurde).

Dem Strafgesetzbuch zufolge konnte nach Sibirien geschickt werden, wer ein Verbrechen gegen den Staat und seine Ordnung, gegen die Person des Herrschers und seine Familie begangen hatte; dasselbe drohte für Attentate, Verschwörung und Verrat, aber auch für die Verbreitung von Aufrufen, für die Beleidigung von Vertretern der Staatsgewalt oder die Schändung staatlicher Symbole (z.B. Zerstörung eines Zarenporträts). Ferner stand diese Strafe auf Mord und Totschlag, gewöhnlich auch auf Raub und bewaffneten Überfall, auf Betrug größeren Ausmaßes, Fälschung usw. In den meisten Fällen wurde die Todesstrafe auf dem Gnadenwege in Deportation und Katorga umgewandelt. Eine sehr zahlreiche Gruppe unter den Deportierten bildeten die Landstreicher, die zumeist auf dem Verwaltungswege bestraft worden waren. Als Landstreicher galt, wer ohne entsprechende Papiere außerhalb seines eingetragenen Wohnorts angetroffen wurde. Das Fehlen bürgerlicher Freiheiten, selbst nach 1861, sowie die Tatsache, daß praktisch alle Tätigkeiten unter Strafe gestellt werden konnten, hatten zur Folge, daß es nicht schwer war, zum Landstreicher oder gar zum Verbrecher zu werden. Außerdem gehörte die Landstreicherei in Rußland zur Tradition und war ein Bestandteil seiner Folklore.

Als nach dem Januaraufstand 1863/1864 eine große Anzahl Deportierter aus Polen eintraf, sandte die Deportationsverwaltung in Tobolsk, wo sich die zentrale Verteilerstelle für Sträflinge befand, Eingabe über Eingabe mit der Bitte nach St. Petersburg, die Deportation zu drosseln. Als Argument dienten der »schlechte Einfluß«, den eine so gewaltige Anzahl von illoyalen Personen (*neblagonadjoshnyje*) auf die politische Stimmung in Sibirien hätte, sowie der Hinweis, daß sich Sibirien überwiegend nicht für ein seßhaftes Leben und Betreiben von Landwirtschaft eignete. Das alles fruchtete nicht viel, und die Ortsbehörden mußten oft genug die Vorschriften beiseite lassen und die in Massen eintreffenden Deportierten unterbringen, so gut es ging (Feldschtejn 1893: 144; Salomon 1900: 31, 41-43; Skok 1975: 58, 61).

Wie schon erwähnt, wurden 1815-1830 nur diejenigen Polen als Verbrecher nach Sibirien geschickt, die aus den Rußland einverleibten polnischen Gebieten stammten. Die Einwohner des Königreichs Polen dagegen schützte Artikel 25 der Verfassung von 1815, nach dem ihnen das Recht zustand, eine Strafe auf dem Gebiet des Königreichs zu verbüßen. Ob das in allen Fällen eingehalten wurde, läßt sich schwer sagen; doch um dieses Privileg zu umgehen, führten die Behörden auch hier die Arrestantenrotten oder Arrestantenabteilungen ein, die bis 1836 nur außerhalb des Königreichs bekannt waren. Zur Rottenstrafe Verurteilte mußten in Festungen arbeiten. Handelte es sich dabei um Soldaten, sprach man gewöhnlich von Strafabteilungen oder Strafbataillonen, andernfalls von zivilen Arrestantenrotten oder -abteilungen. Mit dem Organischen Statut von 1832 wurde zwar die Verfassung aufgehoben, aber das polnische Strafgesetzbuch [*Kodeks karzący*] von 1818, das keine Deportationsstrafe kannte, blieb weiterhin in Kraft, so daß die Einrichtung der Rotten den russischen Behörden gelegen kam. Ein Ukas von 1842 ermöglichte dann auch offiziell, Polen aus dem Königreich in die sibirischen Bergwerke zu schicken. Man hätte also annehmen sollen, daß die Rotten damit überflüssig geworden wären, zumal sie nicht im Strafgesetzbuch vorgesehen waren. Dennoch griff man auch weiterhin auf diese Strafe zurück, wenn es in sibirischen Gefängnissen zu eng wurde. In die Festungen wurde man nicht nur kraft eines Gerichtsurteils, sondern auch aufgrund einer Verwaltungsentscheidung geschickt, die durch kaiserlichen Befehl bestätigt worden war. Bis zur Einführung des Strafgesetzbuches von 1845 wurden zur Rottenstrafe lediglich nicht privilegierte, d.h. nicht von der Körperstrafe befreite, Personen verurteilt. Nach der Entlassung aus den Rotten, wo sie 5-15 Jahre lang gearbeitet hatten, blieben die Sträflinge noch vier Jahre unter Polizeiaufsicht. Die Abteilungen wurden aus zivilen Mitteln unterhalten, auch wenn die Arbeit für das Militär verrichtet wurde. Drohte ein Krieg, wurden die zivilen Rottensträflinge aus den Festungen schleunigst nach Sibirien verlegt.

Die Ankunft einer Gruppe von Deportierten schuf Schwierigkeiten, die wieder neue Verordnungen nach sich zogen, was die Situation nur noch komplizierter machte. Im April 1869 erging eine Verordnung, der zufolge ein Teil der Verbrecher in eigens eingerichtete Gefängnisse im europäischen Rußland einzuliefern sei, statt nach Sibirien geschickt zu werden. Dennoch sollten sie nach den Gesetzen für Deportierte behandelt werden, insbesondere sollte die Unterteilung in sog. Heimgesuchte – das waren diejenigen, die Hauptstrafen verbüßten – und Erziehungssträflinge beibehalten werden. Demzufolge hätten letztere bereits nach einjähriger Fabrikarbeit bzw. dreijähriger Grubenarbeit das Gefängnis verlassen und bis zur Abbüßung der gesamten Strafe außerhalb der Haftanstalt wohnen können. Jedoch bestand im europäischen Rußland und im Königreich Polen keine Möglichkeit, einen Katorgasträfling in dieses »Freikommando« [*swobodnaja komanda*] zu entlassen: Bei der dortigen Siedlungsdichte hätte man für »Freigänger« eigens eine Aufsicht schaffen müssen. Da es nun aber einmal eine solche Vorschrift gab, meinte die Gefängnisverwaltung, niemandem die Möglichkeit nehmen zu dürfen, von ihr Gebrauch zu machen. So schlug sie vor, die Strafgefangenen, die nach einem bzw. drei Jahren im Gefängnis Zeichen der Besserung erkennen ließen, nach Sibirien zu schicken – womit man wieder am Ausgangspunkt angekommen war (CGIAL, 1286/53/9, Bl. 113-114v.).

Bei der Lektüre der amtlichen Korrespondenz gewinnt man den Eindruck, daß es in Rußland wohl niemanden gab, der Deportation, Katorga und den Häftlingstransport nach Sibirien für vernünftige Lösungen hielt. Bei den höchsten Instanzen liefen ständig Beschwerden, Änderungsvorschläge oder sogar Entwürfe für eine grundlegende Reform ein. Es erfolgten mehrere Novellierungen der Gesetze über Strafen und Deportierte, die sich jedoch im allgemeinen auf kleinliche Regelungen beschränkten, die die Verwaltung am Ort nur behinderten oder verschärfte Disziplinarstrafen für Katorgasträflinge und Deportierte anordneten (GSW 1892, Nr. 14, 26, 27, S. 210, 401, 419; CGIAL, 1363/8/85, Bl. 1-1v.). Im Jahre 1900 wurde ein zwei Jahre zuvor verfaßter sehr kritischer Inspektionsbericht einer Kommission veröffentlicht, die unter Alexander Salomon Sibirien und Sachalin bereist hatte.

Die Kommission machte den Vorschlag, die Deportation zu drosseln und auf die Verschickung nach Sachalin zu verzichten, was 1900 auch prinzipielle Billigung fand. So wurden die Deportationsstrafen »zum Wohnen« (*na shitje*), zur Ansiedlung (*poselenie*) und zur Ansetzung (*wodworenie*) abgeschafft; ferner sollten keine Landstreicher mehr nach Sibirien geschickt werden. Das Recht der Dorfgemeinden, über die Deportation ihrer Mitglieder zu entscheiden, wurde eingeschränkt. Unangetastet blieb der Grundsatz, nach dem Katorga und administrative Verschickung dann verhängt wurden, wenn sich jemand gegen Staat oder Religion verging. Diese Reformen beseitigten zwar nur die krassesten Auswüchse, betrafen aber doch etwa 80 % aller bisherigen Fälle (Gorjuschkin 1978: 135-140; Salomon 1900). Immerhin brachten sie Ordnung in das System und hätten noch größere Bedeutung gewinnen können, wäre nicht auch diesmal das Gesetz weithin toter Buchstabe geblieben. Die Verschickungen nach Sachalin wurden wiederaufgenommen, die Zahl der Deportierten stieg nach 1905 erneut rasch an, und die Zivil- und Militärverwaltung richtete sich in ihren Entscheidungen nach den »Schutzvorschriften« von 1881, die nach der Ermordung Zar Alexanders II. erlassen worden waren.

Nach mehrfachen Änderungen der oben bereits besprochenen Vorschriften unterschied man in der zweiten Hälfte des 19. Jh. und zu Beginn des 20. Jh. schließlich formal sechs Kategorien von Deportierten. Die hier vollständig aufgeführte Klassifikation war nur sehr beschränkt von praktischer Bedeutung. Die Deportierten selbst wußten nicht immer, welcher Kategorie sie angehörten, und hatten folglich auch keinerlei Vorstellung von ihren Rechten und ihrem möglichen Schicksal. Selbst wenn jemand einen besseren Status besaß, nutzte ihm das wenig. Am Deportationsort konnten zwar je nach dortiger Lage, dem Durchsetzungsvermögen einzelner Häftlinge und der Einstellung der Verwaltung die Unterschiede zwischen den Kategorien eingehalten werden, aber in der Praxis kam das selten vor, denn die Verwaltung selbst war nicht imstande, die einzelnen Kategorien auseinanderzuhalten, und verwechselte sie beim Registrieren und beim Führen der Statistik. Folge dieser chaotischen Zustände war, daß manch einer länger als vorgesehen in Sibirien bleiben mußte oder daß sich die Entscheidung über seinen Wechsel zu einer anderen Kategorie verzögerte.

Nominell galt also folgende Einteilung:

A. Administrativ Verschickte.
Sie gelangten ohne Gerichtsurteil lediglich kraft Entscheidung eines Verwaltungsorgans nach Sibirien (oder in die entfernten europäischen Gouvernements); praktisch handelte es sich dabei um eine Deportation »zum Wohnen«, da für sie dieselben Vorschriften galten wie für die kraft eines Gerichtsurteils Deportierten. Letztere Kategorie war in drei Gruppen unterteilt:

A. 1. Deportierte, die nach Verbüßung ihrer (Erziehungs-)Strafe in Arrestantenrotten oder im Gefängnis ohne bürgerliche Rechte noch vier Jahre unter Polizeiaufsicht standen;

A. 2. Deportierte, die auf Beschluß einer Dorfgemeinschaft wegen »Verderb-
nis und Gefährlichkeit« aus dem Dorf entfernt worden waren.

Die Betroffenen aus diesen beiden Gruppen kamen in die Gouvernements
Tobolsk oder Tomsk, sofern sie nicht um eine Verschickung nach Ostsibirien
baten. Am Deportationsort wurden sie in den Bauern- bzw. Bürgerstand eingetragen, ohne daß eine Einwilligung der jeweiligen Ortsgemeinschaft dazu
nötig gewesen wäre, was bedeutete, daß die freien Siedler in Sibirien weniger
Rechte besaßen als die Bauern im europäischen Rußland. Die Deportierten
dieser beiden Gruppen, die im Grunde genommen ihre Rechte nicht verloren
hatten (obwohl die diesbezügliche Situation der ersten Gruppe nicht völlig
klar ist), konnten sich jedoch lediglich innerhalb eines Gouvernements frei
bewegen. Sie konnten auch nicht Berufsvereinigungen und Gilden beitreten,
bevor die Ortsgemeinschaft nicht ihrer Aufnahme zugestimmt hatte. Nach
fünfjährigem Aufenthalt in Sibirien durften die Sträflinge dort bleiben oder
wieder in ihre Heimat zurückkehren, aber nur an einen Ort, in dem sie zuvor
akzeptiert worden waren. Später wurde die Dauer des obligaten Sibirienauf-
enthalts auf drei Jahre verkürzt.

Wie erwähnt, besaßen die Dorfgemeinschaften sehr weitgehende Befugnisse, wenn es darum ging, sich unbequemer Personen zu entledigen. In
Wirklichkeit handelte es sich bei dieser Deportation um eine zusätzliche Strafe, die jemandem auferlegt wurde, der seine Schuld bereits verbüßt hatte.
Außerdem wurde diese Strafe von beschränkten und inkompetenten Menschen verhängt, bei deren Entscheidung oft Rache oder Geldgier eine nicht
unerhebliche Rolle spielte, weil sich Angehörige der Gemeinschaft gewöhnlich den Landanteil des Deportierten aneigneten. Die Verwaltung stellte diese
Zustände in der Öffentlichkeit als »Respektierung der Volksgerechtigkeit«
dar, doch Juristen und Politiker übten daran zunehmend schärfere Kritik. Um
1880 wurden durchschnittlich 1 280 Personen im Jahr von den Gemeinschaften entfernt und 3 600 nach Strafverbüßung nicht wieder aufgenommen. Die
Lage eines solchen Deportierten war verzweifelt, weil er in Sibirien als ein
gewöhnlicher Deportierter galt, dabei aber nicht wußte, wovon er leben sollte. Nach langen Debatten, Prüfung verschiedener Entwürfe und Gegenent-
würfe entschied sich der Kaiser jedoch 1888, die Rechte der Gemeinschaften
nicht anzutasten. Erst 1900 nahm man den städtischen Gemeinschaften das
Recht, über die Deportation von Mitgliedern zu entscheiden (obwohl das
praktisch keine größere Bedeutung hatte), und schränkte die diesbezüglichen
Rechte der Dorfgemeinschaften ein. Seitdem konnten lediglich größere Dorfgemeinschaften mit mehr als 300 Einwohnern über die Entfernung unerwünschter Mitglieder entscheiden. Einem Zurückgekehrten durfte nicht mehr
das Recht verweigert werden, in seinem Heimatort zu leben; außerdem wurden zusätzliche Bedingungen eingeführt, die zur Legitimierung der Entschei-

dungen von Gemeinschaften nötig waren. Das Gesetz vom 5./18. Oktober 1906 löste die Dorfgemeinschaften auf und befreite die Bauern von der Bindung an sie. Von nun an hätte die »administrative Verschickung« von selbst ein Ende nehmen müssen. Trotzdem fuhren die Gemeinschaften, die jetzt Nachbarschaftsgemeinschaften hießen, mit der alten Praxis fort, obwohl sie dazu nicht mehr befugt waren. Auch diejenigen, die sich in der Deportation befanden, erhielten ihre Freiheit nicht wieder zurück.

A. 3. Die dritte Gruppe bestand aus Personen, die aufgrund einer Entscheidung des Innenministers oder eines Gouverneurs deportiert worden waren, weil dieser in ihnen eine besondere Bedrohung für Ruhe und Ordnung sah. Anfänglich waren diese Deportationen eher die Ausnahme und machten lediglich 5-10 % des Umfangs der ersten beiden Gruppen aus. Mit der Zeit jedoch, namentlich seit Einführung der »Schutzvorschriften« von 1881, nahm diese Form der Deportation geradezu bedrohliche Ausmaße an, denn nun wurde bereits deportiert, wer auch nur verdächtigt wurde, sich gegen den Staat und die öffentliche Ordnung vergehen zu können. Eine derart skandalöse Auffassung von Schuld und Strafe war eine der Besonderheiten des russischen Systems.

Die Deportationsdauer, die zunächst auf fünf, dann drei Jahre befristet war, konnte durch eine höhere Verwaltungsinstanz verlängert werden. Sondererlasse gestanden immer niedrigeren Dienstgraden von zivilen Beamten und Militärs das Recht zu, über eine Deportation zu befinden. Kam die Entscheidung vom Minister, hatte ein Verdächtiger kein Recht, eine Untersuchung oder Zeugengegenüberstellung zu verlangen. In der Praxis konnte von diesem Recht allerdings auch dann nicht Gebrauch gemacht werden, wenn die Entscheidung über eine Deportation auf einer unteren Verwaltungsebene gefallen war (CGIAL, 1286/53/14, Bl. 49-51v.; Salomon 1900: 44).

B. Gerichtlich zur Deportation Verurteilte.
Ursprünglich hatte eine gerichtliche Verurteilung stets eine lebenslange Deportation nach Sibirien bedeutet, wobei jedoch durch kaiserlichen Beschluß jede Urteilsänderung möglich war. 1896 wurde dieser Grundsatz formal aufgehoben und festgesetzt, daß bereits Verurteilte nunmehr nach zehn bis zwölf Jahren aus der Deportation befreit werden konnten. Wer noch nicht verurteilt war, konnte damit rechnen, die Zeit seiner Zwangsansiedlung auf dem Gnadenwege verkürzt zu bekommen. Diese Möglichkeit bestand durchaus; Gnadenakte und Quasi-Amnestien waren in Rußland an der Tagesordnung. Diese Kategorie war ebenfalls in drei Gruppen unterteilt:

B 1. Ansiedler (*ssylno-poselency*), bei denen eine Deportation die Folge einer Katorgastrafe und der Aberkennung aller Rechte, also die Konsequenz einer Hauptstrafe war.

Weder in der Praxis noch in den Rechtsvorschriften wurde diese Deportationsart von einer direkten Deportation unterschieden, der keine Katorga vorausgegangen war. Alle zur Ansiedlung Deportierten bildeten eine Gruppe von Rechtlosen. Sie erhielten einen ständigen Aufenthaltsort zugewiesen, den sie nur verlassen durften, um am Amur Verdienstmöglichkeiten zu suchen. Unter den dort herrschenden Zuständen hieß das praktisch, daß der Betreffende sein Leben ganz bewußt aufs Spiel setzte. Die Ansiedler besaßen nur ein beschränktes Eigentumsrecht, und die Verwaltungsorgane oder die Polizei konnten sie ohne Gerichtsurteil und fast ohne jede Kontrolle von seiten der Justiz für sämtliche Verfehlungen bestrafen.

Wenn sie sich drei Jahre lang gut geführt hatten, konnten Katorgasträflinge das Gefängnis verlassen, sich eine Bleibe suchen und auch heiraten. In der Praxis wurde dieser Zeitraum sogar auf ein Jahr verkürzt, weil die Gefängnisverwaltung auf diese Weise der lästigen Unterhaltspflicht enthoben war und über freie Plätze verfügte. Zwangsarbeit war weiterhin Pflicht, doch wurden zehn Monate für ein Jahr verhängter Strafe gerechnet. War die Strafe auf diese Weise verbüßt, erfolgte die eigentliche Ansiedlung, die sich von der bisherigen dadurch unterschied, daß der freigelassene Häftling sich selbst Arbeit suchen mußte. Nach sechs bis zehn Jahren konnte er sich um die Qualifikation für den Bauernstand bewerben, vorausgesetzt, er erhielt die Einwilligung einer Dorfgemeinschaft. In den Städten durften sich Deportierte dieser Gruppe nur mit Zustimmung der Stadtverwaltung aufhalten. Gewöhnlich blieben nur ca. 10 % dieser von der Katorga befreiten Deportierten am Ort, um ein Anrecht auf den Bauernstand zu erwerben. Die übrigen hatten sich bereits früher, noch vor der Legalisierung, abgesetzt.

B 2. Angesetzte. Ansetzung (*wodworenie*) galt als Erziehungsstrafe, doch die Lage der dazu Verurteilten, die mitunter »einverleibte Arbeiter« hießen, unterschied sich in der Praxis wenig von der Lage der Ansiedler. Einer der Artikel des Gesetzes über die Deportierten stellte – sicherlich zufällig und durch ein Mißverständnis – die erste und zweite Gruppe auf eine Stufe. Die zur »Ansetzung« Verurteilten (gewöhnlich ohne vorangehende Katorga) blieben anderthalb Jahre lang unter Polizeiaufsicht und ab 1895 unter Aufsicht der Gefängnisinspektion. Sie durften arbeiten, aber es war für sie schwierig, Arbeit zu finden. Nach vier Jahren Sibirienaufenthalt kamen sie unter Polizeiaufsicht (was eine offensichtliche Inkonsequenz des Gesetzes war) oder die Aufsicht von Gemeinschaften, wogegen sich letztere wehrten, so gut sie konnten. Genauso wie Katorgasträflinge waren sie in ihren Steuer-, Erbschafts- und Eigentumsrechten eingeschränkt; außerdem galt für die »einverleibten Arbeiter« ein fünfjähriges Eheschließungsverbot. Zu dieser Strafe wurden fast ausschließlich Landstreicher verurteilt, für die besondere Strafvorschriften galten.

B 3. »Zum Wohnen« Deportierte. Es war eine Gruppe von Privilegierten, also von Personen, die nicht der Körperstrafe unterlagen. Diese Form von Deportation wurde als Strafe für Taten verhängt, auf die für Nichtprivilegierte eine Rottenstrafe bis zu zehn Jahren bzw. Gefängnis (früher Arbeitshaus) zwischen sechs Monaten und drei Jahren oder Besserungsarrest standen. Deportation galt hier also als Privileg und nicht als Strafverschärfung. Wer »zum Wohnen« verurteilt war, verlor einen Teil seiner Sonderrechte, behielt aber sein volles Erziehungs- und Eigentumsrecht. Die Deportation führte entweder in entlegene europäische Gouvernements oder nach Sibirien. Mitunter ging ihr eine ein- bis vierjährige Freiheitsstrafe voraus; doch weil in den Gefängnissen zumeist kein Platz war, galt statt dessen das Verbot, sich aus der angewiesenen Ortschaft zu entfernen. Andere Deportierte durften sich innerhalb ihres Gouvernements frei bewegen, standen aber ebenfalls unter Polizeiaufsicht. Sie konnten sich um eine Eintragung in den Bauern- bzw. Bürgerstand bewerben, doch erhielten sie kein Recht, an den Selbstverwaltungswahlen teilzunehmen. Nach Zustimmung von Gemeinschaften oder Behörden konnten sie Handel treiben oder ein Handwerk ausüben und nach dreijährigem Sibirienaufenthalt auch Ackerbau betreiben (Salomon 1900: 103-110; Andrychiewicz 1871: 227 f.; Feldschtejn 1893: 144-184).

Damit haben die Klassifizierungsprobleme aber noch kein Ende, denn die Strafen waren zusätzlich abgestuft, z.B. war bei Stufe 1 und 2 das Gouvernement Irkutsk Verschickungsort, bei Stufe 3-5 das Gouvernement Tobolsk oder Omsk. Es stand jedoch jedem Verurteilten frei, sich in die Amur- oder in die Küstenprovinz zu begeben, denn allgemein galt: Je weiter östlich und nördlich, desto beschwerlicher die Existenz. Eine große Rolle spielte hierbei ein rein psychologischer Faktor – das Gefühl, von der Heimat abgeschnitten zu sein. Außerdem waren die zuerst kolonisierten Gebiete auch am wenigsten unwirtlich. Große Deportiertenkolonien befanden sich in Tobolsk und Umgebung, ferner in der Umgebung von Omsk und Tomsk, Ust-Kamenogorsk, Tara, Tjukalinsk, Ischim, Jalutorowsk, Semipalatinsk, Kotschetow, Akmolinsk, Kurgan, Surgut und Bertschow. Westsibirien war bereits in den 60er Jahren überfüllt, deshalb wurde auch kein Deportierter mehr dorthin geschickt, selbst nicht mit dem Strafgrad 1 und 2. Die Transporte gingen jetzt nach Ostsibirien, nach Irkutsk und weiter nach Transbaikalien mit seiner großen Strafkolonie in Kara, das 8 000 km von St. Petersburg und 1 600 km von der Pazifikküste entfernt lag. An der Kara befanden sich Goldminen und Goldwäschereien, die Kara-Minen, wohin seit längerer Zeit all diejenigen verbracht worden waren, denen man die Todesstrafe in Zwangsarbeit umgewandelt hatte. 30 km lang zogen sich die Gefängnisse für die Zwangsarbeiter hin: Ober-, Mittel- und Unter-Kara, Ust-Karijskaja, die sog. Unteren Minen und das Amur-Gefängnis. Alle zusammen bildeten die Besserungskolonie Kara

– eine irreführende Bezeichnung, da dort überwiegend zu Hauptstrafen Verurteilte anzutreffen waren. Etwa die Hälfte der Zwangsarbeiter in Kara lebte im Gefängnis, der Rest in Hütten und Baracken; das war das sogenannte »Freikommando« (*swobodnaja komanda*). Anfang 1886 lebten in der gesamten Kolonie 2 500 Personen, nur 600-800 davon waren Katorgasträflinge (Jellinskij 1927: 2-9; Kennan 1890: II, Kap. III-VI).

Anfänglich wurden keine Transporte in die Provinz Jakutsk geleitet, weil die Bedingungen für eine Ansiedlung dort außerordentlich beschwerlich waren. Kälte, Dauerfrostböden und die Taiga ließen keinen Ackerbau zu, mitunter nicht einmal den Aufenthalt im Freien. Doch gegen Ende des 19. Jh. war selbst die Provinz Jakutsk reif für eine Strafkolonie. Kennan, der gesund, stark und gut ausgerüstet war, gelangte nur unter Mühen in diese Breiten, wo bereits 300 politische Häftlinge in Sredne-Kolymsk lebten, die zwischen 1879 und 1890 dorthin gekommen waren, unterernährt, ungenügend bekleidet und vom Weg nach Sibirien und den Aufenthalten in den Etappengefängnissen ausgemergelt. Unter ihnen befanden sich sogar Frauen. In einem Gebiet größer als Frankreich lebten Ende des 19. Jh. lediglich 6 500 Menschen. Davon waren 1 000 Russen, 3 500 Jakuten und 750 Angehörige der rasch aussterbenden Tschuwaschen, Jukagiren und anderer Stämme, z.B. der letzten nomadisierenden Tschuktschen. Sie litten drei bis vier Monate im Jahr Hunger. Die Deportierten betrieben etwa zu einem Drittel Ackerbau, mehr als die Hälfte hatte keinerlei Beschäftigung. Bis 1889 waren 30 Deportierte ums Leben gekommen: 13 wurden von Banditen oder Einheimischen erschlagen, sechs begingen Selbstmord, drei verunglückten, die übrigen acht starben an einer Krankheit (Feldschtejn 1893: 173; Krotow 1925: 12 f.; Lure 1934: 100 f.; Poljakow 1928: 158).

Am weitesten im Osten lag die Strafkolonie auf Sachalin. Zunächst war die Insel von Soldaten besiedelt worden, 1879 folgten die ersten Sträflinge, obwohl es eine Verwaltung erst ab 1884 gab. Noch ehe die Kolonie also offiziell bestand, waren bereits etwa 4 600 Personen auf dem Seeweg dorthin gebracht worden. Gegen Ende des Jahrhunderts kamen hauptsächlich Männer im Alter bis zu 50 und Frauen im Alter bis zu 45 Jahren, die wegen Landstreicherei verurteilt worden waren, vorausgesetzt, sie litten an keiner ansteckenden Krankheit und konnten die Schiffsreise vertragen. Mit der Zeit tauchten dann auch hier politische Gefangene auf. 1894 wurde beschlossen, einen Transport von zur »Ansiedlung« vorgesehenen Frauen nach Sachalin zu lenken, um die dortige Geschlechterdisparität zu beheben. Die Unterbringung der Deportierten erfolgte ohne jedes Auswahlkriterium: Politische mußten mit Kriminellen auskommen, Minderjährige mit Wiederholungstätern usw. Infolge der allgemeinen Verwilderung nahmen Geschlechtskrankheiten und Alkoholismus hier besonders drastische Ausmaße an. Bei der Schwerstarbeit in den Steinkohlegruben waren bis zu 26 % der Deportierten beschäftigt; die übrigen waren entweder arbeitsunfähig oder hatten sich eine Beschäftigung beim Häuser-, Straßen- oder Brückenbau besorgt. Das Gesetz von 1886 zur Regelung der Häftlingsarbeit wurde nicht befolgt, so daß ein allgemeines Durcheinander herrschte. Die Deportiertenzahl stand in keinem Verhältnis zu Arbeitsbedarf und Ernährungsmöglichkeiten. Es gab wenig Ackerland, und das Klima war nicht förderlich für die Landwirtschaft. Lange Zeit hatte Sachalin nur eine einzige Siedlung, das 1858 gegründete Dui. 1869 wurde der am Südende gelegene Grenzposten Korsakowskij in eine Siedlung umgewandelt und die Farm Alexandrowskaja gegründet, die sich später zur Siedlung Malaja Alexandrowskaja entwickelte. 1882 gab es bereits 13 Siedlungen (Jellinskij 1928: 15, 55; Setsch 1904: 5 f.).

Anfänglich waren die Behörden bemüht, die schreckenerregenden Berichte über Sachalin, die hauptsächlich von Anton Tschechow und Wlassij Doroschewitsch stammten, als übertrieben und einseitig hinzustellen (Tschechow 1893/94 [dt. 1931, 1967]; Doroschewitsch 1901). Doch sehr bald gab die offizielle Presse selbst zu: »Es kann keine Rede davon sein, daß die Katorga in Sachalin zur Besserung führt. Ganz im Gegenteil (...) ist der Aufenthalt in den dortigen Gefängnissen absolut verderblich, und das nicht nur für moralisch Labile, sondern auch für diejenigen, die durch eine unglückliche Verkettung der Umstände oder durch ein formales Vergehen, von denen es viele gibt, z.B. schwere Verstöße gegen die militärische Disziplin, in die Katorga geraten sind.« (*Tjuremnyj Westnik* 1901: 74)

Man hätte meinen sollen, daß nun nichts anderes übriggeblieben wäre, als Sachalin von der Liste der Deportationsorte zu streichen. Zwar wurde 1900 angekündigt, daß die Verschickungen von Häftlingen dorthin eingestellt würden, aber die Strafkolonie wurde nicht aufgelöst. Während des russisch-japanischen Krieges wurden die Deportierten und Zwangsarbeiter ermuntert, gegen einen beträchtlichen Strafnachlaß in das Verteidigungskontingent der Insel einzutreten. Die Aussicht, sich einmal satt essen zu können, lockte viele Freiwillige an, doch später liefen nicht wenige von ihnen zu den Japanern über. Zahlreiche Häftlinge fielen auch. Nach Ende der Kampfhandlungen dauerte die Fluchtbewegung an, was dadurch erleichtert wurde, daß Japan den Südteil der Insel besetzt hatte. Auf Nord-Sachalin blieb nur noch eine Handvoll Sträflinge und Siedler. Das hatte einen weiteren, abermals nicht zu Ende geführten Entschluß zur Folge, die Strafkolonie abzuschaffen.

Deportation und Katorga in Sibirien standen im Gegensatz zu den offiziellen Kolonisationsplänen. Die höhere Verwaltung stellte eindeutig fest, daß die freie Besiedlung infolge unverhältnismäßig zahlreicher sozialer Randgruppen in der sibirischen Bevölkerung behindert würde. Ein Verzicht auf die Politik, durch die dieses Land in ein riesiges Gefängnis verwandelt wurde, hätte den Siedlungsprozeß zweifellos beschleunigt, und das soziale Leben hätte weniger pathologische Züge getragen. Die Forschung geht davon aus, daß diejenigen, die Sibirien aus freien Stücken bewohnbar machen wollten, ebenso dynamisch und unternehmungslustig waren wie die Pioniere im amerikanischen Westen, doch daß ihre Initiative immer wieder auf politische Hindernisse stieß. Jurij Semjonow hatte völlig recht, als er schrieb: »Jedes Unternehmen zur Kolonisierung in Sibirien endete unweigerlich damit, daß ein Teil oder auch sämtliche Kolonisten davonliefen. Da sie im Walde weiterlebten, hätten sie theoretisch das Werk der Kolonisation fortsetzen müssen. Aber sie waren nicht mehr seßhaft. Sie verwandelten sich in Landstreicher, hielten sich vor der Polizei versteckt und schweiften von einem Ort zum andern. Sie vereinten sich mit entlaufenen Zwangsarbeitern und schlossen sich zu Banden zusammen.« (1937: 280)

Der Kolonisationspolitik lagen vor allem Machtinteressen zugrunde und das Bestreben, den Fernen Osten handelspolitisch und militärisch zu beherrschen. Zudem war Sibirien interessant wegen seiner Edelmetallvorkommen, die für einen despotischen und zentralisierten Staat allemal wichtiger waren als die Bedürfnisse der Landwirtschaft. Im 19. Jh. waren allerdings auch der Landmangel und die Überbevölkerung in manchen Gouvernements ein wichtiger Faktor für die Kolonisationspläne. Als Speranskij, der Reformer des sibirischen Deportationssystems, die freie Siedlung befürwortete, wurden Mittel bereitgestellt, um Siedlungswilligen zu helfen. Dennoch blieben noch genügend Hindernisse; z.B. waren Einwilligungen von Dorfgemeinschaften erforderlich, um ein Dorf verlassen und sich in einem neuen einsiedeln zu können, und aus Furcht vor Unruhen unter der einheimischen Urbevölkerung wurde das zur Kolonisierung vorgesehene Gebiet beschnitten.

Nach François Coquin kann eher von einer Duldung der Kolonisierung als von ihrer Förderung gesprochen werden (Coquin 1969: 64, 72 ff.). Das Gesetz über die Kolonisierung von Sibirien (1842), das die Auswanderung regelte und Erleichterungen für die Umsiedler bestimmte, spielte praktisch keine größere Rolle. Die Neuregelung der Vorschriften für eine Übersiedlung (1861) machte die Erlaubnis unter anderem von folgendem abhängig: Ein Siedlungswilliger mußte sein Gemeindeland einer bestimmten Person hinterlassen, eventuelle Schulden mußten getilgt sein, gegen ihn durfte keine Untersuchung laufen, und er durfte nicht vorbestraft sein, die zurückgelassene Familie mußte materiell gesichert sein, und die Einwilligung der noch lebenden Eltern mußte vorliegen. Wie immer war auch die Zustimmung beider Gemeinschaften – der bisherigen und der neuen – nötig. In der Übergangszeit, während der Bauernbefreiung (1863), wurde jegliche Übersiedlung gestoppt.

Sogar noch Anfang des 20. Jh. »begegnen dem Ansiedler bei seiner Ankunft in Sibirien statt Erleichterungen, Rat und wohlgemeinten Hinweisen auf Schritt und Tritt nur hinderliche Vorschriften und Verbote. Es ist eine Methode zur Verhinderung der Siedlung« – in der Tat schwer zu verstehen, zumal nach der Bauernbefreiung und der Aufhebung der Bindungen an die Gemeinschaft (Giller 1867: III, 14 f.; Coquin: 1969; 170 ff.). Abschreckend wirkte der behördlich vorgeschriebene hohe Anteil an Zwangsansiedlern: Von je 100 Desjatinen (1 Desjatine = 1,09 ha) Land sollten 25 an Deportierte gehen und auf vier Freie ein Deportierter entfallen. Diese Proportionen – ein absurder Auswuchs bürokratischer Denkweise – wurden im übrigen noch mehrmals geändert. In vielen Ortschaften überstieg die Anzahl der Deportierten sogar die der freien Siedler. Mit steigender Bevölkerungszahl und schrumpfender Reserve an leicht zu bebauendem Ackerland fiel der Landanteil unter 15 ha pro Person. Genügend Grund und Boden gab es nur noch dort, wo seine Aufbereitung und das Pflügen viel Mühe machten und die Erträge geringer ausfielen. Abgesehen davon stand der Ackerbau in Sibirien nie auf hohem Niveau (vgl. ebd.). Außerdem hatten auch die freien Siedler nur ein beschränktes Recht umzusiedeln; die Umsiedlung aber konnte mitunter lebensrettend sein.

In den 50er und Anfang der 60er Jahre des 19. Jh. herrschte unter den sibirischen Bauern eine extreme Not mit hoher Sterblichkeit. Ein Teil der Übersiedler versickerte sofort in dem riesigen Land; an den Bestimmungsort gelangte etwa die Hälfte. Bis zum Ende der 80er Jahre gab es in Sibirien weniger freie Siedler als Zwangsansiedler. 1861-1874 kamen im Jahresdurchschnitt etwa 1 000 Personen freiwillig, 1874-1878 blieb der Siedlerstrom praktisch aus. Danach gab es eine erneute Belebung, und 1881 kamen 32 000 Bauern. Von 1891 bis 1901 zogen insgesamt 84 000 Personen zu; die Gesamtzahl der Siedler belief sich zwischen 1861 und 1914 auf 4,2 Millionen. Die freie sibirische Bevölkerung nahm zwischen 1861 und 1885 im Jahresmittel um 12 000, zwischen 1886 und 1895 um 47 000 und zwischen 1896 und 1915 um 172 000 Personen zu (Bajkalow 1932: 557 f.; Gorjuschkin 1976: 136; Jadrinzew 1892: 137-139). Interessant ist auch, daß der illegale, nicht registrierte Bevölkerungszustrom nach Sibirien zu bestimmten Zeiten sehr groß sein konnte; beispielsweise betrug er 1838-1845 höchstwahrscheinlich 19 000 bei einer legalen Migration von 57 700 (Coquin 1969: 227 f.). Sibirien konnte sehr wohl ein attraktives Siedlungsgebiet sein, nur war die Politik für die Kolonisation eher hinderlich als hilfreich.

Wenn mit der Zeit immer mehr Menschen nach Sibirien zogen und sich dort einrichteten, war das weniger eine Folge der offiziellen Sibirienpolitik als vielmehr des Strebens der russischen Bevölkerung nach ökonomischer und bürgerlicher Emanzipation. Große Bedeutung hatten aber auch die Anlage und der Ausbau von Verkehrswegen. Im Jahre 1843 wurde die Dampfschiffahrt auf dem Ob, auf dem Jenissej und der Lena aufgenommen. Die Folge davon war, daß in den Jahren 1847-1855 die freie Siedlungsbewegung – sowohl die staatlich geregelte als auch die spontane, eigenmächtige – stark zunahm. Es wurden Dörfer angelegt, deren Einwohner kaum den Zeitpunkt erwarten konnten, bis ihre Existenz in Sibirien legalisiert war. Nicht selten machten sich Trecks von einhundert und mehr Familien (300-400 »Seelen«) auf den Weg. 1870 wurden Vorschriften erneuert, nach denen die Edelmetallsuche erlaubt war. Das gefundene Gold (und andere Edelmetalle) war Staatseigentum, doch sollten die Besitzer von Goldminen oder -wäschereien das Äquivalent in Form von eintauschbaren Assignaten erhalten. Von diesem Recht auf Schatzsuche waren außer Deportierten und unter Polizeiaufsicht stehenden Personen auch Geistliche, Bergbeamte und Juden ausgeschlossen.

Verdienstmöglichkeiten gab es in Sibirien auch in Eisenerzgruben, metallverarbeitenden Betrieben und Salzsiedereien. 1880 wurden bereits 1 750 Industriebetriebe gezählt, die zum großen Teil jedoch als kleinere Handwerksbetriebe zu bezeichnen wären. Die Gesamtzahl der dort beschäftigten Arbeiter soll sich auf über 10 000 belaufen haben; allerdings wurde der Arbeitsplatz häufig gewechselt, und die Arbeitsproduktivität lag niedrig. Die Anzahl der städtischen Siedlungen nahm nur sehr schleppend zu. Nach der Volkszählung von 1897 machte die Stadtbevölkerung – das waren die Einwohner der Ortschaften, die formal das Stadtrecht besaßen – lediglich 8,3 % (nach anderen Angaben nur 6,5 %) der sibirischen Bevölkerung aus. 1914 betrug die städtische Bevölkerung höchstwahrscheinlich 10,8 % (Gorjuschkin 1976: 98 f.; 1978: 139; Łukawski 1978: 169-173).

In der zweiten Hälfte der 80er Jahre geriet Rußland in eine Agrarkrise, da das billigere amerikanische Getreide den westeuropäischen Markt eroberte und sich außerdem der Fortschritt in den Anbaumethoden bemerkbar machte: Die Folge waren ein Preisverfall für Getreide und ein Überangebot an Arbeitskräften in der Landwirtschaft. Als 1892 in Rußland eine große Hungersnot ausbrach, setzte eine Massenwanderung nach Sibirien ein. 1885 war die Eisenbahnstrecke zwischen Jekaterinburg und Tjumen in Betrieb genommen worden, was die Reisezeit nach Westsibirien erheblich verkürzte; 1896, 1897, 1899 und 1900 kamen weitere wichtige Eisenbahnverbindungen dazu. Außerdem erging 1889 ein neues Ansiedlungsgesetz, in dem die freie Ortswahl gestattet wurde. Höchstwahrscheinlich zogen in den sechs Jahren zwischen 1889 und 1894 dreimal mehr Menschen aus Rußland nach Sibirien als im vorangegangenen analogen Zeitraum (1882-1888); ein sehr großer Teil davon kam auf eigene Faust und ohne die entsprechenden Papiere.

Indessen stand es in Sibirien immer noch nicht zum besten: Das Land war zwar riesig und dünn besiedelt, aber sogar die wenigen dort lebenden Menschen (1897 betrug die Bevölkerungsdichte 0,5 und 1914 auch erst 0,9 Einwohner pro Quadratkilometer) hatten Schwierigkeiten, Ackerland zu finden. Die Gebiete mit günstigeren natürlichen Voraussetzungen waren übervölkert, und trotz der Bestimmungen des Gesetzes von 1889 (über die freie Ortswahl) blieben weite Landstriche für die Kolonisation gesperrt. Wenn die Wanderungsbewegung nach Sibirien auch immer größere Ausmaße annahm, darf dennoch nicht übersehen werden, daß sehr viele scheiterten und nach Europa zurückkehrten. Selbst die Witteschen Reformen halfen hier nichts, obwohl jeder, der auf eigene Kosten nach Sibirien zog, die Zusicherung erhielt, daß er weder an seinem alten noch an seinem neuen Wohnort Schwierigkeiten haben werde. Ab 1906, als die Gemeinschaften aufgelöst wurden, fielen auch die staatlich geförderten Siedler unter dieses Gesetz. Trotzdem blieb die Zahl der Rückkehrer weiterhin hoch. Im Jahrfünft 1896-1900 wanderten 922 000 Personen freiwillig nach Sibiren aus, von denen jedoch 278 000 (30,2 %) zurückkehrten. 1901-1905 kehrten 39,1 % der Auswanderer zurück, 1906-1910 fiel der Prozentsatz vorübergehend auf 17,8 %, und 1911-1915 waren es wieder 39,3 % (nach Coquin 1969: 747 f.).

Dennoch kann man zu Beginn des 20. Jh. von einem Umbruch in der Geschichte Sibiriens sprechen. Sibirien verlor seinen bisher alles prägenden Gefängnischarakter und wurde zusehends ein Land freier und wirtschaftlich aktiver Siedler. Es bildete sich eine örtliche Intelligenz heraus, die zwar nicht selten aus ehemaligen Deportierten bestand, aber nun bemüht war, den düsteren Ruhm ihres Landes vergessen zu machen. Das alles war weniger die Folge der offiziellen Sibirienpolitik als vielmehr allgemeiner Veränderungen im Russischen Reich ab 1890, gefördert vom tatkräftigen Finanzminister Witte – der Industrialisierung, der kulturellen Entwicklung und einer Belebung des politischen Lebens, dank denen einige soziale Barrieren durchbrochen wurden. Die Industrialisierung ging in Sibirien langsam, aber stetig voran mit der Errichtung von Mühlen, Brauereien und Brennereien oder – wenn auch schon weniger zahlreich – von Textil- und Fleischfabriken, Gerbereien und eisenverarbeitenden Betrieben. Im allgemeinen handelte es sich dabei um kleine Unternehmen mit selten mehr als zehn Beschäftigten. Aber auch im europäischen Rußland sah die Industrie in vielen Gouvernements nicht anders aus. Nach einigen Berechnungen soll es Anfang des 20. Jh. in Sibirien 172 000 Arbeiter gegeben haben (Gorjuschkin 1976: 211; Lukawski 1978: 224 f.). Diese Angaben sind höchst zweifelhaft (z.B. enthält diese Zahl auch landwirtschaftliche Saisonarbeiter, die mitunter nur wenige Wochen im Jahr in einer Fabrik arbeiteten, sonst aber von ihrem Landstück lebten); doch selbst wenn sie zuträfen, hätten die Arbeiter ganze 2,5 % der Bevölkerung Sibiriens einschließlich der Ureinwohner ausgemacht, mithin den gleichen Prozentsatz wie im europäischen Rußland. Der Wandlungsprozeß wäre mit Sicherheit schneller erfolgt, hätte sich die Regierung rascher zu einer radikalen Änderung ihrer Strafpolitik entschlossen.

Die Migrationsbewegung um die Jahrhundertwende hatte zwei Höhepunkte: Der erste folgte auf den Eisenbahnbau ab 1893, der zweite auf die neue Politik nach der Revolution von 1905. 1893-1899 erreichte die Zahl der Übersiedler bereits 97 000, stieg 1900-1903 auf 104 000, um nach 1906 jährlich 330 000-340 000 zu erreichen. 1906-1914 zogen 3 Millionen Bauern nach Sibirien, und obwohl es einen ständigen Rückstrom gab, war dieser doch nicht mehr so stark wie früher (in diesen Jahren kehrten nur 530 000 zurück). Hatten bis etwa 1890 relativ begüterte Bauern überwogen, kamen nun mit der Bahn vorwiegend arme. Dabei ist allerdings zu beachten, daß das gesamte Russische Reich am Ende des 19. Jh. in verschiedenen Richtungen von starken Migrationsbewegungen durchzogen wurde. Die Abwanderung in die europäischen Gouvernements, namentlich Petersburg und Moskau, war viel stärker als nach Sibirien. In der Migrationsbilanz stand das Gouvernement Tomsk erst an 10. Stelle (nach den polnischen Gouvernements Petrikau und Warschau), das Gouvernement Jenissej an 11., die Bezirke Transbaikalien, Jakutsk und Amur folgten auf Plätzen zwischen 24 und 35 (von insgesamt 89 Verwaltungseinheiten).

Kapitel 3

Rußlands größtes Gefängnis im Spiegel der Statistik

Eine regelmäßig geführte Gerichtsstatistik gibt es in den einzelnen Reichsgebieten erst seit den Reformen Alexanders II. Angaben aus früherer Zeit sind sporadisch und nicht einheitlich. Die Gerichtsstatistiken eignen sich jedoch nicht besonders, um die Anzahl der in Sibirien lebenden Verbannten und Sträflinge festzustellen, da sie ausschließlich Urteile regulärer Zivilgerichte, nicht aber Urteile von Militärgerichten oder Entscheidungen über administrative Verschickungen vermerken. Zudem lassen sie Delinquenten unberücksichtigt, die nach Beendigung ihres Dienstes in Arrestantenrotten oder Strafbataillonen nach Sibirien überstellt wurden. Schließlich lag zwischen dem Urteilsspruch und seiner Vollstreckung oft eine sehr lange Zeit, in der vieles geschehen konnte: Der Kaiser konnte das Urteil auf dem Gnadenweg ändern, die Verurteilten konnten unterwegs nach Sibirien sterben oder flüchten, und es war nicht gesagt, daß jemand, der in Abwesenheit verurteilt wurde, seine Strafe auch antrat.

So waren längst nicht alle, die in der Gerichtsstatistik auftauchen, tatsächlich in Sibirien; andererseits gab es dort ungezählte Opfer des außergerichtlichen Repressionssystems, insbesondere der spezifisch russischen »Gemeindegerechtigkeit«: Beispielsweise wurden 14 000 Soldaten der sog. Kosakenregimenter, darunter etwa 2 500 Polen (Giller 1867: 19 f.), zwischen 1858 und 1860 zur Ansiedlung nach Ostsibirien geschickt. Ein weiterer Mangel der Gerichtsstatistiken besteht darin, daß die Verbannten nicht immer nach einheitlichen Kategorien erfaßt wurden; einmal geschah das nach der Anzahl von Jahren, die sie in Sibirien zu verbringen hatten, ein anderes Mal nach dem Verschickungsort; doch wurde in solchen Fällen lediglich summarisch angegeben, wie viele auf Sibirien, auf den Kaukasus oder auf die entlegenen Gouvernements des europäischen Rußland entfielen.

Die Gerichtsstatistiken veranschaulichen im Grunde also nur die Rolle, die Katorga und Deportation im gewöhnlichen russischen Justizsystem, d.h.

bei der Urteilssprechung der regulären Gerichte, spielten. Diese Rolle war vor Einführung des Strafgesetzbuches von 1845 sehr groß; denn von 1841 bis 1845 verurteilten die Gerichtskammern – die den deutschen Amtsgerichten entsprachen und Fälle in zweiter oder auch erster Instanz verhandelten, sofern es sich um ein schwerwiegenderes Delikt handelte – 27,9 % aller für schuldig Befundenen entweder zu Katorga (4,4 %) oder zu Deportation auf unbegrenzte Zeit (23,4 %). 1847-1851 erkannten dieselben Gerichte bei 2,4 % der Verurteilten auf Katorga, bei 2,5 % auf zeitlich unbegrenzte und bei 0,8 % auf zeitlich begrenzte Deportation, was insgesamt 5,7 % ausmachte und erheblich unter dem bisherigen Prozentsatz lag. Zur selben Zeit wurden von den Strafgerichten 2,1 % aller Verurteilten in die Katorga geschickt, also weniger als von den Gerichtskammern, was auf die unterschiedlichen Kompetenzen beider Gerichte zurückzuführen ist; bei der zeitlich unbegrenzten Deportation waren es dagegen mehr (3,3 %), ebenso bei der zeitlich begrenzten (1,7 %), insgesamt 7,1 %. In den 60er Jahren ging der Prozentsatz der zu Katorga Verurteilten zwar zurück, aber der Anteil der Verbannungen stieg erheblich, so daß 1860-1864 insgesamt 8,2 % unter die drei genannten Strafkategorien fielen. 1865-1868 war abermals ein Rückgang auf 4,8 % zu verzeichnen, die sich wie folgt verteilten: 1,5 % auf Katorga, 1,6 % auf zeitlich unbegrenzte und 1,7 % auf zeitlich begrenzte Deportation (Kaczyńska 1989: 168; CGIAL, 1270/1/647, Bl. 14-15v.).

In den letzten drei Jahrzehnten des 19. Jh. verurteilten die russischen Gerichte jährlich im Durchschnitt 3 300-3 500 Personen zu Deportation: 40-48 % davon entfielen auf Katorga, 3,4-4,3 % auf Deportation »zum Wohnen«, die anderen zu lebenslanger Deportation. Die größte Rolle spielten diese Strafen im eigentlichen Rußland, wo sie in den 70er Jahren 14 % aller Urteile ausmachten; wesentlich weniger waren es im Königreich Polen, dessen Gerichte 1878 bei nur 1,6 % der Urteile Katorga- und Deportationsstrafen aussprachen, 1888 waren es 2,2 %, 1898 8 % und 1911 wieder nur 3,2 % (Kaczyńska 1989: 176). Es sei jedoch angemerkt, daß bis zum Jahrhundertende relativ viele Personen (6,7-8 %) zu Rottenstrafen verurteilt wurden, die oftmals außerhalb Polens verbüßt werden mußten und eine Deportation nach sich zogen. Später wurde diese Strafe abgeschafft. Seit Mitte der 80er Jahre ging der Prozentsatz der in Rußland zu Katorga und Deportation Verurteilten zurück, doch 1906-1909 stieg er infolge der Repressionspolitik nach der Revolution von 1905 wieder an.

Um zu erfahren, wie viele Personen tatsächlich deportiert wurden, greift man also am besten zu den Sträflingslisten, die direkt am Ort, in Sibirien, zusammengestellt wurden. Doch auch diese Verzeichnisse sind nur mit starkem Vorbehalt zu verwenden. Zahlenangaben von einigem Wert wurden erst seit 1807 gesammelt; über die Zeit davor wissen wir nicht viel. Zwischen 1593 und 1645 betrug der geschätzte Jahresdurchschnitt 28 Deportationen (1 500 insgesamt). 1614-1624 wurden bereits 560 Personen verschickt, was einen doppelt so hohen Jahresdurchschnitt (56) bedeuten würde. Vermutlich bestand die Hälfte aus Kriegsgefangenen. Am unsichersten sind die Angaben aus dem 18. Jh.; nur so viel kann gesagt werden, daß Sibirien mit der Thronbesteigung Katharinas II. erhöhte Bedeutung als Strafkolonie gewann. Von 1807 bis 1823 existieren lediglich für einige Jahre Gesamtzahlen von Verbannten ohne nähere Bezeichnung der Kategorie; nicht einmal die begleitenden Familienangehörigen sind getrennt aufgeführt.

Seit Speranskijs Reformen ließen die sibirischen Generalgouverneure die Angaben zusammenstellen, aufgrund deren dann die Statistiken geführt wurden. Im allgemeinen wird angenommen, daß die Zahlen zu niedrig angesetzt sind, doch ist diese Annahme ziemlich willkürlich. Es gibt Hinweise, daß die St. Petersburger Zentralverwaltung eine zu niedrige Deportiertenzahl angab, während die der Ortsverwaltungen zu hoch war. Die Zentralbehörden, die Finanz- und Sachmittel sowie das Verwaltungs- oder Hilfspersonal zuteilten, waren folglich den Berichten der Provinzbehörden gegenüber mißtrauisch; diese wiederum gaben sich alle Mühe, in ihren Anträgen die Schwierigkeiten und den gewaltigen Umfang ihrer Aufgabe darzustellen. So gab das Büro der Deportationsverwaltung in Tobolsk beispielsweise an, daß 1865 einschließlich Begleitpersonen 11 600 Verbannte eingetroffen seien, während die Regierung lediglich von 7 300-7 400 Personen wissen wollte. Daher ist die Annahme wohl gegenstandslos, daß die Daten aus den sibirischen Generalgouvernements zu niedrig seien. Indessen läßt sich in der neueren Literatur die Tendenz beobachten, die Deportiertenzahl sehr viel höher anzusetzen, als alle Quellen angeben, darunter auch die Rapporte der sibirischen Generalgouverneure. In vielen Fällen haben wir es mit geradezu phantastischen Schätzungen zu tun, die ernsthafte Zweifel wecken.

Viele Autoren führen unterschiedliche Angaben für ein und denselben Zeitraum an, zumeist ohne Erklärung. Ein Teil dieser Widersprüche rührt vermutlich daher, daß die Sträflingsverzeichnisse, die in Rußland aufgestellt wurden, von denen aus Sibirien selbst abwichen. Den Historikern ist dieser Unterschied nicht immer geläufig, und sie übernehmen die Zahlen ohne entsprechenden Kommentar. Beispielsweise heißt es in der von A.P. Okladnikow herausgegebenen *Istorija Sibiri*, daß die Deportierten Mitte des 19. Jh. in Westsibirien 8 % der Gesamtbevölkerung stellten (II, 360); das widerspricht der Angabe auf der gleichen Seite, daß die Deportiertenzahl 1840 in den Gouvernements Tobolsk und Tomsk bei einer Bevölkerungszahl von 1,3 Millionen 67 500 betragen haben soll, was einen Prozentsatz von 5,2 % ergibt. Zwischen 1840 und 1852 ging die Deportiertenzahl zurück, namentlich 1848-1852 war das Jahresmittel das niedrigste in der ganzen Geschichte Sibiriens. Hingegen stieg die Zahl der freiwilligen Siedler an. Es ist ausgeschlossen, daß der Anteil der Deportierten um die Jahrhundertmitte bei 8 %

lag. 1824-1861 wurden nach Maksimow (1899: II, 268) und Salomon (1900, Tabellenanhang) 289 500 bzw. 289 800 Sträflinge verbannt, die von 23 800 Personen begleitet wurden, insgesamt also 314 000 oder 8 300 im Jahresdurchschnitt. In diese Zeit fallen erhöhte Deportationen nach Aufständen und den sog. Cholera-Unruhen. 1823-1862 wurden nach der *Istorija Sibiri* 350 000 Personen deportiert. Worauf diese Schätzung beruht, läßt sich beim besten Willen nicht sagen (die angeführten Quellennachweise erklären nichts). Łukawski gibt in der *Historia Syberii* für 1907 einmal 32 900, dann wieder 74 300 Deportierte an (1981: 271 f.).

Lokalbehörden und Gefängnisverwaltung in Sibirien hatten ihre Gründe, das Ausmaß der Deportation und die Zahl ihrer »Schützlinge« zu übertreiben. Einer der gründlichsten Kenner des Problems ist Nikolaj Jadrinzew (1892: 170 ff., 464); ihm zufolge gab es beispielsweise 1872 im Gouvernement Irkutsk 16 000 Deportierte weniger, als aus den Gouverneursrapporten hervorging. In einer Gemeinde fand man statt 2 400 nur 300 Einwohner. Sogar im Gouvernement Tobolsk, das besser kontrolliert wurde und wo man sämtliche Deportierten zunächst sammelte, um sie anschließend auf die Verschickungsorte zu verteilen, waren es 1875 statt 51 500 nur 34 300. Im Gouvernement Tomsk fehlten 5 000 Personen von 30 000, und 1878 betrug das Defizit fast ein Drittel der registrierten Anzahl. Insgesamt konnten die Revisoren in den 70er Jahren gut 400 000 »Seelen« nicht ausfindig machen.

Diese Differenzen erklären sich u.a. durch Flucht, durch illegale, aber geduldete Wanderungen innerhalb des Gouvernements, in dem der angewiesene Ort lag, oder durch Todesfälle. Manche Sträflinge tauchen doppelt und dreifach oder gar nicht in den Listen auf, da die Reise an den Verschickungsort ein bis drei Jahre dauern konnte. Zu diesen Abweichungen trug auch bei, daß die Verzeichnisse nachlässig geführt oder die Angaben vorsätzlich gefälscht wurden, um größere Finanzmittel zu erhalten. Die von Speranskij aufgedeckten Unterschlagungen der sibirischen Gouverneure und Beamten waren seinerzeit in aller Munde. Viele Nutznießer wurden bestraft, was die Verwaltung für eine gewisse Zeit beeindruckte. Ähnlich strenge Kontrollen wiederholten sich allerdings nicht mehr. Es ist jedoch kaum denkbar, daß es bei einer derart entwickelten Korruption unmittelbar unter den Augen der Zentralbehörden auch in Sibirien nicht wieder zu Veruntreuungen gekommen sein sollte. Eine weitere Schwierigkeit für den Historiker besteht darin, daß aus den Zahlenangaben nicht immer eindeutig hervorgeht, ob sie Deportierte betreffen, die an einen anderen Aufenthaltsort verschickt werden sollten, oder solche, die bereits am Ziel angelangt waren, ob allein Deportierte oder auch Begleitpersonen gemeint sind und ob es sich nur um Verbannte oder auch um Katorgasträflinge handelt, um nur die wichtigsten Quellen für Mißverständnisse zu nennen.

Seit 1882 führte die Gefängnishauptverwaltung eine Statistik aufgrund von

Angaben, die sie von den einzelnen Verschickungsgefängnissen (*peresylnyje tjurmy*) erhielt, d.h. von den Gefangenenanstalten, in denen alle Deportierten zusammengefaßt, registriert und segregiert wurden, auch wenn sie nicht zu einer Gefängnisstrafe verurteilt waren. Bereits am Ende des 19. Jh. galten die aus dem Gefängnis in Tjumen stammenden Angaben als die zuverlässigsten. Diese zentrale Erfassungsstelle (*Tjumenskij Zentralnyj Tjuremnyj Punkt*) mußten alle Deportierten passieren; ausgenommen waren lediglich die in die entfernten europäischen Gouvernements Verbannten sowie die in Sibirien selbst Verurteilten. Nach Alexander Salomon (1900: 131 f.) vermittelt die Statistik in Tjumen eine ziemlich zutreffende Vorstellung von der tatsächlichen Anzahl der in den einzelnen Jahren Deportierten, aber über den Stand der Deportation, d.h. über die Zahl der Sträflinge in Sibirien sowie über ihre Kategorien und tatsächlichen Aufenthaltsorte, kann sie natürlich keine Auskunft geben. Sie berücksichtigt auch nicht den Übergang vom Gefängnis zur »freien« Ansiedlung oder von der Katorga zur Niederlassung bzw. andere Statusänderungen der Verurteilten.

Es ist jedoch nicht ausgeschlossen, daß ein Teil von ihnen gar nicht durch die Registratur in Tjumen gehen mußte oder daß die Gefängnisverwaltung nicht imstande war, all diejenigen zu erfassen, die ohne einen Gefängnisaufenthalt deportiert wurden. Erstaunlich ist, daß selbst die Historiker, denen die Archive in Omsk oder Irkutsk zugänglich waren, bis jetzt die Angaben über den Umfang von Katorga und Deportation aus der Zeit der Jahrhundertwende nicht ergänzt haben. Die verläßlichen, systematisch geordneten Angaben enden mit dem Jahre 1898, als die Salomon-Kommission ihre Arbeit abgeschlossen hatte. Sämtliche späteren Angaben sind nur Stichproben und nicht vertrauenswürdig; mitunter weichen sie so stark voneinander ab, daß sie vermutlich aus der Luft gegriffen sind oder völlig verschiedene Dinge betreffen.

Wie erinnerlich, war im Jahre 1897 infolge scharfer Presseangriffe, die die Lage der Deportierten in dramatischem Ton darstellten, und aufgrund von Unzufriedenheit mit dem »sibirischen System« in Juristenkreisen und selbst in der kaiserlichen Beamtenschaft eine Untersuchungskommission berufen worden. Sie hatte einen Fragebogen erstellt (in einigen Punkten war auch das Spezifische einzelner Orte berücksichtigt worden) und 1898 an die sibirischen Gouverneure geschickt. Außerdem hatte der Kaiser im Mai 1898 den Direktor der Gefängnishauptverwaltung und Vorsitzenden der Untersuchungskommission, Alexander Salomon, zu einer Inspektion Sibiriens und Sachalins abgeordnet. Salomon besuchte dabei sämtliche Bezirke mit Ausnahme Jakutiens. Die Antworten auf die Enquête trafen 1899 ein: Die Verwaltung im Bezirk Amur gab an, daß keine Daten vorlägen, und die anderen Antworten ließen sehr zu wünschen übrig – die Beamten hatten die Fragen nicht verstanden und folglich für die Kommission unverständliche und widersprüchliche

Antworten gegeben. Im Laufe der daraufhin zwischen Petersburg und den sibirischen Gouvernements erforderlichen Korrespondenz konnten dann die Angaben endlich gesammelt, überprüft und redigiert werden. Salomon veröffentlichte sie unter dem Titel »Deportation nach Sibirien« [*Ssylka w Sibir*] und versicherte, daß nicht eine einzige Zahl ungeprüft veröffentlicht worden sei. Neben den Angaben aus der Enquête und seiner Inspektion benutzte er alte Dokumente und Literatur über Sibirien. Diese Arbeit ist bis heute die vollständigste und nach wie vor zuverlässigste Quelle für statistische Angaben. Ein Nachteil des Werkes ist allerdings, daß die Salomon-Kommission sich für die Deportation zur Ansiedlung oder »zum Wohnen« und insbesondere für die administrative Verschickung interessierte, nicht aber für die Deportation zur Katorga, über die nur allgemeine Angaben gemacht wurden. Spätere Arbeiten haben ausgiebig aus Salomons Report geschöpft, die Zahlen dabei allerdings völlig unbegründet verändert oder einfach nachlässig zitiert.

Nach Salomons Angaben für die Jahre 1824-1889 kamen insgesamt 720 000 Personen nach Sibirien, einschließlich der Familienangehörigen, die bereit waren, das Schicksal der Sträflinge zu teilen. Zwischen 1819 und 1830 ist ein steiler Anstieg der Deportationen festzustellen, der auf eine effektivere Verwaltung und eine sorgfältigere Registrierung zurückgeführt werden könnte; außerdem trat 1824 der Ukas über die Verschickung von Landstreichern in Kraft. Einen statistisch geringen Einfluß auf die Zunahme der Deportiertenzahl hatten dagegen die Verfolgungen der Teilnehmer am Dekabristenaufstand (1825) oder am polnischen Novemberaufstand (1830/31). Im Grunde genommen war unter Nikolaus I. die Deportiertenzahl relativ gering, obwohl die Jahre 1830-1855 zweifellos der düsterste Zeitraum der russischen Geschichte zwischen dem Tod Peters des Großen und der bolschewistischen Revolution waren. Die Annahme, daß sich der Druck eines Polizeiregimes und der Grad seiner Repression statistisch messen lassen, ist natürlich eine Illusion. Allen Anschein nach hat es Nikolaus I. bereits in den ersten Regierungsjahren (1826-1830) verstanden, seine Untertanen derart einzuschüchtern, daß sie nicht wagten, die Staatsmacht herauszufordern.

Doch schon in den 50er Jahren stieg die Deportiertenzahl wieder langsam an; entweder lag das an einem zunehmenden Platzmangel in den russischen Gefängnissen und Festungen, an der Leichtigkeit, mit der die Deportationsstrafe verhängt werden konnte, oder aber an den immer häufigeren Unruhen auf dem Dorf und in den Grenzgebieten des expandierenden Russischen Reiches. In den Jahren 1861-1865 erreichten die Verbannungen den Umfang der ersten Jahre unter Nikolaus I. Sibiriens Rolle im russischen Repressionssystem wuchs unter der Herrschaft des »Befreierzaren« Alexander II., insbesondere 1861-1875. Infolge dieser Deportationswelle erhoben sich kritische Stimmen, und es kam zur Aufdeckung der oft skandalösen Verhältnisse, unter denen die Katorgasträflinge und Verbannten leben mußten. Die Kritik bewirkte, daß die Deportationen nachließen, zumal auch einige alte Gefängnisse in Sibiren geschlossen und durch neue ersetzt werden mußten. Seit 1886 existieren jedoch keine verläßlichen Daten mehr über Deportationen.

Das von der Salomon-Kommission gesammelte Material bestätigte das negative Bild des Deportationssystems so nachdrücklich, daß es um die Jahrhundertwende vollends fragwürdig wurde. Es schien, daß, wenn schon nicht die Zwangsarbeit, dann wenigstens die Zwangsansiedlung, insbesondere aber die administrative Verschickung abgeschafft würden. Da die Lücken in den gedruckten Statistiken für die Jahre 1899-1914 bis heute nicht geschlossen sind, läßt sich schwer mit voller Gewißheit etwas über die Anwendung der Deportationsstrafe in der Zeit bis zum I. Weltkrieg sagen. Man wird davon ausgehen können, daß sich die Anzahl der Deportierten zwischen 1905 und 1909 aufgrund der nach der Revolution einsetzenden Repressionswelle noch einmal erhöhte.

Heftiger Widerstand gegen die Praxis, Sibirien als Strafkolonie zu mißbrauchen, ging von den Sibirjaken selbst aus. Mit dem gegen Ende des 19. Jh. einsetzenden Wandel (vgl. Kap. 2) hatten sich eine einheimische Intelligenz und eine rührige Kaufmannsschicht herausgebildet, die beide den Ehrgeiz hatten, Sibirien zu ihrem eigenen Land mit einem guten Ruf zu machen. Aber die Entwicklung der Revolutionsbewegung und aller Arten von Opposition, die sich insbesondere seit der Niederlage im Krieg gegen Japan bemerkbar machte, zog verschärfte Repressionen nach sich, und Sibirien erwies sich einmal mehr als höchst brauchbar, ja unverzichtbar für das Unterdrückungssystem. Das zeigen die immer häufigeren Verurteilungen zu Deportation und Katorga durch gewöhnliche Zivilgerichte. Noch öfter machten Militärgerichte und Militärverwaltung, die bei der Bestrafung der Zivilbevölkerung während des Ausnahmezustandes weitreichende Kompetenzen besaßen[1], von diesen Strafen Gebrauch. Die Behörden schienen überzeugt, Sibirien könne jede beliebige Menge von Verurteilten aufnehmen, während die Gefängnisse nur über eine begrenzte Kapazität verfügten. Zwar signalisierte die Deportationshauptverwaltung in Tjumen sehr rasch, daß es in den Etappengefängnissen bereits keinen Platz mehr für alle Sträflinge gebe und man an den Zielorten nichts mit ihnen anzufangen wisse, aber das fruchtete nichts, da man sie in Jakutien oder Transbaikalien sich selbst überlassen konnte. Es zählte allein, daß man sich ihrer eine Zeitlang entledigt hatte.

Die Statistik zeigt deutlich den Zusammenhang zwischen der Deportier-

---

1　Seit 1881 herrschte in weiten Teilen des Russischen Reichs (in Kongreßpolen ununterbrochen seit 1861) eine von drei Formen des Ausnahmezustandes: 1. verstärkter Schutzzustand (*usiljonnaja ochrana*), 2. außergewöhnlicher Schutzzustand (*tschereswytschajnaja ochrana*) und 3. Kriegszustand (*Wojennoje poloshenie*). Sie unterschieden sich voneinander durch den Grad der außergewöhnlichen Befugnisse für die Zivil- und Militärverwaltung sowie durch die Verwaltungsebene, der diese Befugnisse zustanden.

tenzahl und dem Grad der sozialen und politischen Spannungen in Rußland und Kongreßpolen. Während Sibiriens Stellung als Strafkolonie für gemeine Verbrecher stabil blieb, nahm seine Bedeutung als Aufenthaltsort für politisch Verfolgte ab.

Ein Vergleich zwischen der Deportation nach Sibirien und der Verschickung in die britischen Strafkolonien (denn Großbritannien hatte dieses System am weitesten entwickelt) ergibt folgendes: 1786-1867 wurden insgesamt 134 000 Personen nach Australien deportiert, im Jahresdurchschnitt 1 600. Die meisten Deportationen fielen in die Jahre 1816-1838, als das Jahresmittel 3 000 betrug. Der Höchstwert wurde 1834 mit über 4 000 Personen erreicht, danach fiel der Jahresdurchschnitt auf 2 500, bis die Deportationen 1867 ganz eingestellt wurden. Die Gesamtbevölkerung von England und Wales, also Großbritannien ohne Schottland und Irland, betrug 1834 etwa 14,5 und 1841 etwa 15,9 Millionen. Rußland mit Kongreßpolen hatte (nach sehr unsicheren Schätzungen) eine Bevölkerung von 66-70 Millionen. Nimmt man also das Jahr mit der höchsten Deportiertenzahl in Großbritannien (1834), so beträgt die Anzahl der Deportierten auf 100 000 Einwohner 28 (die Deportationen allein aus England und Wales würden natürlich einen geringeren Koeffizienten ergeben). 1841 betrug der britische Koeffizient 15, während er sich zur selben Zeit in Rußland (mit Kongreßpolen) auf 20 belief. Zu bedenken ist, daß die Verbanntenzahl in Rußland immer weiter stieg (jährlich konnte sie sich sogar verdoppeln), als man in Großbritannien schon auf Deportation als Strafe verzichtet hatte.

In Frankreich wurden zwischen 1852 und 1866 bei einer Bevölkerungszahl von 35,8 Millionen durchschnittlich etwa 1 100 Personen deportiert, was 3-4 Deportierte auf 100 000 Einwohner ergibt (Andrychiewicz 1871: 213, 220; Céré 1872: 96; Jadrinzew 1872: 565; Sutherland 1939: 337; »GSW« 1894: 767).

Hier sollen wenigstens einige Zahlen die weitverbreitete Ansicht korrigieren, Sibirien sei nur der Schauplatz »politischer« Verbannung gewesen. Das ergäbe ein falsches Bild des Landes und des Unterdrückungssystems. Zwischen 1822 und 1838 wurden etwa 125 000 Personen nach Sibirien deportiert, von denen 68 300 oder 54,7 % schwere Straftaten begangen hatten bzw. zumindest für sie verurteilt worden waren; 37,8 % waren Landstreicher, 4,2 % waren wegen Schlägerei und Unruhestiftung verurteilt worden, und 2,3 % waren Bauern, die von ihren Gutsbesitzern verschickt worden waren, 1 % hatte außerdem gegen die Niederlassungsgrundsätze verstoßen. Es ist nicht bekannt, ob diese Statistik auch politische Straftäter enthält, doch wir wissen, daß in diesem Zeitraum mehr als 200 Politische sowie 1 000-2 000 Polen deportiert wurden. Um 1840 stellten die Politischen möglicherweise 2 000 von insgesamt 200 000 in Sibirien befindlichen Deportierten, d.h. 1 %. Bis zu zwei Drittel aller Deportierten waren in bestimmten Zeiträumen und Orten Landstreicher. Noch gegen Ende des 19. Jh. machten sie auf Sachalin 18,7 % aus, obwohl ihre Zahl nach der Reform von 1861 langsam abnahm (dafür wurden seitdem zunehmend entlaufene Bauern in die Nichtseßhaftigkeit getrieben und als Landstreicher verurteilt). Trotzdem war gegen Jahrhundertende der häufigste Grund für eine Verschickung nach Sibirien bei Männern weiterhin Landstreicherei sowie Flucht aus dem Gefängnis, aus der Katorga und dem Deportationsort. Bei Frauen waren es Verbrechen gegen das Leben und die Gesundheit, namentlich Kindes- oder Gattenmord sowie Brandstiftung. Die Hälfte aller nach Sibirien Verschickten hatte nach Ansicht der Gerichte Taten begangen, auf die in anderen Ländern eine langjährige Gefängnisstrafe stand (*Drewnjaja i Nowaja Rossija* III/1877, Bd. 2, Nr. 8, 322; *Tjuremnyj Westnik* 1901, 21; Jadrinzew 1872: 178; Maksimow 1899: II, 270; Salomon 1900: 335 ff.).

Man muß sich klarmachen, daß all diese Menschen ständig unter den anderen Einwohnern Sibiriens lebten und oft auch Familien gründeten; nur zum geringen Teil saßen sie hinter Schloß und Riegel, da sie sich im allgemeinen mit einer Erlaubnis zur Arbeitssuche oder infolge einer nachlässigen Überwachung relativ frei bewegten. Wenn auch viele von ihnen nur zufällig verurteilt worden waren, ändert das doch nichts an den anomalen Zuständen, die sich in Sibirien herausbildeten.

Die Dauer der Deportation schwankte. Ende des 19. Jh. verurteilten die Gerichte 45 % der Deportierten zu maximal 6 Jahren, 28,1 % zu 6-10 Jahren, 20,4 % zu 11-15 Jahren und 6,5 % zu 16-20 Jahren Aufenthalt in Sibirien. Für Sachalin galten im allgemeinen langjährigere Strafen: 37,5 % waren dort zu 12jähriger Verbannung verurteilt. Frauen erhielten härtere Urteile als Männer, da sie meist nur für schwerere Verbrechen deportiert wurden; außerdem gab es unter den Landstreichern nur wenig Frauen. Lediglich 29 % aller Frauen wurden zu bis zu 6 Jahren Sibirien verurteilt, dagegen 8 % zu 16-20 Jahren. Wie lange die Deportierten tatsächlich in Sibirien blieben, ist schwer zu sagen. Bis an sein Lebensende sollte bleiben, wer zu 16-20 Jahren Katorga verurteilt worden war. Doch häufige Amnestien, Gnadenakte oder die Novellierung von Strafgesetzen führten dazu, daß Katorgastrafen und Zwangsansiedlung verkürzt wurden oder ein Sträfling einen anderen Aufenthaltsort (außerhalb Sibiriens) zugewiesen bekam. Andererseits wurde bei einem Fluchtversuch oder anderen Vergehen die Strafe verlängert.

Zu Beginn des 19. Jh. machten die Deportierten sicherlich ein Sechstel der Gesamtbevölkerung Sibiriens und den größten Teil der Zuzügler aus, das Militär nicht mitgerechnet. Um die Jahrhundertmitte hatte Sibirien mindestens 2,7 Millionen Einwohner, darunter 700 000 Ureinwohner (26 %). Die Deportierten mit ihren Familien stellten etwa 5-7 % (geschätzte 135-187 000 Personen), waren aber lokal sehr unterschiedlich verteilt. In einigen Gegenden oder Ortschaften machten sie 10 % der Einwohner aus, mitunter sogar wesentlich mehr (Gorjuschkin 1976: 135). Dabei ist nicht bekannt, ob zur »Bevölkerung« auch die Katorgasträflinge und zur zeitweiligen Ansiedlung Verurteilten gezählt wurden; vermutlich wurde das Militär (mit Ausnahme der angesiedelten Kosaken) nicht mitgerechnet. In den Gouvernements Tobolsk und Tomsk, wohin in der ersten Hälfte des 19. Jh. die meisten freiwilligen Kolonisten und die Zwangsansiedler gelenkt wurden, lebten 1840 rund 1,3 Millionen Menschen, darunter 67 500 Deportierte (5,2 %). Nach 1850 ging der Anteil der Sträflinge an der Bevölkerung West- und Ostsibiriens langsam zurück, da die Zahl der freien Ansiedler noch rascher zunahm als die Verbannungen.

Der ersten russischen Volkszählung von 1897 zufolge hatte Sibirien 5 760 000 Einwohner. In dieser Zahl waren 870 500 Eingeborene (asiatische Stämme) enthalten, deren durchschnittlicher Anteil an der Gesamtbevölkerung 15 % betrug, im Bezirk Jakutsk mit 87,5 % am höchsten und im Gouvernement Tobolsk mit 6 % am niedrigsten lag (1960-1970, als Sibirien 21 Millionen Einwohner zählte, waren es nur noch 3,8 % Eingeborene [Kuczyński 1972: 82-89]). Die zugezogene Bevölkerung (4 889 500) setzte sich aus Russen (95 %) sowie Ukrainern, Weißrussen, Polen und verschiedenen anderen Bevölkerungsgruppen und Nationalitäten des Russischen Reichs zusammen. Die Zahl der Polen wurde mit 29 700 angegeben, das waren 0,6 % der zugezogenen Bevölkerung (Łukawski 1981: 236). Der Anteil der nichtrussischen Nationalitäten an der Bevölkerung Sibiriens war mit Sicherheit höher, da die außerhalb der Grenzen des Königreichs lebenden Polen, aber auch Ukrainer, Weißrussen etc. im allgemeinen den Russen zugeschlagen wurden, ebenso wie alle, die bereits in Sibirien geboren worden waren.

Auch die Kosaken wurden pauschal zur russischen Bevölkerungsgruppe gerechnet. Die Kosaken bildeten im Rußland des 19. Jh. eine besondere Kategorie: die Militärbevölkerung. Sie dienten in Infanterie- bzw. Kavallerieregimentern oder warteten als Siedler (mit ihren Familien) in Sibirien in der Reserve auf ihren Einsatz. Obwohl das Militär nicht in der Bevölkerungsstatistik auftaucht, gab es ganze Orte, die ausgesprochenen Festungscharakter hatten oder direkt Militärbasen waren. 1860 zählte die Bevölkerung Sibiriens ca. 5 Millionen; zur selben Zeit gab es in Transbaikalien über 114 000 Kosaken (Männer und Frauen), d.h. Siedler in militärischem Dienstverhältnis mit ihren Familienangehörigen. Außerdem hatten die Kosakenregimenter in Irkutsk und Jenissejsk eine Stärke von 4 200 bzw. 4 100 Mann. Daneben gab es andere Linieneinheiten (fünf Bataillone zu jeweils 1 000-1 500 Mann), zwei Batterien schwere Artillerie, einige Batterien leichte Artillerie, ein Flottengeschwader usw. Das sibirische Militär könnte einschließlich der Kosaken (aber ohne deren Familienmitglieder) eine Gesamtstärke von etwa 40 000 Mann erreicht haben. Die Angaben sind jedoch höchst unklar und mitunter widersprüchlich (Giller 1867: I, 22 f.; 117).

Die Zahl der Kosaken nahm nach 1855 zu, nachdem das Kriegsministerium ihre Ansiedlung in Sibirien verfügt hatte. 1858-1860 wurden 14 000 Mann nach Ostsibirien abgestellt,»ohne viel Aufsehen zu machen, ohne Urteil, auf dem Wege einer einfachen Abkommandierung, wozu jede vorgesetzte militärische Dienststelle das Recht hat« (ebd.: 19). Den Kosaken erging es mitunter schlechter als abgeurteilten Sträflingen:»Ihre Verschickung ist übler als die von politischen Gefangenen. Diese können sich als gebildete Leute und weil sie für eine Sache verschickt wurden, die selbst bei ihren Feinden Achtung erweckt, leichter eine angesehene Position und ein weniger abhängiges Leben schaffen, während jene keine Hoffnung auf Rückkehr haben, ungebildet sind, also keine bessere Stellung einnehmen und zur unangenehmsten, beschwerlichsten, weil militärischen Abhängigkeit verurteilt sind.« (Ebd.: 20)

Die Bevölkerungsverzeichnisse geben gewöhnlich die Anzahl der Einwohner der einzelnen Ortschaften an, einschließlich der Ansiedler. Vermutlich wurden nur diejenigen mitgerechnet, die auf Lebenszeit angesiedelt worden waren, nicht aber die »zum Wohnen« Verurteilten. Mit Sicherheit nicht mitgezählt wurden Gefängnisinsassen und Katorgasträflinge, selbst wenn diese bereits aus dem Gefängnis entlassen worden waren. Es herrscht jedoch keine völlige Klarheit, wie die einzelnen Statistiken zustande kamen; daher können die Zahlenangaben abermals nur als Näherungswerte gelten. Nach dem Stand vom 1./13. Januar 1898 befanden sich in Sibirien 298 600 Deportierte, d.h. Personen, die von Gerichten oder Verwaltungsbehörden (darunter auch Dorfgemeinschaften) zur Verbannung verurteilt worden waren, sowie mehrere zehntausend Familienmitglieder. Es ist bekannt, daß die nach Ostsibirien Verschickten von insgesamt 50 800 Angehörigen begleitet wurden. Entsprechende Angaben zu Westsibirien fehlen; bei ähnlichen Proportionen wie in Ostsibirien müßte es in ganz Sibirien über 100 000 Familienmitglieder von Deportierten gegeben haben. Damit betrüge die Gesamtzahl der Verbannten einschließlich der Familienangehörigen etwa 400 000 (Gorjuschkin [1976: 135] schätzt sie auf 310 000). Im Verhältnis zur sibirischen Gesamtbevölkerung waren das 6,8 % und nach Abrechnung der einheimischen Stammesbevölkerung 8 %. Nach Salomon (1900: 335 ff.) entfielen Ende des 19. Jh. auf einen Deportierten 19 freie Personen, was keine allzu große Abweichung von obiger Berechnung darstellt. Obwohl diese Angaben, wie bereits angemerkt, nicht als völlig gesichert gelten können, handelt es sich doch um die besten, die bislang zu finden sind.

Rein statistisch könnte man also Leonid Gorjuschkin recht geben, wenn er die ältere russische Literatur (insbesondere Jadrinzew) und neuere westliche Arbeiten kritisiert, die seines Erachtens die Bedeutung der Deportation für die Geschichte Sibiriens überschätzen. Dennoch ist Jadrinzews Ansicht überzeugender, daß sich in Sibirien eine eigene »ethnische Gruppe«, d.h. eine spezifische Bevölkerung, formierte, eine Mischung aus Eingeborenen und Zuzüglern wie russischen bäuerlichen Übersiedlern, Kosaken und Deportierten. Kennzeichnend für diese »Ethnie« war, daß ein beträchtlicher Teil offiziell zu den »Freien« gezählt wurde, in Wirklichkeit aber gezwungenermaßen nach Sibirien gekommen war. Das gilt vor allem, wie schon gesehen, für die Kosaken, aber auch nach dem Ende des Militärdienstes in anderen sibirischen Einheiten kehrte kaum jemand zurück. Die Dienstpflicht in Rußland betrug anfänglich über 20 Jahre und wurde erst gegen Jahrhundertende schrittweise auf sieben Jahre reduziert. Nach einer so langen Zeit fern der Heimat blieben viele Soldaten am Stationierungsort, namentlich wenn sie sich verheiratet hatten. Die Grenzen zwischen Deportierten und Freien waren fließend; beispielsweise wurden die begleitenden Familienmitglieder nicht als Freie behandelt, obwohl sie doch kein Verbrechen begangen hatten und freiwillig nach Sibirien gekommen waren. Andererseits gelang es vielen Verurteilten, Aufnahme in der freien Ortsbevölkerung zu finden.

Es war bereits die Rede davon, wie große Ungenauigkeiten die Statistiken enthalten. Merkwürdig erscheint z.b., daß 1824 etwa 24 000 und im darauffolgenden Jahr 122 200 Deportierte nach Sibirien gekommen sein sollen (Salomon 1900: 135-138; Janik 1928: 116). Gorjuschkin (1976: 32 f.) schätzt den Anteil der Deportierten an der Gesamtbevölkerung gegen Jahrhundertende nicht auf 6,8 %, wie das aus der Inspektion Salomons und der Volkszählung hervorgeht, sondern auf 20-25 %. Wenn er recht hat, dann ist die Rolle der Deportation in der Geschichte Sibiriens mit Sicherheit nicht überschätzt worden, sondern im Gegenteil noch größer, als man bisher annehmen konnte. Sehr wahrscheinlich war der Prozentsatz der Deportierten nach der Revolution von 1905 noch höher. Die offizielle Statistik gibt an, daß von einer Bevölkerung von 7,5 Millionen im Jahre 1911 4,5 Millionen oder 60 % frühere russische Übersiedler (*staroshily*) waren. Die Eingeborenen konnten nicht mehr als 15 % ausmachen, so daß folglich 25 % auf die restliche Bevölkerung entfielen, die vorübergehend oder seit kürzerer Zeit in Sibirien war, und das waren vor allem wohl Deportierte.

Man muß sich klarmachen, welch große Bedeutung es für dieses Land hatte, daß ein Fünftel, wenn nicht gar ein Viertel seiner Bevölkerung eine Gerichts- oder Verwaltungsstrafe verbüßte. Dazu war die Altersproportion bei den Deportierten eine andere als bei der freien Bevölkerung: Es gab weniger Kinder und Alte. Über den Charakter des Landes entscheiden aber letztlich seine erwachsenen Bewohner. Und schließlich bestand ein beträchtlicher Anteil der Bevölkerung aus asiatischen Stämmen, auch wenn sie immer mehr durch Hunger und Krankheiten dezimiert wurden. Je ausgeprägter ihr Nomadenleben war, desto weniger beteiligten sie sich an der Veränderung des Landes (bis zu 85 % aller Burjäten und Tungusen waren Nomaden) (Okladnikow 1968: II, 360).

Deportierte und Katorgasträflinge waren niemals gleichmäßig über Sibirien verteilt, was sich schon aus den Verkehrsverhältnissen ergab oder aus Sicherheitsgründen geschah. Gewann eine Ortschaft wirtschaftliche Bedeutung, wurden die Deportierten nicht mehr dorthin geschickt, sondern möglichst in der Umgebung untergebracht. Im allgemeinen entwickelten sich diejenigen Orte mit der Zeit, in denen eine größere Anzahl von Verbannten angesiedelt wurde, die über das Lebensnotwendigste hinaus wirtschaftliche Aktivitäten entwickeln konnten. Es gibt eine Reihe von sibirischen Siedlungen und Städten, die ihre Entwicklung den Verbannten verdanken. Die Deportierten lebten häufiger in Städten als in Dörfern, am häufigsten aber in Kleinstädten. 1878 machten sie in drei westsibirischen Städten mit einer Einwohnerzahl bis zu 1 000 Einwohnern 60 % aus, in vier Städten mit 1 000 bis 2 000 Einwohnern 47 % und in vier Städten mit 2 000 bis 3 100 Einwohnern 35,3 %. In Tobolsk waren 19 % der 5 500 Einwohner Deportierte, womit auf einen Zwangsbewohner 4,3 freie Personen entfielen (sofern man die übrige Bevölkerung als frei bezeichnen kann). In Tomsk betrug das Verhältnis ebenfalls 1 : 4,3. Kleinere Städte hatten meist einen Anteil von etwa einem Drittel Verbannten; in Kurgan, Kainsk, Ischim und Jalutorowsk überstieg ihre Zahl sogar die der freien Einwohner. In den Dörfern war der Anteil der Deportierten im Durchschnitt geringer, doch lebten sie dort mitunter in Gruppen zusammen; z.B. entfiel im Kreis Tomsk ein Deportierter auf zwei freie Bewohner.

Mit der Zeit änderte sich die territoriale Verteilung. Anfänglich wurden die Verurteilten mit Familienanschluß nach Westsibirien geschickt, wo sie sich im Süden um Tobolsk und Omsk oder im Gouvernement Tomsk konzentrierten. Bereits zu Speranskijs Zeit galt Westsibirien als überfüllt mit Deportierten. 1833 befanden sich hier 58 % aller Verbannten, im viel größeren Ostsibirien nur 42 %. Westsibirien war auch das Land der Katorga: 1833 arbeiteten dort 85 % und 1839 sogar 89 % aller Katorgasträflinge. Bald darauf glichen sich die Proportionen jedoch an. Nach 1860 schnellte die Zahl der Deportationen nach Ostsibirien in die Höhe. Die Katorgasträflinge wurden nun nicht mehr in die Gouvernements Tobolsk und Tomsk geschickt, sondern in die Gouvernements Irkutsk, Jenissej und nach Transbaikalien. Ende des Jahrhunderts machten die Verbannten noch 14 % der Bevölkerung des Gouvernements Irkutsk aus, obwohl infolge des Eisenbahnbaus bereits viele Beamte, Techniker und Kaufleute aus Rußland zugezogen waren. Dennoch blieben die Städte weiterhin Domäne der Deportierten. In Jalutorowsk waren zur gleichen Zeit 75 %, in Tjukalinsk 71 %, in Ischim 70 %, in Turynsk 51 % und in Tara 54 % der Einwohner Deportierte.

Am Jahrhundertende lebten in den beiden westsibirischen Gouvernements noch fast genauso viele Deportierte wie im wesentlich größeren Ostsibirien. Im Unterschied zu früher handelte es sich dabei um Personen, die von einem

Gericht zur leichteren Deportationsstrafe, »zum Wohnen«, verurteilt oder von ihrer Dorfgemeinschaft bzw. auf dem Verwaltungswege unter dem Verdacht einer umstürzlerischen Tätigkeit verschickt worden waren. Dieselben Kategorien finden sich auch in Ostsibirien, doch wurden hierhin jetzt mehr Katorgasträflinge verschickt, die nachher angesiedelt werden sollten, und zur lebenslänglichen Ansiedlung Verurteilte, die keine Katorga zu verbüßen hatten. Häufig wurde eine stufenweise Begnadigung praktiziert, d.h., zuerst bekam man die Erlaubnis, Ostsibirien zu verlassen und sich in Westsibirien niederzulassen, dann konnte man sich – mit einem Quentchen Glück – in die entfernteren Gouvernements des europäischen Rußland begeben und schließlich von dort nach Hause zurückkehren.

Die zur Gruppe der »angesetzten Arbeiter« (*wodworjajemyje rabotschije*) geschlagenen Landstreicher wurden am häufigsten nach Transbaikalien und nach Sachalin geschickt. Diejenigen, deren Aufenthaltsdauer bereits feststand, die also »zum Wohnen« verurteilt waren, kamen in die Gouvernements Irkutsk und Jenissej, einige wenige auch nach Jakutien. Letzteres geschah eventuell auf eigenen Wunsch, denn man konnte nur dann den amtlich zugewiesenen Aufenthaltsort verlassen, wenn man in Jakutien Arbeit suchen wollte. Hingegen waren der Bezirk Amur und das Küstengebiet, die beide große strategische Bedeutung hatten und von wo aus man am leichtesten fliehen konnte, für Landstreicher gesperrt. Ein weiterer Unterschied zwischen Ost- und Westsibirien bestand Ende des 19. Jh. darin, daß nach Westsibirien vor allem diejenigen kamen, die von ihrer Dorfgemeinschaft verschickt worden waren, während Ostsibirien diejenigen aufnahm, die kraft einer Behördenentscheidung wegen eines Verdachts auf politische Tätigkeit deportiert wurden. So entstanden im Gouvernement Irkutsk und in Transbaikalien Kolonien von »Politischen«. Ein Teil von ihnen kam übrigens noch wesentlich weiter nach Osten. Weil sich aber nach einer gewissen Zeit viele wieder näher an Europa niederlassen konnten, gab es auch in der Gegend von Omsk und Tobolsk stets eine große Anzahl »Politischer«.

Ab 1879 wurden ein großer Teil der Kriminellen, die eine Katorgastrafe zu verbüßen hatten, ferner eine gewisse Anzahl von Landstreichern, die zu lebenslänglicher Ansiedlung verurteilt waren, und seit 1886 auch Politische nach Sachalin deportiert, so daß man für die Zeit am Ende des 19. Jh. aufgrund der Relation von freier Bevölkerung zu Sträflingen ohne Einschränkung in demselben Sinn von Sachalin als einer Strafkolonie sprechen kann wie von Französisch-Guayana oder Britisch-Australien in der ersten Phase ihrer Besiedlung durch Straftäter. Die freie Bevölkerung machte nur 8 % der Inselbevölkerung aus, die Deportierten 67 %, und ihre Familienangehörigen, deren Lage sich nicht von der der Sträflinge unterschied, stellten die restlichen 25 %. Die Lebensumstände auf Sachalin waren außergewöhnlich hart, die Aufsicht verhielt sich brutal bis sadistisch, und die Zahl derer, die dort nicht für ein Verbrechen, sondern für geringere Vergehen oder sogar nur für ihre Ansichten büßen mußten, war ungewöhnlich hoch. Es wurde bereits mehrmals auf die Rolle der außergerichtlichen Strafen hingewiesen: Von den 10 900 Häftlingen, die die Deportationshauptverwaltung in Tobolsk zwischen 1858 und 1860 registrierte, waren 7 300 von einem gewöhnlichen Gericht und 3 600 kraft eines Verwaltungsentscheids verurteilt worden. In den 70er Jahren entfernten allein die Dorfgemeinschaften jährlich 4 800-4 900 Personen aus Rußland. Von den Deportierten, die sich zwischen 1867 und 1878 in Sibirien aufhielten, machten die »administrativ Verschickten« 64 % aus (bei einer Gesamtzahl von 123 300 Registrierten). Dabei stellten sie in Westsibirien 92,7 % aller Deportierten, in Ostsibirien waren es bei weitem weniger (11,8 %). Die Statistik des Justizministeriums weist zwischen 1874 und 1878 nicht mehr als 17 100 Deportationen nach Sibirien aus, während es tatsächlich aber 91 900 waren. Die von einem Gericht Verurteilten machten also nur 18,6 % aller Deportierten aus, die sich in diesen Jahren in Sibirien befanden (Andrychiewicz 1871: 237; Jadrinzew 1892: 463; Salomon 1900: 89).

In den folgenden Jahren schwanken die Proportionen zwar, aber insgesamt kann man von einer absolut und relativ steigenden Tendenz bei der Deportation auf dem Verwaltungsweg sprechen. Die in den letzten beiden Jahrzehnten des 19. Jh. auf dem Verwaltungsweg Verschickten, die in Tjumen erfaßt wurden, machten mit Ausnahme des Jahrfünfts 1887-1891 bereits über die Hälfte aller nach Sibirien Deportierten aus, und gerade sie kamen überwiegend mit ihren Familien. Diese Angaben bedürfen noch der Ergänzung: Auch Landstreicher, die zur Kategorie der »Angesetzten« geschlagen wurden, waren kraft einer besonderen Verordnung bestraft worden, praktisch also ohne Gerichtsverhandlung. Deswegen kann man auch annehmen, daß von denen, die zwischen 1887 und 1898 tatsächlich nach Sibirien und Sachalin kamen, lediglich 35,1 % ein Gerichtsurteil erhalten hatten (von den Frauen nur 34 %).

Anfänglich waren Deportationen auf dem Verwaltungsweg, also durch Anordnung eines Gendarmerieobersten, eines Gouverneurs oder auch des Innenministers, wenn jemand einer staatsfeindlichen Tätigkeit oder auch nur einer solchen Absicht verdächtigt wurde, nicht besonders häufig. In den Jahren 1854-1859 wurden auf diese Weise lediglich 83 Männer aus Rußland deportiert, und diese Zahl ist vermutlich vollständig (Maksimow 1900: III, 57 f.). Je mehr aber die Oppositionsbewegung zunahm und die politische Geheimpolizei ausgebaut wurde, desto rascher wuchs die Anzahl dieser Entscheidungen. Als Reaktion auf die um sich greifende revolutionäre Bewegung Ende der 70er Jahre und das Attentat auf Alexander II. ergingen Verordnungen über »besondere Maßnahmen« zum Staatsschutz, aufgrund deren diese Form der Deportation häufiger verhängt werden konnte. Auf die Polen war sie bereits nach dem Januaraufstand massenhaft angewendet worden. Nach ungenauen Angaben zu 16 784 Polen, die in den Jahren 1863-1866 mit Deportation bestraft wurden, wurden 5,5 % auf dem Verwaltungsweg verschickt und weitere 8 %»im Sonderverfahren« bestraft (Belokonskij 1887: 228).

Mit der Zeit verlor die Katorga ihre Bedeutung für das russische Strafsystem – nicht so sehr in absoluten Zahlen als in Relation zur administrativen Deportationsform. Von den zwischen 1824 und 1861 Verschickten machten die Katorgasträflinge noch 15 % aus (14 %-16 % in den einzelnen Zeitabschnitten). Unter den bereits in Sibirien Anwesenden stellten die Katorgasträflinge natürlich einen geringeren Prozentsatz, weil ein Teil von ihnen stets in die Kategorie der Ansiedler überging. Anfänglich gab es mehr Katorgasträflinge in Westsibirien, doch war ein beträchtlicher Teil arbeitsunfähig. In Ostsibirien machten die arbeitenden Katorgasträflinge 4 % und die Arbeitsuntauglichen 1,6 % aller Deportierten aus (Maksimow 1899: II, 268; Salomon 1900: 26 ff.).

In der zweiten Hälfte des 19. Jh. nahm die Bedeutung der Zwangsarbeit noch weiter ab. Zwar wurden in den Jahren 1867-1878 mindestens 18 600 Personen in die Katorga geschickt (15,1 % der Deportierten), aber für einen Teil fand sich überhaupt keine Beschäftigung. Außerdem wurde in dieser Zeit die Katorga in Westsibirien allmählich abgeschafft; die zu Zwangsarbeit Verurteilten machten hier nur 2 % der Deportierten aus (1870-1877). Es sollte angemerkt werden, daß sich – verglichen mit allen anderen sibirischen Bevölkerungsgruppen – zwei Gruppen in einer extrem schlechten Lage befanden: die Katorgasträflinge, was verständlich ist, und die Ansiedler (*ssylnoposelency*), d.h. zum einen ehemalige Katorgasträflinge, die sich ihr Brot nun selbst verdienen mußten, und zum anderen alle diejenigen, die ohne vorhergehende Zwangsarbeit, aber lebenslänglich und mit Verlust aller ihrer Rechte zur Ansiedlung verurteilt waren. Sie wurden von den Behörden und auch vom größten Teil der Bevölkerung ausgesprochen schlecht behandelt. In einer solchen Situation befanden sich in den 70er Jahren des 19. Jh. etwa 65 % aller Deportierten in Ostsibirien.

1898 waren von den in ganz Sibirien tatsächlich anwesenden 298 600 Deportierten lediglich 9 700 als Katorgasträflinge (3,2 %) registriert. Zwangsarbeit wurde in Ostsibirien und auf Sachalin verrichtet. 1898 gab es im Gouvernement Tomsk noch 24 Katorgasträflinge; es ist nicht bekannt, weswegen sie noch festgehalten wurden, ob aus Alters- oder Gesundheitsgründen, ob gerade sie als Arbeitskräfte gebraucht wurden oder ob hier Fälle von Protektion vorlagen. Im Gouvernement Irkutsk stellten die Katorgasträflinge dagegen 13,5 % und die Ansiedler (mit oder ohne vorhergehende Verbüßung einer Katorgastrafe) 34 % der Deportierten. Über 13 % machten die »angesetzten Arbeiter« (*wodworjajemyje rabotschije*) aus, die sich nahezu ausschließlich aus den berüchtigten russischen Landstreichern (*brodjagi*) und

»Paßlosen« zusammensetzten. Infolge der Revolution von 1905 wurden in Rußland 6 124 Personen zu Katorga verurteilt (1905-1907). Doch nicht alle wurden sofort zur Arbeit geschickt; noch 1907 warteten über 3 500 Verurteilte im Gefängnis auf ihren Arbeitseinsatz (*Tjuremnyj Westnik* 1907: 141 f.). Anhand der hier angeführten Zahlen kann man schätzen, daß im 19. Jh. – auch unabhängig von einer eventuellen Amnestie – etwa 60 % der nach Sibirien Verbannten formal eine Chance hatten, wieder nach Hause zurückzukehren. Gegen 1900 stieg dieser Anteil auf 66 %. Ob jemand diese Chance wahrnehmen konnte, hing von den Überlebensmöglichkeiten in Sibirien ab und davon, ob sich die örtliche Verwaltung an das Gesetz hielt. Die Rückkehr war ausgeschlossen, wenn z.b. infolge von Nachlässigkeit der Bürokratie notwendige Dokumente verlorengegangen waren oder sich jemand während der Deportationszeit eines Vergehens schuldig gemacht hatte. Für die Russen bestand außerdem die größte Gefahr darin, daß die Dorfgemeinschaft von ihrem Recht Gebrauch machte, einem ehemaligen Deportierten das Betreten der Dorfmark zu untersagen (oder das Gebiet einer Kleinstadt, sofern diese das Recht einer Gemeinschaft [*obschtschina*] besaß). Dann kehrten diejenigen, die z.b.»zum Wohnen« nach Sibirien geschickt worden waren und ihre Strafe verbüßt hatten, als »nicht von der *obschtschina* aufgenommen« zurück. Die Chance auf eine Rückkehr wuchs, wenn eine Amnestie verkündet wurde, was in Rußland ziemlich häufig geschah, auch wenn es nicht immer Amnestien im vollen Wortsinn waren, weil sie zu viele Ausnahmen enthielten.

Alle hier angeführten Angaben reichen nicht aus, um sich ein Bild von der Sozial- oder Nationalitätenstruktur der Häftlinge, geschweige denn örtlichen sibirischen Gesellschaftsgruppen zu machen. In den offiziellen russischen Statistiken wird mit von Bürokraten erdachten Standeskategorien operiert, die die tatsächliche Schichtung nicht wiedergeben. Ihnen läßt sich die Anzahl der Geistlichen und Adligen entnehmen, aber nichts darüber, womit sie sich im Augenblick ihrer Verhaftung beschäftigten und wie sie ihren Lebensunterhalt bestritten. Zum »bürgerlichen« Stand wurde gezählt, wer Immobilien besaß oder bestimmte Steuern zahlte, und wenn Kaufleute erwähnt werden, handelt es sich bestimmt um Mitglieder einer Kaufmannsgilde. Die Hauptmasse der Stadtbevölkerung – Handwerker, Arbeiter, kleine Verwaltungs- und andere Beamte, Straßenhändler usw. – wurde zusammen mit den auf dem Land oder in der Stadt lebenden Bauern zum bäuerlichen Stand gerechnet. Nur sporadisch tauchen in örtlichen Statistiken und Umfragen auch noch andere Kategorien auf, beispielsweise *rasnotschinzy*, d.h. nicht privilegierte Personen, die von geistiger Arbeit lebten. Bruchstückhafte Informationen dieser Art über einige sibirische Ortschaften im Jahre 1857 finden sich auch in Agaton Gillers Erinnerungen.

Analysiert man z.b. die Angaben für den Kreis Nertschinsk, dann zeigt sich, daß die eigentlichen Deportierten etwa 9 % der Bewohner einschließlich der Burjäten und Tungusen ausmachten. Nimmt man dagegen nur die Bevölkerung europäischer Abstammung, ergibt sich folgendes Bild: 66,7 % waren sogenannte Staatsbauern, im Prinzip also freiwillige Übersiedler aus Rußland, obwohl sich in diese Kategorie auch einige Deportierte nach Verbüßung ihrer Strafe eintragen konnten. Die angesiedelten Deportierten stellten 25,3 % und die Soldaten 4,7 %, während die gesamte übrige vollberechtigte und freie Bevölkerung – Geistlichkeit, Adlige, Kaufleute, Kleinstädter und Dorfbewohner, die zum »Bürgerstand« gerechnet wurden, sowie die *rasnotschinzy* – nur 3,3 % ausmachte. Der Kreis Nertschinsk hatte also zu jener Zeit eindeutig den Charakter einer Strafkolonie. Das darf selbstverständlich nicht verallgemeinernd auf ganz Sibirien angewendet werden, obwohl andererseits eine solche Struktur nicht so selten war, namentlich – wie oben gezeigt – in den Kleinstädten.

Die soziale Zusammensetzung der Deportierten spiegelt im Grunde die Schichtung der Gesamtgesellschaft wider, wenn man vom Anteil sozialer Randgruppen absieht, die in Sibirien selbstverständlich zahlreicher waren als in Rußland, insbesondere rückfällige Straftäter und Landstreicher. 1882-1889 machten Bauern (nach der Standesterminologie, nicht unbedingt nach ihrem wirklichen Beruf) 36 % der Deportierten aus, *rasnotschinzy* 9 %, Adlige, Geistliche und Ausländer ebenfalls 9 %. In den restlichen 56 % sind alle übrigen Schichten einschließlich der sozialen Randgruppen enthalten. Deshalb ist der Anteil der bäuerlichen Gruppe im Verhältnis zu ihrem Anteil an der Gesamtbevölkerung Rußlands auch zu niedrig. In einigen Siedlungen lebten unter sozialem Gesichtspunkt relativ einheitliche Gruppen von Verurteilten – entweder Angehörige der Intelligenz oder der sogenannten einfachen Bevölkerung –, mitunter waren die Gruppen aber auch sehr durchmischt.

In Ust-Kamenogorsk boten die Deportierten z.B. 1890 ein farbiges und facettenreiches Bild: Bauern, Handwerker, Studenten, Journalisten und Schriftsteller, Apotheker, Gutsbesitzer und sogar eine kaukasische Fürstin. Auf Sachalin waren 1898 von 544 Katorgasträflingen 241 ehemalige Bauern und 154 Handwerker, 50 Kaufleute und Händler, 24 ungelernte Tagelöhner, 23 Fabrikarbeiter und 15 Hausangestellte. Einige Personen kann man zu den *rasnotschinzy* oder zur Intelligenz rechnen, während etwa 30 Katorgasträflinge vor ihrer Verhaftung keinen Beruf ausgeübt hatten. Nach den Angaben über die Standeszugehörigkeit zählten von 572 Sachaliner Katorgasträflingen 219 zum Bauernstand und 87 zum Bürgerstand, 45 waren Soldaten (die z.B. auch eine Landwirtschaft besitzen konnten), 7 Adlige, 2 Ausländer, 2 Handwerker und die restlichen 23 Eingeborene. Diese unlogische Einteilung zeigt nebenbei noch einmal die Qualität der russischen Statistik. 57,7 % der Katorgasträflinge konnten weder lesen noch schreiben. Unter den für politische

Vergehen Deportierten war der Prozentsatz der Adligen und *rasnotschinzy* sehr hoch, ging aber im Laufe der Zeit zurück (Feldschtejn 1893: 190; Kennan 1907: I, 132; *Tjuremnyj Westnik* 1901: 394 f.)

Keine Statistik berücksichtigt einen für den Historiker besonders interessanten Aspekt: die Nationalität der Deportierten. Vielleicht enthalten die Archive in Omsk oder Irkutsk diesbezügliches Material; z.Zt. sind sie aber für Historiker aus Polen nicht zugänglich. Nach dem, was der unersetzliche Giller sammelte, waren 1857 im bereits häufiger erwähnten Kreis Nertschinsk etwa 55 % der Einwohner Burjäten und Tungusen. Die zugezogene Bevölkerung bestand hauptsächlich aus Russen (93,8 %); Tataren stellten 2,9 %, Juden 2,5 %, Polen 0,5 % und Deutsche 0,2 %. Dem entsprach in etwa die Religionszugehörigkeit, weil man hier noch (nicht ohne Grund) Katholizismus, Judentum und Islam mit der Nationalität gleichsetzen kann. Nur die Zahl der Orthodoxen lag höher als die der Russen, weil 62 % der Eingeborenen Buddhisten und 23 % orthodoxe Christen, die übrigen Anhänger der alten Naturreligion waren (Giller 1867: I, 22 f.; II, 259). Es sind jedoch Vorbehalte angebracht, was den Begriff »Russen« angeht. Zu ihnen wurden sicherlich eine Reihe von Deportierten aus der Ukraine, Weißrußland und auch Polen aus den dem Russischen Reich einverleibten sogenannten polnischen Ostmarken gezählt. Zur russischen Volksgruppe wurden auch diejenigen geschlagen, die sich als Soldaten auf Landwirtschaften niedergelassen hatten, namentlich die Kosaken. Und schließlich erkannten die russischen Behörden keine Sekten an, die aber gerade in Sibirien sehr zahlreich waren. Daher ist die Anzahl der Orthodoxen mit Sicherheit zu hoch angesetzt.

Über Verbannte aus Polen ist natürlich genausowenig bekannt wie über Angehörige anderer Nationalitäten. Von denen, die für ihre Teilnahme am Novemberaufstand (1830/31) bestraft wurden, kamen die meisten in Strafbataillone im Kaukasus, ins Gouvernement Archangelsk oder nach Wjatka im Gouvernement Orenburg. Die größte Beachtung bei den Historikern fanden die Repressionen nach dem Januaraufstand ab 1863, da sie bis dahin unerhörte Ausmaße erreichten. 3 400 Personen wurden nach amtlichen Angaben zu Zwangsarbeit verurteilt; dazu kommen standrechtliche Erschießungen, Todes- und Gefängnisurteile, Mißhandlungen von Gefangenen und Unterstützern der Aufständischen sowie Güterkonfiskationen. Ins europäische Rußland, in den Kaukasus und nach Sibirien wurden zwischen 1863 und 1867 insgesamt 26 400-27 500 Einwohner des ehemaligen Kronpolen deportiert. Von ihnen kamen nach unvollständigen Angaben (ohne den Bezirk Omsk) 18 600 nach Sibirien, 16 800 Deportierte und 1 800 Begleitpersonen. Es handelte sich um 10 500 Einwohner des Königreichs Polen, 15 900 Litauer sowie Ukrainer, Wolhynier und Podolier (Michowicz 1971: 221-235; Skok 1975: 102-108). Giller schreibt dazu: »Die Regierung hält sich bei der Ansiedlung an den Grundsatz, die Polen zu zerstreuen und aufzuteilen. Eine

Ansiedlung in größeren Gruppen könnte dazu beitragen, daß die polnische Sprache und der polnische [römisch-katholische] Glaube fortbesteht; ohne also auf Sympathie, Freundschaft, Verwandtschaft und Herkunft zu achten, werden sie über ein großes Gebiet verstreut, in jedem Dorf nur einige wenige. Dieser Umstand, der ihnen nicht erlaubt, sich zu Gruppen zusammenzufinden, trägt zu ihrer raschen nationalen Entwurzelung bei.« (1867: I, 20). Zwischen 1826 und 1888 kamen auch über 3 300 Finnen nach Sibirien, darunter 24 % Frauen. Von ihnen waren 27 % zu Katorga, der Rest zur Ansiedlung verurteilt worden (Juntannen 1985: 266).

Vermutlich stieg in späterer Zeit der Anteil der nichtrussischen Bevölkerungsgruppen unter den Deportierten. In den allgemeinen Bevölkerungsstatistiken schlägt sich dies nicht unbedingt in größerem Ausmaß nieder (das zeigt die Volkszählung von 1897), weil die Einwanderung von russischen Bauern noch rascher zunahm. Die Anzahl der Polen, Letten, Juden, Georgier usw. unter den Deportierten stieg ohne Zweifel, was aus vielen sibirischen Alltagsbeschreibungen hervorgeht. Der Grund dafür war die Ausbreitung der sozialistischen, bäuerlichen und nationalen Bewegungen in den von Rußland beherrschten Gebieten am Ende des 19. Jh. Das schuf eine besondere Atmosphäre für die politische Deportation, aber auch für die Situation in der Katorga und in den Gefängnissen, wohin Angehörige verschiedener, auch nichteuropäischer Nationalitäten kamen, die von einem fremden und unverständlichen Recht kriminalisiert worden waren.

Kapitel 4

Der Weg nach Sibirien

Es fällt heutzutage schwer, sich vorzustellen, was die Deportierten empfanden, wenn sie sich auf den Weg nach Sibirien machten. Man darf ihnen glauben, wenn man in ihren Erinnerungen liest, wie tief bewegt sie waren, als sie die Grenze zwischen Europa und Asien überschritten. Vielen von ihnen prägte sich der Weg stärker ein als der jahrelange Aufenthalt in Sibirien. Sie widmeten ihm daher so viel Platz in ihren Berichten, daß sie für die Beschreibung der eigentlichen Deportation keine Kraft und auch keine Lust mehr besaßen. Als sie aufbrachen, hatten sie sich noch nicht an die neue Situation gewöhnt. Die Trennung von der Freiheit war zu frisch, und die meisten wußten gar nicht, was sie erwartete. Die Mühen unterwegs waren so groß, daß selbst die Katorga wie eine Erlösung erschien, obwohl sich in Sibirien dann häufig Mutlosigkeit, Apathie und Lebensunlust einstellten.

Auf die Bevölkerung, die den Marsch der Verurteilten mit ansah, machte der Anblick der düsteren Schar von vielen hundert Menschen in Sträflingskleidung einen starken Eindruck. Allein schon das Rasseln der Ketten, in die die Kriminellen am Anfang des Zuges geschlagen waren, wirkte schauerlich. Und sie verstanden es, dieses Geräusch noch zu verstärken, wenn sie durch die Städte zogen, um Publikum anzulocken und Almosen zu erhalten.

Die Organisation eines Häftlingszuges nach Sibirien wurde stets durch Vorschriften geregelt, die bis ins kleinste gingen. Nur ein Teil von ihnen wurde befolgt, während der andere, wie üblich, wirklichkeitsfremd oder in sich widersprüchlich war. Größere Bedeutung hatten gewohnheitsmäßige Verhaltensweisen, und viele Abweichungen vom Reglement sind nicht als Mißbrauch, Unachtsamkeit oder Disziplinmangel von seiten der Aufsicht zu deuten, sondern sehr häufig als Lebensnotwendigkeit und Ausdruck des gesunden Menschenverstands der Kolonnenführer. Die weiten Strecken, die Naturgegebenheiten und die große Zahl der Deportierten erforderten eine bestimmte Ordnung, und diese von der Praxis diktierte Ordnung wurde auch ziemlich genau eingehalten.

Vom Gesichtspunkt einer »Gefängnisökonomie« aus erscheint das Deportationssystem absurd. Man schickte Menschen aus Irkutsk in das entlegene Jakutien, wo sie bestenfalls nach 120 Tagen Marsch arbeitsunfähig ankamen; dabei waren sie mitunter nur zu ein paar Jahren Ansiedlung verurteilt worden. Jedes Jahr wanderten die einen nach Sibirien und kehrten andere unter Bewachung im Etappensystem zurück. Die Beaufsichtigung Tausender von Deportierten verschlang horrende Summen. Die Begleitmannschaften waren sehr zahlreich, desgleichen die Besatzung in den Etappenpunkten. Sogar in den Halbetappen waren mitunter 200 Mann stationiert: einige Dutzend Infanteristen, etwa 20 Kosaken, Offiziere und Gendarmen. Nicht selten wurde ein einziger Deportierter von einem Offizier und sieben Soldaten begleitet. 1863 bestand die Eskorte einer kleinen Gruppe von Deportierten auf der Strecke Moskau – Tjumen aus 80 Infanteristen, 20 Kosaken, einem Offizier und einem Gendarmen; zum Transport einer anderen Gruppe von 24 politischen Häftlingen wurden 13 Wagen mit Fuhrleuten, 3 Stallmeistern und je 2 Gendarmen zugeteilt. 1878 wurden 14 Personen von 28 Gendarmen, einem Unteroffizier, einem Hauptmann eskortiert. Auf die Frage, wie das möglich war, bietet sich folgende Erklärung an: Rußland verfügte über eine riesige Reserve an Menschen, die quasi wie Sklaven und fast ohne jeden Zugang zu Bildung und Wohlstand lebten. Der verschwenderische Umgang mit diesem »Menschenmaterial« lag im System der Machtausübung, zumal die Massen mit relativ geringen Machtmitteln unter Kontrolle zu halten waren.

Die Vorschriften über die Trennung der Häftlinge bestimmten, daß sie gesondert nach Geschlecht, Alter und Art der verübten Verbrechen zu Kolonnen zusammengestellt werden sollten. Doch befand die Sibirische Hauptverwaltung, daß diese Forderungen nicht zu erfüllen seien. So hätte z.B. die Anordnung, getrennte Partien aus unverheirateten Frauen zusammenzustellen, nur die Folge gehabt, daß diese Häftlinge sehr lange in dem überfüllten Tobolsker Gefängnis hätten warten müssen, bis genügend Ledige zusammengekommen wären. Wenn man sich an Vorschriften halten wollte, mußte man Menschen aus mehreren Kolonnen zu einer neuen zusammenstellen, was den Etappenrhythmus störte. Aus Irkutsk sollten Häftlinge auf die andere Seite des Baikalsees geschickt werden: Um eine Partie aus 150 Personen zu bilden, die noch dazu gegen die Vorschriften gemischt war, benötigte man in der Transportsaison 25 Tage. Trotzdem wurden z.B. 1883 die Anordnungen über die Trennung wiederholt, aber – wie bisher – ohne Erfolg (CGIAL 1286/25/49, Bl. 3-15v.; Belokonskij 1887: 171).

Die Kolonnen zählten meist 200-300 Personen, doch wurde auch erheblich von dieser Regel abgewichen; z.B. erließ man für die Dekabristen eine Menge von Vorschriften und Anordnungen über die besondere Art ihrer Beförderung, die sehr schnell, in Kibitken (ungefederten Fuhrwerken), einzeln oder in Gruppen von höchstens vier Personen zu erfolgen hatte. Gehörten zu einer Gruppe Deportierte in Ketten, wurde sie von einem Gendarm, andernfalls von zwei Gendarmen eskortiert. Wurden bereits in Sibirien kleine Kolonnen zusammengestellt, kam noch ein Offizier dazu (Kodan 1983: 38). Die Deportierten bevorzugten kleine Gruppen, weil sie dann in den Etappen mehr Platz und auch sonst mehr Vorteile hatten. Als der Häftlingstransport per Bahn abgewickelt wurde, verlud man je 300-500 Deportierte, die erst in Nishnij Nowgorod (solange die Bahnstrecke hier endete) in kleinere Gruppen zu 250 Mann oder weniger aufgeteilt wurden. Auf die Bahnhöfe wurden die Häftlinge des Nachts gebracht – sei es aus Sicherheitsgründen oder sei es aus der Befürchtung, daß der Anblick der Deportierten auf die Reisenden einen schlechten Eindruck machen könnte.

Die Häftlinge einer Kolonne mußten sich in einer bestimmten Ordnung aufstellen. Am Anfang gingen die zu Katorga verurteilten Kriminellen, hinter ihnen die zu lebenslänglicher Ansiedlung Verurteilten, denen ihre Rechte aberkannt worden waren. In diesen beiden Gruppen trugen fast alle Ketten. Dann kamen die Landstreicher, die man »seßhaft« machen, also praktisch auch ansiedeln wollte. Auf sie folgten die Frauen und Kinder der Katorgasträflinge. Die nächste Gruppe bildeten die administrativ Verschickten; sie durften zusammen mit ihren Familien gehen. Danach kamen privilegierte Personen, die einen Wagen benutzen konnten, wenn sie genügend Geld dafür hatten. In dieser Gruppe gingen zuerst die Fußgänger, und ganz am Schluß fuhren die Wagen. Außer von Privilegierten wurden sie von Kranken und den Allerschwächsten benutzt, mitunter auch von Häftlingskindern; sonst wurde auf ihnen das Gepäck befördert. Mußte über einen Fluß gesetzt werden, galt die umgekehrte Reihenfolge: Zuerst bestiegen die Politischen die Barke, dann kamen die administrativ Verschickten und zum Schluß diejenigen, die während des Fußmarsches den Zug angeführt hatten (Belokonskij 1887: 83; Kennan 1907: I, 35; Skok 1975: 85).

In jeder der hier genannten Gruppen einer Kolonne hätte es politische Deportierte geben müssen, weil in den Instruktionen keine Sondergruppe oder kein besonderer Platz für sie vorgesehen war. Außerdem unterschieden sich zu Hauptstrafen Verurteilte äußerlich nicht von Kriminellen; sie trugen die gleiche Kleidung, Ketten und hatten geschorene Köpfe. In der Praxis gingen alle Politischen aber zusammen mit den administrativ Verschickten oder mit den Privilegierten in einer Gruppe. Wenn sie auch nicht zum Stand der Privilegierten gehörten, wurden sie mit der Zeit doch wie diese behandelt, vor allem hinter Tobolsk, als sich in den Etappen die Disziplin lockerte und der Weg immer beschwerlicher wurde.

Die Eskorte fürchtete sich bald weniger vor einer Kontrolle und fühlte sich freier, was sich den Häftlingen mitteilte. Die Privilegierten trugen keine

Ketten, konnten sich allein oder zu zweit einen Leiterwagen (*telega*) mieten, erhielten 50 % mehr Kostgeld für den Kauf von Lebensmitteln und konnten einen eigenen Ältesten wählen. In den Etappen erhielten sie, sofern die Bedingungen das zuließen, einen eigenen Raum oder konnten bei Bauern übernachten. Ähnliche Rechte standen auch den Personen zu, die zwar mit der Partie gingen, aber zu keiner der bislang erwähnten Kategorien gehörten. So wurden z.b. unter Eskorte sogenannte Soldatinnen verschickt, d.h. Frauen von Soldaten, die mit ihnen im Garnisonsort lebten. Wenn ihre Männer an die Front mußten, z.b. während des Krimkrieges, wurden sie aus den Militärsiedlungen zurück zu ihren Familien (Eltern) geschickt. Auf dieselbe Weise verfuhr man mit alten oder kranken Soldaten, und mit einer Häftlingseskorte kehrten auch die sogenannten Schwindelrekruten zurück, denen es geglückt war, sich durch Bezahlung oder andere Machenschaften vom Militärdienst zu befreien. Schließlich gehörten auch noch die »Paßlosen« dazu, wenn es ihnen gelungen war, dem Schicksal der Landstreicher zu entgehen (Chołodecki 1893: 18).

Die Strecken, die die Kolonnen entlangzogen, waren stets die dieselben. Die gewöhnliche Strecke führte nach Moskau, wo sich die Gruppen aus Rußland, Litauen und dem Königreich Polen sammelten (nur die Dekabristen wurden aus der Festung Schlüsselburg über Nowaja Ladoga, Jaroslawl, Kostroma, Wjatka und Ochansk nach Perm gebracht). Die Deportierten aus Litauen und dem Königreich Polen kamen entweder über Smolensk und Twer oder – seit Fertigstellung der Strecke Warschau–St. Petersburg (1862) – über St. Petersburg. Im Königreich Polen wurden die auf ihre Deportation wartenden Polen in der Warschauer Zitadelle, in der Festung in Modlin oder im Deportationsgefängnis im Łomża festgehalten. Als es die Bahnverbindung nach St. Petersburg gab, wurden alle nach Warschau gebracht und nachts in den Zug verladen. In Moskau erfolgte ein längerer Aufenthalt von oftmals zwei Wochen. Hier wurden die Köpfe geschoren, Kleidung ausgeteilt, die Fußfesseln überprüft und die nichtprivilegierten Häftlinge in Ketten geschlossen. An jedem Etappenpunkt wurden die Kontrolle der Ketten und die Kopfschur wiederholt. Von Moskau aus wurden die Kolonnen anfänglich zu Fuß und seit den 70er Jahren mit der Bahn über Wladimir nach Nishnij Nowgorod weitergeschickt. Hier bestiegen sie nach einem dreitägigen Aufenthalt Barken, die von einem Dampfer geschleppt wurden, und fuhren auf der Wolga und Kama nach Kasan. Die Deportierten aus der Ukraine, aus Podolien und Wolhynien zogen zu Fuß aus Lutzk oder Krzemieniec nach Shitomir, von dort weiter nach Kiew und über Poltawa nach Charkow. Hier vereinigten sie sich mit den Kolonnen, die aus anderen Gegenden der Ukraine kamen. Charkow spielte also die gleiche Rolle wie Moskau oder Nishnij Nowgorod. Von dort zog die vereinigte Kolonne über Woronesh, Tambow und Pensa nach Kasan. Eine dritte Zweigstrecke führte über den Sammelpunkt in Sim-

birsk, wo sich die in Saratow und Samara zusammengestellten Partien gesammelt hatten. In Kasan trafen die Moskauer, Charkower und Simbirsker
Strecken zusammen; von dort führte nur noch ein Weg nach Perm und Jekaterinburg. Zu Änderungen kam es jedesmal, wenn eine neue Eisenbahnstrecke dem
Verkehr übergeben wurde. So wurden seit 1862 fast alle Deportierten aus
dem Königreich Polen und den westlichen Gouvernements des Kaiserreichs
mit der Bahn nach Moskau gebracht, und ab 1878 gelangten sie auf eben diese Weise nach Nishnij Nowgorod. Von dort führte der Wasser- oder Landweg (zu Fuß oder mit Fuhrwerken) über Kasan nach Perm. In Kasan kamen
diejenigen hinzu, die über Simbirsk gekommen waren, und in Perm jene, die
seit den 80er Jahren aus Nordrußland mit der Bahn über Kotljas und Wjatka
eintrafen. Von Perm aus ging es zu Fuß nach Jekaterinburg und Tjumen weiter; Kranke und das Gepäck folgten auf größeren Wagen, privilegierte Häftlinge in kleinen Viersitzern. Die größte Änderung erfolgte 1880, als der Fuß-
transport aufhörte und Wagen benutzt wurden. Der Pferdetransport wurde
endlich als ökonomischer erkannt als der langwierige Fußmarsch, da sich ja
auch die Privilegierten auf ihren Leiterwagen oder anderen Fuhrwerken nicht
schneller fortbewegen konnten als die Kolonne insgesamt. Seit 1887 wurde
die Strecke Perm – Tjumen ebenfalls per Bahn zurückgelegt.

Das Gefängnis in Tjumen hatte deswegen eine so große Bedeutung, weil
hier alle in Verzeichnisse aufgenommen wurden, die die Verwaltungsgrenze
zwischen dem europäischen Rußland und Sibirien erreicht hatten. Ähnlich
wichtig war Tobolsk. Hier mußten alle Häftlingskolonnen mit dem Ziel Sibirien durchkommen, weil sich hier die Deportationsverwaltung befand. Die
Häftlinge wurden nach Bestimmungsorten umgruppiert – die einen mußten
weiter nach Osten ziehen, nach Tomsk und Omsk, und von dort nach den
einzelnen Ortschaften in Westsibirien (Verteilerpunkt in Omsk), oder nach
Irkutsk, dem Verteilerpunkt für Ostsibirien. Ein Teil der Deportierten zog
von Tobolsk auch wieder zurück, wenn ihr Bestimmungsort weiter westlich
lag.

Da Tobolsk aber noch nicht an das Eisenbahnnetz angeschlossen war,
mußte der weitere Weg auf traditionelle Weise bewältigt werden. Seit 1893
umfuhr ein Teil der Transporte auch Tjumen, weil die Transsibirische Eisenbahn Süd- und Zentralrußland mit Omsk und Tomsk über Samara, Ufa und
Petropawlowsk am Ischim verband. Krasnojarsk wurde 1896 angeschlossen
und Irkutsk 1900. Nach Überquerung des Baikalsees oder seiner Umgehung
auf fester Straße konnte man mit der Bahn nach Tschita und Sretensk weiterfahren. Anfang des 20. Jh. wurde mit dem Bau der sogenannten Krugobai-
kalskaja-Bahn begonnen, die um den Baikalsee führte und Irkutsk mit den
Strecken verband, die weiter nach Osten bis nach Werchneudinsk führten.
Die Bahnstrecke um den Baikalsee verlief entlang der Straße gleichen Na-

mens, die u.a. von polnischen Katorgasträflingen nach 1863 erbaut worden war. Unter ihnen befanden sich auch Häftlinge und Deportierte, die sich freiwillig zu dieser Arbeit gemeldet hatten. Bis die einzelnen Streckenabschnitte fertiggestellt waren, mußte man den gesamten Weg zu Fuß oder auf Pferdewagen zurücklegen, einige Abschnitte auch auf Barken: auf der Wolga und Kama zwischen Nishnij Nowgorod und Perm, auf dem Irtysch und Ob zwischen Tobolsk und Tomsk (mit dem Dampfer), auf dem Jenissej zwischen Minussinsk und Krasnojarsk und schließlich über den Baikalsee. Hinzuzufügen wäre, daß das Transportproblem nicht immer durch den Bau einer Eisenbahnstrecke gelöst wurde – dann nicht, wenn man die Kolonnen nicht in Etappenordnung an eine Bahnstation führen konnte und die Bahnhofsgebäude ungeeignet waren (CGIAL 1286/53/1, Bl. 380, 384v.).

Weil Tobolsk auf der Ostseite des Ob liegt, mußten die Kolonnen mitunter warten, bis der Fluß zufror bzw. kein Eis mehr führte. Seit der Mitte des 19. Jh. mietete die Deportationsverwaltung in Tobolsk von privaten Schifffahrtsgesellschaften Dampfer, auf denen von Mai bis September die Deportierten entweder den Irtysch flußauf nach Omsk oder flußab und dann den Ob aufwärts an Tara, Kainsk und Kolywan vorbei nach Tomsk gebracht wurden. Das bedeutete ein erhebliches Abweichen vom Weg nach Norden. Alle, die zur Ansiedlung oder »zum Wohnen« in Westsibirien vorgesehen waren, gingen von Tomsk aus in verschiedene Richtungen. Die anderen wanderten oder fuhren (seit Ende des Jahrhunderts) mit der Bahn bis Atschinsk, von wo aus ein Teil nach Marijsk zog. Der Rest wurde nach Krasnojarsk geführt, um hier wieder eine Gruppe zurückzulassen. Hatte jemand Minussinsk als Aufenthaltsort zugewiesen bekommen, konnte er es den Jenissej aufwärts per Dampfschiff erreichen. Die restlichen Deportierten gingen jetzt bis Irkutsk, um von dort in die Gegend von Nishneudinsk zurückzukehren oder nach Ussol, Kara oder Nertschinsk auseinanderzugehen oder auch nach Jakutien zu ziehen, nach Olekminsk, Werchojansk oder nach Werchne-, Sredne- und Nishne-Kolymsk. Wenn Transporte über den zugefrorenen Baikalsee geführt wurden, kam es manchmal vor, daß das Eis mit lautem Knall barst und die Spalten so breit waren, daß man sie nur auf Behelfsbrücken überqueren konnte. Die Reise nach Jakutien fand im Winter zu Pferd auf dem Eis der Lena statt, im Sommer in großen Booten. Von Jakutsk aus gab es lediglich Waldwege, also konnte man nur reiten oder gehen und mußte Proviant für zwei bis drei Monate bei sich haben.

Nach Sachalin führten zwei Wege: der Landweg über Kara bis an die Pazifikküste, später der Seeweg, der aber fast rund um die Welt führte, durch das Mittelmeer, den Suezkanal, den Indischen Ozean usw. Wer den Landweg gegangen war, hieß *karytschik* (von der Stadt Kara) oder *terpigorez* (Kummerleider), vom russ. *terpetj gore*; wer den Seeweg hinter sich hatte, wurde *krugobolotunski* oder *galetnik* genannt. Der erste Name ist höchstwahrscheinlich eine Zusammensetzung aus den Wörtern *krugom* (ringsherum) und *boltun* (Schwätzer), der zweite stammt von russ. *galeta* (Schiffszwieback). Ein *terpigorez* genoß höhere Achtung unter den Deportierten auf Sachalin, denn er hatte mehr durchgemacht. Interessanterweise sagte man von den »Schiffszwiebäcken«, daß sie »nichts gesehen« hätten, obwohl sie doch die halbe Welt umschifft hatten (Doroschewitsch 1901: 138 f).

Der Weg nach Sibirien bedeutete die Überwindung eines ungeheuren Raums. Aus dem Westteil des Kaiserreichs mußte man bis zu 1000 km zurücklegen, um nach Moskau zu kommen. Von Kiew über Orel bis Moskau waren es 960 km. Von dort bis Nishnij Nowgorod waren es 500 km, von Nishnij Nowgorod nach Kasan etwa 350 km, von Kasan nach Perm 630 km. Die weiteren Abschnitte der Marschstrecke: Perm – Jekaterinburg 660 km, Jekaterinburg – Tjumen 350 km (oder Perm – Tobolsk 800 km), Tjumen – Tomsk 1 660 km, Tomsk – Irkutsk 1 700 km. Insgesamt betrug die Entfernung von Moskau nach Irkutsk mehr als 6 400 km. Von dort führte die Strecke aber weiter nach Norden bis nach Kolyma. Jakutsk war von Srednekolymsk 2 600 km, St. Petersburg von Tschita 4 500 km entfernt; der Weg führte durch 35 Städte und 12 Gouvernements. Die Polen aus dem Königreich hatten häufig 14 500 bis 16 000 km zu bewältigen, ohne den Weg vom Verwaltungszentrum, wo sie registriert wurden, bis in die Dörfer zu rechnen, die ihnen »zum Wohnen« angewiesen waren.

Die Reise- oder Marschdauer war je nach Jahreszeit und Wetter sehr verschieden. Schmolz das Eis oder froren die Flüsse früher, mußte die Kolonne am Ufer mit dem Übersetzen warten. Bis etwa 1860, als die ganze Strecke noch zu Fuß bewältigt werden mußte und die Marschierer auch das Tempo der Wagen bestimmten, wurden im Monat durchschnittlich 550 km zurückgelegt. Politische Deportierte, einzelne Häftlinge oder kleine Gruppen reisten in besseren Fahrzeugen wesentlich schneller. Sehr schnell für die Verhältnisse in der ersten Hälfte des 19. Jh. wurden die Dekabristen nach Sibirien befördert: im Tagesmittel etwa 180 km, so daß sie von St. Petersburg nach Irkutsk 37 Tage unterwegs waren, und diejenigen, die von dort weitergeleitet wurden, erreichten Tschita (1 100 km) innerhalb von 20 Tagen. Bis etwa 1880 dauerte der Marsch nach Irkutsk gewöhnlich 200 Tage. Wladimir Burzew wanderte selbst 1887 noch ein halbes Jahr von Moskau nach Irkutsk: Er brach im Mai auf und war im Juni zwar schon in Tomsk, langte aber erst Ende Oktober in Irkutsk an. Von Irkutsk nach Jakutsk war man ungefähr zehn Monate unterwegs (Burzew 1938).

Seitdem es eine Bahnverbindung gab, konnte die Reise der Häftlinge nach Ostsibirien günstigstenfalls drei Monate dauern, während sie bis dahin selten weniger als 15 Monate in Anspruch genommen hatte. Diese Reisen sind Bestandteil der düsteren sibirischen Legende. Einer, der sie mitgemacht hat, beschreibt sie folgendermaßen:

»Ich habe deshalb so viel über die Etappen geschrieben, weil man die Deportierten nach 1880 in Etappen trieb, nämlich: Vermutlich gingen die Partien nicht mehr zu Fuß, sondern man fuhr sie in Omnibussen [Pferdefuhrwerken], jeweils etwa ein Dutzend auf einem, an die Lehnen gekettet und natürlich schon ohne Tagesrast und schneller. Gegenwärtig, wo es die sibirische Eisenbahn gibt, fahren sie sicherlich schon mit dem Zug, und außerdem verfrachtet man die größten Verbrecher mit Schiffen übers Meer nach Sachalin, während man uns noch mit Sachalin angst machte. Die Etappen sind jetzt wohl schon aufgehoben, und bald werden sie auch vergessen sein, aber meiner Meinung nach haben sich die Moskowiter etwas Besseres ausgedacht, um Menschen zu quälen, oder sie denken es sich aus.« (Mężyński 1916: 49 f.)

Der Schreiber dieser Zeilen irrte sich, als er meinte, daß die Etappen in Vergessenheit geraten würden; aber im zweiten Punkt irrte er sich nicht: Knapp 30 Jahre, nachdem er diese Sätze geschrieben hatte, dampften Güterzüge nach Sibirien mit Tausenden von Menschen, die noch gequälter und unglücklicher waren als jene in der schlimmsten Zeit der neueren Geschichte Rußlands unter Nikolaus I.

Die Reisedauer konnte sich aus vielen Gründen verlängern. Kranke Deportierte wurden dort zurückgelassen, wo es Lazarette oder Krankenhäuser gab, oder einfach bei Bauern. Kamen die Häftlinge in einen Etappenpunkt, wo erträgliche Zustände herrschten – den besten Ruf hatte Tobolsk –, versuchte jeder, der es sich leisten konnte, die Aufseher zu bestechen, damit sie ihnen zu bleiben erlaubten. Mitunter konnten Dokumente verlorengehen, oder viele Landstreicher warteten darauf, bis die Behörden ihre Identität festgestellt hatten. Ein politischer Deportierter benötigte für den Weg von Tobolsk nach Krasnojarsk neun Monate, ein anderer wanderte zwei Jahre von Shitomir nach Irkutsk, und mitunter trafen Häftlinge erst nach vier Jahren an ihrem Bestimmungsort ein. Nach Ansicht der Deportationsverwaltung gab es auf den 700 Kilometern zwischen Perm und Tjumen die größten Schwierigkeiten. Hier mußte man den Bauern für Nachtlager und Transport doppelt soviel zahlen wie auf anderen Etappen, und hier gab es die meisten Flüchtlinge (CGIAL 1286/53/1). Aber es ging auch umgekehrt: Man konnte die Reise beschleunigen, wenn die Soldaten oder Gendarmen, die die Eskorte stellten, daran interessiert waren. Im allgemeinen war das für sie vorteilhaft, vor allem wenn sie kleinere Gruppen oder Einzelpersonen aus Tobolsk oder Irkutsk an ihren Bestimmungsort begleiteten, weil sie dann am »Verpflegungsgeld« sparen konnten, das bei ihnen nicht nach der Reisedauer berechnet wurde wie bei den Deportierten, sondern nach der Entfernung.

Seit etwa 1860 brachten die Telegraphen eine große Erleichterung. Die Offiziere, die die Begleitmannschaft befehligten, depeschierten an die nächsten Stationen, an denen ein Halt vorgesehen war, und wenn die Kolonne eintraf, standen Pferde und heißer Tee bereit. Sie schlossen auch mit den örtlichen Bauern private Verträge ab, um den Nichtprivilegierten Fahrzeuge zu verschaffen, wofür sich die Offiziere natürlich bestechen ließen. Das taten nicht nur Politische, sondern auch Kriminelle, wenn in der Kolonne Häftlinge waren, die sich als »alte Sibirier« auskannten. Das Bestechungsgeld stammte zumeist aus den von allen Sträflingen unterwegs gesammelten Almosen, so daß in diesem Fall die finanzielle Lage der einzelnen Häftlinge keine Rolle spielte. Nicht nur die Deportierten, sondern auch die Begleitmannschaften wollten in kleineren Gruppen reisen, was vor allem auf sibirischem Boden möglich war, während die Offiziere in Rußland streng nach Dienstvorschrift verfuhren (Giller 1866: I, 110). Noch in den 60er Jahren des 19. Jh. mußten nichtprivilegierte Deportierte ihr Gepäck selber tragen, doch sorgten die Offiziere auf ihre Bitten gern für Fahrzeuge unter dem Vorwand, daß in der Kolonne zu viele Kranke seien. Reichere privilegierte Häftlinge gingen noch einen Schritt weiter, um sich möglichst bequeme Reisebedingungen zu verschaffen. Sie fuhren auf den ausgefahrenen Wegen oder über den zerfahrenen Schnee ungern in den ungefederten Leiterwagen und tauschten sie gegen gefederte Schlitten oder Wagen. Doch waren Deportierte unbeholfen und unwissend, requirierte oder stahl man ihnen ihr Geld, das sie nicht gut genug versteckt hatten, und ohne Mittel wurden sie schlecht behandelt. Deswegen litt sogar ein Teil der Politischen unterwegs genauso wie die unprivilegierten Kriminellen.

Straftäter, Landstreicher und Bauern, die von ihrer *Obschtschina* verschickt worden waren, kamen zumeist erschöpft und unfähig zur Arbeit an ihrem Bestimmungsort an. Bereits Mitte des 19. Jh. war man der Ansicht, daß der Weg nach Sibirien schlecht gewählt sei, daß er unnötigerweise von Perm nach Jekaterinburg abwich oder mehrmals ein Übersetzen über den Irtysch erforderte. Man hätte von Tjumen direkt nach Tomsk gehen können, statt dessen wurden alle zunächst nach Tobolsk getrieben, von wo ein Teil der Deportierten dann denselben Weg wieder in die Bezirke Tjumen, Jalutorowsk oder Kurgansk zurückkehren mußte, was noch einmal unnötige 480-570 km bedeutete. Die Kaufleute wählten wesentlich einfachere Strecken. Kennan legte 1908 in Jakutien innerhalb von acht Tagen einen Weg zurück, für den die Häftlinge damals zwei Monate benötigten, und er machte darauf aufmerksam, wie schwer dieser Weg war, wenn man ihn unter erschwerten Bedingungen bewältigen mußte. Bei der Organisation der Märsche wurden nicht momentane Bedürfnisse und wechselnde Bedingungen berücksichtigt, sondern die einmal erlassenen Vorschriften befolgt. Beispielsweise brach aus Tomsk eine Kolonne im Juli oder August in leichter Kleidung auf, die entsprechend den Instruktionen erst in Irkutsk ausgetauscht werden konnte. Indessen wurden die Deportierten unterwegs von Herbstregen und -kälte, ja sogar vom Einbruch des sibirischen Winters überrascht. Auch das Schuhwerk nutzte sich früher ab, als von den Vorschriften vorgesehen war (Kennan 1907: I, 133 ff.; Maksimow 1899: 50 f.).

Das Wetter war mitunter der größte Feind der Deportierten. Setzte ein Schneetreiben ein, schwand die Disziplin in der Kolonne bis zu einem Grad,

der selbst für die Häftlinge gefährlich wurde. Marodeure blieben zurück, und
die Eskorte konnte die Kolonne nicht zur festgesetzten Zeit zum Etappenpunkt führen. Die Stärksten kamen nur mühsam voran, die Mützen mit Ta-
schentüchern und Lappen umwickelt, Stroh in die Schuhe gestopft. Die
Kranken und Schwachen, die auf Wagen gefahren wurden, kamen halb erfro-
ren in den Etappenpunkten an. Selbst wenn es ihnen gelang, bis ans Ende der
Reise am Leben zu bleiben, erholten sie sich am Bestimmungsort nicht und
starben bald; bestenfalls waren sie nur lebenslang arbeitsunfähig. In besonders harten Wintern waren die Ketten ein schweres Hindernis, scheuerten
Wunden und führten zu Erfrierungen; doch die Begleitmannschaften erlaubten nicht immer, sie abzunehmen, vor allem nicht im europäischen Rußland.
Mitunter kam es also zu scharfen Protesten, doch nur von seiten der politischen Häftlinge, die im allgemeinen damit Erfolg hatten.

»Wenn uns schon unterwegs die Kälte zu schaffen machte, dann erst recht während der ganzen Nacht in der Etappe, in schlecht geheizten und nicht genügend gegen Frost gesicherten
Stuben, wo die Wasserbehälter mit einer dicken Eisschicht bedeckt waren. In unserer dün-
nen, häufig nassen Kleidung, die gleichzeitig Bettlaken und Decke war, wenn wir zum Früh-
stück statt warmen Essens ein Stück gefrorenes Schwarzbrot erhielten, kamen wir aus dem
Zittern nicht heraus, und mehr als einmal passierte es, daß unsere vom Vortag noch nasse
Kleidung vom Frost steif wurde, wenn wir vor Sonnenaufgang aufbrachen, und es dauerte
längere Zeit, bis der Eispanzer unter dem Einfluß der Körperwärme aufzutauen begann.«
(Chołodecki 1893: 60 f.)

Im Frühjahr oder Herbst, wenn sich die Wege infolge des Eisgangs oder des
Tauwetters leerten – denn auch Kaufleute und Bauern rührten sich nicht vom
Fleck –, mußte die Kolonne wochenlang in unangemessenen, provisorischen
Unterkünften bleiben. Noch Mitte des 19. Jh. breitete sich dann in den Ko-
lonnen Hungertyphus aus, und die an der Marschroute gelegenen Gefäng-
nisspitäler waren mit kranken Häftlingen überfüllt. Die Deportationsverwal-
tung war sich im klaren über die Situation und schlug wiederholt vor,
Transporte ausschließlich im Sommer abzufertigen. Das sei nicht nur für die
Menschen selbst, sondern auch für den Staatsschatz von Vorteil, da man an
Kleidung sparen, den Transport schneller abwickeln und die Kosten für die
Begleitmannschaften senken könnte. Die Kolonnen, die sich im Etappen-
oder Pendelverkehr bewegten, kämen nur langsam voran, und die Menschen
erreichten ihren Bestimmungsort erschöpft und arbeitsunfähig. Daher wurden
die Transportbedingungen tatsächlich 1865 »in Ansicht der Menschenliebe
und Ökonomie« geändert: Im Winter bekamen die Deportierten auf der
Strecke von Nishnij Nowgorod nach Atschinsk Fahrzeuge gestellt, im Sommer wurden sie bis Perm auf dem Wasserweg befördert und von dort bis
nach Tjumen abermals auf Wagen. Weiter ging die Reise abwechselnd auf
Schiffen oder Fuhrwerken (CGIAL 1286/53/1, Bl. 348v.; Kennan 1907: I,
81, 119-120).

Doch auch dieses Verfahren wurde im Justizministerium bald als zu kostspielig befunden. Um an den Ausgaben für Kleidung zu sparen, wurde vorgeschlagen, die Deportierten bis zum Frühjahr in den Gefängnissen der Gouvernements zu lassen, in denen sie verurteilt worden waren, oder in größeren Etappenpunkten, und sie nur in der warmen Jahreszeit auf den Weg zu schikken. Das erforderte zwar erhebliche Summen für Renovierung und Ausbau der Gefängnisse und Etappen, aber man meinte, daß das billiger käme. Der Ministerrat nahm 1868 diesen Vorschlag an. Als Überwinterungspunkte für die Deportierten wurden Orel, Moskau, Nishnij Nowgorod, Kasan, Perm, Tjumen und Tomsk gewählt, wo man »Zentrale Deportationsgefängnisse« mit eigener Verwaltung einrichtete. Ein neues Gebäude wurde allerdings nur in Tomsk errichtet; in den übrigen Städten wurden verschiedene Gebäude für den neuen Zweck umgebaut: In Orel waren es die Unterkünfte der ehemaligen Arrestantenrotten, in Nishnij Nowgorod, Kasan und Tjumen die alten »Deportationsfestungen«, sonst städtische oder staatliche Gebäude, die sich im allgemeinen nicht für den neuen Zweck eigneten.

Für den Schiffstransport der Häftlinge wurden Verträge mit Privatunternehmern geschlossen. Nach diesen Änderungen wurden die Transportkosten für 11 424 Deportierte im Jahre 1865 und 15 320 im Jahre 1867 berechnet. Es stellte sich heraus, daß die Transportkosten für einen Deportierten auf der Strecke Nishnij Nowgorod – Atschinsk von 70 auf 39 Rubel fielen. Zwar waren die Mittel für den Unterhalt der Etappengefängnisse und ihre Verwaltung hierbei nicht mitgerechnet, doch selbst bei ihrer Berücksichtigung waren die Transportkosten nach Ansicht des Justizministeriums innerhalb dieser beiden Jahre im Vergleich zu 1865 um 74 000 Rubel gesunken (CGIAL 1286/53/1, Bl. 349-358). So verlief also seit 1868 der Transport der Deportierten im europäischen Rußland und in Sibirien bis Tomsk wesentlich effizienter, und die Lage der Häftlinge besserte sich ohne Zweifel. Doch auf den weiteren Strekken wurde nach dem alten System verfahren. Das Vorhaben, alle Deportierten zwischen Tomsk und Irkutsk mit Fuhrwerken zu befördern, beschäftigte die Verwaltung 30 Jahre lang; im Jahrzehnt zwischen 1871 und 1880 durchlief es sechs verschiedene Instanzen, bis es dem Staatsrat vorgelegt wurde. Der schickte es 1885 als verbesserungsbedürftig zurück. Trotzdem benutzten die Häftlinge seit 1880 in der Praxis bereits Wagen, selbstverständlich gegen entsprechende Bezahlung.

Für die Gendarmen, die politische Häftlinge bewachten, lohnte es sich, gefederte und gedeckte Wagen (tarantasy) zu suchen, denn dann fuhren sie selbst auch bequemer. Auf diese Weise kam die spezifische Interessengemeinschaft von Begleitmannschaften und »Partien« zustande, wie sie ein Deportierter beschrieb:

»Weil bereits starker Frost herrschte und wenig Schnee lag, holperten wir in unseren Kibitken über die gefrorenen Wege; nach einigen Stationen waren wir so durchgerüttelt und zerschlagen, daß wir dem Hauptmann rundweg erklärten, er könne mit uns machen, was er wolle, aber so würden wir nicht weiterfahren. Und weil er nicht elastischer war als wir, wurde nach langem Hin und Her beschlossen, diese Station noch in Kibitken zu fahren und danach auf Schlitten, was dann auch tatsächlich geschah.« (Mężyński 1916: 39)

Die Privilegierten legten den Weg also im Vergleich zu denen, die zu Fuß gehen mußten, bequem zurück, insbesondere wenn sie von Familienmitgliedern begleitet wurden, die über reichlich Bargeld verfügten und sogar Dienstboten dabeihatten. Zu welch paradoxen Zuständen es unterwegs kam, zeigt ein kleines Beispiel: Wenn gutgestellte Deportierte keine Dienstboten zur Verfügung hatten, bezahlten sie die Bauern in den Dörfern, durch die sie fuhren, für kleine Dienstleistungen bis hin zum Waschen ihrer Taschentücher. Das war in den 30er und 40er Jahren und auch noch nach 1863 üblich (Lasocki 1937: II, 19; Roemer 1839: Ms. I/1).

Die Schiffsreisen werden verschieden dargestellt – einmal als beschwerlich, ein andermal als relativ erträglich. Offenbar hing das vom Zufall ab. Einige Schiffe starrten vor Schmutz, während andere ordentlich desinfiziert waren. Aber die Häftlinge litten unter der Enge in den Räumen. Waren sie unter Deck eingeschlossen, kamen sie nicht mit der örtlichen Bevölkerung in Kontakt, die auf Booten verschiedene Waren zum Verkauf anbot. Nach einer Beschreibung gab es auf der Barke, auf der die Deportierten auf der Wolga und Kama verfrachtet wurden, vier vergitterte Kajüten. Die größte war für 200 Personen vorgesehen, die nächstkleinere für über 100, eine weitere für 100 Personen, und in der vierten, der kleinsten, waren politische Häftlinge untergebracht. Die Luft war sehr stickig, weil sie über Röhren zugeführt wurde, so daß die Zwangspassagiere erkrankten. Es gab einen Feldscher mit Apotheke an Bord, aber seine Hilfe brachte nicht viel. Auf einer anderen Barke fuhren 500 Kriminelle und 42 Politische, darunter 11 Frauen. Weil es für sie keinen separaten Raum gab, lagerten sie unter einem Segeltuchdach auf Deck, und die Begleitmannschaft schlief zusammen mit den politischen Häftlingen in der Kajüte. Wo es möglich war, wurden Politische und Kriminelle auf verschiedenen Barken befördert. Unterwegs gab es häufig gefährliche Unfälle: Die Schiffe liefen auf Sandbänke auf, kamen bei starkem Wind nicht gegen die Strömung an, oder es brach Feuer aus. Opfer waren erstaunlicherweise insgesamt sehr wenige zu beklagen (CGIAL 1286/53/1, Bl. 368-370; Belokonskij 1887: 333 f.).

Einige Schiffahrtsgesellschaften beförderten die Häftlinge auf gewöhnlichen Passagierschiffen, die gleichzeitig von freien Reisenden benutzt wurden. Ob die Bedingungen besser oder schlechter waren, hing häufig vom Schiffsbesitzer ab. Auf den Barken kaufte ein Offizier die Häftlingsverpflegung, die dann in Kesseln an Bord gekocht wurde. Einige gaben ihm Geld, für das er ihnen Fisch, Milch und Brot kaufte, andere bezahlten für ein fertiges Essen. Auf diese Weise verdiente der Offizier auch noch als Besitzer einer Garküche.

Trotz der Klagen über die monotone und beschwerliche Fahrt mit der Eisenbahn veränderte sie doch das Bild des Weges nach Sibirien völlig. In der Zarenzeit wurden die Häftlinge niemals in Güter- oder Viehwagen transportiert. Gewöhnlich waren sie in 3.-Klasse-Wagen untergebracht (es gab vier Wagenklassen), deren Fenster allerdings vergittert waren. Aber auch hier gab es Ausnahmen: Einige Häftlingswagen auf der Strecke St. Petersburg–Moskau hatten überhaupt keine Fenster, später, im Inneren Rußlands, waren die Fenster nicht vergittert, und die Wagen unterschieden sich in nichts von denen für gewöhnliche Reisende. Etwa 60 Häftlinge saßen Rücken an Rücken auf einer Bank in der Wagenmitte, ihnen gegenüber die Soldaten und an den beiden Wagenenden mit schußbereiten Pistolen die Gendarmen der Begleitmannschaft. In der Praxis gab sich die Begleitung nur zu Beginn der Reise martialisch, später kümmerte sie sich nicht sehr um die Häftlinge, die sogar ohne Bewachung an den Stationen ans Bahnhofsbuffet gehen konnten. Einmal kehrte ein Häftling nach einem Halt nicht auf seinen Platz zurück, sondern stieg in die 1. Klasse und fuhr ruhig eine Zeitlang weiter. Manchmal waren Kriminelle und Politische während der Bahnfahrt getrennt, manchmal fuhren sie zusammen. So ist es auch nicht verwunderlich, wenn Burzew schreibt:

»Zu unserer Partie gehörten bei Fahrtbeginn in Moskau 80 Mann, darunter Vertreter verschiedener russischer Revolutionsströmungen. (...) Auf dem Bahnhof (...) setzten sie uns alle in den vergitterten Häftlingswaggon, und die weite Reise nach Nishnij Nowgorod begann. Zu uns gehörte nur ein einziger Katorgasträfling, Danilow (...). In der Stimmung, in der wir uns befanden, schien es uns, ungeachtet der Eskorte, der Gitter und des Rasselns von Danilows Ketten, als befänden wir uns auf einem Ausflug.« (Burzew 1938: 333)

Allen Deportierten, auch den politischen, wurde der Kopf zur Hälfte kahl, zur Hälfte kurz geschoren (anfangs war ein Kreuz herausgeschoren worden) – ein Relikt der Brandmarkung. Bei der Registrierung, die zumeist in Moskau stattfand, wurde ihnen ihre eigene Kleidung abgenommen und die sogenannte Staatsschatzausrüstung zugeteilt: zwei Garnituren Unterwäsche, Hosen, ein grauer Tuchüberrock, ein kurzer und ein langer Fellmantel, eine Mütze, pelzgefütterte Tuchhandschuhe und Wollhandschuhe, Fußlappen aus Tuch oder Leinen, Schuhe oder Holzschuhe und ein Leinensack. Auf dem Überrock waren farbige Buchstaben aufgenäht: KAT bzw. AS (für *katorshnyj* – Katorgasträfling bzw. *Administratiwno ssylnyj* – administrativ Verschickter), und auch das Kürzel für den Bestimmungsort, z.B. TES (*Tobolskaja Expedizija Ssylnych* – Deportationsversand Tobolsk). Je weniger Etappen zu Fuß zurückgelegt wurden, desto weniger Bekleidungsstücke wurden ausgegeben. Gegen Ende des 19. Jh. fuhren die Deportierten in eigener Kleidung nach Sibirien; doch ist nicht klar, ob hier nur von der Vorschrift abgewichen wurde oder ob diese inzwischen geändert worden war. An der »Staatsschatz«-Bekleidung wäre nichts auszusetzen gewesen, hätte man nicht minderwertiges Material verwendet, so daß ein ukrainischer Häftling von seinem Überrock

meinte:»Der Regen ist noch hinterm Berge, und schon ist der Rücken naß.«
(Lasocki 1933/37: II, 8)

Die Kleidung kostete die Staatskasse sehr viel, weil sie sich während des langen Fußmarsches stark abnützte und bald ersetzt werden mußte. Ein fast noch größeres Übel war, daß Beamte und nicht zuletzt erfahrene Kriminelle damit Geschäfte machten. Wenn es Winter wurde, konnte niemand ohne ausreichende Kleidung auf den Weg geschickt werden, vor allem nicht ohne den Fellmantel; also mußten die Etappengefängnisverwaltung oder die Offiziere der Eskorte fehlende Stücke stellen. Dann meldeten sich gerissene Bauern als Lieferanten, die vorher den Häftlingen Kleidung abgekauft hatten (die diese dann als gestohlen meldeten), und boten sie den Aufsehern an. Diese wußten zwar genau Bescheid, woher die Sachen stammten, mußten aber notgedrungen zahlen, weil sie unterwegs keine Fahndung und keinen Prozeß wegen Hehlerei einleiten konnten. Kurz vor der nächsten Etappe hatten die Häftlinge wieder nur zerschlissene Lumpen auf dem Leib und behaupteten, die ihnen zugeteilte Kleidung habe sich abgenutzt. In Wirklichkeit hatten sie ihre Sachen jedoch abermals bei den Vermittlern gegen abgetragene eingetauscht, so daß diese dieselben Sachen der Gefängnisverwaltung noch einmal anbieten konnten. Bereits 1808 waren erste Anordnungen erlassen worden, nach denen Handelskontakte zwischen der Bevölkerung und den Häftlingen verboten waren, doch wurden sie völlig mißachtet. Der Staat hatte sein Repressionssystem dermaßen ausgebaut, daß er selbst nicht mehr in der Lage war, es wirksam zu kontrollieren.

Verurteilte, deren Strafen den Verlust ihrer Rechte nach sich zogen, und nichtprivilegierte Deportierte gingen ursprünglich in Ketten. Bis zur Mitte des 19. Jh. wurden sogar Frauen gefesselt, jedoch nur an den Händen; später entfiel das unabhängig von Stand und Strafe. Alte und Krüppel brauchten ebenfalls keine Ketten zu tragen. Anfangs wurden mehrere Personen zusammengekettet, und zwar auf zweierlei Art: Entweder wurden sechs Häftlingen Armreife angelegt, an denen Ketten hingen, deren anderes Ende jeweils an ein und denselben Metallstab geschmiedet war; oder man legte vier Häftlingen Halseisen um, von denen jeweils eine Kette ausging, deren anderes Ende an einem großen Metallring saß. Seit den 60er Jahren war die Paarfesselung am gebräuchlichsten, d.h., die Ketten der Handfesseln endeten an einem Stab, den die beiden Gefesselten trugen, was besonders im Winter eine Qual war, da die Hände ausgestreckt nach unten gehalten werden mußten.

Gefährlichere Verbrecher oder Häftlinge, die aufsässig waren oder einen Fluchtversuch gewagt hatten, wurden einzeln gefesselt; die ersten generell, die anderen zur Strafe. Hier gab es drei Möglichkeiten: Um die Füße wurden Reife gelegt, von denen Ketten abgingen, die in den Händen gehalten wurden oder am Gürtel befestigt waren (die Straffesselung erstreckte sich auch auf die Hände); oder die Füße wurden durch mit Gliedern verbundene Eisenstäbe zusammengehalten. Die dritte und schlimmste Möglichkeit bestand darin, die Füße mit ungegliederten Stäben zusammenzuhalten; dadurch wurde die Haut stark abgescheuert, und das Gehen fiel besonders schwer. Waren mehrere Häftlinge zusammengeschlossen, führte das zu ständigem Streit:

»Menschen, die so aneinandergefesselt sind, befinden sich wirklich in einer entsetzlichen Lage. Wenn z.B. die Notdurft einen von ihnen in eine Position zwingt, in der man weder sitzt noch steht (...), müssen alle anderen sich ebenfalls vorbeugen und auf den Boden sehen, als ob sie dort etwas suchten (...), und fluchen dann fürchterlich auf denjenigen, der sie in diese gebückte Haltung gezwungen hat.« (Tokarzewski 1907: I, 71 f.)

Wer dagegen allein in Ketten geschlossen war, mußte wesentlich mehr Eisen schleppen, durchschnittlich 8 kg. Ende des Jahrhunderts, als die Häftlinge auf den längeren Strecken mit der Bahn befördert wurden, unterschied man die, die an den Händen gefesselt und zur Ansiedlung oder »zum Wohnen« in Sibirien verurteilt waren, von den Katorgasträflingen, denen auch die Füße gefesselt waren. Auf dem Fußmarsch wurden rebellische Verbrecher mitunter an einen Wagen gekettet.

In Zeiten, in denen politische Häftlinge wenig gelitten waren, wie z.B. nach 1863, aber mitunter auch schon früher, wurden nichtprivilegierte Politische, die u.a. zum Verlust sämtlicher Rechte verurteilt worden waren, mit gewöhnlichen Kriminellen zusammengeschlossen, selbst wenn es keinen besonderen Befehl dazu gab. Vermutlich gab es von ihnen zu wenig, um eine eigene Gruppe zu bilden. In einer solchen Lage befand sich Agaton Giller:

»Neben mir, an der Kette, an der ich befestigt war, ging ein polnischer Jude, der wegen Schmuggels zur Ansiedlung nach Sibirien zog (...), und begann mit mir ein gelehrtes Gespräch über den Islam und das Schisma. Er stellte mir Fragen über Fragen und wollte, daß ich ihm seine Zweifel klärte und löste. Da er in Warschau aufgewachsen war, war er ziemlich gebildet und sprach recht gut polnisch. Er erstaunte mich oft wegen seines gesunden Menschenverstandes und seiner Sachkenntnis; er erforschte und vertiefte gern religiöse Fragen, versenkte sich mit Vorliebe in Mystizismus oder schwebte in der Sphäre talmudischer Abstraktionen (...). Er und seine Frau vermißten Polen sehr (...). Gleich hinter uns ist ein Kosak vom Don an die Kette angeschlossen und ein Kleinrusse [Ukrainer] aus Tschernigow. Der Kosak ist alt, kränklich und korpulent, er ging schwerfällig, wir mußten ihn also mitziehen, weil wir als erstes Paar gingen; auf der Stirn und den Wangen hatte er die Buchstaben K-A-T [Katorgasträfling], sein Haar war grau, seine Stimme reuevoll und sanft. Er hatte seine Frau ermordet, wofür er geknutet und zu fünf Jahren Bergwerk verurteilt worden war. Der Gefährte neben ihm heißt Stefanenko, ist jung und geschmeidig (...), hat im Heer gedient, sie schicken ihn wegen Diebstahl ins Bergwerk. Hinter diesen beiden, an meiner Kette befestigt, ging das dritte Paar: ein hoher, wuchtiger Moskauer Bauer und ein verwirrter Altgläubiger. Der Bauer war der Narr vom Dienst in der Partie; alle gaben ihm zu essen, dafür trieben sie während der Tagesrast ihre Späße mit ihm, stießen, zerrten und schlugen ihn; er nahm es nicht krumm, sprang herum, rempelte andere an und unterhielt sie so. Er war ungemein gefräßig, verschlang auf einmal vier Pfund Brot, eine Fleischportion von mehreren Pfund, eine riesige Schüssel Suppe und trank einen Eimer Bier aus – hatte er gegessen, schnaufte er und schwieg, und wenn er mißtrauisch von der Seite blickte, schnitt er verschie-

dene Grimassen, über die sich die Arrestanten schieflachten. Er ist abgerissen und wäscht
sich nie, durch die Löcher in seinem Hemd sieht man den schwarzen Leib; man schickt ihn
wegen Diebstahl zur Ansiedlung nach Sibirien. Der Altgläubige ist ein ordentlicher Mensch
von angenehmer Erscheinung; sein scharfer Blick beweist, daß seine Gedanken ständig arbeiten, er spricht manchmal sehr vernünftig, doch oft, wenn er aus dem Konzept geraten ist,
phantasiert er seltsame Dinge, die nicht zusammenpassen, und das hat auch dazu geführt, daß
man ihn für verwirrt hält (...). Unsere Kette ging hinter den anderen Ketten am Schluß der
Partie – hinter uns gingen die Frauen in einem unordentlichen Haufen ohne Ketten; sie
schwätzten den ganzen Weg unaufhörlich und unterhielten sich laut mit ihren Liebhabern, die
vorn gingen, oder kokettierten mit den Soldaten, lachten und plärrten mit schriller Stimme
Liebeslieder. Zwischen ihnen ging eine Siebzigjährige – sie allein hat keinen Liebhaber, sie
geht zur Ansiedlung, weil ihre Herrin sich von ihr Geld geliehen und als Pfand silberne Löffel gegeben hatte, und weil sie diese nicht zurückkaufen wollte, hatte sie sie des Diebstahls
angeklagt, ihr die Löffel abgenommen, ohne das Geld zurückzuzahlen, und das Gericht hatte
die Alte nach Sibirien verbannt. Sie konnte sich nicht rechtfertigen, im übrigen hatte das Gericht ihr als Abhängiger, die von ihrer Herrin verklagt wurde, keinen Glauben geschenkt.«
(Giller 1866: I, 146 ff.)

Gewieftere Häftlinge wurden sogar mit den Ketten fertig. Gegen ein Bestechungsgeld lieferten die Aufseher getragene Fesseln, die bereits glattgerieben
waren und daher die Haut nicht mehr so stark abscheuerten. Daneben wurden
auch unerlaubte Tricks angewendet: Man »präparierte« Fesseln, d.h., man
verringerte ihr Gewicht. In den Etappenstädten sah man nicht selten Häftlinge
in Ketten herumgehen, die von den Begleitmannschaften »Ausgang« erhalten
hatten. Weil die Gruppenfesselung das Marschtempo beeinträchtigte, was
nicht im Interesse der Bewacher lag, lösten diese in weniger belebten Gegenden gegen Bezahlung (2 Kopeken pro Person) die Ketten von den gemeinsamen Metallstäben. Mitunter erlaubten sie einem Häftling unentgeltlich, seine
Fesseln abzunehmen, doch in diesen Genuß kamen eher Politische als Kriminelle. Man sollte nicht verschweigen, daß die Etappenoffiziere häufig Mel-
dungen über die tragische Situation gefesselter Verbrecher machten. Bereits
um die Mitte des 19. Jh. führte der hartnäckige Widerstand der Deportierten
gegen die Fesselung mitunter zu Erfolgen. In den 60er Jahren gab man den
Protesten im allgemeinen nach und nahm die Ketten ab. Endgültig wurde die
Fesselung 1864 abgeschafft.

Der Transport im Etappensystem war so charakteristisch, daß es sich nur
um einen Deportierten oder eine ihn begleitende Person handeln konnte,
wenn es hieß, jemand sei in »Etappenordnung« (*etapnyj porjadok*) nach Sibirien gekommen. Theoretisch sollten die Etappen so angelegt sein, daß die
Kolonne nach vier Tagen Marsch und einem Tag Rast in der »Halb-« oder
»Feldetappe« einen besser versorgten Ort erreichte. In der Etappe gab es eine
ganztägige Rast; hier wurde heißes Essen ausgeteilt oder erlaubt, es selbst
zuzubereiten, die Ketten und die Ausrüstung wurden überprüft. In der Praxis
waren die Etappen länger; die Haltepunkte lagen 130 bis 330 km voneinander
entfernt. Unter durchschnittlichen Bedingungen legte die Kolonne täglich 28-

33 km zurück, so daß eine Etappe mitunter erst nach einem zehntägigen Marsch erreicht wurde. Immer aber wurde der Grundsatz von zwei Tagen Marsch und einem Tag Rast eingehalten, wenn nicht in der Etappe, dann in der Halbetappe. Auf dem Marsch wurden nur kleine Pausen eingelegt, um Lebensmittel kaufen zu können. Als allen erlaubt wurde, Wagen zu benutzen, wurde der ganztägige Halt in der Halbetappe gestrichen; er dauerte dann nur so lange, bis die Pferde gewechselt waren. Den Rasttag und die Nächte verbrachte man in Baracken oder primitiven Verschlägen, manchmal auch in Bauernhütten; wenn jedoch im Frühjahr Tauwetter einsetzte, wurde nachts marschiert, weil dann der Boden wieder gefroren war.

Als die Häftlinge den Weg nach Sibirien noch überwiegend zu Fuß zurücklegen mußten, betrug die tägliche Marschleistung auf längeren Gesamtstrecken von z.B. 1 000 km nicht mehr als 16 km (die Rasttage mitgerechnet). Die jeweiligen Etappen mußten sehr regelmäßig eingehalten werden, denn ab Kasan wurden pro Jahr bereits Tausende denselben Weg getrieben. Sie konnten nur in der für den Marsch geeigneten Saison gehen, so daß in kurzen Abständen über 60 Kolonnen aufbrachen. Außerdem wurde der Weg auf beiden Seiten benutzt; die aus Sibirien zurückkehrenden Deportierten – gewöhnlich kleinere Gruppen – wurden ebenfalls in »Etappenordnung« geleitet, und die Begleitmannschaft, die mit ihnen an einen Etappenpunkt gelangte, übernahm hier die neu eingetroffenen Unglücklichen. Einer, der den *etapnyj porjadok* am eigenen Leib erfuhr, beschrieb ihn folgendermaßen:

»In den Etappen lagen fest stationierte Garnisonen (...). Eine in der Etappe angelangte Partie hat hier Rasttag, d.h., sie ruht sich den ganzen Tag aus (...) den nächsten Tag bricht sie wieder zur Halbetappe auf, sie wird von einem Konvoi aus der nächsten Etappe abgeholt und so weiter bis ins unendliche, bis zum Überdruß. Jeder Verbannte sehnt sich also danach, an einen festen Ort zu kommen, sei er auch noch so übel. Die Reise in Etappen muß so regelmäßig ablaufen wie die beste Uhr, keine Partie darf sich an einem Ort länger aufhalten, als für sie vorgesehen, selbst wenn Stürme toben oder es Stein und Bein friert, weil sonst die nächste Partie auf sie stoßen würde, alle nächsten Etappen überfüllt wären und es ein wüstes Durcheinander gäbe (...). Nur im Frühjahr, wenn die riesigen sibirischen Flüsse ihr Eis verlieren, was bis zu vier Wochen dauert, und im Herbst, wenn sie zufrieren, so daß man in dieser Zeit absolut nicht übersetzen kann, gibt es die sogenannte Frühjahrs- oder Herbstrast, d.h.: Sieht der Kommandant der letzten Etappe vor einem Fluß, daß die Partie schon nicht mehr übersetzen kann, telegraphiert er an alle Etappen, die Partien am Ort anzuhalten; folglich bleiben alle Partien in der Etappe, in der sie die Depesche erreicht, und das so lange, bis wieder eine Depesche eintrifft, daß sie sofort aufzubrechen haben. Diese Ordnung besteht ebenfalls seit Jahrhunderten. Auf diesen Frühjahrs- und Herbstrasten verlieren die Partien die meisten Verbannten durch Hungertyphus und andere Krankheiten, die die Partien oft bis zur Hälfte dezimieren.« (Mężyński 1916: 43 f.)

Die Deportierten erwarteten mit Sehnsucht den Etappenpunkt, denn sie hofften, dort Ruhe und heiße Nahrung vorzufinden – heißes Wasser für den Tee, Suppe mit Fleisch und Grütze mit flüssigem Talg. Nach der Vorschrift sollte es auch bei jeder Nachtrast heißes Wasser für die Kinder geben, aber das wurde nicht eingehalten. Die Ankunft in einer Etappe war zumeist enttäuschend; statt der ersehnten Ruhe gab es neue Folgen von Plagen.

Die Unterkünfte, in denen die Deportierten des Nachts oder für eine längere Rast einquartiert wurden, stammten aus den Jahren nach der Speranskij-Inspektion, also nach 1820. Mężyński fährt in seiner Beschreibung fort:

»Entlang der Hauptstrecke zwischen Moskau und Nertschinsk (...) waren wohl noch zu Zeiten Peters des Großen in den 20 bis 30 Werst [22-33 km] voneinander entfernten Stationen hölzerne Gefängnisse errichtet worden. Es gab sie in zwei Typen: [der erste] der kleinere, mit vier Räumen, ist von einem fast 6 m hohen Palisadenzaun umgeben, der mitten in der Frontseite ein festes Tor hat; nicht weit daneben liegt ein zweites Gebäude, die sogenannte Kaserne für das Militär, und das [Ganze] heißt Halbetappe. Hier übernachtet die Häftlingspartie (...) nur, hier holt sie auch der neue Konvoi aus der nächsten Etappe ab, der eine Partie zurückkehrender Deportierter oder Rekruten nach Rußland mitbringt, die ebenfalls in der Halbetappe in einem gesonderten Raum übernachten, so daß in der Halbetappe eigentlich zwei Partien nächtigen; (...) [der zweite Typ] (...) ist genauso wie die Halbetappe aus Holz gebaut, ist aber etwas größer und hat einen größeren Hof, der auch von einem hohen, spitzen Palisadenzaun umgeben ist; an seiner Frontseite liegt ein großes hölzernes Gebäude, in dessen einer Hälfte sich die Wohnung für den kommandierenden Offizier befindet, der sogar im Rang eines Hauptmanns sein kann, während sich in der anderen Hälfte die Kaserne für die ständige Besatzung von einhundert Soldaten befindet. Von diesen Soldaten wohnt dort nur der kleinere Teil, der ledig ist, während der Rest, der um vieles größere Teil der Verheirateten, im Dorf wohnt, wo alle ihre Wirtschaften haben, und weil sie von jeder Partie ziemlich hohe Einkünfte haben, geht es ihnen sehr gut.« (1916: 42 f.)

In den 60er Jahren des 19. Jh. waren die meisten Gebäude entlang der Strecke bereits verfallen. Da sie sämtlich auch zu klein waren, begann man damit, Neubauten aufzuführen, die jedoch noch nicht fertig waren, als wieder eine Deportationswelle einsetzte. So mußte 1863 ein Transport mit 800 Personen, darunter Frauen und Kindern, in Baracken ohne Fenster und Türen den Wetterumschwung abwarten. Die Holzbaracken waren nur in den Etappenpunkten etwas solider und größer, denn hier warteten oft mehrere Kolonnen darauf, weiterziehen zu können. Als diese Unterkünfte gebaut wurden, waren sie für einen einmaligen Aufenthalt von etwa 150 Personen vorgesehen; indes wurden in der zweiten Hälfte des 19. Jh. doppelt so starke Kolonnen zusammengestellt. Sehr häufig kamen auf 500-600 Personen (zwei Partien, die in entgegengesetzter Richtung unterwegs waren) 140-150 Plätze.

Folglich gibt es auch nicht einen einzigen Bericht, in dem nicht die Kämpfe um einen Platz in den Übernachtungspunkten geschildert werden, und zwar Kämpfe im wortwörtlichen Sinn. Mit den Plätzen *auf* Pritschen wurde gehandelt. Wer später kam, konnte noch einen Platz *unter* einer Pritsche ergattern. Da die Schwerverbrecher vorn im Zug marschierten, kamen sie auch als erste in die Etappe und nahmen sofort die besten Plätze in Beschlag. Die übrigen Gruppen – Männer, Frauen und Kinder – wurden in den engen Räumen zusammengepfercht und eingeschlossen. In den Unterkünften standen Kübel für Abfälle und Fäkalien, da die Notdurft dort verrichtet werden mußte. Die Enge, das Ungeziefer und der Gestank von Schweiß und Exkrementen ließen manchen ohnmächtig werden. »Mein Nachtlager war furchtbar«, schrieb ein Deportierter, »ich lag auf dem dreckigen, vollgespuckten Fußboden dicht neben einem sterbenden Arrestanten (...) Der Mief und Dreck und die faulige Lazarettatmosphäre raubten mir den Schlaf.« (Świętorzecki 1911: 124) Dennoch gab es Deportierte, die den Marsch gut ertrugen; einer schrieb z.b., daß er auf dem Weg nach Tobolsk niemals anders als auf der Erde genächtigt und seinen Bestimmungsort völlig gesund erreicht hätte. Wenn der Frost nicht zu streng war, war es besser, die Nacht unter freiem Himmel zu verbringen – gewöhnlich blieben etwa 50 Personen auf dem Hof.

Die Lage war jedoch allgemein so unerträglich, daß man mit der Zeit dazu überging, für privilegierte Personen und später auch für politische Deportierte getrennte Räume zu reservieren oder ihnen zu gestatten, bei Bauern zu wohnen. Diese nahmen gern Deportierte bei sich auf, selbst Kriminelle, da das für die damaligen Verhältnisse eine erkleckliche Einnahmequelle bedeutete. Außerdem verkauften die Bauern den Häftlingen ihre Erzeugnisse, was mehr einbrachte als der Verkauf auf dem Markt. Selbst wenn einige Deportierte die Gutmütigkeit des russischen oder sibirischen Bauern rühmten, so waren sich doch alle darin einig, daß sie die Häftlinge und ihre Familien beim Handel kräftig übers Ohr hauten.

In den meisten Unterkünften, sogar in den Bauernhütten, machte das Ungeziefer zu schaffen. In den Etappen und Gefängnissen war es eine entsetzliche Plage, die zu Schlaflosigkeit und Krankheiten führte. Vor allem gab es Läuse in unvorstellbaren Mengen, die schichtweise auf den Körpern der Häftlinge saßen und sie malträtierten, sobald sie sich etwas erwärmt hatten. Im Dezember 1880 fertigte Generalgouverneur Anutschin einen Geheimbericht über die haarsträubenden Zustände in den Etappengefängnissen an. Danach floß die Hälfte der für ihren Unterhalt bestimmten Mittel in die Taschen »betrügerischer Lieferanten« und »käuflicher Beamter« (Kennan 1907: I, 90). Doch seit den 80er Jahren besserten sich die Verhältnisse, und die Unterkünfte für die Deportierten wurden sorgfältig desinfiziert.

Am besten sah es in den Deportationsgefängnissen in den größeren Orten aus, z.B. in Tomsk. Hier gab es zwei Gefängnisse, die Gouvernements-, Arrest- und Haftanstalt [*Gubernijalnaja Arestantsko-sodershatelnaja Tjurma*] und das Zentrale Deportationsgefängnis [*Zentralnaja Peresylnaja Tjurma*], das ausschließlich für Häftlinge auf dem Transport vorgesehen war. Das erste erfüllte verschiedene Funktionen, war sauber (außer Küche und Waschraum) und hatte geräumige Zellen. Das Deportationsgefängnis war ständig überfüllt und ließ sich daher schwer sauberhalten. Es war für 1 200 Plätze berechnet, mußte aber bis zu 2 500 Personen auf einmal aufnehmen, so daß bis 1880 die Sterblichkeit sehr hoch lag. Wenn Deportierte aus neuen Transporten unter keinen Umständen mehr in einem der beiden Gefängnisse Platz fanden, wurden etwa 100-200 Personen im »Schloß« des Gouverneurs, also in einem festungsartigen Gebäude untergebracht.

Unterwegs mußten sich die Häftlinge grundsätzlich selbst um ihre Verpflegung kümmern, nur ab und zu sorgte der Offizier der Begleitmannschaft dafür. Allein in den Etappengefängnissen, in Nishnij Nowgorod, Tobolsk usw., wurde warmes Essen ausgeteilt; auf dem Marsch kaufte man gewöhnlich Proviant, der sich kalt verzehren ließ. Nicht an allen Haltepunkten gab es heißes Wasser, wie es, zumindest für die Kinder, vorgeschrieben war. Anfangs erhielt der Begleitoffizier unterwegs für einen Deportierten täglich zwischen 3 und 7 Kopeken »Essensgeld« oder »Verpflegungsgeld«, je nach Gouvernement, durch das der Weg führte. Um die Jahrhundertmitte war das bereits zu wenig, um sich ordentlich satt essen zu können, und in der Vorerntezeit stiegen die Preise dermaßen, daß man für das Verpflegungsgeld höchstens ein Pfund Brot kaufen konnte. Wenn ein längerer Aufenthalt – die Frühjahrs- oder Herbstrast – in eine wenig bevölkerte Gegend oder in ein armes Dorf fiel, machte den Häftlingen der Hunger zu schaffen. Nicht nur die Bauern, sondern auch die Marketenderinnen, die im Etappenpunkt Lebensmittel lieferten, setzten ihre Preise herauf. Außerdem hielten sich erfahrenere Häftlinge auf Kosten von Neulingen schadlos, so daß sich Hungertyphus ausbreitete. Mitte 1864 wurde das Verpflegungsgeld bis auf 10 oder 15 Kopeken (je nach Gouvernement) für einen Privilegierten erhöht. In der Praxis erhielten aber auch die nichtprivilegierten Politischen genausoviel.

Für das Verpflegungsgeld kaufte der Starost (Häftlingsälteste) oder der Offizier Lebensmittel für die ganze Kolonne, doch versorgten sich die politischen Deportierten häufiger selbst. Die Kriminellen verstanden sogar, sich unterwegs verbotenen Wodka zu beschaffen. 15 Kopeken waren in den 60er Jahren keine kleine Summe; soviel erhielten Frauen oder junge Arbeiter gewöhnlich für einen Arbeitstag im Königreich Polen. Für 11-12 Kopeken konnte man sich dort bescheiden, aber ausreichend ernähren. Die Preise waren in Rußland längs der Deportationsrouten und in Sibirien höher als durchschnittlich auf den russischen Märkten und wahrscheinlich höher als in Polen. Das lag an dem rauhen Klima, der primitiven Feldbestellung und der geringen Lebensmittelauswahl. Zwar war der Markt nicht entwickelt, was eher für niedrige Preise sprach, aber er eröffnete sich plötzlich mit der Ankunft einer Deportiertenkolonne. Den Häftlingen wiederum blieb keine andere Wahl, außerdem hatten sie wenig Zeit für Einkäufe und konnten nicht damit rechnen, rasch andere Verkäufer zu finden.

War jemand vermögend, mußte er noch lernen, sein Bargeld vor der Wachmannschaft oder Dieben zu verstecken, da man unterwegs kein Geld bei sich führen durfte. Finanzielle Unterstützung der politischen Häftlinge durch ihre Familien war erst nach 1863 zugelassen und auch nur dann, wenn der

Deportierte sich an seinem Bestimmungsort befand. Hatte jemand dennoch Geld bei sich, mußte er es beim Offizier hinterlegen. Das Verbot, größere Geldsummen zu besitzen, sollte der Fluchtgefahr vorbeugen, denn ohne Geld hatte ein Häftling praktisch keine Chance. Im Prinzip sollte das deponierte Geld an die Deportationsverwaltung in Tobolsk überwiesen werden, die es der nächsten Eskorte übergab oder an den Ort schickte, der den Besitzern als Aufenthalt zugewiesen worden war. Doch auf deren Bitte gaben die Offiziere das deponierte Geld gegen Bezahlung gern heraus, da es zur Verbesserung der Lebensbedingungen bestimmt war, wovon sie ebenfalls profitierten. Seit 1863 war es auch üblich, daß die politischen Deportierten in der Soldatenküche aßen. Das Verpflegungsgeld wurde an den Haltepunkten in kleineren Beträgen ausgezahlt; die Deportierten gingen dann in Begleitung von Soldaten zum Einkaufen, oder die Soldaten wurden selbst beim Handel zu Vermittlern.

Wer kein eigenes Geld besaß, befand sich in einer schwierigen Lage, insbesondere verglichen mit denen, die von vermögenden Familien begleitet wurden. Ein Beispiel: 1865 wurde der Pole Michał Gruszecki zum zweiten Mal zur Deportation verurteilt; vorher war er bereits von 1837-1857 als politischer Häftling in Sibirien gewesen. Der Kolonne, in der er sich befand, folgte seine Frau in einem Wagen mit eigenem Gespann. Sie versorgte auf der Strecke zwischen Kiew und Woronesh alle Polen, die eine gemeinsame Kasse hatten, aus der sie den Kauf von Lebensmitteln bestritt, um dann an den Übernachtungsstationen ein warmes Essen zuzubereiten. Doch seit den 60er Jahren kam es selten vor, daß jemand mit Dienstboten, eigenen Pferden und großem Gepäck in die Deportation ging. Nach dem Januaraufstand bestand eine der Repressalien darin, daß die Güter der Teilnehmer konfisziert wurden; außerdem rekrutierten sich die Deportierten nun aus anderen Schichten, d.h., es gab unter ihnen nicht mehr viele mit größeren Gütern. Trotzdem waren die Ehefrauen, die den Deportierten folgten, nicht nur ihren Männern, sondern auch anderen Häftlingen eine große Hilfe. Soweit es in ihren Kräften stand, bemühten sie sich, für sie zu sorgen; sie hatten größere Bewegungsfreiheit und mehr Möglichkeiten, sich nach Lebensmitteln umzusehen. Sie fuhren auf Wagen, die sie bezahlten, waren eher am Übernachtungsort als die Kolonne und konnten das Essen vorbereiten.

Vor dem Abmarsch bestimmten die leitenden Offiziere einen Starosten (Ältesten), der gewöhnlich von den Häftlingen ausgesucht worden war, so daß es sogar heißt, daß praktisch sie die Wahl trafen. Starost wurde in aller Regel ein Schwerverbrecher, der bereits im Gefängnis gesessen und sogar den Weg nach Sibirien schon einmal hinter sich gebracht hatte. Dieser Mann konnte sich Gehorsam verschaffen, und der Kolonne kam seine Erfahrung zugute. Zu den hauptsächlichen Aufgaben des Starosten gehörte es, die Almosen aus der Bevölkerung einzusammeln und in Begleitung einer Wache einzukaufen. Er verteilte auch Lebensmittel und das gesammelte Geld unter der Kolonne und bezahlte die Begleitmannschaft dafür, daß sie von den Vorschriften abwich. Um Streit zu vermeiden, wurden mitunter auch noch sogenannte Zehnermänner gewählt, die aufpaßten, daß jede Zehnergruppe von Häftlingen ihren gleichen Anteil erhielt. Der Starost mußte das gesammelte Geld vor Dieben hüten; nicht nur Häftlinge, sondern auch Soldaten der Begleitmannschaft stahlen. Die Politischen, die innerhalb der Kolonne in einer Gruppe gingen, wählten ihren eigenen Starosten.

Eine Deportiertenkolonne war eine in sich organisierte, stark formalisierte Gemeinschaft, die durch eine zeitweilige und erzwungene Solidarität fest zusammengehalten wurde. Bereits beim ersten Halt gründeten die Kriminellen einen sogenannten *artel*, eine Art Häftlingsgenossenschaft. Im *artel* wurde der »Koffer« versteigert, d.h. das Recht, Glücksspiele zu veranstalten oder den Verkauf von Lebensmitteln, Tabak oder Wodka zu vermitteln (Maksimow 1899: I, 29 f.). An der Versteigerung konnten alle Häftlinge teilnehmen, und wer gewann, besaß von dem Augenblick an eine Etappe lang das Monopol auf Schnaps, Kartenspiel und Handel. Im nächsten Etappenpunkt wurde der »Koffer« erneut versteigert. Diese Solidarität hatte nichts mit höheren Gefühlen der Freundschaft oder des Mitgefühls zu tun – hier kämpfte jeder nur um sein eigenes Leben, um die Minimalisierung des Leidens. Die Kolonne besaß ihr eigenes Gesetz, dessen Verletzung unnachsichtig Strafe nach sich zog. Zuträgerei wurde erbarmungslos geahndet, sogar mit dem Tod; auch wer die Gefährten bestahl, wurde bestraft, doch niemals der Aufsicht verraten. Im übrigen war Diebstahl nicht verpönt, es war eine Frage der Geschicklichkeit: Konnte der Bestohlene den Schuldigen dingfest machen, hatte er das Recht, sich grausam zu rächen. Stehlen hieß Mittel sammeln, um die ersehnte Freiheit zu erlangen, und das war nach dem Verbrecherkodex ein heiliges und natürliches Recht. Man mußte denen helfen, die zu fliehen versuchten, doch unter der Bedingung, daß die Flucht nicht in eine Zeit fiel, in der ein Übereinkommen mit der Begleitmannschaft bestand.

Die Kolonne fand zu einem *modus vivendi*, an dessen Einhaltung beide Seiten interessiert waren. Wenn die Häftlinge nicht gegen die Grundregeln verstießen, vermieden sie empfindliche Strafen und zusätzliche Schikanen, für die eine Wachmannschaft, die nicht gut auf die Kolonne zu sprechen war, jederzeit einen Vorwand finden konnte. Jede Bestrafung, auch wenn sie nur einen einzigen Häftling betraf, brachte die Partie aus ihrem Rhythmus und verzögerte den Marsch. Der Starost terrorisierte die Kolonne mit Hilfe gefährlicher Verbrecher aus seiner Umgebung, er achtete rücksichtslos darauf, daß es nicht wegen irgendwelcher Disziplinlosigkeiten zum Konflikt mit der Aufsicht kam. Vielleicht lehnten die gemeinen Kriminellen die politischen Deportierten auch deswegen ab – obwohl das sicherlich nicht der einzige Grund war –, weil diese nicht unterwürfig waren und sich häufig mit der Begleitmannschaft anlegten.

Der Starost einigte sich mit den Offizieren und Soldaten auf bestimmte Erleichterungen, die gegen die Vorschriften waren, beispielsweise die Ketten vom gemeinsamen Stab zu lösen oder eine größere Anzahl von Fuhrwerken zu stellen. Diese Erleichterungen waren notwendig, weniger weil es ein Zeichen von Sadismus, sondern eher von Dummheit gewesen wäre, sie zu verbieten; denn die Eskorte war ebenfalls erschöpft. Es zeugte gewöhnlich vom gesunden Menschenverstand der Aufsicht, wenn sie die Vorschriften übertrat. Die Übereinkunft bestand darin, daß die Ketten abgenommen werden durften, um den Marsch der ganzen Kolonne zu beschleunigen, während die Häftlinge ihrerseits garantierten, daß niemand einen Fluchtversuch unternahm. Zusammen mit dem Starosten achteten sie darauf, daß keiner es wagte, diese Allianz zu verletzen, die im Interesse aller lag. Wurde sie aber gebrochen und ein Deportierter floh, legte die Begleitmannschaft allen Fesseln an und ließ keine Erleichterungen zu. In der Etappe wurde daher im allgemeinen kein Fluchtversuch unternommen, weil die »Genossenschaft« (der *artel*) das nicht billigte. In einem Fall verpflichteten sich die Häftlinge, einen Flüchtigen selbst zu fangen, um Strafen zu entgehen. Als sie ihn nicht fanden, griffen sie einen alten Landstreicher auf, dem sie zufällig begegneten und der sich einverstanden erklärte, den Flüchtling zu spielen. Im Gefängnis in Irkutsk konnte er den »Irrtum« aufklären und der auf Flucht stehenden schweren Strafe entgehen.

Es hing von der Laune des Offiziers ab, ob die Häftlinge die Nacht in Ketten verbrachten. Auf dem Marsch war er Herr über Leben und Tod und befugt, Disziplinarstrafen zu verhängen. Das konnte vor allem die Prügelstrafe sein (doch in bestimmten Grenzen), eine zusätzliche Fesselung oder der Verlust des Rechts auf die warme Mahlzeit, heißes Wasser oder einen Platz auf dem Wagen. Die Humanität der Begleitmannschaft wurde daran gemessen, ob sie Geld für Erleichterungen annahm. Man sollte sich darüber nicht wundern, da nach allgemeiner Ansicht, die vielleicht nicht ganz berechtigt war, die Begleitmannschaften aus dem »Abschaum der russischen Armee« bestanden.

Eine russische Besonderheit war die Barmherzigkeit oder Mildtätigkeit, die man den nach Sibirien ziehenden Deportierten und Katorgasträflingen erwies. Eines der vielen Zeugnisse darüber sei hier zitiert:

»Was aber *podajanie* [Almosen] angeht, so verhält es sich damit folgendermaßen: In ganz Rußland, [da], wo nur Russen leben, befinden sich überall Gefängnisse verschiedener Art voller Häftlinge, und zwar wegen jeder beliebigen Kleinigkeit; denn oft steckt man nach Gutdünken irgendeines *tschinowniks* [Beamten] Unschuldige ins Gefängnis, und Gnade dem, der sich nicht freikauft, sei er auch noch so unschuldig. Nach ein- oder sogar zweijähriger Untersuchungshaft – und je länger jemand festgehalten wird, desto schwerer gilt sein Verbrechen – schickt man ihn mit einem Urteil oder ohne Urteil im sogenannten Verwaltungsverfahren zur *poselenie* [Ansiedlung] oder zur Katorga nach Sibirien, und das [trifft] mehrere tausend Personen jährlich. Daher ist jeder Moskowiter, selbst in der höchsten Stellung (...), des nächsten

Tages nicht gewiß, und er ist nicht sicher, ob er sich nach einer gewissen Zeit nicht auf der Etappe befindet, auf dem Marsch nach Sibirien. Deswegen nennen die Moskowiter die nach Sibirien Geschickten auch nicht anders als *nestschastnyje* [Unglückliche] und erweisen ihnen dadurch Barmherzigkeit, daß sie zur Linderung ihres Schicksals *podajanija* [Almosen] für sie in die Hände des Starosten legen (...). Unterwegs machten die *podajanija* auch einen gewichtigen Teil des Unterhalts der Verschickten aus, da die Partie auf ihrem Weg durch jedes Dorf oder jede Stadt einige oder einige Dutzend Personen bestimmte, die auf der einen und anderen Seite der Partie mit Säcken gingen, um *podajanija* einzusammeln, und es kam nicht vor, daß aus einem Haus nichts gebracht wurde, seien es Viktualien oder sei es Geld, wenn es auch nur einige Kopeken waren.« (Mężyński 1910: 58 f.)

Durch Moskau wurden besonders große, mitunter bis zu 800 Personen starke Deportiertenkolonnen geführt. Dann standen die Straßen voller Menschen, die Fladen (*Kolatschen*), Gurken, Eier und Geld gaben. Die Häftlinge stimmten zum Klirren ihrer Ketten einen monotonen, traurigen Bittgesang an:

»Unsere barmherzigen Väter, unsere barmherzigen Mütter,
helft uns Unglücklichen und Leidenden in großem Elend!
Bringt in Christi Namen, was ihr könnt,
hierher für die armen Reisenden und Vagabunden. Helft!
In jener Welt erhaltet ihr einen goldenen Kranz zu eurer Belohnung,
und im irdischen Leben werden wir an euch im Gefängnis denken.«

Dieses Lied hieß in Rußland »Miloserdnaja« (»Lied der Barmherzigkeit«). Es wurde unter Trommelbegleitung und rhythmischem Kettenschütteln gesungen. Das erste Mal wurde es angestimmt, wenn die Gruppe das zentrale Deportationsgefängnis in Moskau-Butyrki verließ. Die Gefängnislieder bilden eine Sonderform der Volkskunst. Man unterscheidet ältere spontane und neue stilisierte Lieder, die eigens von gebildeteren Häftlingen gedichtet wurden. Die alten Katorgalieder, namentlich die »Miloserdnaja«, galten als besonders poetisch; sie wurden aus Rußland nach Sibirien gebracht und verselbständigten sich zu einer Fülle neuer Fassungen (Trachtenberg 1908: 82 ff.).

Barmherzigkeit zeigten alle: die wegen ihrer geschäftlichen Rücksichtslosigkeit bekannten raffgierigen Moskauer Kaufleute, um sich auf diese Weise Gottes Gnade zu erkaufen, deren sie gar nicht so sicher waren; elegante Damen aus den höchsten Kreisen; die Kleinbürger und die frommen Armen. Auch in den armen russischen Dörfern trafen die Verschickten auf alte Leute, die ihnen Essen gaben und zuriefen: »*Piejte, rodimyje!*«, »*Na sdorowje, rodimenkie!*« (Trinkt, ihr Lieben! Wohl bekomm's, ihr Liebsten!) (Kowner 1897: 887 f.)

Nach dem Januaraufstand kam sogar ein Teil der polnischen politischen Deportierten in den Genuß von Almosen, auch wenn einige darauf verzichteten:

»Unsere Partie fand am Sammelpunkt Tische voller verschiedener Speisen vor, und Moskauer Damen, die die Gastgeberinnen waren, bedienten auch. Außerdem fuhren sie in Kutschen vor, aus denen Kleidung und Geld für die Armen verteilt wurden; das Maß der Opferbereitschaft kann man daraus ersehen, wenn ich hinzufüge, daß jeder Aufständische an die 20 Rubel sammelte und die Partie mehrere hundert Personen hatte. Sehr häufig geschah es, daß Wagen auf der Straße anhielten, wenn sie auf Deportierte stießen, und Damen aus ihnen heraussprangen, die ihre Halsketten, Uhren oder Ringe abnahmen und sie intelligenten [d.h. gebildeten, manierlichen] Häftlingen schenkten.« (Zapalowski 1913: I, 69 f.).

Dieses Bild ist etwas idealisiert; nicht immer wurden die Polen so gut aufgenommen. Im allgemeinen glättete der Rubel die Sitten und ebnete die Wege. Wer ihn besaß, vor dem wurde der Hut gezogen, auch wenn er Gefängniskluft trug, dagegen wurde »das Lumpenpack wie Hunde behandelt«. Es war gut, sich bei den Offiziers- und Unteroffiziersfrauen in Gunst zu setzen; daher bestellte man bei ihnen mitunter auch ein Mittagessen. »Die Weiber waren höchst zufrieden. Sie schröpften uns fürchterlich, aber das Essen war gut. Ihre Männer bekamen gute Laune und erwiesen den Häftlingen manche Gunst.« (Świętorzecki 1911: 125 f.).

In den Erinnerungen von Deportierten aus der Zeit um die Jahrhundertwende findet man bereits keine Beschreibungen der Barmherzigkeit mehr. Das lag daran, daß der Transport der Häftlinge anders abgewickelt wurde und die politischen Häftlinge eine andere Einstellung hatten. Almosen anzunehmen war mit den modernen Ansichten nicht mehr zu vereinbaren. Den Kriminellen gab man nicht so sehr Almosen als eher ein Lösegeld, damit sie die Bevölkerung unbehelligt ließen. Bezeichnend ist auch, daß sich die Bevölkerung in denselben Orten, in denen sie die »Unglücklichen« mit Gaben bedachte, gleichzeitig als gierig und rücksichtslos erwies, wenn die Häftlinge mit ihr Handelskontakte aufnahmen. In dem für seine Mildtätigkeit berühmten, religiösen Moskau kamen Kaufleute, »die zehn Juden übers Ohr hauen«, in die Häftlingskasernen und verkauften ihnen Ware schlechter Qualität zu überhöhten Preisen, nachdem sie sich vorher untereinander abgesprochen hatten, um eine Konkurrenz zu vermeiden. Nicht anders verdienten die Aufseher an den Deportierten.

Die Stimmung auf dem Marsch war gewöhnlich düster. Neben dem Rasseln der Ketten waren aus dem allgemeinen Lärm, den eine vorbeiziehende Kolonne machte, unablässig Flüche, Beschimpfungen und Verwünschungen von zusammengeketteten Häftlingen zu hören, dazu das Geschrei und die Drohungen der Wachmannschaften. Wechselnde Stimmungen herrschten unter den politischen Deportierten, vor allem, wenn sie – wie nach dem polnischen Aufstand von 1863 – in großen Gruppen marschierten. Der Abschied, den ihnen die Warschauer bereitet hatten, machte sie zuversichtlich, zugleich aber auch verzweifelt. Später fehlte sogar dieser Trost. Anfang des 20. Jh. lief niemand mehr auf die Straße, um Deportierte zu verabschieden. In Rußland hing alles davon ab, ob die Bevölkerung feindselig oder mitfühlend war, und sie verhielt sich sehr unterschiedlich. Erhabene, religiöse Gefühle wichen der Erschöpfung, dann verstummten auch die frommen Lieder. Je mehr man

sich an die neue Lage gewöhnt hatte, desto häufiger kehrte trotz Erschöpfung
sogar der Humor zurück. Schließlich waren die politischen Deportierten junge Leute, so daß dann auch trotz Frost, wenn »der Himmel heiter strahlte,
die Phantasie unter der gequälten Mannschaft aufkeimte« (Chołodecki 1893:
63). Und liest man den Bericht von der Ankunft eines Deportiertentransports
1863 in Dünaburg, kommen Zweifel an der Leidensgeschichte der Deportierten auf:

»Die Soldaten öffneten die Türen [des Waggons] und ließen uns einzeln auf den Bahnsteig.
Vor allem schöpfte jeder mit voller Brust Luft, die er wie den köstlichsten Nektar genoß
(...). Ein Offizier trat heran und gestattete, daß wir uns zum Mittagessen begaben. Für unseren Empfang waren einige Säle hergerichtet worden – einige Reihen riesiger Tische standen
gedeckt, so daß einige hundert Häftlinge zum Essen Platz nahmen. Die dienstfertigen Kellner
kamen mit dem Auftragen der Gerichte nicht nach; denn keiner von uns verzichtete auf ir-
gend etwas. Selbst der Ärmste hatte einen gewissen Vorrat an Bargeld – ans Morgen dachte
niemand, wer konnte auch wissen, was ihn morgen erwartete? Nach beendeter Mahlzeit standen alle in erregter Stimmung von Tische auf – was man uns bitte nicht übelnehmen mag –,
denn nach so vielen Wochen Gefängnis, nach so vielen verschiedenen (...) Ereignissen hatte
uns allen die winzige Freiheit den Kopf verdreht.« (Zapałowski 1913: I, 48)

In anderen Erinnerungen werden auch die Gesellschaften und Empfänge erwähnt, die ein Teil der wohlwollend eingestellten Intelligenz in Kasan veran-
staltete (Świętorzecki 1911: 131).

Auf andere Weise, doch auch sehr wechselvoll reagierten die gewöhnlichen Verbrecher auf ihre Lage. Sie verfielen mitunter gleichfalls in eine aus-
gelassene und frivole Stimmung, vergnügten sich auf unterschiedliche Art,
oft auf Kosten anderer. In jeder Kolonne mußte sich ein Opfer oder ein
Spaßvogel finden, der die anderen amüsierte. Die Frauen waren bemüht, auf
sich aufmerksam zu machen, es gab Etappenliebschaften, sogar besondere
Hochzeitsfeiern, von denen eine folgenden Verlauf hatte:

»In der Hofecke haben Semjonow und Maria Platz genommen, neben ihnen ein anderes Lie-
bespaar – und feiern ihre Trauung und Hochzeit. Eine Menge Arrestanten hat sie umringt;
die Neuvermählten kaufen das Bier eimerweise, geben allen zu trinken, singen und feiern
fröhlich mit. Das nennt sich Arrestantentrauung und -hochzeit. Eine Balalaika und Geigen
spielen auf, das Brautpaar erhob sich zum Tanz – es bildeten sich einige Kreise von Tanzen-
den: In einem tanzen Kleinrussinnen [Ukrainerinnen] den Kosakentanz, in einem anderen
tanzen Moskauerinnen auf etwas andere Weise den gleichen Kosakentanz, und in wieder einem anderen beginnen Tschuchonkinnen und eine Polin mit Rekruten einen Walzer. Den
ganzen Tag über dauern Fröhlichkeit, Vergnügen, Schwelgerei, Tänze und Lieder an; würde
zufällig jemand diese gebrandmarkten, geschorenen Menschen in Ketten erblicken, die Gitter
des Gebäudes und die hohen Palisaden, würde ihn diese Ausgelassenheit von Verdammten
wundern. Nachdem sie die Tagesrast fröhlich verbracht hatten, machten sich die Arrestanten
unwillig auf den Weg ...« (Giller 1866: II, 149)

Wenn die Kolonne an der Grenze zwischen Europa und Asien anlangte, verfiel sie in exaltierte Verzweiflung. Am Grenzpfahl sank man auf die Knie und
küßte den Boden; lautes Schluchzen ertönte. In der Reaktion von Kriminel-

len, Prostituierten, Dieben und politischen Deportierten gab es keinen Unterschied.

»Noch im Gouvernement Perm, auf den Gipfeln des Urals, der die von der Natur gezogene Grenze zwischen zwei Erdteilen darstellt, stehen zu beiden Seiten der Straße zwei große gemauerte Pfeiler. Auf jedem von ihnen stehen zwei Aufschriften: von Westen ›Europa‹, von Osten ›Asien‹. Uns überfiel ein Zittern, als wir das lasen. Uns schien, als würden wir beim Überschreiten der Grenze des neuen Erdteils den Boden unter den Füßen verlieren und in einen endlosen Brunnen fallen.« (Lasocki 1937: II, 63; vgl. Kennan 1890: I, 26 f.)

Dennoch marschierte es sich auf asiatischem Boden bereits leichter, und auch die Wachmannschaft wurde nachsichtiger: »Geh, wie du willst«, hieß es, »täusch nichts vor! Hier sind alle gleich.« »In Rußland« – pflegten die Verbrecher zu sagen – »sind wir schlechter als die anderen, in Sibirien sind wir weder besser noch schlechter.« Hier versteht man das Besondere dieses Landes: Unter dem sibirischen Schnee verschwanden alle Unterschiede.

Kapitel 5

Im Gefängnis und in der Katorga

Das griechische Wort τὸ Χάτεργον bedeutete ursprünglich »produzieren, herstellen«, später »Strafarbeit auf den Galeeren«. Das russische Lehnwort ΚΑΤΟΡΓΑ bezeichnete die schwere Arbeit beim Ziehen von Schiffen. So wie man die in Westeuropa zu *traveaux forcés* Verurteilten »Galeerensträflinge« nannte, obwohl sie nicht immer auf die »Galeonen« (*galées, galleys*, vom mlat. *galea*: Ruderschiff) geschickt, sondern zum Bau oder zur Ausbesserung von Festungen und Häfen eingesetzt wurden, fanden auch die ersten russischen Sträflinge Verwendung bei ähnlichen Arbeiten in Asow, Archangelsk, St. Petersburg oder Orenburg. Die russische Form des griechischen Worts wurde zum umfassenden Begriff für diese Arten von Zwangsarbeit. Im allgemeinen wird er mit Arbeiten in Sibirien gleichgesetzt. In der Tat gewann Sibirien zwar im Laufe der Zeit immer größere Bedeutung als der Ort, wo derartige Arbeiten geplant und ausgeführt wurden, aber sogar in der zweiten Hälfte des 19. Jh. fanden sie auch noch im europäischen Teil des Russischen Reichs statt. Trotzdem denkt man bei Katorga sofort an Sibirien, so sehr prägte sich das sibirische System nicht nur in Rußland, sondern auch in Teilen Europas ins Bewußtsein der Menschen ein.

Die systematische und massenhafte Zwangsarbeit kam, wie schon erwähnt, unter Peter I. auf, der Kriegsgefangene und Sträflinge zum Bau von Festungen, aber auch zum Schiffsbau und in Bergwerken verwendete. Im 18. Jh. gewann dann die Ausbeutung der Bodenschätze in Sibirien an Bedeutung. Seit dieser Zeit wurde die Todesstrafe in der Regel in 20 Jahre Arbeit in der Katorga abgeändert, was hieß, daß der Verurteilte lebenslänglich in Sibirien bleiben mußte. Der Ukas von 1822 »Über die Deportierten« (*O ssylnych*) führte die oben bereits erwähnte (s. Kap. II) Klassifikation von Deportierten und Katorgasträflingen ein, die bekanntlich ohne größere Bedeutung war. Die räumliche Verteilung der Verurteilten wurde von der Deportationsverwaltung in Tobolsk (*Tobolskij Prikas o Ssylnych*) gelenkt, für die alle von den Gouvernementsbehörden eingesandten Mitteilungen über den Bedarf an Katorgasträflingen oder ihre Unterbringungsmöglichkeiten ausschlaggebend waren. Später entschieden über die Beschäftigung gewöhnlich »Expeditionen«, d.h. örtliche Abteilungen einer staatlichen Behörde für bestimmte Maßnahmen, z.B. die »Bergexpedition« im Bezirk Nertschinsk. Formal war die Tobolsker Deportationsverwaltung für die beschäftigten Katorgasträflinge zuständig, doch in der Praxis befanden sie sich in den Händen der Leiter von Bergwerken und anderen Betrieben, in denen sie arbeiten mußten (Kodan 1984: 19). Wer hier arbeitete, unterlag – gleichgültig ob er Zwangsarbeit oder freie Lohnarbeit verrichtete – der Bergwerksgerichtsbarkeit, die nach dem Militärrecht urteilte. In dieser Zeit waren die Suche nach Bodenschätzen und die Ausbeutung von Edelmetallvorkommen ein Staatsmonopol. Über alle Bergwerksarbeiten wurde eine für das zaristische System typische Obrigkeit gesetzt: hohe Beamte mit Adelstiteln. Der Chef des Bergbauwesens war vom Gouverneur unabhängig und hatte das Recht, seinen Untergebenen Offiziersränge zu verleihen und Beamte zu ernennen oder zu degradieren: »Eine derart umfassende Macht konnte aufgrund der großen Entfernung von der Hauptstadt in einem von hohen Bergen eingeschlossenen und selten von jemand besuchten Land leicht mißbraucht werden.« (Giller 1867: I, 185)

Nach dem Gesetz von 1845 und den Verordnungen über die Klassifizierung der Verurteilten zählten als schwerste Strafen die Arbeit 1. in Bergwerken, 2. in Festungen und 3. in Fabriken. Zur letzten wurden alle Beschäftigungen außer in Bergwerken und Festungen gerechnet. Die Arbeit in den Bergwerken war in der Tat die schwerste: Beim Aufschluß im Tagebau mußte man Erde und Gestein abbauen und wegschaffen; unter Tage wurde auf Knien in dunklen und feuchten Strecken (Gängen) gearbeitet, mitunter mußte man sogar an den Arbeitsplatz kriechen. Doch um keinen Deut besser waren die Bedingungen in den Steinkohlengruben am Donez, wo keine Katorgasträflinge beschäftigt wurden. Die Festungsarbeit bestand vorwiegend im Heranschaffen von Bausteinen und Ziegeln oder dem Anlegen von Strassen, was auch ziemlich schwer, doch etwas abwechslungsreicher war. Die Festungen lagen »besser«, d.h. näher an Europa, was psychologisch bedeutsam war. Schlechter war hingegen, daß man zu Festungsarbeiten abkommandiert wurde, also militärischer Disziplin unterlag. Die politischen Verbrecher kamen in Strafbataillone, wo es schlimmer zuging als in der üblichen Katorga und im Gefängnis. Mitunter wurden weitere Klassifizierungen angewandt, beispielsweise nach dem Schuld- oder Strafgrad. So erging es z.B. den Polen, die für ihre Teilnahme am Aufstand 1863 verurteilt worden waren.

Außerdem unterschied man Katorgasträflinge »zur Erprobung«, die auch Zuchthäusler hießen, weil sie Ketten trugen, von Katorgasträflingen »zur Besserung«. Das entsprach in etwa der Einteilung in Hauptstrafen und Besserungsstrafen. Zur ersten Kategorie gehörte, wer zu mindestens fünf Jahren Katorga verurteilt war. War die Katorga zeitlich nicht unbegrenzt, gehörte man acht Jahre lang zur »Erprobungs«-Gruppe; lautete das Urteil auf 20 Jahre, wurde man fünf Jahre, bei 15-20 Jahren vier Jahre »erprobt«. Davon leiteten sich auch die Namen der Gefängnisgebäude oder -abteilungen ab – »Erprobungsanstalt« oder »Kettengefängnis« –, in denen unter Isolation strenge Zucht herrschen sollte. Doch beim Arbeitseinsatz wurde kein Unterschied gemacht: Sowohl die Sträflinge »zur Besserung« als auch die »zur Erprobung« gingen unter Bewachung zu ihrer Arbeit, arbeiteten je nach Jahreszeit sieben bis elf Stunden lang nebeneinander und hatten außer den Sonntagen 17 Tage im Jahr frei (davon drei Fastentage). Der Unterschied bestand nur darin, daß Häftlinge »zur Erprobung« Ketten trugen, aber auch diese wurden ihnen gewöhnlich vor Ablauf der Frist abgenommen.

»Ich sollte noch hinzufügen«, schrieb ein politischer Häftling 1882, »daß niemand, der nach dem Gesetz Fesseln zu tragen oder an seine Schubkarre angekettet zu sein hatte [der Autor nennt hier drei Namen], dem Gesetz Genüge tat: Die Fesseln ruhten friedlich unter dem Kopfkissen, die Schubkarren standen ebenso friedlich unter der Pritsche (...). Schubkarren, Fesseln und die Häftlingskluft wurden hervorgeholt, wenn sich höhere Vorgesetzte im Gefängnis zeigten, und das war uns im Sinne der Grundsätze unseres Gefängnislebens rechtzeitig bekannt; im übrigen waren solche Besuche selten.« (Witaschewskij 1914: 126)

War die »Probezeit« abgelaufen, kam man in die Besserungsabteilung oder wurde in ein »Freikommando« entlassen.

Seit Mitte des 19. Jh. kamen deutlich mehr Deportierte – Verbrecher, von ihrer *obschtschina* verschickte Bauern und nach 1863 auch mehr Polen – nach Sibirien. Gleichzeitig wurden Pläne zur Kolonisation und zur Belebung der Wirtschaft gefördert, was mit der russischen Fernostpolitik zusammenhing. Neben dem Bergbau entwickelten sich die Salzsiedereien in der Umgebung von Irkutsk und in Ust-Kut an der Lena, Brennereien, staatliche Metallgießereien und der Flußschiffbau in Tschita sowie der Bau von Dampfschleppern für die Armee in Sewakowa. Es wurden Straßen angelegt, wobei Felsen gesprengt und Brücken über Flüsse und kleinere Wasserläufe gebaut werden mußten. Es wurden sogar Schneisen in die Tundra geschlagen, um Würdenträgern die Jagd zu erleichtern. Einerseits gab es also viele unbeschäftigte Arbeitskräfte, andererseits einen hohen Arbeitsbedarf – eine ideale Situation, wie man meinen sollte. Indes wurde aber nur ein ziemlich geringer Teil der Katorgasträflinge – je nach Ort und Zeit ein bis zwei Drittel – wirklich beschäftigt, und das auch nicht immer mit Arbeiten, die das Strafgesetz vorsah. Zwar waren viele Häftlinge arbeitsunfähig, aber selbst arbeitsfähige saßen untätig herum, denn entweder gab es keine Wachmannschaften oder keine Kleidung oder nicht genügend Arbeit in den Staatsbetrieben (und sei es auch nur aufgrund schlechter Organisation).

Bereits 1864 fand sich keine Arbeit für die zu Katorga verurteilten Polen.

Hier halfen Amnestien ab; z.B. wurden die zu fünf Jahren Zwangsarbeit Verurteilten zur Ansiedlung abgestellt und den übrigen die Strafen um die Hälfte gekürzt (ausgenommen waren nur die sogenannten Nationalgendarmen). Auf Sachalin lungerten Katorgasträflinge in Ketten an der Küste herum, weil es für sie keine Beschäftigung gab; trotzdem landeten ständig neue Kolonnen. 1899 arbeiteten hier über 5 800 Katorgasträflinge lediglich 300 Arbeitstage (»Tagewerke«) in allen Sparten ab. 1 900 saßen im Gefängnis der Siedlung Korsakowka auf Sachalin 1 115 Katorgasträflinge ein, von denen 376 zur Arbeit außerhalb des Gefängnisses gingen und 116 bei Beamten Dienst taten. Von den übrigen waren 82 in der Gefängniswirtschaft beschäftigt, 150 von Zeit zu Zeit in den Werkstätten und 126 als Wachtposten. Insgesamt waren damit 66 % der Katorgasträflinge beschäftigt, doch ist diese Zahl mit Vorsicht zu behandeln, da vor Inspektionen rasch Arbeit gefunden wurde (*Ottschet po Glawnogo Tjuremnogo Uprawlenija 1886*; *Tjuremnyj Westnik* 1901: 33 f.; Setsch 1904: 13 ff.). Ein Journalist äußerte sogar über Sachalin:»Stellt man in Rechnung, daß sich ein Häftling überhaupt vor der Arbeit drückt, daß er gerne Krankheiten simuliert und die Häftlinge auf Sachalin tatsächlich oft erkranken, dann sieht man, daß es Zwangsarbeit in der Katorga in dem Sinn, wie man sie gemeinhin versteht, überhaupt nicht gibt.« (Brodowitsch 1899: 270; vgl. Juwatschew-Miroljubow 1901: 26)

Privatunternehmer beschäftigten ungern Katorgasträflinge, worüber man sich nicht zu wundern braucht. Ihre Arbeit war wenig effektiv, sie bildeten eine Bedrohung für ihre Umgebung, und ihre Anwesenheit schreckte freie Lohnarbeiter ab. Eine Denkschrift des Justizministeriums aus dem Jahre 1870 brachte die kritische Einstellung der Justiz gegenüber dieser Strafart zum Ausdruck:»Die Regierung ist schon seit langem überzeugt, daß die Arbeit von Katorgasträflingen nicht ihre Aufgabe erfüllt.« Sie bringe so gut wie keinen Nutzen, habe sogar »totalen Bankrott« erlitten. Der Beweis dafür sei, daß die Verurteilten den Übergang in die Kategorie der Ansiedler als Strafe und nicht als Gnade ansähen. Wer aus dem »Freikommando« zur Arbeit ginge, befände sich in der gleichen Situation wie freie Lohnarbeiter. Nach Ansicht der Justizbeamten verlor die Katorga damit ihren Strafcharakter. (Sie übersahen allerdings, daß allein schon die Deportation eine Strafe war.). Die Schlußfolgerung des Ministeriums war, daß die Deportation zu Katorga in Sibirien einzustellen sei (CGIAL 1286/53/1, Bl. 394-403). Wenn man trotzdem auf der Katorga beharrte, dann deswegen, weil sie als eine gerechte und humane Strafe für Schwerstverbrechen galt und weil man nicht recht wußte, wodurch man sie ersetzen sollte.

Katorgasträflinge, die durch Glücksspiel und Wucher zu Geld gekommen waren, mieteten Ersatzmänner zur Arbeit an und trieben sich selbst in Ketten in der Kolonie herum. Die Arbeitgeber waren nur zu einverstanden, weil sie lieber mit diesen Ersatzleuten als mit »Zuchthäuslern« zu tun haben wollten.

Auch bei den Politischen gab es derartige Vertretungen. Diese Praxis rief bei einigen Angehörigen unterer Schichten Verbitterung hervor und wurde als Ausbeutung von Kampf- und Schicksalsgefährten angesehen, während diejenigen, die sich Vertreter mieteten, die Ansicht vertraten, sie hülfen damit den Ärmeren. Im Prinzip arbeiteten Kriminelle und Politische in denselben Betrieben oder Bergwerken zusammen; doch wenn es möglich war, bemühte man sich, beide Gruppen zu trennen: zum einen, um die Lage der Politischen zu verbessern und die verfeindeten Gruppen auseinanderzuhalten, zum anderen aber auch, weil man ihren »schlechten Einfluß« auf die Kriminellen einschränken wollte (es ging insbesondere um die Fluchtversuche, die bei den Politischen an der Tagesordnung waren). Da es aber nicht genug Wachmannschaften gab, gingen politische Häftlinge seit 1875 überhaupt nicht mehr zur Arbeit – zu ihrem Leidwesen, denn es war immer noch besser, an frischer Luft zu arbeiten, als in stickigen, feuchten und stinkenden Zellen zu sitzen.

Den Politischen fiel es schwer, ohne Beschäftigung zu leben, und sofern sie körperlich dazu imstande waren, arbeiteten sie gerne. Wenn manche sich gegen die Arbeit empörten, war das eine Sache der persönlichen Würde. Polen, die auf dem Weg nach Sibirien waren, protestierten z.B. 1863 in Kasan dagegen, zu den »Dreckarbeitern« gerechnet zu werden, die zum Schneeräumen geschickt wurden. Gewöhnliche Verbrecher gingen dagegen ungern zur Arbeit und drückten sich, wo sie nur konnten, während die Handwerker ihre Fachqualifikationen lieber für sich behielten. Sie führten ihre Arbeit schleppend und schlecht aus, die Aufseher übersahen das jedoch, möglicherweise aus Angst. Der Traum eines Katorgasträflings war, *na wakansju* zu gehen, eine »ruhige Kugel zu schieben«, d.h. nicht in einem Bergwerk oder im Wald arbeiten zu müssen, sondern Wachtposten oder Dienstbote im Haus eines Beamten zu werden – dort war es warm, und es gab besseres Essen. Im Grunde rührte der Unwille zur Arbeit in der Katorga sicher aus ihrem Charakter selbst, aus dem Zwang und der Unterdrückung her. Besser als andere Überlieferungen zeigt das ein Soldatenlied aus der ersten Hälfte des 19. Jh., das auch gern von sibirischen Katorgasträflingen gesungen wurde (Tokarzewski 1907: I, 26).

> »Man befiehlt uns – wir gehen,
> Man befiehlt uns – wir stehen,
> Man befiehlt uns – wir legen ab,
> Und auf Befehl ruh'n wir im Grab.«

Die Katorga war nicht so furchtbar, wie es der Mythos der Deportation will, wenn man natürlich auch sehr drastische Beispiele für die Lebens- und Arbeitsbedingungen von Häftlingen finden kann. Allein schon die Deportation war für die meisten ein Unglück, und ein noch größeres war die schrittweise Abstumpfung und Verwilderung im jahrelangen Leben unter Verbrechern, doch die Arbeit an sich unterschied sich nicht so sehr von der, die ein gewöhnlicher russischer »Dreckarbeiter« verrichtete, und wurde zudem bezahlt. Das Bild, das von ganz Sibirien verbreitet war und sich zeitlos erhalten hat, ist eine Projektion der suggestiven Schilderung, die Dostojewskij (1980) aus eigener Erfahrung von den Zuständen in der Festung Omsk in den 40er Jahren des 19. Jh. gegeben hat. Sie entspricht zwar der Wirklichkeit, aber entscheidend ist, daß sie eine besondere Situation beschreibt: die Festungsarbeiten, zu denen Deportierte abkommandiert worden waren, die rebelliert oder einen Fluchtversuch gemacht hatten. Sie waren als Strafverschärfung gedacht. Das Schicksal der anderen Katorgasträflinge war im allgemeinen längst nicht so schwer wie das der Soldaten in Strafbataillonen, ja sogar besser als das von Soldaten in regulären Einheiten. In den Erzgruben in Blagodatsk (dort lebten u.a. S. Trubetzkoj, S. Wolkonskij und A. Murawjow) »war die Arbeit überhaupt nicht so hart«, wie die Dekabristen selbst zugaben, und Alexander Bestushew-Marlinskij bekannte, daß er in Jakutien – »wie seltsam es auch klingen mag« – ein ziemlich glückliches Leben geführt habe (*Dekabristy na katorge i ssylke* 1925: 91, 254). Das bestätigt auch die Korrespondenz, die wir von politischen Deportierten aus verschiedenen Zeiten besitzen. Es gibt zahlreiche Berichte von Polen darüber, daß die Arbeit in den 60er Jahren des 19. Jh. entweder erträglich oder reine Fiktion war. Man gewährte Ruhepausen und kürzte den Arbeitstag, wenn die Arbeitsbedingungen gesundheitsschädlich waren, wie bei einigen Tätigkeiten in den Salzsiedereien. Die natürlichen Bedingungen waren hart, aber das galt für fast ganz Sibirien, im Unterschied zum europäischen Rußland.

Einzelne Erwähnungen (aus den 30er und noch einmal aus den 60er Jahren) weisen darauf hin, daß mitunter Prügelstrafe oder Einweisung in eine Einzelzelle bei Brot und Wasser angeordnet wurde, wenn ein Häftling bestimmte Arbeitsnormen nicht erfüllte. Das geschah aber wohl selten und wurde später nicht mehr praktiziert. Die Katorga hatte keinen Exterminationscharakter wie die Lager nach der Oktoberrevolution. Trotz wenig effektiver und schlecht ausgeführter Arbeit konnten nicht nur politische, sondern auch kriminelle Verbrecher mit einer Verkürzung der Katorga rechnen, sofern sie während der Strafverbüßung keine Vorschriften verletzten. Nach diesen Vorschriften wurden zehn Monate Arbeit als ein Jahr Strafe gerechnet; in den Gruben auf Sachalin zählte ein Jahr Arbeit als eineinhalb Jahre (bei vier bis zwölf Jahren Katorga). Kaiserliche Gnadenakte und Amnestien waren häufig. Berichte über ganztägige Arbeit in den Gruben von Nertschinsk sind in den Bereich der Legende zu verweisen. Der Arbeitstag dauerte gewöhnlich vom Morgengrauen bis zum Einbruch der Dämmerung, doch nie länger als elf Stunden, d.h. eine halbe Stunde weniger als die in den Arbeitsschutzgesetzen von 1897 festgesetzte Höchstarbeitszeit.

Bis 1826 kannte man in Sibirien keine Gefängnisse. Die Katorgasträflinge und anderen Häftlinge, die unter Bewachung stehen sollten, lebten in Kasernen oder Privatquartieren. Nachdem Speranskij (nach 1820) den Status eines Katorgasträflings deutlich von dem eines Ansiedlers unterschieden hatte, wurde im Rahmen der Katorgaordnung auch das sibirische Gefängnis eingeführt. 1826 ordnete Nikolaus I. an, ein Gefängnis für die Katorgasträflinge im Nertschinsker Bergwerksbezirk zu planen, das 1830 in Petrowskij Sawod entstand (Kodan 1980: 35). Später wurden getrennte Gefängnisse für Katorgasträflinge sowie die Deportierten eingerichtet, die nach dem Strafgesetzbuch von 1845 zu Gefängnis und später zur Ansiedlung ohne Katorga verurteilt waren. Außerdem gab es gewöhnliche Gefängnisse für verhaftete oder zu einer Freiheitsstrafe verurteilte Sibirjaken. Diese Unterteilung wurde häufig aus Raummangel nicht eingehalten, wenn z.b. auf dem Transport befindliche Deportierte in ein städtisches Gefängnis einquartiert oder arbeitsunfähige Katorgasträflinge verlegt werden mußten. Gefängnisse für Katorgasträflinge gab es auch außerhalb Sibiriens, beispielsweise in Wilna, in Ilezk im Gouvernement Orenburg oder in Nowoborisoglebsk und Nowobelgorod im Gouvernement Charkow.

Unabhängig davon durchliefen alle Deportierten ein Untersuchungsgefängnis in Rußland, im Königreich Polen oder in einem anderen Reichsteil und, sobald die Entscheidung über ihre Verbannung gefallen war, auch die Deportationsgefängnisse. Die meisten Deportierten lebten nach ihrer Ankunft am Bestimmungsort in Freiheit; nur ein Teil der Verurteilten kam ins Gefängnis. 1885 gab es in Sibirien zwölf Gefängnisse für Katorgasträflinge (ohne die Etappen- und Deportationsgefängnisse). Nach dem Stand vom 1./13. Januar 1886 waren dort 6 965 Männer und 829 Frauen inhaftiert, davon 376 Männer und sämtliche Frauen »freiwillig« (*Ottschet po Glawnogo Tjuremnoga Uprawlenija*, 1885; Tabellen). Das Gefängnispersonal rekrutierte sich hauptsächlich aus gedienten Soldaten, aus Angehörigen des Invalidenkorps oder aus Rekruten, die wegen irgendeines Mangels, z.B. unzulänglicher Körpergröße, nicht in den Linienregimentern dienen konnten. Außerdem waren in den Katorgakolonien oder in anderen Orten, wo eine größere Anzahl Häftlinge lebte, Kosakenregimenter stationiert. Das Gefängniswesen in Rußland und im Königreich Polen ist in einer eigenen Arbeit behandelt (Kaczyńska 1989), so daß hier nur von den Strafanstalten die Rede sein wird, in denen Katorgasträflinge oder zur Ansiedlung in Sibirien Verurteilte einsaßen.

Die Gefängnisaufsicht tat alles nur mögliche, um sich der Häftlinge zu entledigen. Katorgasträflingen wurde gestattet, außerhalb des Gefängnisses zu wohnen, mitunter wurden sie förmlich dazu gezwungen. Sie hatten nur zur Arbeit zu erscheinen und unter Aufsicht zu bleiben. Man hat berechnet, daß durchschnittlich etwa ein Viertel aller zu Gefängnis Verurteilten in »Freikommandos« untergebracht war (*Katorga i Ssylka* V: 26-32; Kennan 1907: III, 101; Salomon 1900: 273). In Kara lebte zwischen 1860 und 1880 nur die

Hälfte aller Katorgasträflinge im Gefängnis, später waren es noch weniger. 1885-1886 zählte die ganze Kolonie 2 500 Personen, von denen lediglich 600-800 im Gefängnis Unterkunft fanden. Das »Freikommando« der politischen Katorgasträflinge beaufsichtigte ein Gendarm, der dreimal täglich ihre Quartiere besuchte (Jellinskij 1927: I, 2-9; Kennan 1907: I, 123; II, 4 f.; III, 54, 63). Für die Kriminellen bedeutete diese Freiheit selten eine Wohltat; denn in ein »Freikommando« abgeschoben zu werden hieß für sie praktisch, daß sie sich in einer feindseligen Umgebung selbst ernähren und ein Dach über dem Kopf suchen mußten.

Die Häftlinge bauten sich Erdhütten oder armselig zusammengehauene Buden, die halb in den Boden gegraben waren, mit Dächern aus Brettern, auf die ebenfalls Erde geworfen wurde. Bei den Straftätern, die zum größten Teil aus dem Bauerntum stammten, überrascht der Mangel an Einfällen, Fähigkeit und Lust, sich bessere Unterkünfte zu schaffen, selbst dort, wo es nicht an Bauholz fehlte. Als ein Warschauer Architekt 1863 nach Sewakowa in Ostsibirien deportiert wurde, machte er dort dadurch Karriere, daß er zeigte, wie man eine gewöhnliche Wohnhütte baute. Selbst Politische empfanden mitunter die ihnen auf dem Gnadenweg erteilte Genehmigung, selbständig zu wohnen, als eine Benachteiligung, beispielsweise in Ussol, wo polnische Deportierte erklärten, sie seien »mit dem Leben in der Zelle gut zufrieden«! (Tschechow 1962: 129; Lasocki 1937: II, 143). Im Gefängnis war für die Ernährung gesorgt, und es kam vor, daß »Freikommandler« in Zellen geschmuggelt, unter den Pritschen versteckt und dort mit Essen versorgt wurden. Die Kriminellen taten das nicht aus Altruismus; ihre Schützlinge brachten stets etwas aus der Freiheit mit und erwiesen ihnen verschiedene Dienste, z.B. übernahmen sie einen Teil der Arbeit. Manche Katorgasträflinge konnten sich bei den örtlichen Bauern als Tagelöhner verdingen, aber die Gefängnisdisziplin galt für sie auch weiterhin: Abends mußten sie bei ihrem Wirt pünktlich zur festgesetzten Stunde erscheinen.

In den Deportationsgefängnissen herrschte theoretisch eine strengere Zucht als in den übrigen Strafanstalten. Es war verboten, zu rauchen, Bücher oder Zeitungen zu lesen und Schreibgerät zu besitzen. Das wurde jedoch nicht eingehalten, und Privilegierte waren sogar offiziell von einem Teil dieser Verbote befreit. Neben den allgemeinen Grundsätzen, die unter Speranskij eingeführt und durch eine endlose Zahl von Runderlassen ergänzt worden waren, galten in einzelnen Gefängnissen auch noch eigene Sondervorschriften oder lang geübte Gewohnheiten. Das führte bei den Gefängnisleitern zu Selbstherrlichkeit, die um so größer war, je weiter das Gefängnis von Europa entfernt lag. Für die Häftlinge konnte das gut oder schlecht sein, da alles davon abhing, ob der Leiter ein Sadist, normal dienstbeflissen oder »menschlich« war, d.h., ob er geneigt war, die Vorschriften zum Vorteil der Häftlinge auszulegen. Krasse Fälle von Sadismus oder ungewöhnlicher Güte kamen selten vor. Ein guter Gefängniswärter ließ sich von den Häftlingen nach den üblichen, nicht überhöhten Sätzen bezahlen. Sehr häufig, insbesondere unter Nikolaus I., fürchteten sich die Leiter, selbständig zu handeln; die meiste Angst weckte die Aussicht, als illoyal verdächtigt zu werden. Der russische Beamtengeist hatte zur Folge, daß die Vorschriften im allgemeinen nach dem Grundsatz ausgelegt wurden: Wenn nirgendwo geschrieben steht, daß etwas erlaubt ist, heißt das, daß es verboten ist (Kowner 1897: 893).

Eigentlich sollten die politischen Straftäter in gesonderten Gefängnissen, in »Festungen«, untergebracht werden. Diese Bezeichnung war ein Relikt aus der Zeit, als Gefängnisse im heutigen Sinn nicht bekannt waren und nur Staatsgefangene mit Freiheitsentzug bestraft wurden. Die Vorschriften waren jedoch unklar und die Räumlichkeiten so beengt, daß die politischen Häftlinge vorwiegend mit Kriminellen zusammengelegt wurden. Diese Praxis wurde höheren Orts mal gebilligt, dann wieder aufgehoben, was aber nicht immer zu den beabsichtigten Folgen führte. So lebte Szymon Tokarzewski in den 40er Jahren des 19. Jh. in der Festung Omsk einmal in einer 12-Mann-Zelle, in der es neben einem weiteren Politischen zehn Soldaten gab, die verschiedene Strafen verbüßten, u.a. für Mord; ein anderes Mal teilte er eine Zelle mit etwa 20 Kriminellen. Politischen Straftätern, zu denen auch Fjodor Dostojewskij gehörte, wurde nur die Vergünstigung gewährt, sich die ruhigsten Kriminellen als Zellengefährten aussuchen zu können. Seit den 80er Jahren wurden diese beiden Häftlingsgruppen häufiger voneinander getrennt. Gab es im Gefängnis keine passenden Räumlichkeiten, wurden einzelne Häftlinge in öffentlichen Gebäuden, sogar in Schulen untergebracht. Das politische Gefängnis in Kara war trotz seines schlechten Rufs besser als das allgemeine Gefängnis; man durfte spazierengehen, Päckchen und Bücher empfangen, und wer Lust dazu verspürte, beschäftigte sich mit Tischler- und Schlosserarbeiten. Aber es kam auch vor, daß Politische Tag und Nacht angekettet blieben (Wysocki z.B. sogar im Lazarett), womit sonst Kriminelle für einen Fluchtversuch oder Meuterei bestraft wurden.

Eine Zusammenstellung von Berichten über die Gefängnisse zur Zarenzeit ist höchst überraschend: Die Darstellungen reichen von den schwärzesten Farben bis hin zu folgender Ansicht: »Auf der ganzen Welt gab es wohl und konnte es wohl auch nicht eine derartige Freiheit, ein derartiges Leben und, füge ich hinzu, eine derartige Zügellosigkeit geben wie in den damaligen russischen Gefängnissen« (Zapałowski 1913: I, 136). Sicherlich war die damalige Welt aus russischer Perspektive gesehen keine freie Welt, so daß die Gefängnisse nicht allzusehr mit dem Leben in Freiheit kontrastierten. Bei all diesen unterschiedlichen Beschreibungen und Ansichten ist aber gewiß keine Fiktion mit im Spiel, auch wenn einige etwas geschönt sind oder unter dem Eindruck einer momentanen Stimmung niedergeschrieben wurden. Sie zeigen nichts weiter als den tatsächlichen Unterschied zwischen den Gefängnissen in

Moskau und Akatui, zwischen den Zuständen in Kara vor und nach 1886, zwischen der Lage, in der sich Privilegierte und Nichtprivilegierte, Politische und Kriminelle, zum bürgerlichen Tod oder zu leichteren Strafen verurteilte Häftlinge befanden.

Im Laufe der Jahre besserte sich die Situation, zuerst in der Praxis, dann auch nach den Vorschriften. Bereits in den 60er Jahren konnten auch die Kriminellen auf den Gefängnisgängen und auf dem Hof spazierengehen, in Nachbarzellen sehen, Bücher und Zeitschriften lesen, nachdem die Gefängnisaufsicht sie geprüft hatte, sich mit verschiedenen Handarbeiten beschäftigen, wie Körbe flechten, Kästchen kleben, künstliche Blumen anfertigen oder Figürchen aus Brot kneten, oder sich abends vor dem Schließen der Zellen, die am Tag offen waren, versammeln, um heimlich Karten oder andere Gesellschaftsspiele zu spielen (sogar Schachspielen war zunächst verboten gewesen) oder einfach zu diskutieren, zu erzählen und Erinnerungen auszutauschen. Bei Disziplinarstrafen entfielen alle diese Möglichkeiten. Wenn eine Inspektion anstand, blieben die Zellen ebenfalls geschlossen.

Die Gefängnisse in Rußland waren überwiegend in den 20er und 30er Jahren des 19. Jh. errichtet worden; danach trat eine lange Baupause ein. Häftlinge wurden daher bei Bedarf in ehemaligen Klöstern, in Forts und Kasernen untergebracht. Die Bauten ähnelten einander: In Rußland wurden Ziegel und Holz verwendet, in Sibirien fast ausschließlich Holz. Sie waren von hohen Mauern oder Palisaden umgeben. Am häufigsten bestanden sie aus einigen großen und mehreren kleinen Zellen und dem Dunkelarrest oder Karzer, in denen Disziplinarstrafen verbüßt wurden. Bestand das Gefängnis aus nur einem Gebäude, war es gewöhnlich sehr groß und hatte Seitenflügel, in denen das Lazarett, die Küche und Sonderabteilungen untergebracht waren. Vorherrschend war jedoch das Barackensystem. Etwa seit 1870 wurden – auch unter Berücksichtigung hygienischer Erfordernisse – bestehende Gefängnisse renoviert oder erweitert und Neubauten errichtet. Aber die Klagen wegen Überfüllung hörten nicht auf, obwohl sie gegen das Jahrhundertende seltener wurden.

Niemals jedoch wurde das Problem der sanitären Anlagen gelöst, die die Hauptursache für ansteckende Krankheiten waren. Wie Anton Tschechow sich ausdrückte, herrschte in ganz Rußland eine »Verachtung für den Abtritt« (Tschechow 1962: 56). Üblicherweise wurden in die Zellen Holzkübel gestellt, die einmal täglich entleert wurden. Ein solcher Kübel aus Fichten- oder Lärchenholz sog die Feuchtigkeit auf und hielt sie; wenn es kalt war, gefror sie, so daß der Kübel sich nicht ordentlich säubern ließ. Nachts tauten die Kot- und Urinreste wieder auf und stanken, dazu kamen die Ausdünstungen aus der Kleidung, in der die Häftlinge schliefen, und aus den Fußlappen. Die Essens- und Kotreste zogen Ungeziefer an; Wanzen, Läuse und Küchenschaben wurden zur Plage. Bei den Zuständen, die in einigen Anstalten herrsch-

ten, ließ sich nichts ändern und verbessern. In den Gefängnissen für Katorgasträflinge wurden die Häftlinge einmal am Tag in Gruppen auf einen Platz
geführt, wo sie ihre Notdurft verrichten mußten; manchmal wurde auf dem
Hof auch eine Grube ausgehoben, über der Bretter lagen und die in regelmäßigen Abständen mit Holzteer und Karbol desinfiziert wurde. Dann war
die Erledigung der »Bedürfnisse« in der Zelle auf ein Minimum beschränkt;
doch betraf das im allgemeinen nicht die »Zuchthäusler zur Erprobung«.

Die Ernährung war eintönig, aber verhältnismäßig reichlich. Die normale
Gefängniskost in Sibirien bestand gewöhnlich aus Roggenbrot, Grütze und
Kohlsuppe mit einer Fleischeinlage. Sonntags oder auch häufiger gab es gekochtes Rindfleisch. Zu trinken gab es Kwaß aus Brot und heißes Wasser für
den Tee. Niemals aber, auch nicht im 20. Jh., erhielten die Häftlinge – wie
in westeuropäischen Strafanstalten – Milchprodukte, Eier oder Obst. Im allgemeinen beschwerte man sich nicht, daß das Essen nicht ausreichte, doch
klagte man über seine Qualität – das Brot war sauer, die Kartoffeln waren
angefault – oder über das Ungeziefer, das in den Gerichten gefunden wurde.
Aus den Erinnerungen eines Deportierten:

»Ich war ausgehungert, da ich seit Tagen fast nichts Warmes gegessen (...) und mich nur von
Brot, Wurst [!] und Tee ernährt hatte. So war es auch nicht verwunderlich, daß ich einen
wilden Appetit verspürte (...), als meine Kameraden mit Schüsseln voll Suppe kamen und
sich ihr Duft im Raum ausbreitete. Wanka – in Zukunft mein unzertrennlicher Gefährte [ein
krimineller Häftling] und Beschützer, dem ich sehr viel, vielleicht sogar das Leben verdanke
– kam zu mir und fragte: ›Bruder, möchtest du nicht mal *schtschi* versuchen?‹ Das ist eine
Suppe aus Kohl mit Fett und einem Stück Fleisch, ähnlich wie unsere [polnische] Kohlsuppe,
nur mit dem Unterschied, daß sie süß ist. (...) Ich war gern einverstanden. Wanka lief los,
und nach einem Weilchen stand eine große hölzerne Schüssel vor mir (...) mit so viel Suppe
darin, daß es für mehrere ausgehungerte Männer gereicht hätte. Ich machte mich über sie
her. Der Duft und die goldenen Fettaugen, die auf der Oberfläche schwammen, reizten meinen sowieso schon vorzüglichen Appetit noch mehr. Mit der Gier eines Freßsacks brach ich
ein Stück Roggenbrot ab und begann heißhungrig, die Suppe nicht mit dem Löffel zu essen,
sondern zu trinken. Als der erste Hunger gestillt war, wollte ich auf dem Schüsselboden etwas Handfesteres finden; denn ich dachte, ich fände ein Fleischstück. Ich tauchte den Löffel
ein und rührte mit ihm herum. Im gleichen Augenblick fiel er mir aus der Hand auf die Erde,
und mich überkam ein gewaltiger Brechreiz – ich dachte, ich würde meine Seele aushauchen.
Auf dem Schüsselboden erblickte ich zusammen mit dem Kohl Tausende ausgekochter weißer
Engerlinge, Kellerasseln, Kakerlaken, Schaben und Wanzen, von denen die Fettaugen her-
rührten.

Die nächsten Tage konnte ich nichts außer Brot und einer teeähnlichen Flüssigkeit zu mir
nehmen, doch Hunger ist der beste Koch. Ich verstand jetzt, was ich früher nicht glauben
wollte, als ich in Beschreibungen las, daß Menschen während einer Belagerung Ratten essen
(...), ich verstand, wiederhole ich, daß man aus Hunger alles essen kann. Die Kameraden
lachten verständnisvoll und wiederholten: ›Du wirst rasch Gefängnis*schtschi* essen.‹ Und tatsächlich, am vierten Tag bat ich Wanka um eine Portion von dieser schmackhaften Suppe. Er
brachte sie mir, und ich aß sie mit Brot, anfangs mit Ekel, aber nach einer Weile gewöhnte
ich mich daran und aß mit Appetit; ich paßte nur auf, daß ich von oben aß und nicht zu neugierig war, was sich auf dem Boden der Schüssel verbarg ...« (Zapałowski 1913: I, 137 f.)

Nicht alle Häftlinge wurden aus der Küche verpflegt, ein Teil mußte sich die Mahlzeiten selbst aus Produkten zubereiten, die zugeteilt wurden oder häufiger für das zugeteilte Verpflegungsgeld gekauft waren. Die politischen Häftlinge bildeten mitunter Gruppen von 20-30 Personen, um gemeinsam einzukaufen und Mahlzeiten zuzubereiten. Hin und wieder wurden daraus Konsumentengenossenschaften mit Geldeinlagen und Gewinnteilung. Die Mitglieder einer solchen polnischen Genossenschaft in Sewakowa kauften in den 60er Jahren sogar Vieh von den Burjäten und zerlegten es selbst; denn bereits zerlegtes Fleisch war zu teuer. Die Gefängnisverwaltung gab zwei Häftlingen die Erlaubnis, zum Einkaufen bis in das 33 km entfernte Tschita zu fahren.

In einem Land, in dem alle unter Aufsicht standen und keine volle Bewegungsfreiheit hatten, wurde die Freiheitsbeschränkung der Häftlinge (mit Ausnahme der »Zuchthäusler«) selbst nicht als drastisch empfunden. Ebenso wich vom Gesichtspunkt der Lebensbedingungen aus die Existenz der Häftlinge nicht unbedingt erheblich von der Existenz der armen Bauern ab.

»Die Häftlinge erhalten bequeme, trockene Kleidung, warme Unterkünfte, genug gesundes Essen und so viel Brot, daß sie die Hälfte davon verkaufen und das Geld für Tabak und Schnaps verwenden. Haben die Bauern oder die niedere Gesellschaftsklasse, die zum größten Teil die Gefängnisse füllt, einen besseren und bequemeren Unterhalt in der Freiheit? Sie sind an ihre dreckige, stinkende Hütte oder den Koben gewöhnt, wo sie auf einem Strohlager und häufig direkt auf dem nackten Boden schlafen, und sie tragen löchrige Lumpen, die kaum ihre Blöße bedecken. Sie ernähren sich von Kohl und Kartoffeln, die fast ihre einzige Speise sind, vor allem bei den Bauern bei uns auf dem Land; kaum daß sie einmal in der Woche ein Stück Brot sehen. Im ständigen Ringen mit ihrem Schicksal sind sie unruhig und ungewiß, ob sie ihre Familie ernähren können. Haben sie sich im übrigen ans Nichtstun gewöhnt und sind sie einmal hinter Gefängnisgitter geraten, sehnen sie sich nach der Entlassung und bemühen sich, zu dem unbekümmerten Leben ohne Sorge um das Morgen zurückzukehren. Dazu bedarf es keiner Beweise, das sind Tatsachen. Ich habe Hunderte getroffen, die auf die Frage, warum sie sitzen, antworteten: Ich habe das und das gestohlen, das und das begangen, nur deshalb, damit man mich ins Gefängnis nimmt, denn bitte, mein Herr, kann man in Freiheit besser und bequemer leben? Hier geben sie Essen, gute Kleidung, und außerdem noch arbeitet sich der Mensch nicht krumm!« (Zapałowski 1913: 149-152)

Wenn man die Häftlinge bedauerte und sie für »unglücklich« hielt, dann geschah das hauptsächlich deshalb, weil auf ihnen Sünden lasteten, für die sie litten, weil sie von ihren Nächsten getrennt waren und in der bedrückenden Gesellschaft anderer Verbrecher leben mußten.

»Wenn unter dem Einfluß negativer Bedingungen das nicht entwickelte, schwache Individuum ohne Charakter gegen die göttlichen Gebote, die es sehr oft nicht versteht, oder gegen einen der Abertausende von Paragraphen des Gesetzbuches verstößt, von dem es nicht die mindeste Vorstellung hat, fehlt es uns abermals an positiven, rettenden Kräften. Hingegen erscheint als einziges Heilmittel, das weitaus schlechter ist als die Krankheit selbst – das Gefängnis, und diese Gefängnisse sind in Rußland zahllos, weitaus zahlreicher als mittlere Lehranstalten. Es sind wahre Akademien des Verbrechens, denn hier bilden in ihrer Kunst geübte Übeltäter unentgeltlich ganze Generationen von Naiven, häufig durch Zufall hierher Verschlagene oder Minderjährige zu vollendeten Verbrechern aus! Und hier treffen wir auch auf keine Gegenmaßnahmen, denn auch die Geistlichkeit kümmert sich in dieser Sphäre wenig um die Bekehrung der verirrten Schäfchen. Von diesem Weg kehrt auch so gut wie keiner in den Schoß der Tugend und Pflicht zurück. Verbrechen, Flucht aus dem Gefängnis, Namensänderungen, Körperstrafen usw. – das ist eine Reihe von Folgen der Ausbildung in den Gefängnissen. Für all das finden sie die eine Erklärung, daß die Staatsmacht sie weder nach menschlichem noch göttlichem Recht behandelt.« (Lasocki 1937: II, 17)

Zu diesen Schlußfolgerungen kam ein Deportierter des Jahres 1863, und die nächsten 50 Jahre lang war die Situation unverändert:»Das Gefängnisleben in gemeinsamen Zellen hat einen demoralisierenden, erniedrigenden Einfluß. (…) Hier verfallen die Menschen entweder in eine Art Erstarrung und Gleichgültigkeit gegenüber allem und jedem, in ein düsteres, dumpfes Schweigen, das den Geist erschlägt, oder sie explodieren plötzlich und können dann bereits ihre Erregung und ihren Zorn nicht mehr beherrschen« (Ossendowski o.J.: 149 f.).»Menschen, die in einer Gemeinschaftszelle leben«, schrieb Tschechow,»sind keine Gemeinschaft, keine Handwerksgenossenschaft, die ihren Mitgliedern bestimmte Pflichten auferlegt, sondern eine aller Pflichten gegenüber Ort, Nachbarn und Sachen ledige Bande (…). Wenn es in der Zelle stinkt, wenn alle Opfer von Dieberei sind (…), dann tragen alle die Schuld daran, das heißt keiner.« (1962: 59) Ein früher ehrenwerter Bürger lebte im Dreck, weil er der Meinung war, daß an diesem Ort Sauberkeit ihren Sinn verloren hatte. Das Leben floß unter Flüchen und Verwünschungen, betrügerischem Handel und rücksichtslosem Wucher, unter Sauferei und Glücksspielen dahin; Lynchjustiz, Ausbeutung und Zuträgerei breiteten sich aus, obwohl Verrat nach dem Ehrenkodex der Verbrecher verurteilt wurde. Man lernte, Münzen und Dokumente zu fälschen (hierauf war insbesondere das Tobolsker Gefängnis spezialisiert), und wem es gelang, Schnaps in die Zelle zu schmuggeln, der war ein Held und Aristokrat. Wie Tschechow schrieb, entwöhnte das Gefängnis von der Sorge um das Zuhause, um die nächsten Angehörigen, überhaupt von aller Verantwortlichkeit.

In der Gefängnisatmosphäre war die Sehnsucht nach Freiheit übermächtig; obwohl alle wußten, welch grausame Körperstrafe den erwartete, der bei einem Fluchtversuch gefaßt wurde, drehte sich doch praktisch alles um den Versuch, diese Freiheit wenigstens für eine kurze Zeit, und sei es auch um den Preis furchtbarer späterer Leiden, wiederzugewinnen. Andererseits war der eben beschriebene Wunsch, ins Gefängnis zurückzukehren, keine Fiktion: Ein großer Zustrom neuer Häftlinge wurde stets mit dem Einbruch der kalten Jahreszeit festgestellt. Eine Art und Weise, das zu bewerkstelligen, bestand darin, seine Dokumente zu verlieren; denn dann wurde man wegen Landstreicherei festgehalten. Bis zur Feststellung seiner Identität konnte man im Arrest bleiben, und um diese Frist zu verlängern, gaben die Festgenommenen weit entfernte Orte an, wo sie angeblich registriert waren. War dann der richtige Ort festgestellt, wurde der Arrestant dorthin abgeschoben, aber bereits in entsprechender Kleidung für den Weg. Diese verkaufte er sofort wieder und tat abermals alles, um sich einsperren zu lassen. Es gab »Spezialisten«, die jährlich sechs bis acht solcher Runden drehten.

Unabhängig von den gemeinsamen Zügen des Lebens in den Etappengefängnissen oder in der Katorga, die hier kurz darzustellen versucht wurde, waren die Bedingungen von Ort zu Ort sehr unterschiedlich. Sie können hier nicht ausführlich besprochen werden; höchstens ist ein kurzer Blick auf einige dieser Orte möglich, wobei man sich am besten in derselben Richtung bewegt wie die Deportierten, d.h. von Westen nach Osten. Die Untersuchungsgefängnisse, Etappen und »Halbetappen« werden übergangen.

Einige Aufmerksamkeit verdienen die zentralen Deportationsgefängnisse, da sich dort alle Deportierten, unabhängig vom Strafmaß, längere Zeit aufhielten. Im Königreich Polen gab es anfangs nur in Warschau ein solches Gefängnis, das viel zu klein war, aber gegen Ende des 19. Jh. wurde ein zweites in Łomża eingerichtet, so daß sich die Bedingungen merklich besserten. Das größte Deportationsgefängnis in Rußland war fraglos das Gefängnis in Moskau-Butyrki, in dem während des Sommers ständig etwa 3 000 Deportierte auf ihren Marsch vorbereitet wurden. Es verdiente seinen Beinamen »Universität Butyrki«, weil die Neulinge hier eine Menge nützlicher Dinge von den Alteingesessenen lernten – wie man am besten »über die Runden« kam und wie man hinderliche Beschränkungen umging.

Eine Besonderheit in Butyrki war ein spezielles Gebäude für gewöhnliche Verbrecher aus privilegierten Schichten, das bei den Häftlingen »Kaufmannspalais« hieß, weil dort häufig Angehörige der Kaufmannschaft einsaßen. Nichtprivilegierte, aber reiche Straftäter kauften sich bei den Aufsehern ebenfalls einen Platz im »Palais«: Wechselfälscher, Betrüger, Bankrotteure und Winkeladvokaten. Es gab hier sogar Mitglieder einer Bande, die am hellichten Tage Kaufmannslager ausraubte, da sie von ihren Bekanntschaften in diesen Kreisen Gebrauch machte. Die jungen Verschwender und Betrüger hießen bei den Behörden »Abtrünnige«, da sie dem Adelsstand angehörten, wie z.B. die »roten Buben«. Das war eine Gruppe wohlgeborener Nichtsnutze, die die Zeit im Gefängnis fast ebenso lustig zubrachten wie in Freiheit, da sie die Aufseher gekauft hatten. Eine ähnliche Gesellschaft befand sich im Deportationsgefängnis in Smolensk:

»Diese Herren, die wegen Betrug und Diebstahl saßen, waren jedoch bei den Aufsehern und der Verwaltung geachtet; ihnen waren alle Bequemlichkeiten sicher, und als Angehörigen der privilegierten Klasse erwies man ihnen jede mögliche Zuvorkommenheit. (...) Leere Köpfe und leere Herzen, Umgangsformen der großen Welt, Adelsstolz und ein laxer Begriff von Menschenwürde, die sie durch Diebstahl befleckt hatten (...). Bei diesen jungen Adligen rührte ihr Vergehen nicht das Gewissen, und sie schienen sich eher ihrer Ungeschicklichkeit zu schämen als der bösen Taten, die sie begingen.« (Giller 1866: I, 117 f., 138)

Die Privilegierten erhielten 15 Kopeken Verpflegungsgeld (Nichtprivilegierte die Hälfte), hatten Einzelzellen, unterlagen keiner Revision und durften rauchen. Im Gefängnis unterhielten sie sich mit Gesellschaftsspielen. Die Mahlzeiten bereitete ihnen ein Koch zu, der ebenfalls Häftling war. Einige von ihnen verdienten damit Geld, daß sie für andere Arrestanten Eingaben und Kassationsanträge schrieben, die gewöhnlich erfolglos waren, so daß sie von ihren enttäuschten Kunden mitunter Schläge erhielten; doch das Geld zahlten sie nicht zurück.

Die Petersburger und Moskauer Gefängnisse, selbst diejenigen, die sich in Kasernen befanden, waren ziemlich ordentlich und sauber. Dasselbe läßt sich von Jekaterinburg um die Jahrhundertmitte sagen, wo »ein gemauertes Gefängnis außerhalb der Stadt ist (...). Schmutz, Enge und Gestank belästigten uns nicht (...), Fußböden und Pritschen sind gescheuert, die Wände ordentlich geweißt, die Luft frisch (...) – eine gute Empfehlung für die Beamten, unter deren Aufsicht sich das hiesige Gefängnis befindet (...). Es besteht aus zwei Pavillons: In einem sind die Arrestantenpartien untergebracht, die nach Sibirien gehen, im anderen die Arrestanten, die noch der Untersuchung und dem Gericht unterliegen« (Giller 1866: II, 212). Schlecht dagegen sah es selbst noch in den 80er Jahren im Gefängnis in Tjumen aus. Es war eines der wichtigsten Deportationsgefängnisse, weil – wie oben gesagt – hier alle aus Europa eintreffenden Transporte registriert und verteilt wurden. Vielleicht lag es an diesem Menschenverkehr, daß es sich schwer in Ordnung halten ließ. Es war zunächst für 500 Häftlinge vorgesehen, dann sehr bald um 300 Plätze erweitert worden, doch mußte bei Ankunft der Kolonnen regelmäßig die doppelte Anzahl von Personen versorgt werden. Als Kennan es besichtigte, gab es dort 1 740 Häftlinge, von denen ein Teil unter den Pritschen schlief. Die Säle waren stickig, ohne Lüftung, alles klebte vor Schmutz.

Kennan fiel auf, daß der Direktor seine Mütze abnahm, wenn er einige Zellen betrat; wie sich herausstellte, lagen dort Häftlinge aus höheren Kreisen. In den Zellen für das gemeine Volk nahm der Direktor seine Mütze nicht ab, sondern hier stand man vor ihm in Habachtstellung. Etwas bessere Zellen waren dem Lazarett vorbehalten, in dem sich gewöhnlich 30 % der Häftlinge aufhielten. In jeder Zelle standen 12-15 Betten mit je einem Strohsack, einem Kopfkissen und einer grauen Wolldecke, mitunter gab es sogar Laken. Auch hier war die Luft stickig. Patienten mit gastrischem Fieber, Skorbut, Rheumatismus, Bronchitis und Syphilis lagen nebeneinander, nur die Typhuskranken waren isoliert. Nach offiziellen Angaben schwankte die Sterblichkeitsrate im Gefängnis von Tjumen zwischen 30 und 44 % (!) der Gesamtzahl der Häftlinge (1877-1886). Sogar unter allen nach Sibirien Transportierten betrug die Sterblichkeit unterwegs noch etwa 23 % (in englischen Gefängnissen waren es 1,4 %, in den USA 1,7-2 % und in Frankreich 3,8 %). Besser sah es im Frauengefängnis in Tjumen aus. Die Zellen waren heller und sauberer, in manchen fanden sich Topfblumen, ein Stückchen Teppich oder kleinerer Raumschmuck. Einige Frauen hatten ihre Kinder bei sich (Kennan 1907: I, 46-56).

Das größte Gefängnis war das Tobolsker Zentralgefängnis, eine regelrechte Festung, die noch schwedische Kriegsgefangene unter Peter dem Großen erbaut hatten. Auch hier war ein Gebäude – wie die Bezeichnung »Adelsgefängnis« schon sagte – Kriminellen aus den privilegierten Ständen vorbehalten. Nach dem Aufstand von 1863 waren dort polnische Deportierte untergebracht, die von ihren Familien begleitet wurden, sowie einzelne Häftlinge, denen der Leiter eine Gnade erwies. In zwei Nebengebäuden befanden sich nur Familien von politischen Häftlingen, die selbst in Zellen saßen; einige Familien wohnten aber auch in gemieteten Zimmern in der Stadt. Ein weiteres Gebäude war für Frauen vorgesehen, die übrigen, die um einen eigenen Hof gruppiert waren, für »Zuchthäusler«, d.h. für diejenigen, denen ihre Rechte aberkannt worden waren und die Ketten trugen. Das Gefängnis hatte einen relativ guten Ruf, denn es befand sich unter Aufsicht der Deportationsverwaltung.

In aller Munde waren die Gefängnisse in Tomsk, weil dort die Bedingungen ungewöhnlich schlecht waren. Selbst ausländische Zeitschriften schrieben darüber, u.a. das amerikanische *Century Magazine*, für das Kennan arbeitete. In Tomsk gab es zwei Gefängnisse, das Gouvernementsgefängnis [*sodershajuschtschaja tjurma*] und das Zentrale Deportationsgefängnis [*Zentralnaja peresylnaja tjurma*], das in roh zusammengehauenen Baracken untergebracht war. Das erste war sauberer, denn die Zellen waren geräumiger. Hier lagen gewöhnlich etwa 200 Häftlinge aus Kolonnen, wenn im Deportationsgefängnis kein Platz mehr vorhanden war. Dort war die Lage verzweifelt: 2 500-3 000 Personen mußten sich 1 200-1 400 Plätze teilen. Wöchentlich trafen Kolonnen von 500-800 Deportierten ein, von denen bei günstiger Witterung höchstens 400 rasch abgefertigt wurden, während der Rest aus verschiedenen Gründen noch zurückblieb. Nur die eine Hälfte fand Pritschen vor, die andere schlief darunter, auf dem von einer dicken Schlammschicht bedeckten Boden. Die Deportierten kamen erschöpft und fiebergeschüttelt an – meist hatte die Schiffsreise ihrer Gesundheit geschadet. Beispielsweise wurden 1882 etwa 10 200 Personen per Schiff verfrachtet, von denen fast 280 erkrankten, 22 noch an Bord und weitere 80 an den Anlegestellen starben, obwohl die Fahrtzeit von Tjumen nach Tomsk nur 10 Tage betrug. Von 1877 bis 1880 wurden mehr als 38 400 Personen durch das Gefängnis geschleust, von denen 10 % erkrankten und 12 % starben. Im Gefängnislazarett, in dem immer 70-80 Typhuskranke lagen, herrschten furchtbare Zustände. Als sich 1892 eine Typhusepidemie ausbreitete, wurden 200 Frauen und Kinder in die Stadt in angemietete Häuser verlegt und 1 500 weitere Deportierte ins Gouvernementsgefängnis bzw. in die Besserungsanstalt.

Die Verwaltung bemühte sich, so gut sie konnte, Krankheiten zu verhindern und gegen den entsetzlichen Schmutz anzukämpfen, aber sie hatte nicht genug Geld zur Desinfektion, und das Gefängnis war zu klein. Ärztliche Untersuchungen wurden nur oberflächlich und in aller Eile vorgenommen. Die Regierung war über die Zustände unterrichtet, aber Folgen hatte das nicht. Nach Tomsk kamen viele Kinder (etwa 70 Kinder bis zu 15 Jahren in einer 550 Mann starken Kolonne) und Frauen, die hauptsächlich vom Land stammten. Den Häftlingen, die von ihren Familien begleitet wurden, sowie den verurteilten Kindern und Frauen wurden drei Baracken überlassen, die wegen Unordnung und Kälte praktisch unbewohnbar waren. Deswegen bestanden die Frauen entgegen den Vorschriften darauf, im Winter mit den Kindern im Waschraum zu nächtigen, aber auch dort starben nachts Kinder (Belokonskij 1887: 153 f.; *Przed 60 laty*, Ms., Bl. 44; Kennan 1890: I, 46-53).

Besser sah es in Krasnojarsk aus, wo es ebenfalls zwei Gefängnisse gab, das städtische Strafgefängnis und das Deportationsgefängnis. Das erste hatte kleine, trotz Lüftung stickige Zellen und war oft überfüllt. Interessanterweise wurde hier eine Art Häftlingssegregation vorgenommen, die von den Reformern des Gefängniswesens in aller Welt dringend gefordert wurde. Die einzelnen Zellen trugen Aufschriften wie »Mörder«, »Politische«, »Paßlose« usw. Das Gefängniskrankenhaus konnte trotz Überfüllung als musterhaft gelten. Es war im allgemeinen gut mit Medikamenten und nötigen Geräten versorgt. Als Kennan das Deportationsgefängnis besichtigte, war es leer, weil gerade ein Transport mit 270 Katorgasträflingen in die Bergwerke abgegangen war. Die Gefängnisleitung hatte zwar zu bedenken gegeben, daß eine Abfertigung im Winter eine unnötige Grausamkeit sei, aber sie hatte keinen Einfluß darauf gehabt.

Die Katorgagefängnisse hatten bereits einen anderen Charakter, und obwohl das seltsam erscheinen mag, waren die Zustände dort im allgemeinen besser als in den Deportationsgefängnissen, wo bei gleichzeitiger Ankunft großer Kolonnen Unordnung entstand und sich die Bedingungen verschlechterten. Die Kriminellen arbeiteten zwar nur ungern, aber allein schon der Weg zur Arbeit brachte Erleichterung und Abwechslung.

Es sei daran erinnert, daß den Vorschriften nach die Katorga in den Bergwerken am schwersten war. Diese Strafe wurde am häufigsten in Ostsibirien verbüßt, und zwar in Transbaikalien in den Blei- und Silbererzgruben, in den Goldwäschereien, in den dem Bergbau angeschlossenen Betrieben und bei der Suche nach Edelmetallen. In der zweiten Hälfte des 19. Jh. begann auch die Ausbeutung der Graphit- und Schwefellagerstätten. Die hier gegründeten Bergwerke und Industriebetriebe waren sogenanntes Kabinettseigentum (d.h. sie gehörten dem Zaren als Staatsoberhaupt) und hießen »Nertschinsker Bergwerksbezirk«. Er hatte bereits im 18. Jh. eine große Rolle in der Geschichte der Zwangsarbeit in Sibirien gespielt. In den Bergwerken waren leibeigene Bauern beschäftigt worden und in der Bleihütte sogar Arbeiter aus Schlesien. Seit 1858 unterschied man zwei Regionen: die südliche (weil südöstlich von Nertschinsk und Sretensk gelegen) oder Alexandrowsker Region (nach Alexandrowskij Sawod, wo sich die Bleihütte befand), auch die »Nertschinkser Katorga« genannt, und die nördliche Region an der mittleren und unteren Schilka sowie an ihrem Zufluß in die Kara, die Schilka-Region oder einfach Kara hieß.

Im Nertschinsker Bergwerksbezirk wurde saisonweise im Winter und Sommer gearbeitet; im Frühjahr und Herbst, wenn Tauwetter, Schlamm und Treibeis Arbeit und Transport unmöglich machten, wurde pausiert. Im 19. Jh. unterschied man zwei Kategorien von Beschäftigten: die Bergleute oder »Meister«, zu denen auch die Ärzte und das Verwaltungspersonal gezählt wurden, soweit sie Militärränge hatten, und die »Bergwerksbauern«, d.h. zwangsverpflichtete Leibeigene sowie die deportierten Katorgasträflinge, von denen gewöhnlich 5-9 % Frauen waren. Alle erhielten Lohn; die Katorgasträflinge je drei Rubel monatlich, was dem Wochenverdienst eines Bergmanns im Königreich Polen um die Mitte des letzten Jahrhunderts entsprach. Nach Angaben von 1847 zählte die männliche Bevölkerung des Bergwerkbezirks 39 500, von denen 24 700 »Bergwerksbauern« waren, 3 100 Katorgasträflinge und 11 700 »Bergleute«. 1857 arbeiteten dort 3 400 Katorgasträflinge. Unter den Deportierten gab es stets eine hohe Anzahl von aufgegriffenen Deserteuren. In der zweiten Hälfte des 19. Jh. nahm die Bedeutung der Zwangsarbeit ab; in den 80er Jahren beschäftigten die beiden größten Nertschinsker Gruben jeweils 200 Katorgasträflinge. Die Bergwerke wurden privatisiert, und der Bezirk begann sich trotz der Kosten für freie Lohnarbeit ziemlich gut zu entwickeln, auch dank des Ausbaus des Eisenbahnnetzes in Sibirien. Nun konnte auch Dynamit eingesetzt werden, das man Sträflingen nicht in die Hand geben wollte (Giller 1867: II, 290 f.; Semenowskij 1898: I, 295 f.).

Traurigen Ruhm erlangte der furchtbarste Strafort, das Silberbergwerk in Akatui mit dem angeschlossenen Gefängnis (1800-1875). In seinen Zellen waren eiserne Ringe in die Wände eingelassen, an die widerspenstige und aggressive Häftlinge angekettet wurden. Einige von ihnen verbrachten so den Rest ihres Lebens. Die Bergwerke von Akatui lieferten auch das Motiv für eine weitverbreitete Zeichnung, das Symbol Sibiriens: ein an seine Schubkarre geketteter Katorgasträfling. In Akatui wurden diejenigen zu Tode gequält, die man für immer aus der Gesellschaft ausschließen wollte – ab den 30er Jahren Dekabristen, später Kriminelle und ab 1863 ebenfalls Polen. 1875 wurde das Gefängnis geschlossen, weil die Förderung wegen Überflutung der Schächte eingestellt werden mußte. Nach zehn Jahren wurden die Gebäude renoviert, und obwohl der schlechte Ruf dieses Orts fortdauerte, besserten sich die Bedingungen erheblich.

Nach Akatui war die Region von Kara, wo seit 1838 Edelmetalle gesucht wurden, mit ihren Goldwäschereien und Bergwerken der berüchtigtste Deportationsort. Gegen Ende der 50er Jahre verschlechterten sich die Bedingungen, weil die Regierung die Förderung von 100 Pud (1 638 kg) Feingold geplant hatte. Man zog eine große Anzahl von Katorgasträflingen zusammen und verschärfte die Arbeitsdisziplin dermaßen, daß 1857 1 000 Häftlinge mit Erfrierungen, Typhus und anderen Krankheiten ausfielen. Außer Kriminellen wurden viele Politische eingesetzt, insbesondere nach 1863. 1873 wurde für sie ein gesondertes Gefängnis geschaffen, das 1890 wieder geschlossen wurde. Anfänglich hatte es nur zwei Insassen; gewöhnlich schwankte ihre Zahl zwischen 13 und 100, von 1873 bis 1888 durchliefen es 211 Personen, darunter 32 Frauen. Zur Bewachung der Katorgasträflinge im Bezirk Kara waren ständig 1 000 Kosaken abkommandiert; die politischen Häftlinge wurden von 140 Gendarmen bewacht. Besonders übel war das Gefängnis von Ust-Kara, wo es 48-Mann-Zellen gab, in denen die Häftlinge keinerlei Bettzeug erhielten, sondern in Kleidern schlafen mußten. Schon die Wände starrten vor Schmutz, erst recht der Fußboden. Das Frauengefängnis war etwas wärmer und heller.

In Kara lebte auch ein »Freikommando«: Einige Dutzend Katorgasträflinge, Männer und Frauen, wohnten zusammen in Hütten. Saufgelage und Unzucht gehörten zum Alltag. Eine Kuriosität war das sogenannte »nackte Kommando«, eine Gruppe von fast völlig nackten Katorgasträflingen, die zusammen in einem Saal lagen. Weil sie keine Kleidung besaßen, konnten sie nicht zur Arbeit gehen, selbst wenn sie dazu fähig gewesen wären. Aber das war diesmal nicht die Schuld der Verwaltung. Diese Häftlinge waren Gewohnheitsspieler und Säufer (der Wodka wurde ins Gefängnis geschmuggelt). Hatten sie kein Geld mehr, vertranken und verspielten sie ihre Kleidung, die sie zweimal im Jahr erhielten. Die Gefängnisverwaltung sah sich nicht in der Lage, ständig neue Kleidung zu beschaffen, abgesehen davon, daß sie der Ansicht war, sie würde die Betrüger durch neue Zuteilung nur belohnen. Zur Strafe ließ sie also die bis auf die bloße Haut »Ausgespielten« in eine besondere Zelle einschließen (Kennan 1907: IV, 48). Allerdings ist sicher, daß der Verkauf von Kleidung an Händler außerhalb des Gefängnisses ohne Vermittlung von Aufsehern nicht möglich war. Da es aber nicht allzu viele Anwärter auf diese Posten in den Sträflingskolonien an Schilka und Kara gab, wurden gegenüber den Aufsehern keine Konsequenzen gezogen.

Eine Goldmine in der Nertschinsker Katorga war ein Talkessel, auf dessen Sohle ein Wasserlauf floß. Um an den goldhaltigen Sand zu gelangen, mußte zunächst mit Hilfe von Brecheisen, Spitzhacken, Schaufeln und Schubkarren eine drei bis sechs Meter starke Stein- und Tonschicht abgetragen werden. Die Steine wurden in Haufen aufgeschichtet und der Sand in Schubkarren zur »Maschine« (Waschanlage) gefahren, die oft mehr als 1 km entfernt war. Die Ausbeute für die kaiserliche Schatulle betrug im Durchschnitt jährlich 180 kg Gold, aber es besteht der begründete Verdacht, daß der Ertrag wesentlich größer war und die Beamten Gold nach China schmuggelten. Bei der Arbeit mußten die Sträflinge bis zu den Knien im Wasser stehen. Entweder froren sie also, oder sie wurden von den Mücken zerstochen. Im Winter dauerte die Arbeitszeit (mit Anmarsch) von 7 Uhr morgens bis 5 Uhr nachmittags, im Sommer von 5 Uhr früh bis 7 Uhr abends.

In den Goldminen wurden ebenfalls zwei Kategorien von Beschäftigten unterschieden. Die erste bildeten die »Diener« (*slushiteli*), d.h. im Bezirk Nertschinsk geborene Nachkommen von Katorgasträflingen und Deportierten. Sie galten als Eigentum des Fiskus, waren an die Bergwerke gebunden und mußten 35 Jahre arbeiten, um eventuell eine leichtere Arbeit, z.B. in einem Büro, zu bekommen. Sie erhielten monatlich 2 Rubel und 35 kg Mehl. Das gleiche Deputat stand männlichen Kindern ab der Geburt zu. Frauen und Töchter der »Diener« brauchten nicht zu arbeiten. Sie alle aber unterlagen der Prügelstrafe, und wer sich von Kara entfernte, galt als Deserteur. Die zweite Kategorie bildeten die von Militär- und Zivilgerichten zu mindestens drei Jahren Katorga Verurteilten. Die Katorgasträflinge waren zu Viererguppen eingeteilt, in denen sie auch arbeiteten. Wenn sie sich gut führten, wurde die zeitlich unbegrenzte Katorga hier in eine 17jährige umgewandelt, aber später durften sie sich nicht irgendwo ansiedeln, wie das sonst üblich war, sondern kamen in die Kategorie der »ausgedienten« Katorgasträflinge.

Am schwersten waren die fehlenden Feiertage und Ruhepausen sowie die Prügelstrafe zu ertragen, die Angehörigen beider Kategorien drohte, wenn sie sich eines Vergehens schuldig gemacht oder die vorgesehene Arbeit nicht ausgeführt hatten. Es herrschte also eine bedrückende Atmosphäre, in der die Psyche der Katorgasträflinge deformiert wurde. Hier kamen sinnlos grausame Morde vor und eine bestialische Mißhandlung von Leichen derer, die zur Strafe erschlagen worden waren. Andererseits war es leicht, für ein Stück Brot die Dankbarkeit eines Katorgasträflings zu gewinnen. »Ich, der ich praktisch in der Hölle und selbst ein Verdammter war, ich weiß auch am besten, wo diese Hölle ist und wie ihre Folterkammern aussehen! Wenn du, lieber Leser, neugierig bist, dann komm mit mir, ich führe dich nach Kara und zeige dir die Hölle«, schrieb ein Deportierter (Siwiński 1905: 93). Seit den 80er Jahren veränderte sich die Lage langsam. 1885 kamen hier 2 800 Katorgasträflinge an, darunter 800 Frauen und Minderjährige sowie 100-120 politische Häftlinge (die relativ häufig genannte Zahl von 4-5 000 Katorgasträflingen in Kara ist vermutlich ein Phantasieprodukt). Von den Grausamkeiten der früheren Aufseher und den Tausenden, die der erhöhten Förderung angeblich zum Opfer gefallen waren, gingen nur noch Gerüchte um.

Seit dieser Zeit nahm die Bedeutung der Katorga ab und die der freien Lohnarbeit zu, insbesondere bei den Politischen, für die neue Gefängnisse gebaut wurden. Sie hatten eine Bibliothek mit 3 000 Bänden, Zeitschriften wurden gehalten, und die Häftlinge selbst gaben die kleine Zeitschrift »Kara« heraus und den satirischen »*Karijskij Listok Ob'javlenij*« (Karaer Bekanntmachungsblättchen). Weitere Zeitschriften wurden im Frauengefängnis redigiert. In der Katorga verließ man praktisch das Gefängnis nicht, aber man konnte in den Gefängniswerkstätten arbeiten. Kennan zeichnet ein dramatisches Bild von Kara, doch vermutlich hat er sich vom schlimmen Ruf aus früheren Zeiten beeinflussen lassen (1907: III, 77 ff.). Berichte aus den 80er Jahren des 19. Jh. bestätigen dieses Bild nicht, und ein Deportierter schrieb geradezu: »In Kara war's gut ...« (Kon 1936: I, 227 f.; vgl. Witaschewskij 1914: 112-120).

In Sachalin arbeiteten die Katorgasträflinge hauptsächlich in den Kohlebergwerken. Die Tagesnorm betrug 245 kg pro Arbeiter, was hieß, daß man dreizehnmal eine mit 18-20 kg Kohle beladene Kiste eine Strecke von 300 Metern nach oben ziehen mußte. Doch die Katorgaverwaltung war nicht in der Lage, diese Norm durchzusetzen, so daß die durchschnittliche Förderung in den Jahren 1889-1890 nicht einmal 180 kg betrug. Angeheuerte Bergleute hätten das Doppelte gefördert, doch es gab sie nicht. Einige Häftlinge gingen zu Tischlerarbeiten und zum Holztransport in einem Umkreis von 10 km, was ebenfalls eine sehr schwere Arbeit war. Wenn einzelne Katorgasträflinge Privatpersonen zur Ausübung von Dienstleistungen zugeteilt wurden, verwandelte sich die Katorga in ein Leibeigenenverhältnis. 1872 erging ein Verbot derartiger Praktiken, doch wurde es nicht befolgt. Die Beamten nahmen gerne weibliche Katorgahäftlinge in Dienst, wofür sie monatlich zwei Rubel an die Staatskasse entrichteten, d.h. um ein Vielfaches weniger, als sie für eine reguläre Hausangestellte hätten zahlen müssen. Als dies 1888 verboten wurde, fand sich sogleich ein Hintertürchen: Man gestattete den weiblichen Katorgasträflingen weiterhin, die Büros zu säubern, in deren Nähe gewöhnlich auch die Wohnungen der Beamten lagen (Tschechow 1962: 33 ff.; *Gazeta Sądowa Warszawska* 1873: 247; *Tjuremnij Westnik* 1901: 33-41).

Sachalin erhielt erst spät Gefängnisse für Katorgasträflinge; um so haarsträubender waren die Bedingungen, die dort herrschten. Das älteste war das Gefängnis in Due, einer 1857 gegründeten Kolonie, die als äußerst unangenehmer Ort galt. Hier gab es Karzer für Rückfällige und Zellen für Häftlinge, gegen die eine Untersuchung lief. Alles war schmutzig und trostlos. 1880 wurde die sogenannte Siedlung von Derbensk angelegt, in der es gute Gefängnisse mit einem Garten gab. Das 1891 gebaute Gefängnis in Alexandrowsk war dagegen kalt und feucht. Häftlinge, die sich gut führten, konnten in gesonderten Hütten wohnen. Das Gefängnis bestand aus sechs Baracken mit einem sauberen Hof. Die Zellentüren standen wegen der im Innern herrschenden Feuchtigkeit offen. In den Zellen schliefen Dutzende von Häftlingen auf einer Pritsche ohne Bettzeug, nur auf Strohsäcken und in ihrer Kleidung. Eine der Baracken war die »Kettnerei« (kajdaniarnia), in der die mit Disziplinarstrafen belegten Häftlinge auf nackten Brettern schliefen und nie mit Waschwasser in Berührung kamen.

Als Strafe für Aufsässigkeit, Fluchtversuche oder neue Vergehen in der Deportation wurden den Häftlingen auf Sachalin Hand- und Fußfesseln angelegt, oder sie wurden an ihre Schubkarren gekettet. Die Schubkarren dienten nicht als Arbeitsgerät – Häftlinge, die an sie gekettet waren, konnten überhaupt nicht arbeiten. Des Nachts standen die Schubkarren neben oder unter den Pritschen. Außerdem entledigte man sich der Häftlinge, wo immer man konnte, und da das Leben auf der Insel schon schwer genug war, erging es ihnen außerhalb des Gefängnisses noch schlechter. In einer Siedlung lebten sie in Erdhütten, in einer anderen hausten 27 Familien von Katorgasträflingen in einer halbverfallenen Baracke. Die Familien der Katorgasträflinge kamen nachts auch in die Zellen, wo sie zusammen mit den Häftlingen auf einer Pritsche schliefen. Um die Jahrhundertwende wurde eine heftige publizistische Kampagne zum Thema Sachalin gestartet, so daß die allgemeinen – und selbst die hygienischen – Bedingungen sich dort etwas verbesserten. Aber die Ungezieferplage blieb, insbesondere Schaben und Wanzen waren nicht auszurotten.

Doch eine noch schlimmere Plage waren die Unehrlichkeit und Grausamkeit der Aufseher und Verwaltungsbeamten auf Sachalin, die angeblich in ganz Sibirien nicht ihresgleichen hatten (Tschechow 1962: 48 f.; Doroschewitsch 1901; Jellinskij 1928). Mit der Ernährung der Häftlinge gab es hier noch größere Schwierigkeiten als sonst in Sibirien. Die Insel bestand fast nur aus Felsen, der Transport war schwierig und kostspielig. Die Tagesration an Brot sollte drei Pfund betragen, aber für Brot wurden so notwendige Dinge wie Nähgarn und Seife getauscht. Die Kessel im Gefängnis waren zu klein, um für alle Insassen Essen zu kochen, so daß bisweilen nur 25-40 Prozent von ihnen mit warmer Nahrung versorgt wurden. Die übrigen erhielten ihre Ration im Rohzustand, in dem sie die Produkte, selbst Fische, auch sofort verzehrten.

Nach offizieller Klassifizierung kam die Arbeit in den Festungen hinsichtlich ihrer Strapazen an zweiter Stelle nach der Grubenarbeit. Ein Deportierter berichtet über die Festungsarbeit in Omsk:

»Die Arbeiten waren in der Tat sehr hart. Jeden Morgen teilte der Bauoffizier die Katorgasträflinge in Gruppen ein, die dann Aufseher unter Bewachung von Soldaten mit geladener Waffe zu den von den Ingenieuren bestimmten Arbeitsplätzen führten. (...) Wir gingen nüchtern mit einem Stück trockenen Brots in der Tasche aus den Kasematten. Es waren einige Wochen nötig, um die Schuppen und Öfen [in der Ziegelei] vom Schnee zu befreien. Der Wind trieb immer wieder Massen von Schnee heran. Man mußte mehrere Male in den Ofen kriechen, um dort Schnee, Asche und Ziegelbrocken herauszukratzen. (...) Und doch war die Reinigung der Öfen viel leichter als das Ziegelmachen, und jeder Häftling, der dazu eingeteilt wurde, sah das als eine große Gnade des Aufsehers an. Ziegelmachen war eine unerhört schwere Arbeit. Zuerst mußte man den Lehm abtragen, ihn in Schubkarren zu den Schuppen fahren und anrichten, d. h. mit in Ketten gelegten Füßen stampfen!« (Tokarzewski 1907: 163-167)

Die Norm für drei Personen betrug 500 Stück Ziegel täglich, und Tokarzewski fügt hinzu: »Ich sage ganz offen – diese Arbeit erschien mir schwer, obwohl ich doch jung und stark war. Ich dachte, ich würde mich an sie gewöhnen, ich würde mit der Zeit genug Kräfte dafür haben, indes war das nicht der Fall!« Die Maurergehilfen, die den Maurermeistern Ziegel, Kalk und Wasser anreichten, hatten leichtere Arbeit, und auch den Fachleuten erging es nicht schlecht, da ihnen meist Arbeiten übertragen wurden, die keinen besonderen körperlichen Kraftaufwand erforderten. Am unangenehmsten waren der militärische Drill, die schlechte Behandlung der Häftlinge durch manche sadistische Aufseher, die nächtlichen Revisionen und für die Politischen das Verbot, Bücher oder Zeitschriften zu besitzen, sowie die Gesellschaft von gewöhnlichen Verbrechern. Die schwerste Strafe für Häftlinge bestand indes in totaler Isolation; sie gingen nicht einmal zur Arbeit.

Szymon Tokarzewski hatte das Gefängnis in der Festung Ust-Kamenogorsk, wo er sich 1848 aufhielt, in sehr schlechter Erinnerung:

»Als ich die Kasematten betrat, wurde mir ganz einfach schwach. Man stelle sich einen ziemlich langen, schmutzigen, feuchten und stinkenden Raum mit drei vergitterten Fenstern vor, wo das Wasser in Strömen von den Wänden läuft, voll von verschiedenen Ausdünstungen; denn im Ofen wird gebacken und gekocht, und alles, was aus den eisernen Töpfen überkocht, fließt den Ofen herunter und erzeugt einen mörderischen Gestank. Man stelle sich einen Raum vor, der mit einer Masse stinkender Lumpen vollgehängt ist, einen Raum mit einem heubedeckten Fußboden, wobei das Heu zertreten und mit Schlamm vermischt eine Mistschicht ergab wie in der schönsten Räuberhöhle – man stelle sich das alles vor, und niemand wird sich wundern, daß selbst dem stärksten Mann für einen Moment etwas schwach wird. Angesichts dieser Scheußlichkeiten verloren wir alle Lust, Witze zu reißen und zu lachen, und ließen die Nase hängen; denn niemand hatte bislang in seinem Leben eine ähnliche Höhle zu Gesicht bekommen.« (Tokarzewski 1907: 94)

Die neuen Insassen erhielten als Winterkleidung je zwei abgewetzte Fellmäntel und alte Stoffmützen, die »sämtlich so abgenutzt und speckig waren, daß allein schon die Berührung mit diesen Lumpen Ekel hervorrief, und dabei dachte man voller Entsetzen daran, daß diese Kleidung bis vor kurzem ein Mensch getragen hatte, der nicht nur *ein* Verbrechen begangen und seine Hände wiederholt mit menschlichem Blut besudelt hatte« (Tokarzewski 1907: 96). In späteren Jahren, vor allem, als Festungsarbeit keine Strafe mehr war, verbesserten sich die Bedingungen in den Festungsgefängnissen erheblich.

Der bekannteste Ort, wo Katorgasträflinge in »Betrieben« arbeiteten, waren die Salzsiedereien in Ussol bei Irkutsk. In der ersten Hälfte des 19. Jh. war an den Salzquellen eine dem Fiskus gehörige Fabriksiedlung entstanden. Die Häftlinge waren in Baracken untergebracht (u. a. auf einer Insel), getrennt nach Alleinstehenden und Personen mit Familienanhang. Hier gab es

Kriminelle und Politische; insbesondere nach 1863 nahm die Zahl der Polen zu. Die Alleinstehenden brachte man zuerst in den Kasernen auf der Insel unter, später kamen sie in Baracken, die »Louvre« hießen, und von dort verteilte man sie nach und nach auf Privatunterkünfte in der Stadt.

»In den Kasernen auf der Insel und im Louvre unterschied sich das tägliche Leben wenig von dem in der Etappe; die Kasernen bildeten einen riesigen Saal, der Louvre bestand aus mehreren kleineren Räumen; hier wie dort besaßen die meisten ein Bett, einen Strohsack, einen Schrank, Stuhl, Tisch usw. (...) Die Verpflegung war gemeinschaftlich. Man übergab dem Wirtschafter die von der Regierung erhaltene Bezahlung – monatlich 1 Silberrubel und zwei Pud [33 kg] dunkles Roggenmehl – und erhielt sonntags und donnerstags Rinderbraten, an den anderen Tagen Kohlsuppe, Rote-Bete-Suppe (Borschtsch), Graupensuppe oder Brühe, immer mit einem ordentlichen Stück Fleisch darin. Gut ausgebackenes Brot bekam man nach Gewicht, und wer weniger aß, erhielt den Rest in Bargeld ausgezahlt. Morgens und abends tranken die einen zum Roggenbrot Milch, während die anderen Ziegeltee [in Ziegelform gepreßten billigen Tee aus China] mit Milch und Zucker oder auch nicht viel besseren reinen Tee mit Zucker tranken. In die Stadt durfte man nur in Begleitung burjätischer Kosaken gehen, die in Ussol die Ordnung aufrechterhielten. War man in eine Privatwohnung umgezogen, änderten sich die Bedingungen insofern, als man nun auch ohne offizielle Begleitung aus dem Haus gehen konnte.« (Lasocki 1937: II, 149-159)

Die Häftlinge gingen anfangs täglich in Ketten zur Arbeit, wo sie den schmutzigen Salzsatz, die *okolotka*, loszuschlagen und ihn zum Reinigen, zur *otschistka,* zu bringen hatten. Diese Arbeit war leicht und dauerte nicht länger als vier bis fünf Stunden täglich, aber das sicherlich deswegen, weil sie ungesund und gefährlich war: Die Arbeitenden waren ständig in Dampf gehüllt und konnten sich die Beine und Füße verbrühen. Bald änderten sich die strengen Vorschriften, und die politischen Häftlinge mußten ihre Ketten nur auf dem Weg von der Kaserne zur Siederei anlegen, konnten sich Vertreter anheuern, und schließlich hörte man ganz damit auf, sie zur Arbeit zu führen, und entließ sie aus den Kasernen. Sie konnten jetzt in der Stadt wohnen, sie aber nicht verlassen. Es wurden auch Frauen beschäftigt, z.B. war eine Polin, die zur Zwangsarbeit verschickt worden war (weil sie einem Aufständischen Unterschlupf gewährt hatte), zum Waschen der Salzsäcke in einer Halle angestellt, deren Temperatur auch im Sommer nie über einige Grad Celsius stieg. Lange hielt diese Frau, die auf dem Weg nach Sibirien lungenkrank geworden war, eine solche Arbeit nicht aus; sie starb 1866. Noch schlechtere Bedingungen herrschten in einer anderen Salzsiederei in Ust-Kut an der Lena. Hier gab es ebenfalls den schädlichen Dampf, doch dazu lebten die Katorgasträflinge noch in primitiven Hütten, waren also ständig starken Temperaturschwankungen ausgesetzt. Nach zwei Jahren Arbeit war hier eine Lungentuberkulose unvermeidlich (Janik 1928: 212 f., 350; Lasocki 1937: II, 136 f.). Doch von den Behörden wurden die Politischen milder behandelt und erhielten bald günstigere Bedingungen. Einige kamen überhaupt nicht dazu, zur Arbeit zu gehen, zu der sie verurteilt worden waren:

»Die Gerechtigkeit gebietet mir zuzugeben, daß die sogenannte schwere Arbeit [Zwangs-
arbeit] überhaupt nicht mehr schwer war, als ich nach Ussol kam; in gewisser Hinsicht hatten
auf diese Erleichterung meines Schicksals die Menschen einen Einfluß, die Arbeit nötig hatten. Ich persönlich wurde zu keiner Arbeit verwendet, als ich Anfang Oktober 1865 nach Ussol kam, und kurz nach meiner Ankunft, im Januar 1866, erfolgte eine Veränderung in mei-
nem Schicksal, da ich zwecks Ansiedlung freigesetzt wurde (...). Diejenigen, die jahrelang
Zwangsarbeit geleistet hatten, arbeiteten jetzt nur im Frühjahr und Sommer ein paar Stunden
täglich.« (Lasocki 1937: II, 150)

1873 begann die Regierung damit, neue Arbeitsplätze für Katorgasträflinge
zu schaffen, und zwar sowohl in den alten als auch in den neuen Bezirken, in
Sibirien und außerhalb Sibiriens, um in jeweils einen Bezirk 600 Personen zu
schicken. Man dachte u.a. an die Verwendung von Katorgasträflingen bei der
Erdölförderung im Kaukasus. Neu eingesetzt wurden Zwangsarbeiter beim
Heumachen, beim Waldroden, beim Trockenlegen von Sümpfen, beim Fischfang und dem Beladen von Schiffen auf Sachalin und in den Betrieben im
Gouvernement Tobolsk. Im Bezirk Nertschinsk, vor allem an der Grenze zur
Mandschurei, wo die Bergwerke vernachlässigt waren, wurden Mühlen eingerichtet, und ein Teil der Katorgasträflinge wurde beim Nähen von Kleidung
und Schuhen sowie bei Tischlerarbeiten beschäftigt. Ein Teil blieb ohne Arbeit. Wer arbeitete, erhielt zwei Drittel des Werts der produzierten Ware, 50
Prozent davon sofort und 50 Prozent bei der Entlassung. Diese Entwicklung
setzte sich fort, und Anfang des 20. Jh. arbeiteten die wenigsten Katorgasträflinge noch direkt in Gruben oder Fabriken (Czernik 1914: 45; Gorjuschkin
1980, 45; Siwiński 1905, 89-90). »Wer an schwere körperliche Arbeit gewöhnt war oder eine Fachausbildung besaß, die sich praktisch anwenden ließ,
verdiente sein tägliches Brot ohne Schwierigkeiten, sogar bei schwerer
Zwangsarbeit. Am schlimmsten war es für diejenigen, die nicht an körperliche Arbeit gewöhnt waren, keine praktische Begabung besaßen und keine
Unterstützung von zu Hause erhielten, selbst wenn sie hoch gebildet waren.«
(Lasocki 1937: II, 149)

Mitte der 60er Jahre des 19. Jh. entstand der Plan, einen großen Teil der
zu Katorga verurteilten Politischen für den Bau einer Straße um den Südteil
des Baikalsees (*Krugobajkalskaja doroga*) zu verwenden. Anfang des 20. Jh.
wurde auf derselben Strecke eine Eisenbahnlinie verlegt. Wie schwierig diese
Arbeit war, zeigt u.a. die Tatsache, daß man auf einem Abschnitt von 70 km
mehrere Dutzend Tunnels durch den Fels schlagen mußte. Beim Bau dieser
Trassen arbeiteten freie Lohnarbeiter und Katorgasträflinge mit, unter denen
es so viele Polen gab, daß man später noch lange von der »polnischen Straße«
sprach.

Häftlinge wurden nicht nur in Sibirien beim Bau von Eisenbahnstrecken
verwendet. Bereits in den 60er Jahren des 19. Jh. hatten sie die Bahnlinie
von Moskau nach Kursk gebaut. Sie kamen aus dem Gefängnis für Katorgasträflinge in Orel. Dieses Gefängnis mußte ab 1907 aus zwei Gründen er-

weitert und umgebaut werden: Erstens war man gezwungen, Japan nach dem verlorenen Krieg die Hälfte von Sachalin abzutreten, so daß man die dortigen Strafkolonien auflösen mußte. Schon zuvor hatten Sträflinge von Sachalin nach Japan fliehen können. Zweitens hatten die Repressionen nach der Revolution von 1905 zur Folge, daß man die plötzlich angestiegene Zahl von Verurteilten irgendwo unterbringen mußte. Zu diesem Zweck wurde also in Orel das Katorga-Zentralgefängnis (*Katorshnyj Zentral*) eingerichtet. Auch in anderen Städten, beispielsweise in Warschau, gab es ein Zentralgefängnis für Katorgasträflinge (Gernet 1962: IV, 259 ff.).

Wie schon erwähnt, wurden Katorgasträflinge auch in privaten Gruben und Betrieben beschäftigt. Die Deportationsverwaltung schloß mit den Besitzern Verträge über die Beschäftigung ganzer Gruppen von Katorgasträflingen, denen jeweils ein Ältester zugeteilt wurde. Doch das System bewährte sich nicht; es gab immer wieder Flüchtlinge, die Sträflinge betranken sich regelmäßig, und ihre Anwesenheit hielt freie Lohnarbeiter davon ab, eine Arbeit anzunehmen. Die Unternehmer betrogen die Häftlinge bei der Lohnauszahlung skrupellos und behandelten sie schlecht; gegen solche Unternehmer gerichtlich vorzugehen brachte nicht viel. Als 1870 die Suche nach Bodenschätzen und ihre Förderung freigegeben wurden (bis dahin waren sie Staatsmonopol), nach Sibirien mehr Unternehmer kamen und Kapital zu fließen begann, rechnete man damit, daß die Privatindustrie nun auch die Arbeitskraft der zu Katorga Verurteilten nutzen werde. Zahlen belegen jedoch, daß es anders kam: Nur ein geringer Prozentsatz der Arbeiter in Privatbetrieben waren Katorgasträflinge; z.B. 1871 im Amurgebiet 2 %, 1873 im Bezirk Nertschinsk 4 %, von denen in den 80er Jahren dann nur noch 0,5-1 % übrigblieben. Die Zahl der Lohnarbeiter in Gruben und Goldwäschereien nahm allmählich zu.

Auch alle anderen Deportierten, denen gegenüber man keinen Zwang anwenden konnte, sollten zur Arbeit herangezogen werden; man versuchte, sie mit verschiedenen Vergünstigungen zu motivieren, beispielsweise seit 1872 mit Pässen, die es ihnen ermöglichten, sich zwecks Arbeitssuche in ganz Sibirien frei zu bewegen. Sie konnten zehnköpfige *artels* (Berufsgenossenschaften) gründen, die von einem Ältesten (Starosten) geleitet wurden, der im Namen des gesamten *artels* die Verträge unterschrieb. *Artel*-Arbeiter arbeiteten neben freien Lohnarbeitern, die sich aus sibirischen Bauern russischer Abstammung oder aus der einheimischen Bevölkerung rekrutierten (Semenowskij 1898: II, 239 f.).

Konnten Deportierte sich selbst Arbeit wählen, brachte das bessere Ergebnisse, als wenn Katorgasträflinge beschäftigt wurden. In den 70er Jahren machten die Deportierten je nach Bezirk zwischen 11 und 55 % der Beschäftigten in Sibirien aus. Zu einer solchen Arbeit gingen mitunter auch Politische; z.B. stellte ein Fabrikbesitzer im Bezirk Olekminsk 1871 eine Gruppe von 200 Häftlingen ein, von denen 67 Polen waren, die für ihre Beteiligung am Aufstand verurteilt worden waren. In den 90er Jahren des 19. Jh. stieg der Prozentsatz der Deportierten sogar noch an und schwankte zwischen 39 und 47 %. Die Flucht eines solchen Arbeiters von der Arbeitsstelle galt als Verbrechen, kam aber dennoch ständig vor, und die Arbeitseffektivität blieb niedrig. Daneben unternahm die Regierung den Versuch, Siedler zur Arbeit beim Eisenbahnbau anzuwerben, und erließ zu diesem Zweck 1891 eigens ein Manifest. Für die Arbeit bei der Bahn sollte den zu Katorga mit späterer Ansiedlung Verurteilten ein Jahr Deportationsstrafe für zwei Jahre angerechnet werden. Nach zwei Jahren Arbeit beim Eisenbahnbau (womit vier Jahre Strafe getilgt waren) konnte man sich um Aufnahme in den Bauernstand an einem Ort seiner Wahl im gesamten Russischen Reich bewerben (außer in Ortschaften mit hauptstädtischem Charakter). An diesem Ort mußte sich der Verurteilte noch fünf Jahre aufhalten, während deren ihm nicht alle Rechte zustanden. Administrativ Verschickten wurde erst nach fünf Jahren Aufenthalt und Arbeit in Sibirien ein Jahr Strafe für zwei angerechnet. 1898 wurden diese Privilegien auf diejenigen übertragen, die in Zulieferbetrieben für den Eisenbahnbau arbeiteten. Das war ein wichtiger Schritt vorwärts, wie die gewaltigen Zahlen der bei der Irkutsker Bahn und der Transbaikalbahn zwischen 1894 und 1898 Beschäftigten zeigen: 1897 waren es 15 600 (Salomon 1900: 256 f.; Semenowskij 1898: II, 497).

Trotz unablässiger Kritik wurde an der Katorga festgehalten; denn um sie abzuschaffen, wäre ein gründlicher Umbau des gesamten russischen Strafsystems nötig gewesen. Als 1909 abermals ein Vorschlag zur Einstellung von Katorgaarbeiten gemacht wurde, lehnte man ihn ab, weil die 28 000 Verurteilten irgendwo untergebracht werden mußten und es in den Gefängnissen nur Platz für 8 000 gab. Niemand im Justizministerium und den ihm unterstellten Strafanstalten zweifelte jedoch an der Richtigkeit von Tschechows Worten: »Wenn von 100 Katorgasträflingen schließlich 15 bis 20 ordentliche Leute entlassen werden, dann verdanken wir das nicht so sehr den von uns angewandten Besserungsmethoden als vielmehr unseren russischen Gerichten, die so viele gute, anständige Menschen zu Katorga verurteilen.« (Tschechow 1962: 181)

Kapitel 6

Die Ansiedlung

»Die eigentliche Katorga beginnt in der Ansiedlung«; »Besser im Gefängnis als draußen«; »Die Ansiedlung ist eine schlimmere Strafe als der Tod« – immer wieder findet man solche Sätze in Tagebüchern und in Beschreibungen über Sibirien. Sicherlich steckt in diesen Aussagen viel Wahres, denn immer wieder versuchte ein Teil der zur Ansiedlung Verurteilten auf verschiedenen Wegen zu Gefängniskost und Häftlingskittel zurückzukehren und es sich in der stinkenden, aber warmen Luft der Zelle gemütlich zu machen. Als Alexander Salomon seine Inspektionsreise durch Sibirien unternahm, bestätigten alle Angesiedelten, die er befragte, daß sie lieber in ihrer Heimat eine Gefängnisstrafe abgesessen hätten, als in Sibirien angesiedelt zu werden.

Von Anfang an waren sich die Behörden darüber klar, daß nicht alle zur Ansiedlung (*poselenie*) Verurteilten Ackerbau treiben würden. Deshalb führte der Reformer Speranskij 1821 unter anderem die Kategorie des Handwerkers ein, der nach einer gewissen Zeit beantragen konnte, als freier Bürger in die örtlichen Gemeindebücher eingetragen zu werden. Allerdings war die Ansiedlung als Ackerbauer die Grundlage des sibirischen Strafsystems und führte in der Praxis schneller und leichter zum Erwerb des Status eines freien oder quasi freien Bürgers als andere Tätigkeiten.

Die Landwirtschaft war unter den klimatischen Bedingungen in Sibiren schwer und erforderte viel Geschick, gutes Gerät und eine ausreichende Anzahl von Zugtieren. Ein urbar gemachtes Stück Land brachte selbst auf Sachalin anfänglich gute Erträge an Roggen, Gerste, Kartoffeln und sogar Weizen, und die Bauern meinten, die alten Methoden und Gewohnheiten, die sie aus Gegenden mit milderen klimatischen Bedingungen nach Sibirien gebracht hatten, beibehalten zu können. Nach zwei bis drei Ernten wurde die Erde jedoch unfruchtbar, und die Höfe verkamen. Ohnehin hatten nicht alle Angesiedelten vor ihrer Verbannung in der Landwirtschaft gearbeitet. Und es war die Frage, wie einer der Verbannten richtig feststellte, ob man »die inmitten der Taiga zwangsangesiedelten Verbannten, die in Rußland niemals einen Pflug in die Hand genommen haben, als Bauern bezeichnen kann. Im russischen Dorf führte ein junger Bauer das weiter, wozu ihn Väter und Großväter angeleitet haben. Er erbt von ihnen einen Hof, ein Haus, Vieh, einen Pflug, eine Egge, bestellte Felder und vor allem die Fähigkeit, das Land zu bebauen. Die Leute hier, die ›Robinsons‹, wie man sie getauft hat, müssen das alles mit vom Staat gestellter Axt und Hacke in der Hand aus dem Nichts schaffen. Es ist also verständlich, daß letzten Endes in den Ansiedlungsorten (...) Massen merkwürdigen Volkes erscheinen, die weder Landstreicher noch Bettler, noch Räuber sind. Und wirklich, es ist nicht ihre Schuld.« (Juwatschew-Miroljubow 1901: 110).

Die schlechtesten Erträge erbrachte von Anfang an die Landwirtschaft in Jakutien. In einem Gebiet, das größer als Frankreich war, lebten am Ende des 19. Jh. kaum 6 500 Menschen, darunter 1 000 Russen, 3 500 Jakuten und 750 Angehörige von Tschuwaschen, Jukagiren und anderen Volksstämmen, die schnell ausstarben, wie z.B. die nomadisierenden Tschuktschen. Drei bis vier Monate im Jahr hungerten diese Menschen schlichtweg. In guten Jahren ernährten sie sich über Monate nur von Fisch und Fleisch, weil sie kein Brotgetreide hatten. In den Jahren 1863 bis 1889 war ein Drittel der Verbannten in der Landwirtschaft tätig, während 52 % überhaupt keiner Beschäftigung nachgingen. Zur nächsten Stadt waren es mehr als 200 km durch die Taiga. Nach Sredne-Kolymsk wurden in den Jahren 1879 und 1880 ungefähr 300 Personen verbannt, die durch die Reise und den Aufenthalt in Gefängnissen ausgezehrt waren, nicht genügend Nahrung erhielten und über keinerlei persönliche Habe verfügten. Unter den Verbannten befanden sich auch Frauen. Bis 1889 starben ungefähr 30 Personen (10 %) an Krankheiten, 13 fielen Banditen oder Einheimischen zum Opfer, die versuchten, sie auszurauben, sechs begingen Selbstmord, drei kamen bei Unfällen ums Leben. In den Jahren 1894 bis 1904 siedelte man die Verbannten noch weiter entfernt an, nämlich in den abgelegensten Gebieten von Kolyma. Noch 1915 hörte man aus Jakutien davon, daß dort Menschen verhungerten. Sowohl in Sibirien als auch auf Sachalin gab es wohlhabende Höfe von zwangsangesiedelten Verbannten; dennoch geht aus den meisten Berichten hervor, daß die Hälfte aller Verbannten dieser Kategorie, die auf dem Lande angesiedelt worden waren, Hunger litt.

Wem es auch mit gutem Willen nicht gelang, sich auf dem Land zurechtzufinden, der zog weiter durch Sibirien und bemühte sich vor allem, in den größeren Städten unterzukommen, wo man in der Masse untertauchen konnte. Zu illegaler Wanderung bewog sie häufig die Scham davor, zurückzukehren oder die Gefängnisverwaltung um Unterstützung zu bitten. Sie suchten sich eine Arbeit außerhalb der Landwirtschaft, verloren den Glauben an sich selbst und hatten weder Kraft noch Mittel, sich erneut niederzulassen. Jene, die sich freuten, aus dem Gefängnis

entlassen zu werden und die Katorga überstanden zu haben, ließen schnell den Mut
sinken. Wenn es schon den politischen Verbannten schwerfiel, sich einzurichten, so
galt dies um so mehr für die Kriminellen:

»Unter den Bedingungen der Katorga sind sie abgestumpft und nicht mehr in der Lage, die
Gnade, die ihnen erwiesen wurde, zu nutzen. Die meisten von ihnen kommen verkrüppelt
oder mit Skorbut, den sie sich während der schrecklichen Reise zugezogen haben, in der
Verbannung an (...) und verlassen die Katorga vollkommen demoralisiert, weil sie sich den
Epidemien an Laster, die dort herrschen, nicht entziehen können. Später sind sie, vor allem
die Junggesellen und jene, die nicht von ihren Frauen nach Sibirien begleitet wurden, nicht
mehr fähig, sich ein Heim aufzubauen. Kein Bauer gibt seine Tochter einem entlassenen Katorgasträfling, aber eine Frau ist für das Haus eines Angesiedelten unentbehrlich. Deshalb
überkommen den Katorgasträfling auf dem Lande so schnell Entmutigung und Hoffnungslo-
sigkeit. Er läßt sein Haus im Stich und flieht in die Wälder und Berge, wo er bald Genossen
findet und beginnt, ein wildes, häufig kriminelles Wanderleben zu führen. Nichts ist wahrer
als das sibirische Sprichwort: ›Dem Freien ist die Katorga näher als dem Katorgasträfling die
Freiheit.‹« (Lafrêne 1989: 49)

Nach dem Gesetz sollten die Sträflinge nach zehnjähriger (auf Sachalin fünf-
jähriger) Katorga als Kolonisten in Neusiedlungen angesetzt werden, oder
auch in bereits bestehenden Dörfern, wenn deren Bewohner ihre Einwilligung gaben. In die landwirtschaftlichen Siedlungen schickte man die »zur
Ansiedlung« oder »Ansetzung« (wodworenie) Verurteilten, in die Städte hingegen die mit einer Verurteilung »zum Wohnen« (na shitje) – wobei dieser
Grundsatz nicht immer konsequent beachtet wurde. Das Gesetz sah vor, daß
ein Ansiedler erst nach zehn, bei tadelloser Führung aber nach sechs Jahren
in die Dorfgemeinschaft eingegliedert und mit Zustimmung der Gemeinde in
den Bauernstand aufgenommen werden konnte. Verschiedene Gesetzesnovel-
len, z.B. im Jahre 1896, verkürzten jedoch die Frist auf vier Jahre. Kraft der
Amnestie-Erlasse von 1883, 1891, 1894 und 1896 hörte die Ansiedlung außerdem praktisch auf, eine unbefristete Strafe zu sein, was sie für politische
Gefangene schon seit der Mitte des 19. Jh. nicht mehr gewesen war. Alle,
die vor 1896 nach Sibirien gekommen waren, konnten Sibirien früher oder
später verlassen, wenn sie nicht freiwillig blieben. Die administrativ Verbannten konnten sich sofort um das Bürgerrecht in einer Gemeinde bewerben, aber nur die wenigsten zeigten daran Interesse – ebensowenig wie die
Bauern und auch die örtlichen Behörden sich beeilten, ihnen diese Rechte zu
gewähren.

   Die örtliche Duma und die Bauerngemeinschaften wehrten sich meist gegen die Aufnahme von Verurteilten. Verbannte, die nicht selbständig Landwirtschaft betreiben konnten, wurden den Bauern als Knechte zugeteilt. Ihr
Los war nicht zu beneiden und der Nutzen für die Bauern gering. Je weiter
man nach Osten kam, desto weniger waren die Bauern bereit, Verbannte als
Arbeiter aufzunehmen. Wenn sie es dennoch taten, so weniger in der Erwartung eines praktischen Nutzens als vielmehr aus humanitären Gründen oder

aus Furcht. So wurden im Laufe von zehn Jahren (von 1887 bis 1897) im Irkutsker Gouvernement nur 4 % der zur Ansetzung Verurteilten tatsächlich von Bauern als Arbeiter aufgenommen.

Verbannte erhielten nicht immer ein eigenes Stück Land zugeteilt, sondern wurden auch als Miteigentümer auf bereits existierenden Gehöften angesetzt, was an sich eine fatale Lösung war und zudem aus staatlicher Sicht die Zahl der Landwirte nicht erhöhte. Juden waren von der Ansiedlung in der Landwirtschaft ausgeschlossen; auf der Grundlage einer Verfügung von 1860 wurden sie der Kategorie der »Bediensteten« zugeordnet und konnten entweder neue Siedlungen gründen oder sich in Siedlungen und Städten niederlassen, in denen schon zuvor Juden ansässig gewesen waren.

Um die Mitte des 19. Jh. erhielt der Ansiedler 16,5 ha Staatsland zur Bewirtschaftung und zum Bau eines Hauses sowie eine finanzielle oder materielle Starthilfe, die später allerdings abgeschafft wurde. Nach zehn Jahren tadelloser Führung konnte der Ansiedler als Bauer (ab 1890 auch als Stadtbürger) registriert werden. Zuerst durfte er weder Verträge abschließen oder finanzielle Verpflichtungen übernehmen noch vor Gericht als Zeuge auftreten, konnte aber auch nicht zum Militärdienst eingezogen werden. Kinder von Ansiedlern gehörten dagegen zum Bauernstand und konnten ausgehoben werden. Flüchtige und Landstreicher durften erst heiraten, nachdem sie sich sieben Jahre in einer Ansiedlung aufgehalten hatten. In den Städten registrierte man sie in der »Bedienstetenzunft«. Alle Kategorien von Ansiedlern, selbst die politischen, unterlagen der Prügelstrafe. Mit der Zeit verschlechterte sich die Lage der Ansiedler, vor allem infolge der wachsenden freiwilligen Zuwanderung (verstärkt durch den Ausbau der Eisenbahnlinien) sowie der Kürzung der staatlichen Unterstützung.

Schon die Art, wie die Ansiedlung vorgenommen wurde, stempelte die künftigen Siedler als minderwertig ab. Sie wurden in Gruppen in Städte geführt, vor allem dorthin, wo es ein Etappengefängnis gab. Nachdem sie registriert worden waren, stellte man Gruppen unter dem Kommando von Hundertschafts- und Zehnerschaftsführern zusammen und schickte sie in Etappen bis in den zugewiesenen Amtsbezirk. Bei der Wahl des Amtsbezirks gab nicht etwa den Ausschlag, ob es dort Arbeit oder Land für die Verbannten gab, sondern ob es gelang, die Einwilligung der Einwohner zur Aufnahme unerwünschter Zuwanderer zu erhalten. Unterwegs gab es kaum Fluchtversuche, denn jeder erhielt täglich zehn Kopeken und wollte meist auch den Ort kennenlernen, dem er »zugeschrieben« worden war. Im Bezirk angekommen, wurden die Neusiedler in Registern eingetragen und in Gruppen in die einzelnen Dörfer geschickt, jetzt freilich ohne Zuteilung eines Wegegeldes. Jene, die von ihren Familien begleitet wurden, wollten so schnell wie möglich an ihren Bestimmungsort gelangen, um das Gefängnisdasein endlich gegen ein Leben in der Familie einzutauschen. Vor Ort wurden sie jedoch meistens enttäuscht – sie hatten kein Haus, keine Mittel, sich einzurichten, und die Einheimischen zeigten sich abweisend. Selbst wer Geld besaß, hatte es im Gefängnis deponieren müssen, bevor er sich auf den Weg machen konnte. Sie hatten eine Quittung erhalten, und das Geld wurde ihnen tatsächlich erstattet. Doch dauerte dies lange, und in der Zwischenzeit mußten sie um ein Nachtlager betteln, ihre armselige Habe verkaufen oder Darlehen auf Pfand beziehungsweise gegen Wucherzinsen aufnehmen. So zog es viele wieder zum Sitz der Bezirksverwaltung, um dort ihr Recht zu fordern, und nur wenige kehrten in das ihnen zugewiesene Dorf zurück. Die meisten traten den Rückweg an, und zwar auf derselben Route, auf der sie gekommen waren. Denn es gab weder andere gangbare Wege noch andere lockende Ziele.

Für die ersten drei Jahre waren Ansiedler von jeglicher Kategorie von Steuern befreit. Später erhielten sie verschiedene Erleichterungen. So waren z.b. die durch Verwaltungsbeschluß Verbannten für sieben Jahre (falls sie so lange in Sibirien blieben) von der Hälfte aller Steuern, die normale Bauern zu zahlen hatten, sowie von verschiedenen anderen Verpflichtungen befreit. Vom Zeitpunkt der Aufnahme in die Bauerngemeinde an trugen sie jedoch dieselben Lasten wie die anderen Mitglieder der Gemeinschaft. Aufgrund der Steuerreform von 1898 wurden von 1899 an die Steuern in Dörfern und Städten bestimmter sibirischer Gouvernements angeglichen. Dies führte in einigen Fällen zu einem Anwachsen der Steuerlast, vor allem aber zu allgemeiner Verwirrung, weshalb viele Ansiedler mit den Steuern in Rückstand gerieten. Nach Meinung der zuständigen Behörden wäre es die beste Lösung gewesen, die Zwangsangesiedelten ganz von Abgaben zu befreien, doch konnte sich die Regierung nicht zu diesem Schritt durchringen.

Gegen Ende des 19. Jh. wuchs für die mittellosen Verbannten, die zur Ansiedlung, Ansetzung oder »zum Wohnen« verurteilt worden waren, die Unsicherheit, da Schwierigkeiten bei der Landzuteilung auftraten. Im letzten Viertel des Jahrhunderts waren immer mehr freie Umsiedler nach Sibirien gekommen, denen große Ackerflächen zugewiesen worden waren. So beschlossen die Behörden 1888 zu überprüfen, wo eine weitere Kolonisation durch Verbannte lohnte, und ordneten an, ein Register der freien Parzellen zu erstellen. Nach den Angaben des Tobolsker Gouvernements waren noch 22 000 ha unbestellt, von denen sich 19 500 ha, die an 1 176 Verbannte zu verteilen waren, für Ackerbau eigneten. Auf die Familie eines Verbannten entfielen danach 16,5 ha, d.h. soviel, wie Mitte des 19. Jh. pro »Seele« an freie Ansiedler verteilt worden war. Tatsächlich gab es jedoch viel weniger Land. So war z.B. der Tobolsker Deportationsverwaltung mitgeteilt worden, daß in einem ostsibirischen Kreis Land für 2 000 Männer zur Verfügung stehe. Als man daraufhin 754 Verbannte dorthin schickte, zeigte sich, daß auf jeden nur 0,8 ha Land entfielen, was unter den dortigen klimatischen Bedingungen nicht einmal ausreichte, auch nur eine Person zu ernähren. Die Siedler mußten wieder in den Tobolsker Kreis zurücktransportiert werden (Salomon 1900: 116).

Land wurde nur widerwillig zugewiesen; die freie Bevölkerung tat alles, um die gemeindlichen Rechte der Zwangsansiedler einzuschränken, und die Freigabe von Wohnraum für die Verbannten mußte man von den alteingesessenen Bewohnern in der Regel erst erzwingen. In Jakutien standen jedem Angesiedelten, egal, ob Krimineller oder Politischer, gut 10 ha Ackerland und 5,5 ha Weide zu. Die Dorfgemeinschaft war verpflichtet, ihm beim Hausbau behilflich zu sein und ihn mit Vieh zu versorgen. Außerdem erhielt er zum Ankauf von Gerätschaften 57 Rubel aus der Staatskasse. Tatsächlich bemühten sich jedoch die meisten Ansiedler um einen »Fahrschein«, d.h. um die Erlaubnis, das Dorf zu verlassen, um Arbeit bei den Bergwerksgesellschaften zu suchen, denn anstelle von Acker- oder Weideland hatte man ihnen vielleicht 3-4 ha Wald zugewiesen, für dessen Urbarmachung ihnen Mittel und Geräte fehlten. Die Verbannten verdächtigten die örtlichen Behörden, mit den Bergwerksbesitzern unter einer Decke zu stecken, denn diese zogen offensichtlich Nutzen aus den Schwierigkeiten, sich auf dem Land niederzulassen, indem sie an billige Arbeitskräfte kamen. Aber auch die Jakuten, die ausgedehnte Weidegründe brauchten, wirkten der Ansiedlung entgegen und verfolgten die Siedler, wo immer diese ihnen Land wegnahmen.

In Ausnahmefällen geschah es auch, daß die Bewohner eines Dorfes die Verbannten gerne aufnahmen und sie durch verschiedene Erleichterungen zu bewegen versuchten, sich als Gemeindemitglieder einschreiben zu lassen. Dies war dann der Fall, wenn die Bauern ihr Dorf so weit zu vergrößern versuchten, daß es eine selbständige *wolost* (Amtsbezirk) bilden konnte. 1896 verkündete ein Erlaß neue Vergünstigungen für die Niederlassung freier Siedler, und wenn die Absichten der Behörden vollständig umgesetzt worden wären, hätte es bald überhaupt kein Land mehr für Verbannte gegeben. Freilich hatten diese ohnehin weder Gerät noch Zugtiere oder Geld und drängten sich daher auch nicht danach, Land zu übernehmen.

Nach Informationen, die in den Jahren 1894 bis 1898 im Tomsker Gefängnis über Verbannte, die zu verschiedenen Formen von Ansiedlung verurteilt worden waren, gesammelt wurden, hatten 65 % der alleinstehenden Gefangenen und 75 % der Gefangenen mit Familie keinerlei finanzielle Mittel. Die übrigen verfügten durchschnittlich über 23 Rubel pro Person. Nur 2,8 % der Verbannten besaßen mehr als 50 Rubel und konnten somit einen bäuerlichen Betrieb einrichten. 1,3 % hatten zwischen 35 und 50 Rubel, was ihnen erlaubte, unter mehr oder weniger guten Bedingungen zu überleben. Diejenigen jedoch, die weniger als 35 Rubel besaßen, hatten keine Chance, sich ein geordnetes Leben aufzubauen.

Nicht ganz 70 % aller Bauernhöfe, die von Verbannten geführt wurden, waren im Jahre 1898 als vollgültige Höfe anerkannt, die eine Familie ernähten. Die Hälfte dieser Verbannten hatte Vieh, 80-83 % von ihnen arbeiteten allein. Der Eintritt in den Bauernstand brachte wenig ein und kostete viel: Man mußte 100 Rubel in die Gemeindekasse einzahlen und die Mitglieder des *mir* (Rates) bewirten. Außerdem verlor man seine Steuererleichterungen. Letzten Endes traten von 4 900 Personen, die in den Dörfern des Tomsker Gouvernements angesiedelt worden waren, nur neun Familien in den Bauernstand ein. Von 1 900 Verbannten, die in den Jahren 1887 bis 1897 durch Verwaltungsbeschluß ins Gouvernement Jenissej verschickt worden waren, baten nur 17 um die Aufnahme in den Bauern- und 19 um die Aufnahme in den Bürgerstand. Im Irkutsker Gouvernement waren es sieben von ungefähr 1 000. Als beste Landwirte erwiesen sich die Altgläubigen und Angehörige einiger anderer Sekten (Salomon 1900: 149-153, 213-220, 325-328).

Als die Salomon-Inspektion 1898 versuchte, sich einen Überblick über die Lage der Verbannten zu verschaffen und deren Verhältnisse zu ordnen, stellte man fest, daß von den 300 000-310 000 Verbannten rund 100 000 zu den Landstreichern zu zählen waren und weitere 100 000 zu den landlosen Arbeitern, während nur ungefähr 30 000, also 10 %, als angesiedelte Bauern gelten konnten (im Gouvernement Tomsk waren es allerdings über 20 %). Über die restlichen war gar nichts bekannt. Ein Teil lebte sicherlich von eigenen Mitteln, ein anderer von Unterstützung und Wohlfahrt, während andere Beschäftigungen nachgingen, die für Verbannte nicht erlaubt waren – weshalb sie offenbar die Kontrollen umgingen und nicht erfaßt wurden. In den Städten des Tomsker Gouvernements fanden sich anstatt 9 500 Angesiedelten nur 7 000, in den Kreisen anstelle von 23 500 nur 12 600; die andere Hälfte befand sich auf der Flucht (*beswestnaja otlutschka*, d.h. »abwesend mit unbekanntem Aufenthaltsort«). Im Laufe von zehn Jahren, zwischen 1887 und 1896, erhielten im Irkutsker Gouvernement 61 300 Männer und 1 400 Frauen »Fahrscheine«, d.h. die Genehmigung, den Verbannungsort zu verlassen, um Arbeit zu suchen. Durchschnittlich verließen jährlich also in diesem einen Gouvernement 6 000 Personen ihren Wohnort, wobei ihre Zahl von Jahr zu Jahr wuchs: von 4 600 im Jahre 1887 auf 7 500 im Jahre 1896. Alle diese Menschen wollten oder konnten sich also nicht in der Landwirtschaft niederlassen (ebd.: 335, Anhang 4, 13, 15).

In ganz Sibirien blieben niemals mehr als 45 % der Verbannten an dem Ort, der ihnen für die Ansiedlung bestimmt worden war. Zeitweise fiel der Prozentsatz sogar auf 14 %, und im Durchschnitt betrug er 27 %. Die am schwersten zur Ansiedlung zu bewegende Gruppe waren die Landstreicher, von denen nur 16-20 % an ihrem Ansiedlungsort blieben, und diese waren vermutlich einfach zu alt oder zu schwach, um weiter zu vagabundieren. Der Erfolg der Ansiedlung hing auch von den örtlichen Bedingungen ab. So blieben z.B. nur 14 % der Verbannten, die »zum Wohnen« verurteilt worden waren, im Tobolsker Gouvernement, während es im Gouvernement Tomsk

45 % waren, weil sie Arbeit beim Bau der Eisenbahnlinie fanden. Daß viele Verbannte ihren Ansiedlungsort verließen, ist nur zu verständlich, denn nur 1,5 % bis 4,4 % von ihnen besaßen, wie sich während der Inspektion im Jahre 1898 herausstellte, eigene Häuser. Was mit den Verbannten passierte, die in Sibirien auf Arbeit und Land hofften, kann man aus der Statistik für das Tomsker Gouvernement von 1898 ersehen (ebd.: Anhang 13). Eine Ausnahme von der Regel bildeten nur jene Bauern, welche als religiöse Sektierer in geschlossenen Gruppen in die Verbannung geschickt worden waren.

Mit der Lohnarbeit stand es unterschiedlich. Im Jahre 1912 fand nur ein Drittel der Verbannten eine Lohnarbeit (vorher waren es noch weniger gewesen), obwohl gleichzeitig das Gerücht ging, es fehle an Arbeitskräften (Kon 1908: 345; vgl. Teterin 1924: 185). Es ist nicht das erste Mal in der Geschichte, daß solche Widersprüche auftraten. In frühen Phasen der wirtschaftlichen Entwicklung, als die Arbeitsbedingungen schwierig waren und die Infrastruktur wenig entwickelt war, hing der Erfolg vieler Unternehmen von billigen Arbeitskräften ab. So war es namentlich in Ostsibirien, wo die anstrengende Arbeit in den weit von den Städten entfernten Bergwerken und beim Holzschlag einen viel zu niedrigen Lohn abwarf. Es gab keine Perspektiven für eine rasche Veränderung der Lebensverhältnisse, und Ersparnisse konnte man nur für Wodka ausgeben. Die Ressourcen Sibiriens waren noch nicht erschlossen. Auf Sachalin waren z.B. in der Fischerei Vermögen zu verdienen – und in der Tat wußten japanische Fangflotten dieses Potential zu nutzen. Dagegen »sind unseren russischen Kolonisten durch diverse Vorschriften und Einschränkungen die Hände gebunden, und sie warten hungrig und ungeduldig auf den Moment, in dem sie sich von der schrecklichen Insel absetzen können«. (Juwatschew-Miroljubow 1901: 124)

Eine der Erwerbsmöglichkeiten war die Lohnarbeit bei Bauern, insbesondere in der Heuernte, bei der sich gewöhnlich ein Viertel aller Verbannten verdingte. Sie kamen in Gruppen in die Dörfer, kampierten, wo sich Gelegenheit bot, sogar unter freiem Himmel, und versammelten sich abends ums Lagerfeuer und den Kessel mit kochendem Wasser oder heißem Essen, was ihnen den Beinamen »Kesselflicker« (*kotelschtschiki*) einbrachte. Sie wurden entweder durch Sibirjaken, d.h. Einwohner europäischer Abstammung, oder durch Eingeborene angeworben. Da sie Verpflegung erhielten, wurde ihnen nur ein geringer Lohn in bar ausgezahlt, den sie gewöhnlich vertranken. Diese Art der Arbeit wurde vor allem von Landstreichern und Gewohnheitsverbrechern bevorzugt, da Saisonarbeiter im allgemeinen große Freiheiten hatten. Hingegen hatten Knechte, die für längere Zeit bei einem alteingesessenen Bauern arbeiteten, es um so schwerer, weil die Landwirte die Verbannten schlecht behandelten und versuchten, sie durch Anrechnung von Schulden in vollkommener Abhängigkeit zu halten. Sie beaufsichtigten die Verbannten unnachgiebiger als die Polizei, und nicht selten entdeckte man in der Taiga

Leichen von Verbannten, die von Bauern oder Eingeborenen ermordet worden waren. Außerhalb der Landwirtschaft fanden Verbannte Arbeit in Bergwerken, Goldwäschereien, Schürfgruben und in all den Betrieben, die im Kapitel über die Katorga beschrieben worden sind. Ihre Arbeitsbedingungen und ihre Entlohnung unterschieden sich nicht von denen der Katorgasträflinge, und in vielen Berichten sind die Unterschiede zwischen beiden Gruppen so verwischt, daß sich nicht mehr erkennen läßt, ob von freien Lohn- oder von Zwangsarbeitern die Rede ist. Großer Beliebtheit erfreute sich bei Kriminellen die Arbeit in den Goldgruben. Sie arbeiteten meist bis zum nächsten Zahltag und machten sich dann in die nächste Ortschaft auf, wo sie ihren Lohn bis auf den letzten Groschen verpraßten. Danach zogen sie durch die Umgebung, und wenn sie nichts Besseres fanden und nicht wegen Diebstahls oder Streitigkeiten ins Gefängnis kamen, kehrten sie zurück und ließen sich erneut anwerben, bis sie früh durch Krankheiten und Auszehrung oder an Trunksucht starben. Viele kamen auch bei Schlägereien ums Leben, häufig bei Versuchen, einander auszurauben. Wenn nach der Saison die Erde gefroren war oder das Tauwetter die Arbeit im Tagebau unmöglich machte, begann der Handel mit gestohlenem Gold, das vor allem von Chinesen aufgekauft wurde.

Ein Teil der Siedler ließ sich in der Nähe der Schürffelder nieder und verdiente gut daran, die Arbeiter heimlich mit Wodka zu versorgen, da bei der Arbeit Alkoholverbot galt. Die Beschaffung von Wodka kostete nicht wenig Mühe, da man sich quer durch die Taiga schlagen mußte, um die Kontrollen zu umgehen. Um die Bergwerke herum entstanden auch Dörfer, deren Einwohner Gewinn daraus schlugen, die Arbeiter zu überhöhten Preisen mit Waren zu beliefern. Die Arbeit in den Bergwerken wirkte wegen der Verkommenheit der Arbeiter und wegen des Rekrutierungsverfahrens auf Verbannte, die ihre Selbstachtung nicht verloren hatten, abschreckend: Die Arbeiter wurden wie Sklaven vorgeführt und wie Tiere begutachtet. Die besten Aussichten bot die Arbeit beim Eisenbahnbau, insbesondere nach 1891, als den dort beschäftigten Verbannten erhebliche Strafverkürzungen zugesichert wurden. Der größte Aufschwung im Eisenbahnbau mit entsprechend gesteigertem Bedarf an Arbeitskräften fiel in die Jahre 1891 bis 1904, als jährlich einige zehntausend Arbeiter beschäftigt waren. Bis zur Mitte der 90er Jahre des 19. Jh. betrug die Zahl der Beschäftigten durchschnittlich erst 9 000, in den Jahren 1895 und 1896 stieg sie auf 89 000 an (Okladnikow 1968: III, 177; Salomon 1900: 202, 251 f.; Tokarzewski o.J.: 65).

Ein Erlaß von 1894 erlaubte es Verbannten, sich als Bürger in die städtischen Gemeindebücher eintragen zu lassen. Vor dieser Zeit war dies sogar mit Einwilligung der örtlichen Behörden für Verbannte unmöglich gewesen; sie konnten höchstens das Recht »zum Wohnen« erlangen. In den 90er Jahren des 19. Jh. erhielten jährlich einige Dutzend Verbannte Bürgerstatus, manchmal allerdings auch mehr; 1896 waren es z.b. 186 im Irkutsker Gouvernement. In den Städten gab es verschiedene Möglichkeiten, sich eine Existenz aufzubauen: Der Verbannte konnte eine Werkstatt eröffnen, durfte aber keine Lehrlinge ausbilden. Ins Handwerk gingen nicht nur diejenigen, die schon vorher in einem handwerklichen Betrieb gearbeitet hatten, sondern auch Intelligenzler. Die Arbeit in den Werkstätten war im allgemeinen schlecht bezahlt. Vor allem viele ehemalige aufständische Polen gründeten Bäckereien und Konditoreien, die in ganz Sibirien bekannt wurden; gelegentlich handelten sie auch mit Mehl. Andere – darunter auch Adlige – stellten Bonbons her oder wurden Fleischer, Schuhmacher, Tischler, Schneider oder Stellmacher; einige eröffneten in Sibirien und später auch auf Sachalin Polstereien, Uhrmacherwerkstätten oder wurden Juweliere. Russische Verbannte wurden häufig Köche oder Kutscher, da unter ihnen viel »Gesinde« war, d.h. leibeigene Knechte, Lakaien und Kutscher, die meist wegen eines Fluchtversuchs von ihrer Herrschaft vor Gericht gebracht worden waren. Frauen fanden als Wäscherinnen und Näherinnen Arbeit. Die Existenzgründung hing von den örtlichen Verhältnissen, dem Entwicklungsstand der Ortschaft und vom Verbannten selbst ab. Am besten richteten sich im allgemeinen Verbannte ein, die »zum Wohnen« verurteilt worden waren, da diese gewöhnlich gebildeter und wohlhabender waren; meist waren sie auch nicht wegen Schwerverbrechen, sondern wegen politischer oder quasi-politischer Tätigkeit verurteilt worden. Da sie nicht mittellos nach Sibirien kamen, fanden sie häufig bessere Aufnahme bei den Behörden und in der Bevölkerung. Fast ein Fünftel von ihnen war als Schreiber in diversen Behörden oder bei der Deportationsverwaltung tätig. Um so schwerer hatten es dagegen Verbannte ohne Ausbildung und Qualifikationen: Sie hielten der Konkurrenz der besser ausgebildeten freien Zuwanderer nicht stand, die mit dem Eisenbahnbau nach Sibirien kamen.

Im Vergleich zu den Beschäftigungen, denen gewöhnliche Verbrecher in Sibirien nachgingen, waren die Tätigkeiten der politischen Verbannten breit gefächert. Obwohl Politischen der Zugang zu vielen Berufen und Tätigkeiten verboten war, sah die Wirklichkeit anders aus. Politische Verbannte wurden Beamte oder Buchhalter, arbeiteten in Bibliotheken oder Apotheken; ein Pole leitete auf Sachalin sogar eine meteorologische Station. Ärzte und Medizinstudenten wurden Feldschere, Juristen Rechtsberater, obwohl ihnen die Ausübung ihres Berufs eigentlich untersagt war. Sogar in der Flößerei arbeitende Verbannte waren als Lehrer tätig, obwohl die Unterrichtsverbote, und sei es nur bei der Unterweisung in einem Handwerk, ständig wiederholt wurden. Polen, die in der ersten Hälfte des 19. Jh. wegen ihrer Teilnahme an nationalen Konspirationen verurteilt worden waren, gaben nicht nur im stillen Einvernehmen mit dem Gouverneur Nachhilfestunden, sondern waren sogar als Hauslehrer bei den freien sibirischen Bürgern und in den aristokratischen

Familien der hierher verbannten Dekabristen angestellt. Die Berufsverbote betrafen auch die Familienangehörigen, wurden aber von diesen sogar noch häufiger mißachtet.

Im Laufe der Zeit folgten auch Bauern dem Beispiel der sibirischen Elite, Lehrer zu beschäftigen. In Gegenden mit Lehrermangel wie z.b. in Jakutien und auf Sachalin reichten nicht nur Landwirte, sondern auch örtliche Verwaltungen und Institutionen Gesuche ein, Verbannte als Lehrer anstellen zu dürfen. Nach 1905 gab es in Ostsibirien bereits viele Schulen, die von verbannten Intelligenzlern geleitet wurden. 1909 sah sich der Jenissejer Gouverneur gezwungen, in einem Rundschreiben die Polizei anzuweisen, die ländliche Bevölkerung bei Strafe von 50 und im Wiederholungsfall von 100 Rubeln davon abzuhalten, Verbannte als Lehrer oder Nachhilfelehrer einzustellen. Bei der dritten Übertretung dieser Anordnung drohte Ausweisung aus dem Gouvernement. Solchen Beschränkungen unterlagen auch Ärzte, Hebammen und Apotheker, obwohl ihnen 1890 in bestimmten Fällen erlaubt worden war, ihren Beruf auszuüben. Viele der Verbannten wurden so mittellos (*Sibirskie Woprosy* 1910, Nr. 2, 43-47; vgl. Janson 1922; Plichta-Pólkosic 1911).

Angesichts der schlechten Versorgung jener Handelsstützpunkte, welche weitab von den Hauptverkehrswegen lagen, engagierten sich Verbannte auch im Handel mit Waren, die sie von Messen oder Jahrmärkten bezogen. So trafen sich z.b. auf dem Minussinsker Jahrmarkt, der von Mai bis August dauerte und Tausende von Menschen anzog, europäische und chinesische Kaufleute, wobei sprachkundige Verbannte als Vermittler dienten. Die auf den Jahrmärkten erworbenen Waren fanden in den Dörfern und Siedlungen Absatz; großen Gewinn brachte vor allem der Tauschhandel mit den Eingeborenen, die vorwiegend Pelze und Felle anboten (Tokarzewski o.J.: 49, 133).

Die statistischen Daten über die Beschäftigungsarten und die Einkommensquellen der Siedler sind lückenhaft. Von den 5 400 Polen, die sich 1871 außerhalb des Gefängnisses und der Katorga in Ostsibirien aufhielten, waren 33,8 % Lohnarbeiter, 19,8 % bauten Feldfrüchte oder Gemüse an, 12,8 % lebten von einem Handwerk, 6,2 % bezogen staatliche Unterstützung, und 5,8 % hatten überhaupt kein festes Einkommen. Über die anderen fehlen jegliche Angaben. Nur 9,3 % dieser Verbannten besaßen ein eigenes Haus, was noch ein ziemlich hoher Prozentsatz ist. Im Vergleich dazu hatten 1898 nur 2,6 % der Verbannten, die sich tatsächlich (*na lizo*) in den Städten dieses Gouvernements aufhielten, ein eigenes Haus, während in den Kreisen des gleichen Gouvernements 54,2 % der Siedler ein Haus, Grund und Boden besaßen.

Nach den Angaben über 358 Verbannte, die in den Städten des Gouvernements Jenissej angesiedelt worden waren, arbeiteten 4,2 % beim Bau der Eisenbahnlinie, jeweils 6 % als Hausbedienstete und Schreiber, 4,5 % trieben Kleinhandel, 7,8 % gingen einem Handwerk nach, 1,4 % waren bei einem Händler eingestellt, und 0,6 % arbeiteten auf Schiffen. Über die anderen fehlen Informationen. Demgegenüber lebten von den 2 600 Verbannten, die auf dem Lande angesiedelt worden waren, 15 % vom Ackerbau. 10,5 % waren Hausbedienstete, 5,2 % arbeiteten beim Eisenbahnbau, 2,8 % übten ein Handwerk aus, 0,5 % trieben Kleinhandel, und 0,4 % waren als Schreiber tätig. Im Wercholensker Kreis waren 118 der 323 Verbannten arbeitslos, 35 übten ein Handwerk aus, 31 eine andere körperliche Arbeit, zehn gaben Nachhilfestunden, jeweils fünf arbeiteten bei einem Bauern oder waren in einem Amt angestellt, drei waren eigenständige Landwirte, die restlichen Verbannten gingen anderen Beschäftigungen nach (Skok 1975: 175; Salomon 1900: 216, Anhang 13; Teterin 1924: 184).

Ungeachtet der schweren Arbeitsbedingungen waren die Löhne in Sibirien bei gleichzeitig höheren Preisen niedriger als im europäischen Teil Rußlands. Freilich gibt es Indizien dafür, daß sich die Preisstruktur von der in den westlichen Gebieten des Reiches unterschied, was den Widerspruch zum Teil erklären würde. Die bestbezahlte Arbeit – die in den Goldgruben – brachte in den 60er Jahren des 19. Jh. monatlich drei bis zehn Rubel ein. Ende des 19. Jh. bezahlten sibirische Bauern den Lohnarbeitern bei freier Verpflegung drei bis fünf Rubel monatlich, so daß diese, wenn sie keine anderen Ausgaben hatten, nach zwei bis drei Jahren 70 bis 180 Rubel zusammensparen konnten – was dazu ausreichte, ohne größeres Risiko, allerdings bei ungewöhnlich niedrigem Lebensstandard, einen eigenen Hof aufzubauen. Vor dem Ersten Weltkrieg erhielt der einfache Arbeiter einen Tageslohn von 40 bis 75 Kopeken. Dies entsprach ungefähr dem, was in der Erntezeit ein Jugendlicher im Königreich Polen verdiente. Ausgebildete Handwerker erhielten bis zu zwei Rubel täglich. Aufgrund von Untersuchungen über den Haushalt der im Akkerbau tätigen Angesiedelten müßte man annehmen, daß deren Ausgaben ihre Einnahmen sogar überschritten; freilich sind solche Schätzungen besonders dort stets zweifelhaft, wo es um die Umrechnung von Naturalleistungen in Geldwert geht.

Voraussetzung für den Aufbau eines landwirtschaftlichen Betriebs war ein gewisses Eigenkapital, über das politische Verbannte meistens verfügten. Nur unter den Polen, die nach 1863 verbannt worden waren, gab es eine große Zahl an Mittellosen. Am politischen Widerstand in der ersten Hälfte des 19. Jh. hatten sich dagegen vor allem junge Leute aus dem Hoch- und Landadel beteiligt, denen nach Gesetz und Gewohnheit ein Anteil an den Einkünften der Familie zustand. Ein eigener Hof bildete auch für einen Teil der angesiedelten Dekabristen die Existenzgrundlage. Einige von ihnen brachten es im Laufe der Zeit sogar zu großen Landgütern, für deren Ausbau sie ansehnliche staatliche Zuschüsse erhielten (Mamsik 1985: 129). Viele Verbannte bemühten sich nicht um eine Beschäftigung, sondern versuchten nur, mit Hilfe ihrer

Familien oder durch staatliche Unterstützung bis zur Freilassung auszuharren. Wer ohne Vermögen und Beruf in die Verbannung ging und von der Familie vergessen wurde, was nicht selten geschah, ging zugrunde. Viele extrem unterschiedliche Fälle aus den 60er und 70er Jahren des 19. Jh. belegen dies.

Im Laufe von fünf Jahren, zwischen 1894 und 1899, wurden 11 300 Verbannte durch Verwaltungsbeschluß in das Tomsker Gouvernement verschickt. Von ihnen gaben nur 2 850 (25,3 %) an, über Geld zu verfügen. Sicherlich hielten einige Verbannte ihr Vermögen geheim, weil sie es nicht bei der Gefängnisverwaltung deponieren wollten oder sich vor Diebstahl fürchteten. Die insgesamt deklarierte Summe betrug 63 500 Rubel, d.h. ungefähr 22 Rubel pro Kopf. Von den Häftlingen mit eigenem Geld verfügte fast die Hälfte (46 %) über eine Summe zwischen 10 und 35 Rubel, bei etwa ebenso vielen handelte es sich um weniger als 10 Rubel, und nur 9 % besaßen mehr als jene Summe von 35 Rubel, welche als Mindestbetrag für eine erfolgreiche Existenzgründung angesehen wurde.

Die Regierung war daher gezwungen, Beihilfen zu gewähren. Verbannte aus privilegierten Ständen, deren Besitz beschlagnahmt worden war, erhielten in den 50er und 60er Jahren des 19. Jh. jährlich 57 Rubel bzw. 114 Rubel, wenn sie alt oder gebrechlich waren. Diese Art von Unterstützung kann als eine Form von Entschädigung angesehen werden, die den Verbannten die Niederlassung am Ansiedlungsort erleichtern sollte. Dagegen hatten weder Bauern noch Stadtbürger Anspruch auf solche Unterstützungen, selbst wenn ihr Besitz konfisziert worden war. Zusätzlich gab es noch Regierungsbeihilfen zur Unterstützung mitteloser Verbannter. Während junge politische Verbannte monatlich zwei Rubel erhielten, womit man nicht auskommen konnte, bekamen ältere Politische und Priester sechs Rubel, die – wenn man Kredit hatte – zum Leben ausreichten. Manchmal erhielten Priester darüber hinaus sogenannte »Meßstipendien«; zusammen mit der staatlichen Unterstützung standen ihnen so bis zu 25 Rubel monatlich zur Verfügung, die ein gutes Auskommen sicherten. In Jakutien wurden um 1890 den politischen Verbannten 12 Rubel monatlich und einmal im Jahr 22 Rubel zum Kauf von Kleidung ausgezahlt. Diejenigen, die geringere Beihilfen erhielten, arbeiteten oder betrieben Jagd und Fischfang und verbrachten ansonsten die Zeit in der Verbannung »bei Karten und Wodka« (Janik 1928: 389; Kennan 1907: I, 97; Kon 1908: 306; Salomon 1900: Anhang 10).

Seit dem Ende des 19. Jh. bekamen Verbannte, insbesondere russische Revolutionäre, auch Unterstützung aus eigenen Fonds, so daß nur wenige körperlicher Arbeit nachgehen mußten. Parteien und gut funktionierende Geheimorganisationen zur Unterstützung politischer Gefangener schickten Geldspenden. So erhielten z.B. 65 der 224 politischen Verbannten im Wercholensker Kreis, unabhängig davon, ob sie Hilfe von ihren Familien bekamen, ständig oder unregelmäßig Zuwendungen »von den Genossen«. Von Anfang an kannte die politische Verbannung Selbsthilfeorganisationen und verschiedene Formen von Einkommensteilung. Dennoch bedeutete für viele Verbannte der Aufenthalt in Sibirien ein Leben in Mangel, und viele vermochten am Ende der Verbannungszeit nicht, das Geld für die Rückreise aufzubringen. Die Akten sind voll von Gesuchen, 40 bis 50 Rubel zu den Reisekosten zuzuschießen (vgl. CGIAL 1286/53, Bl. 2-14; 1270/1, Bl. 1294). Jede dieser Eingaben wurde erst nach Monaten beschieden, weil die Anweisung solcher Summen vom Minister selbst verfügt und vom Senat oder dem Zaren bestätigt werden mußte.

Bedeutend schlechter erging es den gewöhnlichen Verbrechern, die zum größten Teil aus dem einfachen Volk kamen und auf Wohltätigkeit oder eigene Arbeit angewiesen waren. Seit 1890 spürten sie zudem die Konkurrenz der freien Arbeiter und Kolonisten, während die Beihilfen nicht erhöht, sondern teilweise sogar gekürzt wurden. Dabei stiegen, da der Handel mit Naturalien zurückging, die Ausgaben für Waren und Dienstleistungen ständig. Eine jährliche Beihilfe in Höhe von 20 Rubeln, wie sie 1898 im Jenissejer Gouvernement 600-640 Personen und im Transbaikaler Bezirk 425 Personen gewährt wurde, war völlig unzulänglich, denn allein für Lebensmittel mußten zu dieser Zeit pro Kopf mehr als 6 Rubel monatlich aufgewandt werden, und so viel erhielten nur politische Verbannte. Aus der Katorga oder dem Gefängnis entlassene Verbrecher hatten über zwei bis drei Jahre Anspruch auf Lebensmittel und Kleidung; allerdings verspielten oder vertranken die meisten diese Zuwendungen. Aus der Staatskasse wurden zudem Beihilfen bei Eheschließungen und Darlehen für den Aufbau eines landwirtschaftlichen Betriebs gewährt; freilich reichten Ende des 19. Jh. die dafür festgesetzten Beträge schon nicht mehr aus, um eine Existenz auf dem Lande zu gründen. Die Kosten für einen Hof, zu dem ein Wohngebäude mit einer Stube, ein Kuh- oder Pferdestall, eine Kuh, ein Pferd und fünf Hühner gehörten sowie Haushaltsausstattung, einfache Gerätschaften und Zuggeschirr, betrugen im Transbaikaler Bezirk mindestens 430 Rubel. Die meisten Ansiedler begannen jedoch mit einem viel geringeren Kapital und einer Anleihe von einigen Dutzend Rubeln, so daß nur günstige Umstände den schnellen Bankrott verhindern konnten. Doch nicht nur vielen Verbannten mißlang der Versuch, in Sibirien Fuß zu fassen, sondern auch Tausenden von freien Siedlern.

Wie aus den Untersuchungen der Salomon-Kommission hervorgeht, hatten die meisten Verbrecher, die zur Ansiedlung, Ansetzung oder »zum Wohnen« verurteilt worden waren, kein geregeltes Einkommen. Sie arbeiteten nicht, hatten keinen Besitz und erhielten keine Unterstützung, so daß ihnen nichts anderes übrigblieb, als zu betteln. Diese Landstreicher waren Plage und Schrecken der sibirischen Dörfer, in die sie von Zeit zu Zeit scharenweise einfielen, um Almosen zu sammeln. Man bezeichnete sie als *strelki* (Schützen), da sie das Dorf belagerten und es mit ihren Betteleien »beschossen«. Aus Barmherzigkeit und dem Brauch folgend, aber auch aus Furcht vor Streit, Racheakten und Diebstahl beköstigten die Bauern die Bettler und versorgten sie mit Kleidung. Bei Frost erlaubten sie ihnen, in den Badehäusern zu übernachten. Dennoch starben jeden Winter Hunderte von obdachlosen Verbannten durch Erfrieren oder an Krankheiten. *Podsneshniki* (Schneeglöckchen) nannte man in Sibirien nicht nur die Blumen, sondern auch die Leichen der obdachlosen Verbannten, die unter dem tauenden Schnee regelmäßig zum Vorschein kamen (Salomon 1900: 260 f.).

Im Gouvernement Jenissej lebten 4,6 % der Männer von Almosen, im Irkutsker Gouvernement 5,1 % der Männer und 24,3 % der Frauen. Nur in den Städten gab es vereinzelt private karitative Einrichtungen. Auch unternahmen sibirische Stadtbürger von Zeit zu Zeit spektakuläre Hilfsaktionen, jedoch in der deutlichen Absicht, dem Gouverneur zu gefallen (ebd.: 212 f.; Lasocki 1937: II, 72 f.); alles in allem blieben die Betroffenen auf spontane Wohltätigkeit angewiesen. Im ganzen Gouvernement Tobolsk konnten nur 25 Personen beiderlei Geschlechts Zuflucht in einem Asyl finden. Gewöhnlich waren die Plätze aber schon von Verbannten besetzt, die in Ostsibirien angesiedelt werden sollten, aber keine Kraft mehr hatten, den Weg dorthin fortzusetzen. Im Tomsker Gouvernement gab es immerhin fünf ähnliche Asyle für mehr als 200 Personen, im Jennisejer und Irkutsker Gouvernement dagegen keines. Nur in Irkutsk selbst konnten beim Krankenhaus ungefähr 40 Obdachlose untergebracht werden; außerdem gab es sogenannte Sozialstuben für Behinderte. Kleine Heime existierten in einigen Ortschaften wie z.B. Kainsk und Marinsk. Im Juli 1898 traf Salomon hier 35 halbnackte, betrunkene Männer an – im Winter waren es doppelt so viele. Von Zeit zu Zeit fanden die Obdachlosen für 1 Rubel 20 Kopeken die Woche bei Bauern in der Nähe von Marinsk Arbeit. Ähnliche Verhältnisse herrschten in Tomsk, wo viele Landstreicher betteln gingen und mit Gelegenheitsarbeiten Geld verdienten. Unter dem Vorwand, eine Bitte oder eine Klage einzureichen oder Streitigkeiten schlichten zu lassen, versammelten sie sich häufig in den Räumen der Gefängnisinspektion, wo sie unter ihresgleichen im Warmen sitzen konnten. Die Verwaltung konnte ihnen den Zutritt nicht verwehren, so daß nicht nur die Gefängnisse in Tomsk allmählich wieder den Charakter von Obdachlosenasylen annahmen.

In der polizeilichen Überwachung der Angesiedelten lag eines der größten Hindernisse bei der Verwirklichung des Hauptziels der Ansiedlung, nämlich der Umerziehung. Die Prinzipien des Strafvollzugs blieben in sich widersprüchlich. Nach Abbüßung der Katorga- bzw. Haftstrafe war der zur Ansiedlung Verurteilte scheinbar frei. Sein Freiraum war allerdings sehr begrenzt, da er unter ständiger Kontrolle stand und nur wenige der Rechte genoß, die der normalen Bevölkerung zustanden. Er blieb als Verbrecher gebrandmarkt.

Unklar war auch der Rechtsstatus der Verbannten: Es gab zwar detaillierte
Vorschriften, doch selbst der Verwaltung fiel es schwer, sich darin zurechtzufinden – nicht zu reden von den vielfach leseunkundigen Verbannten. Deren Status regelten vor allem sogenannte geheime Generalerlasse, die der Öffentlichkeit nicht bekanntgegeben wurden. So erlaubte z.b. ein Generalerlaß
dem Angesiedelten, sich auch in einem anderen Ort des Kreises niederzulassen, nachdem er wenigstens ein halbes Jahr an einem Ort verbracht hatte.
Nach einem Jahr durfte er sogar in einen anderen Kreis des Gouvernements
ziehen. Da nur wenige von diesem Erlaß erfuhren, verweigerte die Polizei
Verbannten oft vier oder fünf Jahre die Erlaubnis, auch nur innerhalb des
Kreises den Wohnort zu wechseln. Ohnehin konnte die Polizei freilich die
»illegale« Migration nicht in den Griff bekommen. Entscheidend ist jedoch,
daß die willkürliche Handhabung der Vorschriften die Verbannten zu Gesetz-
zesbrechern machte.

Um sich nicht der Verfolgung durch die Polizei auszusetzen, mußte man
sich einen »Fahrschein« ausstellen lassen. Zwar erteilten die örtlichen Behörden bereitwillig solche Genehmigungen, aber das Verfahren war langwierig
und kostspielig, da man nicht nur eine Gebühr entrichten, sondern vorab
auch alle seine Schulden begleichen mußte. Deshalb besorgten sich die meisten Verbannten nur einmal den entsprechenden Paß und versuchten dann ihr
Glück ohne weitere Formalitäten. »Im autokratischen System«, schrieb ein
russischer Verbannter, »setzt sich jeder Mensch aus Körper, Seele und Paß
zusammen, und es scheint mir, daß die Verwaltung immer die Oberhand über
das Recht und die Bedürfnisse des Lebens gewinnt.« Das Warten auf den Paß
oder das in Verwahrung genommene Geld zog sich oft über Monate hin und
trieb viele der armen und hilflosen Angesiedelten in den Selbstmord.

Die zur Ansiedlung Verurteilten erhielten nur dann die Erlaubnis, den Ort
zu verlassen, dem sie »zugeschrieben« waren, wenn sie die »Fahrschein-
gebühr« von 2,5 Rubeln entrichteten und sich zudem verpflichteten, am
Amur Gold zu schürfen bzw. eine entsprechende Arbeit zu verrichten. Sich
ohne Erfüllung der Formalitäten vom Wohnsitz zu entfernen galt nach sieben
Tagen als Flucht (pobeg) und blieb nur dann unbestraft, wenn sich der
Flüchtige innerhalb von 14 Tagen selbst stellte. Meldete er sich nicht und
wurde ergriffen, erhielt er die Prügelstrafe. Ein zweiter Fluchtversuch wurde
mit Prügelstrafe und Katorga geahndet. Wer immer seinen Wohnort verließ –
ob »mit Fahrschein« oder illegal –, kehrte in der Regel nicht zurück, selbst
wenn es ihm am neuen Wohnort nicht besserging. Nur für Landstreicher war
es entehrend, den Ansiedlungsort »mit Fahrschein« zu verlassen. Jeder Verbannte wollte wenigstens einmal selbst über sein Schicksal entscheiden bzw.
sich dieser Illusion hingeben. An einigen Orten war es leichter, einen »Fahrschein« zu bekommen, als an anderen. Der eine hatte Glück und lebte »illegal«, vielleicht sogar wohlhabend, in Frieden, der andere hatte Pech und

mußte die Folgen tragen. Aus den Registern wurden weder jene gestrichen, die sich woanders niederließen, noch jene, die auf der Flucht starben.

Doch nicht nur in der Freizügigkeit waren die Verbannten eingeschränkt. Wie bereits erwähnt, durften Angesiedelte weder als Zeugen oder Bürgen auftreten noch bestimmte Schriftstücke ausstellen. Außerdem stand jeder Verbannte unter Polizeiaufsicht, die noch zusätzlich verschärft werden konnte. In Artikel 551 des Strafgesetzbuches von 1876 wurde die Polizei strikt angewiesen, jeden, der ihrer Aufsicht unterstellt war, streng zu überwachen und sicherzustellen, daß er sich nicht der Kontrolle entzog. Landstreicher waren in den ersten anderthalb Jahren ihres Aufenthalts an einem Ort nicht nur der Polizeiaufsicht, sondern auch der Überwachung durch die Gefängnisinspektion unterstellt. Ähnliche Kontrollen galten auch für Ansiedler, die in der Landwirtschaft tätig waren, bevor sie zu vollgültigen Hofbesitzern wurden. Verbannte, die sich auf dem Lande ansiedelten, wurden außerdem durch die Dorfgemeinschaft überwacht. Im Laufe der Zeit setzte sich die Rechtspraxis durch, daß die Generalgouverneure Strafsachen von Angesiedelten an die Militärgerichte übergaben. Geheime Verordnungen schufen zudem häufig Sonderregelungen. So wurden z.B. einzelne oder Gruppen angewiesen, sich täglich bei der Polizei zu melden, oder man untersagte ihnen, sich mehr als einige Kilometer vom Verbannungsort zu entfernen. Dies ging sogar so weit, daß ein Umkreis von 100 Metern festgesetzt wurde, in dem man sich beim Beerensammeln im Wald frei bewegen durfte. Durch Verwaltungsbeschluß Verbannte und gerichtlich Verurteilte wurden gleich behandelt: In Sibirien genossen sie nicht denselben Rechtsschutz wie die anderen Einwohner; sie waren auf Gedeih und Verderb der örtlichen Verwaltung ausgeliefert. Es lag in der Macht des Gouverneurs, die Verbannung zu verlängern oder aufzuheben, die Verbannten zu bestrafen oder ihnen zu verbieten, bestimmte Berufe auszuüben.

Für »Personen, denen ein bestimmter Wohnort zugewiesen wurde«, wie man euphemistisch die administrativ Verschickten bezeichnete, wurden 1882 kasuistische Vorschriften erlassen. Nach den neuen Anweisungen wurden die alten Pässe eingezogen und durch andere ersetzt. Binnen 24 Stunden vor einem geplanten Wohnortwechsel innerhalb des Bereichs, der durch die örtlichen Behörden festgesetzt worden war, mußten sie die Einwilligung der Polizei zum Umzug erwirken. Zum zeitweiligen Verlassen des Gebiets, in dem man sich frei bewegen konnte, war sogar das Einverständnis des Innenministers erforderlich. Die Fahrt zum Verbannungsort hatte ohne Unterbrechung und auf der vorgeschriebenen Route zu erfolgen. Auf den Etappen unterlagen die Deportierten, sofern sie nicht von Aufsichtspersonal begleitet wurden, der Meldepflicht. Die Polizei hatte das Recht, den Verbannten zu jeder beliebigen Zeit zu Verhören zu laden, seine Wohnung zu durchsuchen und seinen Besitz zu beschlagnahmen. Ferner hatten die Behörden die Möglichkeit, Verbannten bestimmte Tätigkeiten zu verwehren.

Die Aktenformulare zur Registrierung von Personen unter Aufsicht umfaßten 18 Punkte: den Namen, den Namen des Vaters, die genaue Adresse und Aufenthaltsdauer, den letzten Wohnsitz, den Besitzer der Wohnung, die Art der Beschäftigung, wer mit dem Überwachten zusammen wohnt, wer seinen Haushalt besorgt und seine Wäsche wäscht, ob er zu Hause ißt – und wenn nicht, wo –, ob er Bücher hat und wie viele, ob er die Bibliothek benutzt und wie oft, ob er Briefe erhält, was er zu Hause macht, wovon er seinen Unterhalt bestreitet, ob er zu jemandem Kontakt hat, zu wem, unter welchen Umständen er diese Person zum ersten Mal gesehen hat, ob er das Haus verläßt und wann er zurückkehrt, ob er eine Geliebte hat (bei einer Frau: einen Geliebten), wer das ist, wo sie sich treffen, wer den Überwachten wann besucht, wer bei ihm übernachtet hat und wann, ob er Karten spielt und ob er schon betrunken gesehen wurde. Eine solche lückenlose Überwachung war in der Praxis freilich unmöglich, auch wenn wegen Mangels an Polizeikräften auch die Armee und die Dorfverwaltung herangezogen wurden. Der Polizist mußte oft fiktive Informationen zu Protokoll geben, wenn er sich diensteifrig zeigen wollte. Ungeachtet ihres großen Aufwands erfolgte die Überwachung doch eher nachlässig und machte den Verbannten nur selten zu schaffen. Indessen belastete sie immer das Gefühl, beobachtet und entmündigt zu sein. Die Gewöhnung an diese Situation bedeutete immer eine Erniedrigung. Nicht zuletzt deshalb versuchte man so häufig, aus den »zugeschriebenen« Ansiedlungsorten zu fliehen. 1897 wurden im nördlichen, in der Tundra gelegenen Teil des Marinsker Kreises auf höhergelegenen Lichtungen inmitten des Sumpfes zufällig Dörfer entdeckt, in denen schon lange Altgläubige und andere Sektierer lebten, die vor der Überwachung durch die Polizei geflohen waren. Um die Zahl der Gesetzesübertretungen einzudämmen und sich die Arbeit zu erleichtern, verzichteten die Behörden letzten Endes gern auf manche Auflagen, etwa indem sie die Verbannten von der Meldepflicht befreiten oder ihnen die Abreise erlaubten.

In materieller und geistiger Hinsicht war das Leben der meisten Verbannten monoton, wenn nicht primitiv. Auch die solider gebauten Häuser waren schlecht ausgestattet. Viele Ansiedler hausten in Lehmhütten. Der beliebteste Zeitvertreib war das Kartenspiel, und bei jeder Gelegenheit betrank man sich bis zur Besinnungslosigkeit. Ende des 19. Jh. trat Alkoholismus auch bei den politischen Gefangenen in Erscheinung. Nach Berichten von 1881 lebten in Turuchansk 60 bis 100 Angesiedelte, »von denen 200 Trinker« waren, weil jeder für zwei trank; außer den Skopzen hielten sich nur zwei Verbannte vom Alkohol fern (Belokonskij 1887: 231-236). Die Nahrung der meisten Deportierten war von geringer Qualität. Sie bestand hauptsächlich aus Roggenbrot und Tee mit Zucker; Milch gab es, weil zu teuer, nur selten. Es fehlte an Fisch und Fleisch, während *seryj alkol* – Fusel – im Überfluß vorhanden war. Daher ist es kaum verwunderlich, daß fast alle an Skorbut litten. Im

Winter quälte die Kälte von bis zu −53°, im Sommer plagten die Mücken. Wegen der sumpfigen Umgebung war Rheuma weit verbreitet. In Sredne-Kolymsk wurden die Angesiedelten auf Staatskosten mit Lebensmitteln versorgt, damit sie nicht verhungerten. Die Rationen entsprachen der Hälfte dessen, was den Kosakenregimentern zustand, und bestanden überwiegend aus Brot bzw. Mehl und Salz; mit anderen Lebensmitteln, also Fisch oder Wild, mußte man sich selbst versorgen.

Es muß allerdings erwähnt werden, daß der Lebensstandard aller Bevölkerungsschichten in Sibirien durchweg niedrig war, angefangen bei der Unterschicht, den Verbannten, den Jakuten und den Sibirjaken russischer Abstammung über »die Mittelschicht«, d.h. Beamte wie den Feldscher, den Schreiber usw., bis zum *beau monde*, also dem Kreispolizeichef (*isprawnik*), seinem Gehilfen und dem Geistlichen. Davon zeugen nicht zuletzt die Eßgewohnheiten: Fische wurden z.B. nicht getötet, gewaschen und ausgenommen, sondern lebendig in kochendes Wasser geworfen und so gegessen. Die Fenster der Häuser hatten keine Scheiben; im Winter setzte man Eistafeln ein, und im Sommer verklebte man sie mit Papier oder Fischblasen. Der Alltag war wenig abwechslungsreich. Es fehlte an Büchern; Zeitungen kamen mit einer Verspätung von fünf bis zwölf Monaten, und sogar telegraphische Nachrichten brauchten bis zu einem Monat – vom Attentat auf den Zaren im Jahr 1881 erfuhren die Bewohner von Sredne-Kolymsk nach 26 Tagen. Selbst die friedfertigen Skopzen begingen Verbrechen, um in eine andere Umgebung, nämlich in die Katorga, zu gelangen. Besonders unerträglich war das Leben für die Angesiedelten in den entfernten Gebieten Ostsibiriens und auf Sachalin, und man kann sich kaum darüber wundern, daß die Ansiedlung bald alle gleichmachte, Kleinverbrecher und vielfache Mörder.

Von den 300 000 Verbannten, die sich am Ende des 19. Jh. in Sibirien aufhielten, war ein Viertel nicht gerichtlich verurteilt worden, ein weiteres Viertel verbüßte eine Strafe für diverse Vergehen, darunter solche des Glaubens oder der Überzeugung; der Rest war für Delikte verbannt worden, welche in anderen Ländern mit langjährigen Haftstrafen oder Zuchthaus geahndet worden wären. So waren z.B. auf Sachalin ein Menschenfresser sowie ein alter Mann angesiedelt, der bei vielen Fluchtversuchen seine Begleiter getötet und geviertelt hatte. Nach den Grundsätzen und Vorschriften des Strafvollzugs hätten solche Verbrecher von den anderen Verurteilten isoliert werden müssen. Tatsächlich aber teilten sie dieselben Zellen, arbeiteten nebeneinander in der Katorga und lebten hernach zu den gleichen Bedingungen in der Ansiedlung. »Das Leben, spielte sich«, wie Salomon schrieb, »noch nicht im Rahmen rechtlicher Kategorien ab, und entgegen den Grundsätzen der Gerechtigkeit verwischten sich die Unterschiede zwischen den Verbannten und machten Verbrecher und Unschuldige gleich« (1900: 335 f.). Noch kurz vor dem I. Weltkrieg kritisierten deshalb viele Zeitungen nicht nur die Verhältnisse in Sibirien scharf, sondern den Aufbau des Staates insgesamt (u.a. *Echo, Jenissejskaja Mysl, Nascha Sarja, Russkoje Bogatstwo, Sibirskij Westnik* und *Sibirskaja Shisn*).

Die Verbannten quälte das Gefühl der Machtlosigkeit, sie wurden gereizt und mißtrauisch: Ansiedler trafen auf die kühle Zurückhaltung der freien Bevölkerung, gewöhnliche Verbrecher auf den Abscheu der politischen Gefangenen. Sobald ein Verbrechen begangen wurde, verdächtigte und verfolgte man die Verbannten als erste (Teterin 1924: 179 ff.). Die widrigen Lebensumstände führten ständig zu Streitigkeiten, Selbstverstümmelungen und Selbstmordversuchen. Fragte man die Verbannten nach den Ursachen ihres Widerwillens und ihrer Angriffslust, antworteten sie:»Die Menschen hier hängen mir zum Halse heraus!« (Juwatschew-Miroljubow 1901: 203)

Eine Familie zu gründen war nicht nur wegen der ungleichen Verteilung der Geschlechter für die Ansiedler schwierig. Nur die Hälfte aller Ehen wurde legal geschlossen, was sich nachteilig sowohl auf das Schicksal der Kinder als auch auf die Einstellung der örtlichen Behörden zu den Verbannten auswirkte. Da höchstens ein Viertel aller Ansiedler ein Haus oder eine eigene Stube besaß, der Gesundheitszustand im allgemeinen schlecht und die Sterblichkeitsrate hoch war, wurden Ehen recht spät geschlossen. Die Fruchtbarkeitsrate der Frauen lag außergewöhnlich niedrig. Auf Sachalin wanderten mehr Kinder aus Rußland zu, als dort geboren wurden. Nach Schätzungen starb die Hälfte aller Kinder vor Erreichen der Volljährigkeit. Ungeachtet des fühlbaren Mangels an Ärzten erschwerten es die Vorschriften qualifizierten Verbannten, ihren Beruf auszuüben.

Trotz der rauhen Bedingungen, die in der ersten Hälfte des 19. Jh. in Sibirien herrschten, war es für die Angesiedelten in dieser Zeit leichter, in der freien Bevölkerung Fuß zu fassen, als an der Wende zum 20. Jh., als die Deportierten in immer größeren Massen kamen. »Noch in den 60er Jahren des 19. Jh. gab es viele geachtete Personen in verantwortungsvollen Stellungen, die einmal in Ketten, in der grauen Jacke des Katorgasträflings und mit einer rasierten Schädelhälfte nach Sibirien gekommen waren«, schrieb ein Verbannter. In einigen Ortschaften machten diese Bürger 90 % der Bevölkerung aus, so daß »es sich sogar in bester Gesellschaft nicht gehörte zu fragen, warum man hierhergekommen sei. Diese Frage konnte den Angesprochenen häufig in Verlegenheit bringen« (Żyskar 1929: 66). Später verringerten sich die Chancen zur Integration deutlich; 1898 konnten nach Einschätzung der Justizbehörden nur etwa 4 500 der gut 300 000 Verbannten darauf hoffen (Salomon 1900: 337).

Alle analysierten Quellen zeugen von einer deutlichen Kluft zwischen der verhältnismäßig kleinen Gruppe der politischen Verbannten (2-3 %) und der großen Masse aller anderen – und zwar unabhängig davon, ob es sich um unmittelbar Angesiedelte oder ehemalige Häftlinge bzw. Katorgasträflinge handelte. Die verbreitete Ansicht, daß das »einfache Volk« abgehärteter sei uns sich leichter an das Leben in Sibirien gewöhne, weil es immer unter schlechten Bedingungen gelebt habe, wird durch die Tatsachen nicht bestätigt. Nachdem die zumeist wegen politischer Tätigkeit verurteilten Intelligenzler und Adligen den ersten Schock überwunden hatten, wußten sie sich besser zu helfen als das einfache Volk. Es kam wohl weniger auf die physische Kraft oder die besseren materiellen Voraussetzungen an als auf psychische Flexibilität und Anpassungsfähigkeit. Gebildete Verbannte schützte die Möglichkeit, moralischen und geistigen Ausgleich zu finden, und nicht zuletzt auch, für die Schönheit der Landschaft und für das Schicksal anderer Menschen empfänglich zu sein. Außerdem halfen ihnen ihr festerer sozialer Zusammenhalt und die Fähigkeit, Selbsthilfe zu organisieren. Auch wenn man politischen Verbannten, wie z.B. den Polen, nicht immer mit Wohlwollen begegnete, wurden sie dennoch als tatkräftige Menschen geschätzt: Sie fanden häufig Beschäftigung im Bergbau, wurden mit verschiedenen anspruchsvollen Funktionen betraut und waren trotz der konfessionellen Unterschiede als Lehrer angesehen. Dagegen ließen selbst wohlhabende Bauern oder vermögende, aber einfache Kaufleute oft rasch den Mut sinken, nachdem sie nach Sibirien gekommen waren, verloren ihre Tatkraft oder verwahrlosten. Selbst vielen erfahrenen Landwirten gelang es nicht, trotz finanzieller Hilfen in der Ansiedlung einen Bauernhof aufzubauen. Die soziale Ungleichheit verschwand in der Ansiedlung also nicht – selbst unter gleichen materiellen Voraussetzungen führte sie vielmehr zu ungleichen Chancen und zeigte sich so häufig noch greller als vor der Verurteilung.

Kapitel 7

Die »menschliche Staubwolke«
Schicksale von verbannten Kriminellen

»Wir sind Ausgestoßene! Gott will unsere Gebete nicht erhören«, »Wir leben in der Hölle« – so fühlten sich jene Kriminellen in der sibirischen Katorga, welche der polnische Verbannte Antoni Ossendowski als die »menschliche Staubwolke« bezeichnete – die Unglücklichen, die »die russische Wirklichkeit zu Verbrechern gemacht hatte« (o.J.: 152 ff.). Wer waren sie, warum wurden sie zu Landstreichern, Dieben, Mördern oder kamen unschuldig nach Sibirien, wo sie eine eigene soziale Gruppe bilden sollten? Weder die juristischen Kategorien noch die Statistiken geben darüber Auskunft. Die verfügbaren Informationen ergeben erst dann ein lebendiges Bild, wenn man die Einzelschicksale betrachtet. Von den zahllosen Berichten können hier freilich nur Beispiele angeführt werden, aus denen sich allgemeinere Schlußfolgerungen ziehen lassen. Sie bringen uns »Antihelden« der Geschichte nahe – eben die bewußte menschliche Staubwolke.

Die Reise nach Sibirien begann oft mit dem Weg zur örtlichen Schenke. Tatsächlich war die Trunksucht in Rußland alles andere als eine überzeichnete literarische Erfindung. Nicht nur Schriftsteller, Publizisten und die beharrlichen Verfechter sozialer Reformen, sondern auch Verwaltungsbeamte, Polizisten und hohe staatliche Würdenträger waren Zeugen dafür, daß es in Rußland die Regel war – auf dem Dorf, in der Stadt wie auf den Adelsgütern –, sich bis zur Besinnungslosigkeit zu betrinken. Ganze Vermögen wurden vertrunken, Talente zugrunde gerichtet; bei den Arbeitern endete jeder Zahltag in einem allgemeinen Zechgelage. Häufig kam es dabei zu blutigen Schlägereien. Frustrationen, Neid und Sorgen schlugen in Gewalt um und endeten nicht selten mit Mord.

Die ständige Existenzangst der Leibeigenen im Zarenreich lähmte ihren Verstand und trieb sie zu Verzweiflungstaten. So löste etwa die Angst vor dem zweiundzwanzigjährigen Armeedienst, der erst im Laufe des 19. Jh. um einige Jahre verkürzt wurde, häufig panische Fluchtversuche aus, wobei die verfolgten Deserteure meist ratlos umherirrten. Weil es sich in der Verbannung vermeintlich besser als in der Armee lebte, wurden Verbrechen auch in der Hoffnung begangen, entdeckt zu werden, und mancher bekannte sich zu einer Tat, die er nicht begangen hatte. Ferner flohen Unschuldige vor den Gerichten, weil sie sich der Willkür der Untersuchungsorgane nicht gewachsen fühlten. Schon im 18. Jh. waren Bauern nach Sibirien verbannt worden, weil sie »ungehorsam« gewesen waren, sich für eine Ungerechtigkeit an ihrer Herrschaft gerächt hatten oder auch den Versuch unternommen hatten, beim Zaren selbst Gerechtigkeit zu finden. Aber auch noch nach der Bauernbefreiung zogen Bauern mit Kreuzen nach Sibirien, nur weil sie um ihr Recht gekämpft hatten. Mit denselben Kreuzen waren sie zuvor dem Zaren unter die Augen getreten, um vor ihm Klage zu führen, daß die Beamten seine Befehle mißachteten und den Bauern nicht das Land zugestehen wollten, das ihnen durch Höchste Gnade zugesprochen worden war. Eben dafür verschickte man sie nach Sibirien.

Viele Kriminelle waren Opfer unglücklicher Umstände, wie z.B. der Willkür der Behörden, des Zufalls oder des Elends, das mit bloßer Unwissenheit einherging. So verließen fünf ungebildete Bauern aus dem Gouvernement Charkow, die das ehrenvolle Amt von Gerichtsbeisitzern ausgeübt hatten, nur deshalb ihr Dorf, weil sie mit dem Gerichtsschreiber in einen Streit geraten waren; sie nahmen an, daß ihnen deshalb unweigerlich eine Strafe drohe. Einmal aber außerhalb ihres Dorfes, sahen sie keine andere Überlebenschance, als Raubzüge zu unternehmen. Schließlich gefaßt, wurden sie zu fünf bis acht Jahren Katorga verurteilt. Zu 20 Jahren wurde ein junger Mann verurteilt, der auf Geheiß seines Vaters einen Menschen ermordet hatte, um ihn auszurauben. In ganzen Gruppen wurden Tscherkessen zu Katorga verurteilt, die sich aufgrund ihres Ehrenkodex gegen die Gesetze vergangen hatten. Typisch dafür war der Mord an einem russischen Offizier, der die Verlobte eines Tscherkessen belästigt hatte. Juden wurden überwiegend wegen Diebstahls, Betrugs, Schmuggels, Geldfälschung und Hehlerei vor Gericht gestellt. Speziell in den 70er Jahren des 19. Jh. verzeichnete die Polizei in den nordwestlichen Gouvernements des Russischen Reiches einen Anstieg des Pferdediebstahls, der vor allem Juden zugeschrieben wurde. Allein im Gouvernement Grodno wurden in den ersten drei Monaten des Jahres 1875 42 angebliche jüdische Pferdediebe festgenommen (CGIAL, 1286/53/9, Bl. 139v.).

Freilich waren längst nicht alle Verbannten unschuldige Opfer des Systems: Auch gewöhnliche Räuber und Mörder gab es in Sibirien genug. Schon in den Etappengefängnissen

»treffen Individuen aus allen Himmelsrichtungen aufeinander, die die verschiedensten Verbrechen begangen haben. Bekanntschaften werden hier schnell geschlossen, denn die Häftlinge suchen Gesellschaft. Man beginnt zu erzählen und mit den diversen kriminellen Abenteuern aufzuschneiden, man tauscht Tricks und Erfahrungen aus. Die weniger Abgebrühten lauschen mit offenem Mund, und weil sie keine anderen Werte und moralischen Kategorien kennengelernt haben, merken sie sich alles Wort für Wort, um es später, wieder in Freiheit, in die Tat umzusetzen. Sie sind auf sich allein gestellt, denn die Aufseher kümmern sich nicht im geringsten um sie. (...) Weil sie nichts zu tun haben (...), sind sie orientierungslos wie eine Herde Lämmer, was sollten sie auch tun? (...) Lieber will ich darüber schweigen, was sich in den Gefängnissen abspielt, welchen schrecklichen, zynischen und menschenverachtenden Vergnügungen die Häftlinge nachgehen, weil ich nicht die Ohren des Lesers beleidigen will. Ich sage nur, daß man im Gefängnis alles in der Welt nur erdenkliche Schlechte lernen kann.« (Zapałowski 1913: I, 46 f.)

Die meisten Kriminellen betrachteten ihr Schicksal fatalistisch: Wer einmal zufällig, wegen einer Demütigung, aus Liebe, Neid oder durch fremde Machenschaften zum Verbrecher geworden war, hatte alles verloren, einschließlich seiner Seele. Ihm blieb nichts anderes als das Verbrecherleben, und als Häftling wurde er in dieser Überzeugung noch bestärkt:

»Jeder, dem man sich bloß nähert, wendet sich mit Verachtung ab, und jeder, angefangen beim Aufseher, beschimpft einen als Dieb oder Räuber. So kommen die Kriminellen zu der Überzeugung, daß es für sie keinen Pardon gibt, daß sie der Auswurf, die Parias jener Gesellschaft sind, welche sie selbst hassen und von der sie gehaßt werden und der sie mit allen möglichen Mitteln Schaden zufügen.« (Ebd.: 155)

Die einzige Genugtuung für ihr mißlungenes Leben fanden die Ausgestoßenen in der Wertschätzung der anderen Verbrecher, wobei man sich gegenseitig durch Grausamkeit und Rücksichtslosigkeit oder auch durch die Höhe der Beute zu beeindrucken suchte.

Morde waren häufig emotional motiviert: Viele Verbannte hatten ihre Frau, ihren Vorgesetzten oder einen wuchernden Kaufmann umgebracht. Häufig wurden Morde aber auch bei Raubüberfällen oder von verfolgten Wilderern begangen. 1863 saßen in einem Durchgangsgefängnis sechs Männer aus demselben Dorf »wegen Dummheit« ein, nämlich deshalb, weil »sie ein wenig mit dem dummen Popen gespielt hatten«. Sie erzählten folgende schauerliche, aber nicht untypische Geschichte: Unter dem Vorwand, daß ihr Vater im Sterben liege, hatten sie sich nachts Zugang zum Haus des Popen verschafft und ihn mit einer Axt erschlagen.

»Dann gingen wir mutig in die Hütte. Die Frau des Popen saß auf dem Bett, und die Tochter stand im Hemd in der Stube. Wir begannen artig zu bitten, daß sie uns sagen sollten, wo Brüderchen Pope sein Geld versteckt hatte. Die beiden Frauen wollten nicht antworten. Da nahmen wir die Alte und schnitten ihr eine Brust ab. Sie schwieg immer noch, weshalb wir ihr die andere Brust auch abschnitten; sie sagte weiterhin nichts, wir schauten bloß, und da war sie schon krepiert. Dann nahmen wir uns die Junge vor. Sie weinte, sagte, daß sie nicht wisse, wo das Geld sei. Sie tat uns leid, und wir spielten noch ein wenig mit ihr (...), schließlich schnitten wir ihr die eine Brust ab – sie schwieg, wir schnitten ihr die andere ab, sie wollte immer noch nichts sagen, obwohl sie sich vor Schmerzen wand. Nun kam einer von uns auf eine glänzende Idee: Er erhitzte ein Stück Eisen, bis es rot glühte, und als er ihr ein Auge ein wenig anbrannte, zeigte sie uns sofort das Versteck, wo wir das Geld fanden.

Es war ziemlich viel. Die junge Frau tat uns leid – sie war schließlich schön –, vor Schmerz wand sich das Täubchen auf dem Fußboden. Ich erbarmte mich ihrer und hackte ihr mit der Axt den Kopf ab. Es gab noch zwei kleine Kinder und eine Dienerin (...), die waren so klein, daß meine Gefährten sie wie Spatzen erstickten. Wir steckten das Haus in Brand und kehrten ruhig in unsere Häuser zurück, und alles war in Ordnung. Aber ein alter armer Mann sah uns und erzählte es dem Gemeindevorsteher. Der nahm uns mit, aber das Geld konnte er uns nicht wegnehmen, weil wir es gut versteckt hatten. In Sibirien leben wir wie die Gutsherren.« (Ebd.: 134 ff.)

Sicherlich ist die Frage berechtigt, ob Berichte über solche entsetzlichen Verbrechen nicht bloß Produkte einer krankhaften Phantasie oder der Lust am Aufschneiden waren, zumal sich viele vergleichbare Berichte finden. Jedoch verzeichneten die Presse wie auch unveröffentlichte Polizeiberichte häufig Fälle von bestialischen Morden, bei Raubüberfällen von Bauern begangen, die bis zu diesem Zeitpunkt ruhig und unbescholten gelebt hatten.

Mehr als 20 Menschen erschlug ein bezahlter Mörder aus Moskau, Antonow, der das Pseudonym »Hammer-Würger« trug. Er wuchs im kriminellen Milieu auf, war geistig zurückgeblieben und begann mit sechzehn Jahren, gegen geringe Bezahlung zu töten. Er sagte von sich, daß er »einen Hang zum Würgen« habe, es sei für ihn ein »Handwerk«. Meistens tötete er alte, einsame Altgläubige um deren bescheidener Ersparnisse willen.

Einen anderen Typus von Kriminellen verkörperte der Katorgasträfling Glowacki, Sohn eines Polen und einer Russin. 1888 wurde er wegen Mordes an seiner Frau, die ihn verlassen hatte und der er schon zuvor einen Ehebruch verziehen hatte, zu Katorga auf die Insel Sachalin verbannt. Wegen eingeschränkter Arbeitsfähigkeit schwebte er ständig in Gefahr, körperlich bestraft zu werden, da der Arzt ihn für einen faulen Simulanten hielt. Er wurde dazu abkommandiert, in der Taiga Baumstämme zu schleppen, was als eine der härtesten Arbeiten galt. Da er es dort nicht aushielt, flüchtete er mit einem Mithäftling, der auf der Flucht seine Jacke verlor. Nachdem nur Glowacki ergriffen worden war, schloß man aufgrund des Funds der Jacke, daß er seinen Gefährten getötet haben müsse. Er wurde zu 65 Rutenhieben und 11 Jahren Katorga verurteilt, die ihm allerdings erspart blieben, da er nach den Rutenhieben schon zum Krüppel geworden war.

Lange Zeit gab es in Rußland keine spezialisierten Verbrecher wie Tresorknacker oder Einbrecher, die Blutvergießen vermieden. Selbst professionelle Taschendiebe bildeten eine verhältnismäßig kleine Gruppe und waren bezeichnenderweise oft Nichtrussen. Eines der wenigen Beispiele für einen spezialisierten Tresorknacker war der Grieche Pawlopulos, der in Rußland als »Pawlopulos, der weltbeste Einbrecher« von sich reden machte, sich selbst hingegen schlicht als »Herr« bezeichnete. Als Sohn eines Kaufmanns hatte er eine gute Erziehung genossen, war aber schon früh vom Weg abgekommen, weshalb er von seinem Vater enterbt wurde. Dem Räuber, der vor Blutvergießen eigentlich zurückschreckte, wurde dann ein russischer Helfer,

der bei einem Überfall einen Bankier aus Mordlust getötet hatte, zum Ver-
hängnis: Pawlopulos wurde als Anführer der Bande zu Katorga verurteilt, in
die er immerhin eine beträchtliche Geldsumme mitnehmen konnte.

Eine *femme fatale* führte den Kassierer einer Kiewer Bank ins Verderben.
Um sich an ihr für seinen moralischen Verfall zu rächen, tötete er sie. In der
Katorga wurde er zum Trinker, verdiente aber dadurch viel Geld, daß er für
die Häftlinge Briefe und Gesuche schrieb. Außerdem begann er auch, Banknoten
zu fälschen, wofür man ihn schließlich zu Prügelstrafe und Zuchthaus verurteilte.

Um 1900 erfreute sich in der Alexandrower Katorga auf Sachalin der zu
lebenslänglicher Verbannung verurteilte Pole Pazulski großen Ansehens. Er
war Anführer einer Bande gewesen, die in Wolhynien und Rumänien ihr
Unwesen getrieben hatte. Um seine Person entstand eine Legende ähnlich denen um die sagenhaften Gestalten, die Eric Hobsbawm als »Sozialrebellen«
bezeichnet. Sein Geschick, seine Kühnheit und seinen »Edelmut« besang man
in Liedern, und über seine Herkunft erzählte man sich Wundergeschichten.
Pazulskis Räuberkarriere hatte wie in einem Drama von Shakespeare begonnen: Er tötete den Bruder seiner Geliebten. Nach seiner Verhaftung entfloh
er aus dem Gefängnis und geriet so ins soziale Abseits. Er gründete eine
Bande, deren Mitglieder zuerst auf Gütern Arbeit annahmen, sich mit der
Umgebung vertraut machten und das Anwesen dann ausraubten. Man sagte,
daß der Anführer der Bande, den sie »Ataman« nannten, nicht töten wollte
und darauf achtete, daß auch seine Leute ihre Finger nur dann mit Blut be-
fleckten, »wenn es sich nicht umgehen ließ«. Der Ruhm Pazulskis wuchs
auch dadurch, daß er noch lange Zeit nach der Ergreifung der anderen Ban-
denmitglieder flüchtig blieb. Wie in einer klassischen Räuberlegende lieferte
ihn eine verschmähte Geliebte aus, die danach aus Verzweiflung verrückt
wurde. Im Gefängnis machte er sich schnell zum Anführer der anderen Häftlinge, wurde dann aber von den Aufsehern gefoltert. Er entfloh, wurde wieder ergriffen und tötete aus Rache einen Gefängniswärter. Man verurteilte
ihn zum Tod durch Erhängen und begnadigte ihn erst auf dem Richtblock.
Sofort entfloh er wieder aus der Katorga, wurde erneut gestellt und nach der
Auspeitschung nach Sachalin verbannt, wo er drei Jahre an einen Karren an-
geschmiedet arbeitete. In der Katorga gewann er die Achtung der anderen
Sträflinge, schickte sich in sein Los und betrieb als Sechzigjähriger eine kleine Pfandleiherei. Bei guter Laune erzählte er seine Abenteuer, und die Häftlinge, die seine Geschichten hören wollten, lauschten mit angehaltenem
Atem. Manchmal gaben sich andere Banditen für ihn aus.

Auch zu Kannibalismus kam es in Sibirien: Eine Gruppe von flüchtigen
Häftlingen, dem Hungertode nahe, tötete einen der eigenen Gefährten und
fraß den Leichnam auf. Diese Tat erschütterte sogar die Verbrecherwelt, die
die Menschenfresser nach ihrer Ergreifung beinahe gelyncht hätte. Ein Aufseher nahm sich ihrer an und sorgte für ihre gesonderte Unterbringung. Als

man sie zu körperlicher Züchtigung verurteilte, sammelten die anderen Häftlinge 15 Rubel und gaben sie dem Schergen – nicht etwa, damit er »ohne zusätzliche Peinigung« zuschlüge, sondern damit er seines Amtes gnadenlos walte. Der Mörder des Flüchtigen starb nach 48 Schlägen; ein Mittäter wurde nach der Prügelstrafe verrückt.

Ein gefühlvoller Vater und sentimentaler Volksdichter war ein Kosak mit dem Pseudonym Paklin, der als Siebzehnjähriger einen Rivalen im Streit erschlagen und dann ein Landstreicherleben begonnen hatte. Er gründete eine Bande, mit der er des Nachts in der Umgebung von Rostow und im nördlichen Kaukasus Raubzüge unternahm. Die Banditen verübten dabei derart ungeheuerliche Grausamkeiten, daß sie nur durch die Sucht nach abartigem Ruhm getrieben worden sein können. Bei seiner Ergreifung zeigte der berühmte Räuber panische Angst vor der gegen ihn verhängten Prügelstrafe. In der Verbannung wurde er dann ein solider Siedler, Ehemann und Vater zweier Kinder.

Bei den Frauen waren die Gründe für ihre Verschickung nach Sibirien wesentlich einheitlicher als bei den Männern. Die meisten von ihnen waren betrogene Geliebte, die aus Eifersucht getötet hatten, oft verführte und verlassene Mädchen, die im allgemeinen weder über Bildung noch über Geld verfügten. Sie wurden zu Straßendirnen oder Opfern von Kuppelei und kamen dann früher oder später mit dem Gesetz in Konflikt, wogegen sie in der Regel völlig schutzlos waren. Etliche waren ehemalige Dienstmägde, Diebinnen oder Frauen, die unschuldig des Diebstahls bezichtigt worden waren. Das allgemeine Elend und der Alkoholismus trugen das Ihre zu solchen Schicksalen bei. Bezeichnend ist das Los einer vaterlosen Gefangenen, die mit 13 Jahren von ihrer Mutter für 50 Rubel in das Bett eines Freiers geschickt worden war und später ihr Geld als Sängerin in einem Kabarett verdient hatte. Mit ihrem Liebhaber lebte sie dann auf Kosten eines reichen Kaufmanns, den sie später gemeinsam ermordeten. Sie gingen zusammen in die Katorga, wo die Frau bald in eine Irrenanstalt eingewiesen werden mußte.

Farbigere Gestalten wie z.B. die Tochter eines kurländischen Grundbesitzers, die Baronin Heimbruk, erregten beträchtliches Aufsehen. Als emanzipierte Frau hatte sie Ende des 19. Jh. eine Handwerksschule für Frauen geleitet. Als sie sich mit einem verschuldeten und unehrenhaft entlassenen Offizier einließ, zog sich ihre Familie von ihr zurück, und die Schule verlor an Ansehen. Um eine Versicherungsprämie zu kassieren, steckte sie mit ihrem Liebhaber die Schule in Brand. Er ging dafür nach Sibirien, sie nach Sachalin. Hier ernährte sich die Baronin, indem sie Französischunterricht erteilte und für die Frauen der Aufseher schneiderte, die die gebildete Aristokratin ihrerseits mit Genugtuung demütigten.

Seitdem es moderne Gefängnisse gibt, bildet sich unter den kriminellen Häftlingen überall die gleiche Hierarchie heraus. Die sozialen Gegensätze erweisen sich hier als noch krasser und beständiger als in der Freiheit. In Sibirien wie überall unterschied man eine Häftlingsaristokratie, eine Art Mittelschicht und den Pöbel. Die Aristokratie bildeten vor allem die »Erfahrenen« oder auch »Kettenträger«, meist Schwerverbrecher, notorische Wiederholungstäter oder Häftlinge, die etliche Fluchtversuche unternommen hatten und weit in Sibirien herumgekommen waren. Die Unterschicht nannte man pauschal die »Angeber«, die »Gimpel« oder auch schlicht den »Sumpf« (*boloto*). Dazu zählten Kleinkriminelle wie Diebe, zufällige Mörder, kleine Betrüger usw., die zu einer für russische Verhältnisse geringen Strafe verurteilt worden waren, nämlich zu weniger als 12 Jahren Gefängnis oder Katorga. Beide Gruppen waren in sich wiederum gegliedert, wobei soziale und »professionelle« Kategorien die Grenze zwischen den Schichten markierten, sie entschieden über Prestige, Einfluß und persönliche Aussichten und definierten unterschiedliche Funktionen innerhalb der Gefängnisgesellschaft.

Ganz unten befanden sich die Einfältigen, die Schwächlinge und auch diejenigen, die durch besondere Gebrechlichkeit oder Häßlichkeit den Abscheu der anderen Häftlinge erregten. Die Spitze der Hierarchie nahmen dagegen die hartgesottenen *golowka*, d.h. zu einer Hauptstrafe verurteilte Verbrecher (*ugolownyje*), ein. Sie hießen *iwany*, manchmal auch *warnaki* oder *gorlopany*. Der Name *iwany* kam daher, daß Flüchtlinge und Landstreicher häufig vorgaben, ihren Namen nicht zu kennen, oder ihn auch tatsächlich vergessen hatten, so daß man sie als »namenlose *iwany*« bezeichnete; in sowjetischer Zeit sollte dieser Name durch andere, vor allem durch die Bezeichnung *urka* verdrängt werden. Obwohl die »Angeber« oder »Gimpel« an Zahl weit überwogen und die Atmosphäre im Gefängnis prägten, führten sich die *iwany* als Despoten auf. Sie terrorisierten andere Häftlinge, vor allem Neulinge und Schwächere, hielten Gericht über »Verräter« und hatten bei Streitigkeiten das letzte Wort. Daß sie häufiger als andere Häftlinge körperlich bestraft wurden, war für die Aufseher kein Hinderungsgrund, sie als Kapos, Starosten und Handlanger bei der Maßregelung etwa der politischen Häftlinge einzuspannen.

Meist zu Höchststrafen verurteilt, hatten die *iwany* nichts zu verlieren. Deshalb unternahmen sie häufig Fluchtversuche, was die Legendenbildung förderte. Um zum *iwan* aufzusteigen, reichte manchmal schon ein kräftiger Bizeps oder eine durchdringende Stimme und eine gehörige Portion Frechheit. Bei größerer Konkurrenz zählten aber auch die Erfahrung und nicht zuletzt die Frage, wie man sich unter der Prügelstrafe bewährt hatte. Für die bloße Ehre, den Titel *iwan* tragen zu dürfen, verübten freigelassene Häftlinge ausgeklügelte Morde, da es nicht immer gelang, mit erfundenen Verbrechen aufzuschneiden. Die größte Ehre wurde demjenigen zuteil, der einen Aufseher oder einen Vorgesetzten der Gefängnisverwaltung umgebracht hatte. Aber auch ein Neuling konnte in der Zelle sofort zum Helden werden, wenn er Mut an den Tag legte und sich erfolgreich gegen die Angriffe seiner Mithäftlinge zur Wehr setzte. Organisatoren von Gruppenfluchten, insbesondere wenn sie erfolgreich waren, wurden immer als Helden gefeiert. Als ruhmvolle Tat galt auch, sein Leben für einen Leidensgenossen zu riskieren. Abgesehen vom Ruhm hatte der *iwan* auch rein materielle Vorteile: Er konnte andere Häftlinge ausbeuten, besaß Geld, um die Aufseher zu bestechen, kontrollierte die Küche, den Laden und das »Köfferchen«, von dem später noch die Rede sein wird. Die Starosten der Verbanntengruppen waren immer *iwany*. Selbst die Verwaltung behandelte sie glimpflich – zumal einige von ihnen sich auch zur Kollaboration bereitfanden, obwohl dies nach dem Ehrenkodex der Häftlinge unzweideutig verpönt war.

»Im allgemeinen brachten die *iwany* als erfahrene Professionelle den weniger Erfahrenen ihr Handwerk bei, betrogen beim Kartenspiel, versorgten andere Häftlinge mit Wodka, schmiedeten Fluchtpläne, legten sich ab und zu mit der Verwaltung an (...) und stießen von Zeit zu Zeit Verwünschungen gegen den Sibirienpionier Jermak aus, der doch angeblich nur wegen seines diebischen Bruders Tobolsk erobert hatte, eine Stadt mit einem derart schlechten Klima«,

schrieb ein Verbannter nach seinem Aufenthalt im Tobolsker Zentralgefängnis (Genkin 1924: 164). Ein anderer zog hingegen folgendes Fazit: »Häufig lag das einzige Verbrechen eines *iwan* darin, ein paar hundert Jahre zu spät geboren zu sein. Zur Zeit Stenka Rasins oder Pugatschows wäre er sicherlich ein geachteter Volksheld geworden, von den folgenden Generationen besungen. Heute wird er nur zum Landstreicher und *iwan*« (Kon 1908: 200). Einen Ehrenplatz hatten stets die »Rückkehrer« inne – Landstreicher oder auch *iwany*, die auf der Flucht ergriffen und wieder ins Gefängnis oder die Katorga zurückgeschickt worden waren. Als Flüchtige hatten sie gelernt, sich in Freiheit zurechtzufinden, und ihre Erfahrungen in bezug auf Fluchtwege und Örtlichkeiten galten als höchst nützlich. Ein Fluchtversuch brachte daher auch fast immer einen Aufstieg zum *iwan* mit sich, zumal jeder ergriffene Flüchtling die Prügelstrafe über sich ergehen lassen mußte.

Wie andere Kriminelle waren auch die anscheinend furchtlosen *iwany* in Wirklichkeit Feiglinge, die lediglich von ihrer Rücksichtslosigkeit und ihrer Erfahrung profitierten. Als um die Mitte des 19. Jh. die ersten Gruppen von Bauern wegen ihrer Teilnahme an den sogenannten Cholera-Aufständen nach Sibirien und später auch nach Sachalin verbannt wurden, wurde die Position der *iwany* plötzlich erschüttert. Die aufständischen Bauern waren zumeist ruhige und arbeitsame, aber ungebildete Menschen. Aus Panik und Entsetzen angesichts der Choleraepidemie hatten sie angefangen zu morden, Häuser in Brand zu stecken und diejenigen zu ertränken, denen sie aus Aberglauben und aufgrund von Greuelgerüchten die Schuld an dem Unglück gaben. Im Gefängnis wollten sie sich den *iwany* nicht unterordnen, sondern sagten ihnen entschieden den Kampf an und blieben siegreich.

Folgenreich für die *iwany* war ferner ein spektakulärer Konflikt um einige

Kriminelle, die zwei georgische politische Gefangene umbringen wollten und deshalb einen Streit mit diesen anzettelten. Eine Gruppe von Georgiern griff in das Handgemenge ein und warf sich stürmisch auf die *iwany*, ohne sich um die anrückenden Aufseher zu scheren. Die erschrockenen *iwany* suchten Zuflucht unter ihren Pritschen und baten um Gnade. Im Verlauf des Kampfes wurde ein Häftling getötet, zwei starben später im Lazarett. Der Untersuchungsrichter konnte freilich weder die *iwany* noch die Georgier zu irgendwelchen Aussagen bewegen, so daß die Klage eingestellt werden mußte. Die Kriminellen sannen wohl ihrerseits auf Rache, und auch die Gefängnisverwaltung machte den Georgiern das Leben schwer. Doch bald wurden große Gruppen rebellischer Soldaten und Matrosen in das Gefängnis eingewiesen, vor denen sich sogar die Streitbarsten unter den Kriminellen fürchteten. Jedenfalls untergruben die genannten Vorgänge die Autorität der *iwany*. Zudem hatte ihr Status gelitten, seitdem die Prügelstrafe eingeschränkt worden war: Sie vor allem hatte dem *iwan* Adel verliehen, und wo nicht mehr geprügelt wurde, entfiel folglich auch die Möglichkeit zur Auszeichnung.

Zum Adel gehörte auch der »Reiche« in der Zelle, der zwar umworbene, aber auch gehaßte »Koffermann«. Sein Besitz war ein kleiner Koffer (*majdan*), der als Spieltisch diente und in dem Karten und Würfel aufbewahrt wurden. Dieser Koffer war eine Einrichtung, die große Gewinne abwarf und deshalb als derart wichtig angesehen wurde, daß man das Recht auf seine Bewachung schon auf dem Weg nach Sibirien versteigerte. Manchmal wurde dieser Koffer auf jeder Etappe neu versteigert oder im Gefängnis einmal im Monat einem anderen Zelleninsassen anvertraut, der dafür den anderen Häftlingen 15 Kopeken bezahlte. Der »Koffermann« hielt vor allem die Spielkasse und zog daraus beträchtliche Gewinne. Der Bankier zahlte ihm 10 % seines Gewinns, der setzende Spieler 5 %. Für Darlehen berechnete er 10 % täglich, wobei Pfänder im Laufe eines Tages ausgelöst werden mußten. Außerdem leitete er den Ausschank und den Laden. Milch, Zucker, Tee, Brötchen, Eier und gekochtes Fleisch durften legal verkauft werden, wobei die Gewinnspanne nicht selten bei 50 % lag. An jeder Flasche Milch verdiente der »Koffermann« ein bis zwei Kopeken, an einem Pfund Brot zwei Kopeken. Am meisten zahlten sich allerdings der Handel mit Wodka und das Kartenspiel aus. Glücksspiele, Tabak und Wodka waren zwar streng verboten, aber dennoch blühte das Geschäft. Es wurde sogar mit Sägen, Messern, Gift, Sprengstoff und Säure gehandelt, die die Ziegel aufweichte. Die verbotenen Waren wurden von wachhabenden Soldaten oder Besuchern ins Gefängnis geschmuggelt, ungeachtet der vorgeschriebenen Durchsuchungen. Der Einfallsreichtum der Besucher war erstaunlich; so wurde z.B. Wodka in Blasen ins Gefängnis gebracht, die in der Kleidung eingenäht waren. Kleine Zettel wurden vor allem bei politischen Gefangenen in den Ohren, im Mund oder in Zahnlücken versteckt.

Für die Aufbewahrung des Koffers hatte man für die Entleerung der Latrine und die Reinigung der Zelle zu sorgen. Dies brachte dem »Koffermann«
zwar bei den Aufsehern den Namen »Kübelträger« ein, doch bot diese unan-
genehme Aufgabe auch Vorteile, da sie die Aussicht auf zusätzliche Kontakte
mit der Außenwelt bot. Gewöhnlich bezahlte der »Koffermann« einen Häftling, der die Zelle zu säubern hatte, und einen anderen, der als »Steigbügel-
halter« an der Tür Schmiere stand und Alarm schlug, wenn sich ein »Geist«
(im Häftlingsjargon ein Aufseher) oder ein »Knüppel« (ein anderer Beamter)
zeigte oder wenn »Wasser« – das hieß: irgendeine andere Gefahr – drohte.
      Der »Koffermann« besorgte auch Geld oder gefälschte Dokumente, und er
fungierte als eine Art »Amtsperson«, etwa als »Trauzeuge« bei der Prozedur
des Namenstauschs zwischen zwei Häftlingen, wofür er auch die Kandidaten
zusammenführte. Die Praxis des Namenstauschs bereitete den Behörden einiges Kopfzerbrechen und wurde als Vergehen geahndet. Wenigstens kurz soll
auf dieses Phänomen eingegangen werden, da es sich wohl um eine russische
und insbesondere sibirische Eigentümlichkeit handelt. Häufig schon auf dem
Weg nach Sibirien vorgenommen, wurde der Namenstausch ursprünglich nur
unter Kriminellen praktiziert, später aber auch von politischen Gefangenen.
Es ging darum, daß zumeist ein Wiederholungstäter, zu langjähriger Katorgastrafe verurteilt, für Brot, Kleidung oder Wodka von einem Häftling, der
nur eine kurze Strafe abzusitzen hatte, dessen Namen kaufte und ihm statt
dessen seinen eigenen Namen übertrug. Um den Namenstausch glaubwürdiger zu machen, scheuten die Häftlinge vor nichts zurück: Sie fügten sich
furchtbare Wunden zu, um besondere Merkmale zu vertuschen, schlugen sich
Zähne aus, entstellten ihr Gesicht usw. Die neue Identität übernahmen sie
nicht nur von naiven Neulingen, die übervorteilt worden waren oder im Kartenspiel verloren hatten, sondern auch von »alten Schmarotzern«, vor allem
Landstreichern, die allerdings vielfach nach einer gewissen Zeit den neuen
Namen nicht mehr führen wollten und einfach behaupteten, sie hätten ihn
vergessen. Die Aufseher waren gehalten, jeden Fall zu untersuchen, wobei
diejenigen, welche sich nicht an ihren Namen erinnern konnten, nicht in die
Katorga entlassen werden durften. Wer den Namenstausch zugab, wurde relativ milde bestraft. Doch von den Mithäftlingen hatten die einfältigen Verkäufer des eigenen Namens manches zu erleiden, und ein grausames Los erwartete sie, wenn sie sich ihrer Unbedachtheit bewußt wurden und den
Namenstausch bei den Behörden anzeigten.
      An der Wende zum 20. Jh. erschien neben den *iwany* eine neue gesell-
schaftliche Gruppe in der Häftlingshierarchie: die »Lumpen«. Sie waren keine
spezifisch russische oder polnische Erscheinung, sondern gehörten zu einem
Verbrechertypus, der in allen europäischen Gefängnissen anzutreffen war.
Gemeint sind Angehörige sozialer Randgruppen, die ihre kriminellen Aktivitäten mit ideologischen Vorwänden verbrämten. Sie traten nicht selten unter

dem Banner des Anarchismus und im Zusammenhang mit sozialen Unruhen in Erscheinung, wobei sie sich unter dem Vorwand, revolutionäre Expropriierung zu betreiben, als gewöhnliche Plünderer betätigten. Im Gefängnis verhielten sie sich wie andere Kriminelle: Sie knöpften den Einfältigen Geld beim Kartenspiel ab, kämpften bis aufs äußerste um einen Platz auf der Pritsche und weigerten sich strikt, Besitz oder Beute mit ihren Leidensgenossen zu teilen. Auch schworen sie unter dem Einfluß richtiger Krimineller, die als Einzelgänger nichts mit dem Sozialismus gemein hatten, schnell ihren politischen Parolen ab. Ein gebildeter *iwan* drückte es so aus: »Der Sozialismus ist die Moral der Unfreien.« (Stantschinskij 1922: 20 ff.)

Zwischen den *iwany* und den »Gimpeln« stand in der Gefängnishierarchie eine Mittelschicht von Kriminellen, für die es unter anderem die Bezeichnung »Schnarcher« oder »Verdrehte« gab. Sie galten als mit allen Wassern gewaschen – fähig, selbst die professionellen Wucherer und Betrüger übers Ohr zu hauen. Die »Schnarcher« verachteten die »Gimpel« und hatten den Ehrgeiz, selbst *iwany* zu werden, wozu es ihnen freilich in der Regel an Mut und Durchsetzungsfähigkeit fehlte. Sie waren typische Schreihälse und Querulanten, die die Mithäftlinge reizten, Streitigkeiten und Unruhen anzettelten, sich in bedrohlichen Situationen aber hinter den anderen versteckten.

Unter den »Angebern« oder »Gimpeln« gab es vielerlei Kategorien, definiert entweder durch eine bestimmte »professionelle« Spezialisierung oder auch durch die Besonderheit ihrer Position als Häftlinge. Als »Meister« bezeichnete man die besonders geschickten Falschspieler, die von einer eigenen Klientel umgeben waren. Ein »Meister« mußte weder zur Arbeit gehen noch irgendwelche Dienste in der Zelle verrichten; er stellte vielmehr andere Häftlinge an, die für ihn die Zelle säuberten oder die Latrine leerten, ihm das Bett machten, kochten, ihm den Tee aufbrühten und selbst für ihn zur Zwangsarbeit gingen. Es wird sogar berichtet, daß ein »Meister« einen Häftling speziell dafür bezahlte, daß dieser ihn auf den Schultern trug. Aber auch ein »Meister« konnte zu Fall kommen und sein Glück verspielen. Einen solchen gestürzten Falschspieler nannte man »Auswurf«. An ihm durfte sich jeder ungestraft rächen und ihm hart zusetzen. Man erlaubte ihm noch, um sein tägliches Brot zu spielen, doch wenn immer er verlor, mußte er sich vor jedem Zellengenossen tief verbeugen, um als Almosen einen Löffel Suppe zu bekommen. Aus dem »Auswurf« rekrutierten sich die »Zwiebackesser« – ewig Hungrige ohne jeglichen materiellen Rückhalt. Sie arbeiteten bei den »Meistern« oder boten sich bei einem Namenstausch feil, wobei sie wegen ihrer Erfahrenheit in der Regel weniger riskierten als arglose Neulinge.

Als »Schreihälse« waren die Handlanger bekannt, die einem »Meister« beim Spiel sekundierten und großes Geschrei anstimmten, wenn immer ihr Brotherr Gefahr lief, eine Partie zu verlieren; dabei kam es darauf an, den Kontrahenten einzuschüchtern oder auch nur Verwirrung zu stiften. Berufsmäßige Unruhestifter und Provokateure waren die »Sackpfeifer« oder »Wolhynier«; sie zettelten, gelegentlich im Auftrag eines *iwan*, Tumulte an, um die allgemeine Verwirrung für Diebstähle zu nutzen. Auf alle diese Gruppen bezog sich das Schlagwort »fremdes Abendbrot« oder »Sinelnikow-Kauf«; letzteres spielte auf die Ära des Gouverneurs Sinelnikow in den frühen 70er Jahren des 19. Jh. an, als jeder, der einen vagabundierenden Gauner aufgriff, drei Rubel Belohnung aus der Staatskasse erhielt.

Dem mythischen Dämon Asmodi verdankten jene notorischen Geizhälse ihren Gruppennamen, die täglich einen zähen Kampf um jede Kopeke führten. Sie verkauften die Hälfte ihrer Brotration, ihren Anteil an Seife oder ihren Tee, den sie durch Wasser ersetzten. Ihr Geld trugen sie auf der Brust und lebten in ständiger, berechtigter Angst, bestohlen zu werden. Denn die diebischen »Gimpel« fanden immer Wege, jemanden auszunehmen. Die »Trödler« schließlich bildeten eine Berufsgruppe, die im Gegensatz zu den »Koffermännern« nicht mit hochwertigen Waren wie Wodka handelte, sondern mit gebrauchten Kleidern, Knöpfen, Bindfäden oder angeschlagenem Geschirr.

Noch unter den »Angebern« als der Masse der Berufsverbrecher standen die Gelegenheitstäter, die Opfer fremder List und Gemeinheit oder auch der eigenen Dummheit geworden waren. Auf der Etappe, in der Zelle und auch in der Ansiedlung blieben sie die ewigen Opfer der *iwany* und sogar der »Angeber«. Als besonders leichtgläubig und einfältig verschrien, nannte man sie oft verächtlich »Onkel Scheune«, weil sie ständig »vor Staunen ihre Mäuler wie Scheunentore aufsperrten«. Ihr vernachlässigtes und oft abstoßendes Äußeres trug ihnen ferner den Spottnamen »Vogelscheuchen« ein, und alle gemeinsam wurden kurzerhand »die Grobiane« genannt. Mit Verachtung bedachte man ferner diejenigen, welche freiwillig ihren Frauen in die Verbannung gefolgt waren. Wenn übrigens ein *iwan* – und sei es auch nur zum Schein, für Geld oder um angesiedelt zu werden – heiratete oder seine Kinder anerkannte und die Vormundschaft über sie erhielt, war er in den Augen der anderen erledigt. Aus diesem Grunde gab es in den sogenannten »Familiengruppen«, die mit ihren Angehörigen nach Sibirien zogen, auch keine *iwany*.

Einige friedfertige und gutherzige Häftlinge aus dem Volk erfreuten sich hingegen einer nahezu charismatischen Autorität. Dies galt besonders für die von Kriminellen geachteten »Friedensleute«, die mit ihren Kreuzen in die Verbannung gezogen waren und bei vielen Erinnerungen an die Heimatdörfer weckten. Aus den Reihen dieser Bauern kam die Mehrzahl der »Erzähler«, die ihr Publikum mit meist gereimten Geschichten unterhielten. Alle Häftlinge, von den Politischen bis zu den *iwany*, hörten ihnen unermüdlich zu und gaben ihnen bereitwillig Almosen. Erheblich schlechter war das Verhältnis zu den Mitgliedern von Sekten, obwohl sich unter diesen gewöhnlich die gebildetsten und kultiviertesten russischen Bauern befanden. Gehaßt waren vor allem die Skopzen, weshalb die Behörden sie stets getrennt von den anderen Häftlingen unterbringen und ansiedeln mußten, um ständige Übergriffe zu vermeiden. Für die Kriminellen, die stolz auf ihre Männlichkeit waren, war die bei den Skopzen geübte freiwillige Kastration unverständlich und abstoßend, zumal auch die äußere Erscheinung der Kastraten – ihre häufige Beleibtheit und die helle Stimme – Ekel erregte.

Während in den Gefängnissen der westlichen Provinzen und in der Katorga die »Angeber« dominierten, waren auf der Etappe und in den sibirischen Gefängnissen meist die Landstreicher in der Überzahl. Sie eigneten sich nicht für die Zwangsarbeit und wurden nach dem Gesetz zur Ansetzung in Sibirien, seit 1895 auch auf Sachalin bestimmt. Die Verurteilung erfolgte oft erst in Sibirien selbst. So verurteilte man in den 90er Jahren des 19. Jh. im Gouvernement Tobolsk jährlich im Durchschnitt 146 Menschen wegen Landstreicherei, im Tomsker Gouvernement 183, im Jenissejer 505, im Irkutsker 210. In den Städten des Gouvernements Tobolsk hielten sich ständig ungefähr 2 900 wegen Landstreicherei Verurteilte auf, darunter 12 % Rückfällige. Die Entscheidung, Landstreicher künftig nach Sachalin zu verbannen, bewog viele der »Gedächtnislosen« dazu, sich plötzlich wieder an ihren Namen und ihren Heimatort zu erinnern, um der Verbannung zu entgehen. Gewöhnlich gaben sie einen sogenannten sauberen Ort an, das heißt einen Ort, an dem sie registriert worden waren, sich aber keines Vergehens schuldig gemacht hatten. So konnten sie auf eine verhältnismäßig leichte Strafe für den ersten Fluchtversuch hoffen. Um die Landstreicher auf besondere Weise zu kennzeichnen, wurde ihnen eine andere Haartracht als den übrigen Kriminellen verordnet: Man rasierte ihnen nicht die rechte, sondern die linke Schädelhälfte.

Obwohl die Verbrecheraristokratie die Landstreicher im Grunde verachtete, suchte sie bei ihnen immer wieder Rat und Hilfe. Die Landstreicher kannten sich im ganzen Zarenreich gut aus, sprachen verschiedene Sprachen, kannten die jeweiligen örtlichen Bräuche und auch alle denkbaren Verstecke. Sie konnten im allgemeinen lesen und schreiben, also auch Eingaben verfassen, und besser als andere beherrschten sie die Kunst, Almosen einzutreiben, weshalb die Verbannten sie gerne zu ihren Starosten wählten. Landstreicher, die nach einem Fluchtversuch zurückkehrten, feierten Triumphe und standen in der Hierarchie auf gleicher Ebene mit den *iwany*. Weniger geachtet waren die Fabulierer unter den Landstreichern, in deren blumigen Erzählungen Wahrheit und Phantasterei sich allzu offensichtlich vermischten. Den untersten Rang aber nahmen diejenigen ein, welche gewissermaßen zufällig Landstreicher geworden waren, etwa weil sie die Paßgesetze nicht gekannt hatten oder weil sie sich geschämt hatten, nach Verbüßung ihrer Strafe unter Bewachung nach Hause zurückzukehren. Wer noch etwas Selbstwertgefühl besaß, »vergaß« dann schnell, wer er war, und wurde ein »namenloser *iwan*«. Gene-

rell aber galt: Wenn sich in einer Gruppe von Häftlingen zehn erfahrene
Landstreicher befanden, gewannen sie schnell die Oberhand und schwangen
sich zu *iwany* der Gruppe auf.

Unter den Landstreichern gab es auch Frauen, die zumeist vor ihren
Ehemännern oder Vätern geflohen waren, weil sie deren Trunksucht oder
Tyrannei nicht mehr ertragen konnten; manchmal war auch eine Liebesaffäre
der Grund, daß sie auf Wanderschaft gingen. Noch häufiger als die Männer
verbargen die Frauen ihre Identität – oft in Unkenntnis der Tatsache, daß ein
offenes Bekenntnis ihnen meist die Möglichkeit der raschen Rückkehr in die
Freiheit eröffnet hätte.

Nicht selten wurden Intelligenzler und durchaus herausragende Leute zu
Landstreichern. Man denke an den Schriftsteller, Journalisten und Schauspie-
ler Wladimir Gilarowskij, den berühmten »Onkel Gilaj«, der nichts anderes
als ein Landstreicher war. Zwischen Treidlerei und Landstreicherei war es
freilich auch nur ein schmaler Grat. Zum einen wie zum anderen trieben das
Fernweh und die Abneigung gegen tägliche eintönige Arbeit, dazu die Empörung gegen die herrschende Ordnung, oft auch die Angst vor der Armee. Die
großen Flüsse hatten für solche Leute eine besondere Anziehungskraft; viele
Junge flohen an die Wolga, um Holz zu flößen – »er ging Wasser holen«,
sagte man dann. An der Wolga fragte niemand, woher einer kam, und am
gemeinsamen Lagerfeuer wärmten sich Treidler, Deserteure und Kriminelle.
Am Ende der Treidelsaison kehrten nur wenige nach Hause zurück, die meisten setzten vielmehr ihr Wanderleben fort (Gilarowskij 1962: 81-128).

Zu der Zeit, von der hier die Rede ist, gab es noch keine wissenschaftlichen Untersuchungen über das Leben der Häftlinge. Doch vermitteln die unzähligen Erinnerungen, Berichte und Erzählungen viele interessante Beobachtungen über deren Psychologie. Danach bildeten Gefängnisinsassen, Zuchthäusler und andere Verbannte vergleichbare psychische Züge aus, so daß
man durchaus von einer spezifischen Häftlingspsyche oder Häftlingsmentali-
tät Sibiriens sprechen kann. In gewissem Maße galt dies sogar für die politischen Gefangenen. Charakteristisch für alle waren offenbar drastische Stim-
mungsschwankungen – zwischen Exaltiertheit und Apathie, zwischen Freund-
schaftskult, religiöser Begeisterung, tränenreicher Sentimentalität und ab-
gründiger Feindschaft und Grausamkeit, zwischen bravouröser Tapferkeit
und Verzweiflung sowie tierischer Furcht. Deshalb war das Verhalten der
Verbannten häufig voller Widersprüche. So hielt zwar jeder Verrat für eines
der schlimmsten Verbrechen, die ein Mensch überhaupt begehen konnte.
Doch verrieten viele ihre Gefährten für ein Stück Brot, denunzierten sie bei
den Aufsehern oder bestahlen sich gegenseitig. Offenherzigkeit gab es nur
bei Zufallstätern und bei Neulingen im Gefängnis. Wer nur etwas länger dort
war, wurde nicht nur rasch verlogen, sondern auch bald stolz auf sein Geschick im Lügen. Die Häftlinge waren gesellig, gleichzeitig aber auch reizbar

und prahlerisch: Lange Zeit konnten sie Unannehmlichkeiten in Demut ertragen, verfielen dann aber unvermittelt in Raserei und zerstörten alles, was ihnen in die Quere kam. Verlaust und schmutzig hausten sie in stinkenden Zellen, die sie selbst besudelt hatten. Die Angesiedelten kümmerten sich wenig um die Sauberkeit ihrer Gehöfte, zeigten aber gleichzeitig eine große Verbundenheit mit der Natur und kindliche Freude an Nichtigkeiten. Ihre Eitelkeit litt vor allem an der Rasur des Schädels; manche leisteten dagegen gewaltsamen Widerstand, was gewöhnlich mit grausamer Auspeitschung endete.

Das widersprüchliche Verhalten der Banditen, die für grauenhafte Taten verurteilt worden waren, sich gleichzeitig als mitfühlend und treuherzig erweisen konnten und zu wahrhaft edelmütigen Regungen fähig waren, wurde von vielen Intellektuellen in der Verbannung immer wieder nachdenklich vermerkt. Auch noch im 20. Jh. konnte man den Typus des »gutherzigen Verbrechers« finden, obwohl die Kriminellen »zynischer« geworden waren und zudem in linken Ideologien vielfach eine Rechtfertigung ihrer Außenseiterrolle als Kriminelle fanden. Theatralische Reue, wie sie die Häftlinge von Zeit zu Zeit äußerten, stand in merkwürdigem Gegensatz zu der Überzeugung, daß der Verbrecher selbstbewußt und ohne Skrupel zu sein habe. Obwohl der Ehrenkodex befahl, sich gegenüber dem Leiden und der eigenen Schuld gleichgültig zu zeigen, ertrugen in Wirklichkeit auch die abgebrühtesten Verbrecher den ständigen Druck nur schwer. Häufig vertrauten sie dann einem nahestehenden und geachteten Mithäftling ihre Gewissensbisse und ihre Furcht vor der ewigen Verdammnis an. Viele Kriminelle waren im Grunde schwache Menschen, denen es nur unzureichend gelang, ihre Furcht zu überspielen – vor allem die vor dem Tode. Aus geradezu klinischen Beschreibungen von Hinrichtungen kennen wir die Reaktionen der Opfer sowie der Zuschauer: Sie waren schweißüberströmt, Blut floß von ihren Gesichtern, sie zitterten, jammerten und seufzten.

Die Grausamkeit der Aufseher weckte Haßgefühle, aber auch Respekt, wie viele Beispiele bezeugen. In der Festung Omsk gab es um die Mitte des 19. Jh. einen Aufseher mit dem Spitznamen Waska, in vielen Tagebüchern und sogar von Dostojewskij verewigt, der sich seiner Härte gegen die Häftlinge öffentlich rühmte. Und tatsächlich gab es vielfältige Pläne, ihn umzubringen. Eines Tages bekamen ihn die Häftlinge tatsächlich in die Hand:

»Die einen stachelten die anderen zum Mord auf; Feiglinge! Feiglinge! – riefen die anderen. Vor Tausenden hattet ihr keine Angst, und jetzt fürchtet ihr euch vor einem? Sie fürchteten sich jedoch! Wie Tiere, die man lange bestraft hatte, fürchteten sie, ihren Peiniger zu schlagen. Die Angst vor Folter und Tod war stärker als die Gier nach Rache und Mord. Aber auch Waska war feige, und endlich versprach er Besserung. Es war komisch anzusehen, erzählte man uns, wie dieser freche, allmächtige ›Platzmajor‹, dieser furchtbare Herrscher über das Gefängnis, demütig wurde wie ein Lamm und voller Angst schrie: ›Kinder! Von nun an werde ich euer Vater sein. Ich werde euch mit Grütze ernähren.‹ Sie ließen ihn frei, ohne ihm Schaden zuzufügen. Ach! Und Waska rächte sich grauenvoll. Es gab keinen Tag, keine

Stunde, in der nicht jemand von den Kasematten zur Wachstube geschleift wurde, in der man ihn auf Waskas Befehl auspeitschte.« (Tokarzewski 1907: I, 126)

Selten kam es zu offenen Rebellionen der Häftlinge – und wenn, so verliefen sie gewalttätig und planlos. Die Aufbegehrenden zerstörten blindlings und ließen ihrer Wut gegen die Aufseher freien Lauf; doch kamen ihr Mut und ihre Entschlossenheit auch rasch wieder ins Wanken, und sie ließen sich meist schon durch vage Versprechungen beschwichtigen. Erschrocken über ihre eigenen Gewalttaten, suchten sie selbst so schnell wie möglich den Rückzug. Revolten brachen vor allem bei der Zwangsarbeit in großen Betrieben aus, so 1830 in den Altajer Werken, 1831-33 in den Goldgruben des Gouvernements Tomsk, 1837 in den Gouvernements Tomsk und Jenissej und in den 50er Jahren des 19. Jh. in den sibirischen Kohlebergwerken. Im Jahre 1872 legten alle Arbeiter eines privaten Betriebes im Gouvernement Tomsk die Arbeit nieder. 1882 erhoben sich die Arbeiter der Nordaltajer Bergwerksgesellschaft, weil die ihnen zustehenden Wodkarationen ausblieben. Im selben Jahrzehnt fanden Streiks in verschiedenen privaten Erzgruben statt. Ein besonders brutaler Umgang mit den Arbeitern führte dann 1890 auf den Schürffeldern im Gouvernement Jenissej und noch vehementer im Kreis Minussinsk zu Revolten. Insgesamt sind für die Jahre 1875 bis 1890 45 Revolten bezeugt. Die Motive waren immer dieselben: zu schwere Arbeit, schlechtes Essen, allzu knappe Alkoholrationen, niedrige Löhne und schlechte Behandlung.

Wie in allen Gefängnissen der Welt gab es auch unter den sibirischen Verbannten einen eigenen, teilweise aus der Verbrecherwelt entlehnten Verhaltenskodex. Wenn das erste Gebot das Verbot der Denunziation war, welches, wie wir gesehen haben, nicht immer beachtet wurde, dann bestand das zweite Gebot in der Verpflichtung, einem Ausbrecher unter allen Umständen zu helfen. Mehr noch – wenn ein Häftling entfloh, galten seine Schulden und Verpflichtungen gegenüber anderen als erloschen. Das dritte Gebot, das nur im Fall der Flucht außer kraft gesetzt war, bestand darin, daß Abmachungen mit einem anderen Leidensgenossen strikt eingehalten werden mußten. Ferner gehörte es sich nicht, einen Mithäftling nach den Gründen für seine Verurteilung zu fragen. Man mußte warten, bis jemand von sich aus erzählte, und in der Tat: Selbst finstere und schweigsame Häftlinge vertrauten sich nicht selten ihren Mitgefangenen an und erzählten ihre Geschichte bereitwillig und ausführlich. Mord war grundsätzlich ein strafwürdiges Verbrechen, nicht jedoch Diebstahl. Die Bewertung war im einzelnen freilich sehr eigenwillig: Der Mord an einem Reichen oder Fremden galt moralisch nicht als verwerflich, ja nicht einmal der an der eigenen Frau oder einem neugeborenen Kind. Vater- oder Muttermord dagegen nötigte zu pathetischen Schuldbekenntnissen.

Obwohl es als verwerflich galt, Mithäftlinge zu bestehlen, war dies an der

Tagesordnung, und es wurde nur dann mißbilligt, wenn man einen Freund beraubte. Der Bestohlene hatte das Recht, die Tat zu ahnden und den Dieb zu bestrafen, woran sich die anderen Häftlinge bereitwillig beteiligten. Ebenso war der Mord an einem nahen Freund verpönt, während die Tötung eines anderen Leidensgenossen nicht als Verbrechen galt. Wenn allerdings jemand vor seiner Verhaftung einen Dieb getötet oder denunziert hatte, mußte er im Gefängnis seinerseits um sein Leben bangen. Die Kunde über seine Taten holte den Betreffenden überall ein; davor schützte auch eine Namensänderung nicht. Für solche Verfemten innerhalb der Verbrecherwelt mußten die Behörden besondere Zellen, die »Hundewinkel«, bereithalten. Unvermeidlich verfiel dem Todesurteil, wer den Aufsehern die Fluchtabsichten anderer Häftlinge verriet, und jeder mußte sich verpflichtet fühlen, das Todesurteil zu vollstrecken (Ossendowski o.J.: 172).

Rechnungen wurden unmittelbar und blutig beglichen, und man hatte nicht das Recht, gegen seinen Widersacher bei der Verwaltung Klage zu erheben. Wo es ging, sollte man vielmehr der Gefängnisverwaltung und den Aufsehern das Leben schwermachen, ohne freilich eine Verschlechterung der Haftbedingungen zu provozieren. Allgemein gebot der Ehrenkodex der Kriminellen, seine Schulden, vor allem Spielschulden, zu begleichen, Beleidigungen zu rächen und den stärksten Verbrecher zu ehren. Als schlimmste Beleidigung galten abfällige Bezeichnungen, die eigentlich auf Frauen gemünzt waren. Wer jemanden als Hure bezeichnete, konnte sich leicht einen Messerstich einfangen oder auch mit Billigung der anderen zu Tode geprügelt werden.

Mit dem Verhaltenskodex der Häftlingswelt war auch eine spezifische sprachliche Subkultur verbunden. Der Häftlingsjargon war für Außenstehende unverständlich und regional unterschiedlich. Immer aber beruhte er auf ähnlichen Assoziationen und Bedeutungsmustern. Zum Jargon gehörten zum Teil alte, in der normalen Sprache inzwischen ungebräuchliche Begriffe, während andere Neuschöpfungen waren, die ihrerseits nicht selten bis heute vor allem in der russischen und polnischen Gefängnissprache geläufig geblieben sind. Hier einige Beispiele: »Vorstehhund« bedeutete Verräter, »annähen« töten, »einen Bart annähen« betrügen, »die Melone spalten« den Kopf einschlagen, »in die Seele treffen« mit dem Messer in die Brust stechen, »ein Omelett machen« Geld fälschen, »schießen« um Almosen betteln. Den Kerker nannte man »Trockenboden«, weil die Häftlinge hier gezwungenermaßen nüchtern blieben. Man konnte nicht nur »abkratzen«, sondern auch »ausschlagen« oder »die Schubkarre fahren«. Lügner hießen »Glöckner« oder »Bäuerchen«, Wodka »irres Wasser« usw. Oft wiederholen sich bestimmte stereotype Namen. So war »Iwan-Geh-um-die-Welt« oder »Floh« der Held zahlloser Erzählungen und Lieder – eine fiktive Figur, die sich aus den Abenteuern und den Charakterzügen verschiedener Verbannter zusammensetzte. Beliebte

Vornamen waren Iwan und Bogdan – möglicherweise zu Ehren des Kosaken-
anführers Chmelnickij. Als Beinamen waren besonders »Adler« und »Falke«
beliebt. Gegenüber den Behörden benutzte man in provokatorischer Absicht
Namen wie »Erinnerungslos«, »Pflastertreter«, »Namenloser«, »Etappenhäft-
ling« oder »Häftling«. Aus Spott benutzte man Beinamen wie »Weib«, »Mädchen«, »Ausgelachter« oder »Kohlsuppe« (ebd.: 165; Doroschkewitsch 1901:
III, 29 f., 101-107; Jadrinzew 1872: 106-142; Trachtenberg 1908: 101).

   In Sibirien entstanden auch Lieder, die meistens auf der Parodie einer po-
pulären Elegie oder eines altüberlieferten Räuberliedes beruhten. Diese Lieder wurden vielfach nur in einzelnen Strophen weiter überliefert, die dann
gleichsam wieder zu eigenen Liedern ausgesponnen wurden. Ihrer Struktur
nach glichen die Lieder einander: Sie waren wehmütig, auch prahlerisch,
warnten vor gewissen Taten, rühmten Mut und festen Charakter. Sie waren
voller Klagen über das Schicksal der Verbannten und voller Mitgefühl für die
von ihren Geliebten verratenen Räuber. Mit der Zeit wurden die ursprüngli-
chen Lieder freilich durch sogenannte Kunstlieder verdrängt. Viele trugen
deutlich die Handschrift von Intelligenzlern, und in der Tat konnte, wer auch
nur einen Funken Talent hatte, sich damit ein gutes Auskommen in der Welt
der Verbannten sichern, da diese nach Liedern und Dichtung geradezu dür-
steten. So waren auf Sachalin besonders zwei Lieder beliebt, die gewiß nichts
mit spontaner Volksdichtung gemein hatten:

> »Rauhe Winde ringsumher,
> Gottes Welt ist mir ein Hort.
> Im Gefängnis ist's traurig und leer,
> Keine Sonne, kein Morgenrot.
> Dort steigen auf wie Schattenwände
> Von Angara die Felsen steil,
> Bis zum Meer hin ohne Ende
> Aufgereiht an langem Seil.
> He, ihr Felsen! Schnell, zuhauf
> Herab zu mir türmt euch auf!
> Eure Wildheit ist Zuversicht
> – Nur die Menschen fürchte ich …
>
> Er klirrt mit den Ketten, der Trauer geweiht,
> Die Fesseln zerren an Fuß und Hand,
> Er schreitet finsteren Blicks in stummem Leid
> Auf die öde Straße das Auge gebannt.
> Die Sonne brennt grausam ohne Rast,
> Die unglückliche Seele fühlt keinen Mut,
> Aus den Wunden, gerissen durch der Eisen Last
> Fließt – Tropfen um Tropfen – heißes Blut.«
>
> (Doroschkewitsch 1901: III, 111 f.)

Großer Beliebtheit unter den Kriminellen erfreute sich das Theater. Schon in
den 30er Jahren des 19. Jh. wurde in der Festung Omsk ein Theater errich-

tet, am Ende des 19. Jh. eines auf Sachalin. Aufgeführt wurden von den
Häftlingen selbstverfaßte Stücke, die mit geringen Variationen um die Themen kreisten, die das Leben der Verbannten bestimmten: Mord, Strafe und
Leiden. Meist waren sie eher einfallslos; Reflexionen und Zukunftsentwürfe,
die den engen Horizont des Verbanntenlebens überschritten hätten, kamen
darin nicht vor. Gewiß wollte ein jeder die Freiheit, doch keiner hatte Vorstellungen über das Leben nach der Freilassung.

Die Hauptleidenschaft der Kriminellen galt dem Spiel (»Wer spielt, vergißt«). Meist waren es simple und anspruchslose Vergnügungen wie etwa das
»Tuchspiel«, das »Fingerhutspiel« oder das »Kreuzspiel«, bei denen es vor
allem darum ging, Geld zu erschwindeln oder den Gegner zu demütigen.
Sehr beliebt waren natürlich auch Kartenspiele, die allerdings wegen eines
generellen Verbots nur insgeheim gespielt werden konnten. Eine eigene Ver-
gnügung war schließlich der »Ritterschlag« oder die »Einsegnung« von Neulingen, die vor allem darauf beruhten, diese möglichst grausam zu quälen.
Nach 1900 wurden solche Rituale freilich nur noch selten praktiziert, und die
Lektion für Neulinge beschränkte sich darauf, daß man sie betrog, bestahl,
ausbeutete oder ihnen ihr Geld im Spiel abnahm. Jeder Neue zahlte eine
»Einschreibegebühr«, die von der sozialen Stellung abhing, die er in Freiheit
innegehabt hatte: Ein Landstreicher entrichtete 30 Kopeken, ein Siedler 75,
ein Bauer oder Stadtbürger 1,5 Rubel, ein Kaufmann oder Adliger 2 bis 3
Rubel. Außerdem lechzte die »menschliche Staubwolke« ständig nach Lecke-
reien und Tand, und die erpreßten Gelder wurden, war der erste Hunger
einmal gestillt, für Süßigkeiten und andere Schlemmereien vergeudet.

Über die weiblichen Kriminellen, denen man in der Verbannung begegnete, äußerten sich die meisten politischen Gefangenen und namentlich die Sozialisten in ihren Erinnerungen mit deutlicher Verachtung und moralischer
Kritik – und dies, obgleich sie in ihrer politischen Rhetorik durchaus damit
argumentierten, daß die Demoralisierung und Kriminalisierung der Unter-
schichtsfrauen ein Produkt der Klassengesellschaft sei. »Die professionelle
Kriminelle – das ist in 99 von 100 Fällen die Verkörperung der Zuchtlosigkeit und Verdorbenheit«, schrieb ein Revolutionär um 1900 apodiktisch
(Tscherkunow 1926: 183; vgl. Kon 1908: 206). Tatsächlich hatten die sexuellen Beziehungen im Gefängnis und in der Katorga häufig den Charakter von
Exzessen. So verschaffte der Aufseher eines Gefängnisspitals männlichen
Häftlingen Zugang zu einem Saal, in dem sich geschlechtskranke Frauen aufhielten, und stand während des kollektiven Beischlafs Wache, um später
selbst die Frauen zu mißbrauchen, während die Häftlinge ihrerseits aufpaßten. Als eine Pflegerin, eine Politische, einmal versuchte, die kranken Frauen
von diesen Orgien abzuhalten, und sie vor Infektionen warnte, wurde sie von
ihnen verprügelt.

Alexander Salomon versuchte die Ursachen für solche Vorkommnisse damit zu erklären, daß die Tatenlosigkeit und die Monotonie des Häftlingsall-tags zu einer »krankhaften« Steigerung der sexuellen Bedürfnisse geführt hätten. In der Ansiedlung gab es einerseits wenige Frauen, und andererseits fehlte es an Geld und Gelegenheit, um sich wie die freien Stadtbürger an Prostituierte zu halten. Deshalb verschwanden die Scham und die anerzogenen Hemmungen. Der Sexualtrieb wurde durch Onanieren und Sodomie befriedigt, wobei die Landstreicher die jüngeren Häftlinge anleiteten (Salomon 1900: 280).

Dennoch scheint es einseitig, in den Häftlingen nur hemmungslose Bestien zu sehen. Etliche Erinnerungen vermitteln hier zumindest ein komplexeres Bild. Auch Sentimentalität und sogar Empfindsamkeit waren, wie wir gesehen haben, durchaus typisch für das Lebensmilieu der Verbannten, und entsprechend gab es nicht nur sexuelle Perversion, sondern auch Emotionalität und Romantik. Die möglicherweise interessanteste Beschreibung des erotischen Lebens in den sibirischen Gefängnissen am Anfang des 20. Jh. liefert der Pole Antoni Ossendowski:

»Überall, wo Mann und Frau sich begegnen können, ob in schönen, großen Städten, ob auf einer einsamen Insel oder sogar in einem Gefängnis, wo Tag und Nacht das Rasseln der Ketten erschallt, überall stellt sich der geflügelte Eros Cupido ein, bewaffnet mit Pfeil und Bogen. Er zielt auf die Herzen der Menschen, ohne darauf zu achten, was seine Pfeile tragen: Freude und Glück, oder Leid und Verzweiflung. Der schelmische Eros ist nicht wählerisch. Er sieht nur das Herz und kümmert sich nicht darum, ob der Körper schön genug ist. (…) Einmal hörte ich Lärm auf dem Hof, freudige Schreie der Häftlinge, Frauenstimmen, und später, die ganze Nacht, Pfeifen und ›telegraphische‹ Nachrichten, übermittelt durch Klopfen an die Wände. Es war, als ob das ganze Gefängnis tobte. Die Klopfsignale liefen aus allen Richtungen zusammen, so daß ich die einzelnen Nachrichten nicht unterscheiden konnte (…).

Am Morgen erfuhr ich alles. In unser Gefängnis war eine große Gruppe Frauen eingeliefert worden, alles weibliche Kriminelle, die zu langen Haftstrafen verurteilt worden waren. Man brachte sie im Erdgeschoß unter, unterhalb der Kammer, in der die schrecklichen *iwany* saßen und wo ich häufig meine Wanderuniversität abhielt, weil dies die Abteilung mit den meisten Häftlingen war. Während ich die Blumenbeete goß, konnte ich die anregende Szene betrachten. Einige der weiblichen Häftlinge setzten sich an die Fenster und unterhielten sich laut mit den Männern im oberen Stockwerk. Die Gespräche waren sehr ernst, und manchmal schwang dabei ein wehmütiger oder verzweifelter Unterton mit. Die Frauen sprachen über ihr Leben und die schlimmen, tragischen Umstände, die sie ins Gefängnis gebracht hatten. Was es da nicht alles gab! Enttäuschte Liebe und Eifersucht, Mißhandlungen durch trunksüchtige, brutale Ehemänner, schwere materielle Not, Angst vor dem eigenen Hungertod und dem der Kinder, Rache, Entartung, Verbrechertum in der eigenen Familie, vage Unzufriedenheit mit dem Leben, momentanen Wahnsinn, alle möglichen psychischen Abnormitäten, unheilbare, schreckliche Krankheiten (…).

Die weiblichen Häftlinge sprachen in traurigem, freimütigem Ton wie bei der Beichte. Einige weinten sogar, vor Verzweiflung die Hände ringend (…). Ich bemerkte, wie aus den Zellen der *iwany* Seile mit Briefen, Zigarettenschachteln, Zucker, Seife und anderen Geschenken nach unten gelassen wurden. Aus dem Parterre wurde mit Hilfe dieser Seile die Post der ›Damen‹ nach oben geschickt – Briefe, Spiegelscherben, Tabak, manchmal sogar eine Tafel Schokolade oder Bonbons. Als ich nach dem Mittagessen in die Zelle Nr. 1 ging und vorschlug, eine Lektion abzuhalten, kam einer der Häftlinge zu mir und sagte: ›Starost! Heute ist uns da drin nicht danach‹, und er zeigte auf sein Herz. ›Heute‹, fuhr er fort, ›hat man Frauen ins Gefängnis gebracht. Das ist ein fröhlicher Tag. (...) Als wir die Stimmen der Frauen hörten, haben wir an unsere Familien gedacht, die wir sicher nie wieder zu Gesicht bekommen werden.‹ Er lächelte verwirrt und fügte flüsternd hinzu: ›Heute brauchen wir keinen Unterricht, Starost. In Ordnung?‹ Ich lächelte, und als ich im Begriff war zu gehen, kam der älteste Häftling, der laut mit seinem Holzbein klopfte, auf mich zu. Er war ein ehemaliger Bandit, der Postämter ausgeraubt hatte, ungefähr 70 Jahre alt, und im Gesicht trug er das Mal der Insel Sachalin, der Verbannungsinsel für Verbrecher, nämlich aufgerissene Nasenlöcher, die beinahe von dem dichten, stacheligen Bart verdeckt wurden. Er nannte sich Bojzow, war riesengroß und hatte trotz seines fortgeschrittenen Alters erstaunliche Kräfte. ›Setzen Sie sich‹, seufzte er. ›Wir wollen ein wenig plaudern (...) Verstehen Sie das, Starost?‹ Ich schwieg. ›Das ist doch furchtbar!‹, flüsterte er noch leiser. ›Erwachsene, sogar alte Leute, benehmen sich wie Grünschnäbel. Das macht das Gefängnis‹, sprach der alte Bandit weiter. ›Weil wir ohne Lebensfreude sind, suchen wir sie, wie der Fisch das frische Wasser, der Vogel die reine Luft, wie die Blume die Sonne‹ (...).

Es gab hier wenige Frauen, aber fast 500 Männer, und fast jeder von ihnen wollte eine Frauenstimme hören, die nur zu ihm sprach. Daraus entstanden Streit, Eifersuchtsszenen, Kämpfe, bei denen es nicht nur mit harten Fäusten, sondern auch mit Messern zuging. Nach der Ankunft der Frauen füllte sich das Spital sofort mit verletzten Häftlingen. Gleichzeitig bemerkte ich aber, daß die Stimmung sich entspannte. Die wüsten und abscheulichen Beschimpfungen und Flüche waren nicht mehr Tag und Nacht zu hören. Die Leute sprachen leiser, konzentrierter Stimme, man hörte auf, schmutzige Lieder zu singen oder unanständige Anekdoten zu erzählen. Man spürte die Anwesenheit der Frauen bei jedem Schritt. (...) Nur noch selten bekam man ungewaschene, ungekämmte oder halbbekleidete, vollkommen verwahrloste Gestalten zu Gesicht.

Auch entwickelten sich in dieser Atmosphäre etliche Romanzen. (...) Der Wunsch kam auf, den Gegenstand seiner Begierde zu sehen, und der Einfallsreichtum der Häftlinge bewährte sich hier sofort. Bald bemerkte ich, daß alle mit Spiegeln ausgestattet waren. Die Männer drehten die Spiegel in ihren Händen, während die Frauen aufmerksam mit ihren Spiegeln am Fenster saßen. Die Frau setzte sich so hin, daß der Häftling mit seinem Spiegel ihr Bild einfangen konnte. Man begann zu lachen, zu flirten, sich gegenseitig Küsse, ein Lächeln oder einen Seufzer zuzuwerfen. (...) Ich weiß sowohl aus eigenen Beobachtungen als auch aus den Erzählungen anderer Häftlinge, daß häufig wirklich glückliche und beständige Ehen im Gefängnis geschlossen wurden – solche, die sich auch in Freiheit in schweren Proben bewährten, wo auch die anderen um das nackte Dasein kämpfen mußten (...).« (Ossendowski o.J.: 185-191)

Schon früher, in der Mitte des 19. Jh., wurde ähnliches beobachtet, wenn auf der Etappe Feiertage begangen wurden:

»Die Stutzer unter den Häftlingen putzten und schniegelten sich, sie beschmierten ihre Haare mit Talg, auch wenn es ihnen nicht möglich war, die rasierte Schädelhälfte zu verdecken; das machte sie nur noch erfinderischer. Sie betrachteten sich in ihren Spiegeln, steckten ihre roten, weiten Hemden in die Hosen und schauten selbstzufrieden und verächtlich auf jene herab, welche keine ordentlichen Hemden hatten. Sie drängten sich an die Fenster und warfen den Frauen, die aus den gegenüberliegenden Fenstern herübersahen, Kußhände zu. Der fröhliche Semjonow mit der roten Mütze flirtete mit den Augen und verständigte sich durch Gebärden mit seiner Geliebten Martha. Zwei andere, die an den Türen standen, stießen sich gegenseitig weg und kämpften um eine Jüdin, die sich mit ihren leuchtenden Augen, der reinen

Gesichtshaut und der griechischen Nase am Fenster zeigte, die Aufmerksamkeit der Rivalen auf sich zog und ihre Phantasie anstachelte. Glücklicher als die beiden war ein schwarzhaariger Russe, der sie wegstieß und nun allein am Fenster stand. Gegenüber verschwand die Jüdin, und es erschien das junge, fette Gesicht von Tschuchonka, der Geliebten des schwarzhaarigen Kavaliers. Er küßte das Fenster, lächelte, zeigte seine weißen Zähne, seufzte, bezeugte ihr auf Tausende verschiedene Arten seine Liebe und übersandte ihr schließlich mit der Erlaubnis der Soldaten einen Krug Himbeeren.« (Giller 1866: II, 10 f.)

Dieser Bericht beschreibt die Verhältnisse in einem Gefängnis für Kapitalverbrecher. Offenbar versetzten amouröse Gefühle auch die Mörder zeitweise wieder in einen »Stand der Unschuld«, und auch ihre Liebe konnte sich durchaus als beständig erweisen.

Bis ans Ende des 19. Jh. betonen alle Erinnerungen die tiefe, aber zugleich unausgeformte Religiosität der meisten Kriminellen. Wenn sie auch selbst nicht beteten – weil sie meinten, daß Gott die Gebete von Verbrechern ohnehin nicht erhöre –, so achteten sie doch die Gottesfurcht der anderen und spotteten nicht darüber. Zu Gotteslästerung kam es vor allem unter dem Einfluß von Gefühlsaufwallungen und schlimmen Erfahrungen. Durchweg wandte man sich Gott dagegen zu, wenn der Tod nahte. Einigen freilich galt die Religion als eine schändliche Angelegenheit und das Gebet als Zeichen der Schwäche, die eines *iwan* vermeintlich unwürdig war. Auch linke Ideologien und die Anschauung, daß Religion »das Opium für das Volk« sei, begannen Fuß zu fassen. Die kämpferischen Atheisten, das heißt die verbannten Sozialisten seit dem Ende des 19. Jh., hatten ein skeptisches Verhältnis zur Religiosität der Häftlinge und unterstellten, daß sie nur deshalb gern zur Kirche gingen, weil man dort Frauen und überhaupt freie Menschen sehen konnte. Aus anderen Überlieferungen sind Beispiele tiefer Religiosität bekannt, die selbst die zynischsten Verbrecher beeindruckten.

»Die Häftlinge schauten auf den betenden Gefährten, der nichts sah und hörte. Sie beteten ernst und innig, und in ihren Augen brannte das Feuer gefühlvoller, maßloser Freude. Oh, ich zweifle nicht daran, daß ein gütiges und verständiges Wort des Trostes, des Verständnisses und der Hoffnung in diesem Augenblick tiefster Rührung viele der vom rechten Wege abgekommenen und umherirrenden Seelen aus den Klauen der verbrecherischen Instinkte herausgerissen hätte. Aber dies alles geschah im Gefängnis, das gegenüber allen Regungen gleichgültig blieb und niemals in die Seelen seiner Insassen hineinsah.« (Ossendowski o.J.: 204 f.; vgl. Doroschkewitsch 1901: III, 82 f.; Stantschinskij 1922: 19; Wischnewskij 1924: 218)

Die meisten Verbannten hatten keine religiöse Bildung, und auf dem Weg nach Sibirien, im Gefängnis und in der Katorga gab es keinerlei geistliche Betreuung durch die katholische oder orthodoxe Kirche.

Von der Politik hielten sich die Kriminellen fern. Selbst wenn sie die revolutionäre Phraseologie übernahmen, taten sie dies eher aus Unwissenheit, und ihr Verhalten blieb davon unberührt. Manchmal brach sich auch Haß gegen die herrschende Macht Bahn und machte sich in Beschimpfungen und

Flüchen Luft, die vor allem den Beamten galten. Den Zaren dagegen griff man fast niemals an; sogar in der Spätzeit geschah dies nur selten. Die ganze Wut der Erniedrigten richtete sich vielmehr gegen die hohen Beamten, die den Zaren umgaben. Charakteristisch, wenn auch sicherlich stilisiert, sind die Äußerungen eines Verbrechers, die Ossendowski um 1905 aufzeichnete:

»›Wo ist denn Gerechtigkeit? Eine solche Strafe soll reinigen, heilen? Die Menschheit begeht ein großes Verbrechen, ein großes! Wir, die Häftlinge, sind eine menschliche Staubwolke, die aufgewirbelt wird und wieder niederfällt. Wir, wir eigentlich sind es, die durch ein schweres und rücksichtsloses Leben zermahlen worden sind. (...) Die Menschen verstehen noch nicht, daß man endlich damit aufhören muß, die Leiber der gefallenen Brüder zu zertrampeln, wenn man nicht will, daß sich wieder neue giftige Staubwolken erheben. Wenn die Staubwolke droht den Menschen die Augen zu verkleben, ihnen im Hals zu kratzen und ihr ganzes Leben mit einer dicken Schicht zu belegen, dann wirft man sie in die steinernen Säcke der Gefängnisse und beginnt in Ruhe von neuem, weitere Staubwolken zu schaffen, indem man in verrücktem, sinnlosem Lauf weiter und weiter auf dem lärmenden Lebensweg dahineilt. (...) Wohin laufen sie? Wohin? In den Abgrund, in das Tal der Rache!‹ – Die Augen des alten Verbrechers glühten, seine Brust hob sich schwer, aber die Worte fielen wie Steine. Aufmerksam hörte ich zu (...), denn ich wußte, daß dies die Gedanken der russischen Häftlinge sind, die alle Rechte verloren haben. Mit Entsetzen dachte ich daran, was geschehen würde, wenn alle diese Menschen plötzlich aus den Mauern und Gefängnissen ausbrechen und die Rache in die eigene Hand nehmen würden. Das Schicksal wollte es, daß ich ein Zeuge dieser Epoche wurde. Dieses geschah, als der Bolschewismus diese menschliche Staubwolke zur Vergeltung rief.« (Ossendowski o.J.: 188)

Kapitel 8

Jenseits der Legende:
Die politische Deportation

Zwar machten diejenigen, die für ihre Überzeugung und für »staatsgefähr-
dende« Taten bestraft wurden, nur einen Bruchteil der Deportierten und Katorgasträflinge in Sibirien aus, aber ihre Bedeutung für die Ausbildung des
russischen Strafsystems, für die Geschichte Sibiriens und das Entstehen seiner Legende ist kaum zu überschätzen. »Legende« wird hier als synthetische
Wiedergabe einer komplizierten und veränderlichen Realität, kurz als Stereo-
typ verstanden. Dieser Mythos der Verbannung spielt oft nicht nur in Erinnerungen persönlich Betroffener, sondern sogar in wissenschaftliche Untersuchungen hinein.

Die Geschichte der politischen Deportation ist dank zahlreicher russischer
und einiger polnischer Arbeiten gut bekannt – viel besser als die der einfachen
Kriminellen –, so daß sie hier nicht im einzelnen behandelt wird. In diesem
Kapitel werden lediglich die wichtigsten bereits veröffentlichten Angaben
zum Ausmaß der Deportation sowie zur Zusammensetzung und Verteilung
der politischen Verbannten gesammelt, verglichen und ein wenig geordnet,
denn trotz aller Forschungen fehlen immer noch grundlegende, systematisier-
te und vertrauenswürdige Zahlenangaben zu den genannten Themen. Im Fort-
gang des Kapitels soll dann versucht werden, den Alltag der »Politischen« –
jenseits der Legende – ein wenig lebendig werden zu lassen.

In der russischen Behördensprache bürgerte sich ab den 30er Jahren des
19. Jh. die Bezeichnung »Staatsverbrecher« (*gosudarstwennyje prestupniki*)
für die Russen ein, die aufgrund ihrer politischen Betätigung verurteilt worden waren. Diesen Ausdruck haben die sowjetische Publizistik und Historio-
graphie übernommen. Die Polen dagegen, die für ihre Beteiligung an Aufständen und Verschwörungen bestraft wurden (mit der Zeit auch alle Polen,
die nicht mit den Narodniki oder anderen russischen revolutionären Bewegungen zusammenarbeiteten), hießen »politische Verbrecher«. Aufständische
waren in gewissem Sinn Kriegsgefangene, und man nannte sie »politische Ge-

fangene« oder »politische Deportierte«. Im folgenden wird auf diese Differenzierung verzichtet, doch sollte man bei der Lektüre von Quellen oder älte-
rer Literatur daran denken. Ein politischer Verbrecher war ein Mensch, der
aufgrund der Artikel des Straf- und Militärgesetzbuches über Verbrechen gegen den Staat (daher die unglückliche Bezeichnung »Staatsverbrecher«) und
über Meuterei, d.h. wegen eines Staatsverbrechens, verurteilt worden war.
Es gab jedoch kein Gesetz, das den Strafvollzug in Einzelheiten geregelt hätte. Trotzdem unterschieden Behörden und Gefängnisverwaltung von dem Augenblick an, als Sibirien zur Strafkolonie wurde, »Gefangene«, »Häftlinge«,
»Staatsdeportierte« und »politische Deportierte«, was auch seine Bedeutung
für die Praxis hatte. Rußland war das einzige Land, in dem gegen Ende des
19. Jh. praktisch der Status eines politischen Gefangenen anerkannt wurde
(vgl. zu ihrer Behandlung den Schluß des Kapitels). Dieser Zustand wurde
schrittweise erreicht, und zwar in dem Maße, wie sich der Umfang und das
soziale, nationale und ideologische Spektrum der politischen Deportation erweiterten.

Es gab Jahre, in denen der Anteil der politischen Verbannten und ihrer
Familien an der Gesamtzahl der Deportierten und Zwangsarbeiter drastisch
zunahm. In solchen Wellen wurden anfänglich meuternde Bauern und Kriegsgefangene sowie Angehörige unliebsamer religiöser Gruppen verschickt;
später, nach Einführung des Strafgesetzbuches (1845), gehörten nicht nur aktive Oppositionelle dazu, sondern auch passive Sympathisanten, die eine
Schwäche für unerlaubte Lektüre oder unpassende Bekanntschaften bekunde-
ten, und schließlich zufällige Opfer von Massenrepressionen, falschen Denunziationen und Verwechslungen. Für eine »Beleidigung durch das Wort«,
die der Staatsmacht und sogar kleinen Beamten galt, konnte man auf dem
Verwaltungsweg in Sibirien landen.

Die oft wiederholte Behauptung, der erste politische Deportierte sei der
von der französischen Aufklärung beeinflußte Schriftsteller und Philosoph
Alexander Radischtschew gewesen, der 1790 verbannt wurde und 1796 zurückkehrte, ist nicht wörtlich zu nehmen. Bereits im 17. und frühen 18. Jh.
waren außer Kriegsgefangenen auch »Meuterer« nach Sibirien gekommen.
Die erste größere Gruppe bestand aus Polen, Anhängern der Barer Konföderation von 1768, die gegen die prorussische Politik von König Stanislaus August Poniatowski gerichtet war. Seit den 80er Jahren des 18. Jh. erfolgten
Massendeportationen von Angehörigen religiöser Bewegungen wie Duchoborzen, Molokanen, Skopzen und Sabbatisten. Seinerzeit wurden sie als Hä-
retiker oder »Sektierer« behandelt, während man sie heute eher mit den Pro-
testanten vergleicht. Um sie aber vom Protestantismus zu unterscheiden, faßt
man sie insgesamt unter Bezug auf die Duchoborzen (»Streiter des Geistes«)
als »geistige« Christen zusammen (Mamsik 1983; vgl. Kalb 1905: 22-46). In
Sibirien stießen sie auf größere Toleranz der Behörden als in Rußland selbst,

da diese bald erkannten, daß sich mit ihnen das Land hervorragend besiedeln ließ. Man bildete also Kolonien von zumeist 150 Angehörigen einer Sekte, befreite sie von der Katorga, teilte jeder Familie etwa 17 ha Land zu und gewährte ihr Steuererleichterungen. Diese Politik war aber nicht konsequent; nicht alle Angehörigen religiöser Bewegungen wurden so einsichtig behandelt. 1825 gab es in Sibirien einige tausend derartiger Deportierter (Mamsik 1983). Im 19. Jh. wurden Unierte nach Sibirien geschickt, die nach Auflösung der unierten Kirche in Podlasie (1839 in den Rußland einverleibten polnischen Gebieten und 1875 im Königreich Polen) nicht zur orthodoxen Kirche übertreten wollten. Über ihre Behandlung ist nichts Näheres bekannt.

Zwischen 1794 und 1797 kam eine größere Anzahl Polen nach Sibirien. Sie hatten am Kościuszko-Aufstand (1794) teilgenommen oder patriotischen Verschwörungen und Organisationen angehört. Nach Napoleons Rückzug aus Rußland erreichte eine neue Deportationswelle den Osten, höchstwahrscheinlich etwa 900 polnische Kriegsgefangene und eine Gruppe von Franzosen. Die späteren Deportationen hatten rein politischen Charakter. 1821-1824 wurden Polen für ihre Zugehörigkeit zu geheimen patriotischen Organisationen und literarischen Zirkeln im Königreich und in Wilna, für ihre Beteiligung an Verschwörungen in der russischen Armee und für Kontakte mit den Dekabristen in den Kaukasus, in entferntere Gouvernements des europäischen Rußland und nach Sibirien geschickt (Kodan 1983: 6; Szostakowicz 1973: 54). Im Prinzip war es nicht zulässig, die Deportationsstrafe auch auf Einwohner des Königreichs Polen anzuwenden, so daß die polnischen »Sibirier« bis 1832, als die Autonomie des Königreichs aufgehoben wurde, aus den Gebieten des alten Polen kamen, die Rußland einverleibt worden waren, vor allem aus Wilna und seiner weiteren Umgebung.

Der Dekabristenaufstand (1825) trug viel dazu bei, Sibirien bekannt zu machen. Fünf Dekabristen wurden hingerichtet, 105 zu 2 bis 20 Jahren Katorga verurteilt, nach deren Verbüßung eine zeitlich unbegrenzte Ansiedlung in Sibirien erfolgen sollte, und über 120 wurden sofort in den Kaukasus und nach Sibirien deportiert. Als Zar Alexander II. 1855 eine Amnestie erließ, lebten nur noch wenige der deportierten Dekabristen, die daraufhin nach Rußland zurückkehren konnten.

In den Jahren 1826-1856 entstanden zahlreiche studentische illegale Zirkel und Gesellschaften sowie oppositionelle Bestrebungen in der Armee. 1847 wurde in Kiew die »Kyrill-und-Method-Gesellschaft« aufgedeckt. Ihr hatte sich der ukrainische Dichter und Maler Taras G. Schewtschenko angeschlossen, der deswegen 1847 zu einem Orenburger Strafbataillon eingezogen wurde. Gegen Ende der 40er Jahre spielte der 1844 um Michail Butaschewitsch-Petraschewskij entstandene Kreis eine große Rolle (er wurde 1849 zerschlagen). In der Ukraine, in Georgien und im nördlichen Kaukasus bildeten sich oppositionelle Organisationen. Insgesamt wurden zwischen 1825 und 1861 etwa 600 Personen durch ein Gerichtsverfahren wegen eindeutig politischer Verbrechen und weitere 4 000 auf dem Verwaltungsweg wegen Aufhetzung und Insubordination gegenüber den Behörden deportiert. Nach dem Stand vom 1./13. Januar 1856 befanden sich insgesamt 1 915 Russen und Polen unter Polizeiaufsicht in Sibirien: 88 (darunter 57 Adlige) waren in einem Gerichtsverfahren wegen politischer Verbrechen verurteilt und 1 827 (davon 1 432 Adlige) auf dem Verwaltungsweg verschickt worden. In Wirklichkeit dürften es etwas mehr gewesen sein, insbesondere wenn man auch die Häftlinge und Katorgasträflinge berücksichtigt. Dennoch lag die Zahl der politischen Verbrecher in Sibirien vermutlich nicht wesentlich über 2 000.

Nach dem fehlgeschlagenen Novemberaufstand (1830/31) wurde dem Königreich Polen ein Teil seiner autonomen Befugnisse und Institutionen genommen, u.a. auch seine Verfassung, an deren Stelle 1832 das sogenannte Organische Statut trat, das keinen Artikel mehr enthielt, nach dem den Einwohnern des Königreichs das Recht garantiert wurde, eine Strafe im Lande zu verbüßen. Seitdem kamen auch sie nach Sibirien. Es ist nicht bekannt, wie viele Aufständische dorthin geschickt wurden; Kriegsgefangene wurden russischen Einheiten in Sibirien, im Ural und im Kaukasus zugeteilt, da die bisher selbständige Armee des Königreichs abgeschafft worden war. Eine Liste von Offizieren und sogenannten Bürgern, d.h. grundbesitzenden oder gebildeten Personen, die nach Sibirien geschickt wurden, umfaßt 774 Namen (Janik 1928: 114).

Der prominenteste Deportierte war Oberst Piotr Wysocki, der Anführer der Fähnrichsverschwörung, der 1830 den Aufstand ausgelöst hatte. Wysockis schweres Los ist zugleich typisch für die zu dieser Zeit deportierten Polen. Daß er zeitweilig an eine Schubkarre gekettet war, wurde zu einem Symbol und ging in den dramatisierten Mythos von Sibirien ein. Er war zum Tode verurteilt worden, wollte aber nicht um Gnade bitten und schrieb nur: »Ich habe nicht zur Waffe gegriffen, um den Kaiser um Gnade zu bitten, sondern damit meine Nation sie nie nötig hat.« Trotzdem wurde Wysocki nicht hingerichtet, und Nikolaus I. änderte die Todesstrafe in Zwangsarbeit ab. In Sibirien genoß er höchste Achtung, nicht nur unter den übrigen Deportierten, sondern auch bei der Verwaltung und der Ortsbevölkerung. Wysocki wurde 1857 freigelassen und kehrte in seine Heimatstadt Warka (unweit Warschau) zurück, wo er unter Polizeiaufsicht stand. Von dem Geld, das politische Emigranten gesammelt hatten, kaufte er sich Land und bewirtschaftete es (Łepkowski 1972).

Damals betrug der Militärdienst 25 Jahre, »25 Jahre Tortur«, wie Giller schreibt, der emphatisch fortfährt, daß es »besser ist, auf dem Schafott zu sterben; es ist angenehmer, am Galgen zu baumeln, als fünfundzwanzig Jahre im Mantel eines Moskauer Soldaten zu leben und täglich Spießruten und Prügel zu gewärtigen« (1867: I, 53). Es fragt sich zwar, ob die, die am Strick baumelten, bei dieser Ansicht geblieben wären, aber es gibt keinen Zweifel, daß das Los aller, die zum Militär eingezogen wurden, bei weitem am schrecklichsten war. Sie unterstanden selbst dann noch einer grausamen Disziplin und den militärischen Strafgesetzen, wenn sie wegen Krankheit oder Invalidität ein Stück Land zugeteilt bekamen (die sogenannte Militärkolonisation). Wie es einem strafweise zum Militär Eingezogenen ergehen konnte, zeigt das Beispiel des jungen Polen Rafal Dwernicki, der 1847 im Alter von knapp über 30 Jahren in geistiger Umnachtung starb:

»Er stammte aus Podolien und hatte das Gymnasium in Winnica besucht, von wo er für eine Äußerung patriotischer Gefühle nach 1831 zum 5. Korps der Moskauer Armee, zum ›Lehrregiment‹ in Moskau, eingezogen wurde. In seinem Regiment wurde er wie alle polnischen Kinder, die dorthin geschickt worden waren, grausam geschlagen, mit Ruten wurden ihnen der polnische Geist und die polnische Sprache ausgetrieben. Polnisch zu sprechen und zu beten war ihnen verboten, ihnen wurde auch nicht der geringste freie Wille gelassen. (...) Die armen Kinder versammelten sich manchmal in einer Ecke, und dort sprachen sie leise – damit die Soldaten und auch ihre Moskowiter Kameraden sie nicht hörten – von Polen, vom Krieg und von der Freiheit. Einmal hörten die Wächter dieser Fabrik, in der [Kaiser] Nikolaus Polen in Moskowiter umwandelte, ein solches Gespräch, ergriffen sie, peitschten sie bis aufs Blut als politische Verbrecher aus und trieben eine Reihe von ihnen zu den Soldaten nach Sibirien. Rafal schickten sie zum Bataillon in Nertschinskij Sawod. (...) Nach vielen Schlägen und Schikanen wurde er zum Unteroffizier befördert – ein Dienstgrad, der ihm keine größere Freiheit gab; er befreite ihn nur von den Schlägen der Unteroffiziere. Jetzt konnte er nur noch vom Feldwebel und von den Offizieren geschlagen werden, was schon eine kleine Erleichterung in dieser höllischen Sklaverei war.« (Giller 1867: II, 176 f.)

Die Verfolgungen nach dem Novemberaufstand wirkten ernüchternd, doch fanden sich immer wieder Heißsporne, die Verschwörungen organisierten und mit der Wiedergewinnung der Unabhängigkeit rechneten. So plante Oberst Józef Zaliwski, der Anführer einer Partisanengruppe, einen Aufstand im Königreich Polen für den 19. März 1833. Die Verschwörung flog auf, und mehrere hundert Personen wurden verhaftet, von denen 20 hingerichtet und 100 in die sibirische Katorga oder »zu den Soldaten«, d.h. in Strafkompanien, geschickt wurden. Etwa 50 Bauern aus der Gegend von Grodno und Minsk erhielten erst die Prügelstrafe und kamen anschließend nach Sibirien, ebenso wie eine Gruppe von ca. 20 Priestern. Unter den Verurteilten befanden sich auch Frauen, von denen eine zum Tode verurteilt worden war. Da aber in Rußland an Frauen die Todesstrafe nicht vollzogen wurde, wurde das Urteil schließlich in Internierung in einem Kloster abgeändert, was bei Frauen häufig der Fall war. Eine der Verhafteten beging Selbstmord, einer anderen, die zum Bauernstand gezählt wurde, schor man den Kopf kahl, ehe sie 200 Stockschläge erhielt.

Eine tragische Frauengestalt und zugleich ein klassischer Gewissenshäftling war Magdalena Sakowska, die die »Schuld« ihres Bruders auf sich genommen hatte, um ihn zu retten. Diese Schuld bestand in der Abschrift und

Verbreitung patriotischer Verse. Trotz ihrer Aufopferung kam ihr Bruder in ein Strafbataillon im Kaukasus, sie selbst wurde unter Eskorte nach Sibirien geschickt. Unterwegs versuchte der Kommandant eines Etappenpunktes, sie zu vergewaltigen; als sie zu einem Stilett griff, um sich selbst zu töten (so jedenfalls sagte sie aus), begann er zu schreien, daß die Polin ihn ermorden wolle. Die Soldaten, die ins Zimmer stürzten, peitschten Magdalena Sakowska brutal aus, so daß sie halbtot in Tobolsk eintraf, wo sich eine Deportiertenfamilie ihrer annahm und sie gesund pflegte (Janik 1928: 119; nach Wolicki 1876).

1836 wurden eine weitere Gruppe von etwa 1 000 polnischen Verschwörern und ihr Anführer Szymon Konarski verhaftet, der seit 1835 eine patriotische Untergrundgruppe leitete. Die Verhaftungen erfolgten in Wolhynien und im Wilnaer Gebiet, im Königreich Polen und in Galizien, wo die österreichischen Behörden den Russen alle Verdächtigen auslieferten, die nicht Bürger der Habsburger Monarchie waren. Während der Untersuchungen ließen sich die Militärkommissionen, die in Wilna, Warschau und Kiew tätig wurden, zu einer Reihe von Grausamkeiten hinreißen. Insgesamt wurden schließlich 200 Personen nach Sibirien, in den Kaukasus und das Gouvernement Orenburg sowie in andere europäische Gouvernements deportiert.

1839 flog ein Geheimzirkel in Łomża auf, der als Verschwörung eingeordnet wurde, worauf mehrere Beschuldigte mit Deportation (u.a. nach Sibirien), einer mit Katorga bestraft wurde. In Sibirien fanden sich auch Teilnehmer der bäuerlichen, stark patriotisch gefärbten Bewegung des Priesters Piotr Ściegienny (1844) wieder, ferner Teilnehmer des galizischen Aufstands von 1846, die russische Untertanen waren, und Angehörige von Geheimbünden in Warschau, Lublin und Wilna, die zwischen 1848 und 1850 verhaftet wurden. Namentlich in Litauen waren 1846-1849 zahlreiche kleine Organisationen von Schülern und jungen Handwerkern entstanden, die aber rasch aufgedeckt wurden. Schon die Äußerung liberaler Ansichten wurde verfolgt und von Militärgerichten bestraft. Opfer von Deportationen wurden auch politische Emigranten, die ohne Amnestie nach Polen zurückgekehrt waren. Einige sibirische Ortschaften besaßen eine so zahlreiche polnische Bevölkerung – hauptsächlich »Politische« –, daß sie das dortige Leben bestimmte. 1838 wurden im Gouvernement Irkutsk 428 Dekabristen und Polen aus dem Aufstand 1830/31 bzw. aus verschiedenen Verschwörungen zu den »politischen Verbrechern« gezählt. In Bolschoj Nertschinskij Sawod (der Name der Siedlung – »Großes Nertschinsker Werk« – stammt von den dortigen Bergwerksbetrieben) gab es eine Polnische Straße, und die Nertschinsker Katorga hatte nicht nur große Bedeutung für die Geschichte der Deportation, sondern auch für die Geschichte Sibiriens. Die Deportation von Polen in der Zeit zwischen den beiden großen Aufständen 1830 und 1863 war ein eigenes Phänomen und hat sich den Polen tief eingeprägt.

In den 60er Jahren des 19. Jh. war die Zahl der aus politischen Gründen nach Sibirien deportierten Russen verhältnismäßig gering. 1861-1865 wurden jährlich zwischen 4 und 20 Personen verschickt, 1866 waren es 24, davon 14 im Zusammenhang mit dem Prozeß des Dymitr Karakosow, der ein mißlungenes Attentat auf Alexander II. verübt hatte und hingerichtet worden war. 1867-1870 wurden nur drei bis fünf Personen pro Jahr deportiert (Dulow 1973). Geradezu in Massen wurden dagegen Polen nach Sibirien geschickt. Vom Ausmaß der Deportation zwischen 1863 und 1867 war zwar bereits die Rede (vgl. Kap. III), doch sei noch einmal daran erinnert, daß es sich etwa um 26 000-28 000 Personen handelte, von denen mindestens 18 600 auf Sibirien entfielen (16 800 Verurteilte und 1 800 Familienangehörige). Sie alle galten offiziell als politische Deportierte. In einigen Orten stellten die Polen um 1870 wenn nicht den größten Teil der Einwohner, so doch mit Sicherheit den größten Teil der Intelligenz, weshalb sie auch den dortigen Lebensstil bestimmen konnten. Von den 16 800 Polen, die für ihre Teilnahme am Januaraufstand verurteilt worden waren und deren Anwesenheit in Sibirien belegt ist, verbüßten 23 % Katorga, 13 % waren zur lebenslänglichen Ansiedlung ohne Katorga (aber mit dem Verlust sämtlicher Rechte) verurteilt, 51 % wurden gleichfalls zur Kategorie der lebenslänglich Angesiedelten gezählt, weil sie zur »Ansetzung« verurteilt waren (allerdings unter Wahrung eines Teils ihrer Rechte), während 13 % »zum Wohnen« verurteilt worden waren; sie konnten nach Ablauf einer bestimmten Zeit wieder in ihre Heimat zurückkehren. Aufgrund von Amnestien und Begnadigungen kehrten aber auch Katorgasträflinge zurück.

Diese Zahlen umfassen Polen aus dem Königreich, aus Litauen und der Ukraine sowie aus weiteren Gebieten, die vor den Teilungen zu Polen gehört hatten. Es gab aber auch Polen aus anderen Teilungsgebieten, vor allem aus dem österreichischen Galizien, die aufgrund von Vereinbarungen zwischen den Teilungsmächten von russischen Militärgerichten abgeurteilt werden konnten, sofern sie mit der Waffe in der Hand angetroffen worden waren. Im polnischen Aufstand hatten auch Russen mitgekämpft, teils freiwillig aus ideologischen Gründen – das waren vor allem Offiziere –, teils unfreiwillig, wenn es sich um Gefangene handelte, die dann in den Aufständischeneinheiten geblieben waren (Belokonskij 1887: 228; Maksimow 1900: III, 81; Skok 1975: 102-103; Okladnikow 1968: IV, 5, jedoch mit Rechenfehler: 18 623 statt 18 673). Bekannt sind auch Einzelfälle von französischen und italienischen Freiwilligen, die auf diese Weise nach Sibirien gelangten, z.B. Luigi Caroli aus Bergamo, der zu Katorga verurteilt wurde, aber aus Gesundheitsgründen entlassen wurde und in Sibirien verstarb, oder Emile Andreolli aus Besançon. Sieben Italiener wurden zu zwölfjähriger Katorga (anstelle von Todesstrafe durch Erschießen) und zwei Franzosen sowie ein Italiener zu zehn Jahren Katorga verurteilt (Firlej-Bielańska 1923).

Ein besonderer Aspekt, der sich stark auf das spätere Verhältnis der polnischen Gesellschaft zur römisch-katholischen Kirche auswirkte, war die Verfolgung des polnischen Klerus. Die katholische Kirche in Polen nach den Teilungen war – verglichen mit der in anderen Ländern – arm, denn bereits im 18. Jh. hatten die Teilungsmächte Kirchengüter eingezogen. Die Kirche wurde weder vom preußischen noch vom russischen Staat gefördert. Das beträchtliche patriotische Engagement des katholischen Klerus im Königreich Polen trug demokratische Züge. Bereits im Zeitraum zwischen den beiden großen Aufständen waren einige Priester nach Sibirien geschickt worden; in den Jahren 1863-1866 wurden katholische Geistliche dann aber sogar für das Ausrichten von Begräbnissen gefallener Aufständischer, für Eidabnahme und Waffenweihe, für das Abhalten von Prozessionen, für das Verlesen von Manifesten der (aufständischen) Nationalregierung von der Kanzel oder die Weigerung, Manifeste der russischen Regierung zu verlesen, für Gebete für die Aufständischen, für Kollekten zu ihrer Unterstützung, für das Verstecken von Aufständischen oder die Weigerung, sie zu denunzieren (weil damit der Bruch des Beichtgeheimnisses verlangt wurde), zur unbefristeten Ansiedlung nach Ostsibirien geschickt. Priester wurden auch zu Katorga verurteilt: Nach 239 uns bekannten Urteilen für katholische Geistliche wurden 153 »zum Wohnen« verschickt, 42 zur Ansiedlung (unter Aberkennung ihrer Rechte) und 44 zu Katorga (nach anderen Informationen büßten 100 Priester Katorga ab). Insgesamt wurden im Zusammenhang mit dem Januaraufstand 340 katholische Geistliche nach Sibirien und höchstwahrscheinlich auch in entferntere europäische Gouvernements deportiert. Noch 1881 hielten sich von ihnen etwa 270 in Sibirien und im Innern Rußlands auf (Orzechowska 1986; Skok 1975: 105; Żyskar 1929: 9 ff.).

Da die russische Regierung dem katholischen Klerus nicht ohne Grund eine entscheidende Rolle im polnischen Aufstand anlastete, wurde er ohne jede Nachsicht behandelt; der Nachwuchs, der sich auf die Weihen vorbereitete, war einer verschärften Aufsicht unterworfen. Ein verschickter Geistlicher schreibt:

»Sonderbarerweise hat die Regierung nie aufgehört, die Priester vor anderen politischen Deportierten auszuzeichnen, denn einmal umgibt sie sie mit größerer, obwohl unerwünschter Sorge, ein anderes Mal behindert sie sie durch größere Beschränkungen. Es gab schon viele Manifeste [d.h. Amnestien], und mehr als ein Verbannter ist längst nach Hause zurückgekehrt, doch für Priester gab es keine Erleichterung. Lediglich in den 80er Jahren kehrten einzelne unserer Priester von Krankheit und langer Verbannung erschöpft nach Polen zurück. In den Manifesten wurde deutlich gesagt, daß Erleichterungen, Amnestien und Rückkehr nach Polen Gnadenweise für politische Verbrecher seien, außer für Priester und sogenannte Gendarmen und diejenigen, die im polnischen Heer die Anordnungen und Todesurteile ausführten, die die Polen gegen Feinde ihres Vaterlands erlassen hatten. Die Priester waren nach Ansicht der Regierung das gefährlichste Element. Die Regierung, die an die Passivität der orthodoxen Geistlichkeit gewöhnt war, träumte davon, auch unseren Klerus als Waffe für die

Durchführung ihrer Pläne zu benutzen, doch sie wurde enttäuscht; und weil sie von dieser Seite auf Widerstand stieß, rächte sie sich an den Priestern, und ihr Los war besonders schwer.«
Voller Emphase, doch nicht ohne Berechtigung verallgemeinert der Autor seine Schilderung auf Europa:
»Jesus Christus sagte von den Priestern: Die Welt wird euch hassen, denn ihr seid nicht von dieser Welt. Diese Prophezeiung hat sich auf sonderbare Weise erfüllt. Überall, wo der Kampf tobt und die Priester ihr Volk verteidigen und ihm beistehen, tritt eine ganze Schar von Feinden gegen sie auf. Wir vergessen nicht, daß die Priester während der Französischen Revolution erschossen wurden, wir sehen, wie überall, wo die Revolution Oberhand gewinnt, das Blut der Priester fließt; bestenfalls sind ihnen Gefängnis und Verbannung gewiß. (...) Der Haß, in dem die Feinde gegen sie glühten, war der beste Beweis, daß man die Priester fürchtete, daß man den Einfluß zu schätzen wußte, den sie auf ihre Lämmer hatten. Oh, die Regierung wußte gut, wie nützlich die Gegenwart der Priester für die Verbannten sein würde, und deswegen beschloß sie auch, sie zu isolieren.« (Zyskar 1929: 7 f., 11 f.)

Man könnte meinen, das sei die tendenziöse Ansicht eines der verfolgten Priester, doch wird sie in vielen anderen offiziellen Dokumenten und Erinnerungen von Zeitgenossen, die zumindest religiös indifferent waren, durchaus bestätigt. Die beiden Amnestien der Jahre 1867 und 1868 erstreckten sich nicht auf die »Nationalgendarmen« und die katholischen Priester; wer von ihnen überlebte, kehrte erst infolge der Amnestie von 1883 zurück. Geistlichen war nur eine beschränkte Korrespondenz gestattet, und man befreite sie später als alle anderen von der Zwangsarbeit. Eine Verurteilung zur Katorga bedeutete automatisch die amtliche Annullierung der Priesterweihe, und den übrigen Geistlichen wurde die Ausübung ihres Seelsorgeramts verboten. Den Priestern war nicht erlaubt, Kontakt zu anderen politischen Deportierten aufzunehmen; ihre Korrespondenz wurde rücksichtslos zensiert, und man prüfte nach, ob sie nicht etwa den Dienstweg umging. Es durften keine Altäre für Gottesdienstzwecke errichtet werden, und nur einmal im Jahr konnte ein eigens herbeigeholter Priester die Messe lesen. Kranke und schwache Priester erhielten zwar eine Unterstützung, aber sie war erbärmlich gering.
Nach Niederschlagung des Aufstands und Beendigung der Strafkampagne (etwa bis Ende 1866) kehrte im Königreich Polen »Friedhofsruhe« ein, wie man die nächsten 15 Jahre sehr zutreffend bezeichnete. Das wirkte sich auch auf die Situation in Rußland selbst aus, wo seit Dymitr Karakosows mißglücktem Attentat (1866) die revolutionäre Bewegung ziemlich abflaute und folglich auch die Zahl der für politische Verbrechen Verfolgten relativ zurückging. Ende der 70er Jahre kam es zu einer erneuten Belebung der oppositionellen Tätigkeit, und zwar diesmal aus Richtung Rußland. Auf die Polen, die den jetzt hoffnungslosen bewaffneten Kampf um ihre Unabhängigkeit *nolens volens* aufgegeben hatten, wirkten einerseits die russischen Narodniki, andererseits der westeuropäische Sozialismus ein, der im übrigen auch bereits nach Rußland vorgedrungen war. Es gelangte verbotene Literatur ins Land, die in neuen konspirativen Zirkeln gelesen wurde. Polnische Studenten in

Rußland – im Königreich gab es keine polnischen Hochschulen – schlossen sich der russischen revolutionären Bewegung an. Seit 1877 wurden in Rußland und im Königreich die ersten großen politischen Prozesse seit dem Januaraufstand abgehalten, in denen Angeklagte zu Deportation und Katorga verurteilt wurden. Außerdem nahm die Zahl der auf dem Verwaltungsweg Deportierten dramatisch zu. 1878 fanden zwei große politische Prozesse statt, der »Prozeß der 50« und der »Prozeß der 193« (nach der Zahl der Angeklagten benannt). Vielen von ihnen konnte keine Schuld nachgewiesen werden, doch die Behörden behalfen sich damit, daß sie sie auf dem Verwaltungsweg deportierten. Um die Jahreswende 1878/79 standen in Warschau 137 Personen wegen politischer Tätigkeit vor dem Richter, doch wurden letztlich nur 32 verbannt, davon mindestens 21 nach Sibirien, zusammen mit einer Partie von 500 Kriminellen. Unter den Politischen befanden sich ebenfalls Organisatoren der illegalen Bildungstätigkeit, in deren Rahmen als Gegengewicht zum offiziellen Programm der russifizierten Schulen im Königreich polnische Sprache, Geschichte und Kultur gelehrt wurden (Krotow 1925: 41; Poljakow 1928: 158; Szostakowicz 1973: 64-73).

Die Zahl der politischen Deportierten für die 80er Jahre läßt sich schwer feststellen. Kennan schätzt, daß im Jahresdurchschnitt etwa 150 nach Sibirien kamen, das wären 1 % aller Deportierten. Offizielle Angaben sind nur sporadisch vorhanden; nach dem Bericht des ostsibirischen Generalgouverneurs vom Januar 1882 lebten in dem ihm unterstellten Gebiet 430 politische Deportierte: 123 waren zu Zwangsarbeit verurteilt, 49 saßen in Gefängnissen, und 41 sollten angesiedelt werden. Die übrigen 217 waren administrativ verschickt worden. Weil damals in Westsibirien bereits keine Deportierten mehr aufgenommen wurden, können es dort nicht mehr gewesen sein als in Ostsibirien.

Zum vollständigen Bild der politischen Deportation gehören auch die zahlreichen Fälle irrtümlicher Verurteilungen, die in der Literatur meist wenig Beachtung finden. Beispielsweise wurde ein Arzt aus einer Kleinstadt im Gouvernement Tschernigow Opfer der Verfolgung im Jahre 1879. Er war zwar ein überzeugter Liberaler, hatte sich aber nicht aktiv politisch betätigt. Seine ganze Schuld bestand darin, daß er zwei von der St. Petersburger Universität als verdächtig relegierte Medizinstudentinnen zur Aushilfe angestellt hatte, die sich weiterbilden wollten. Der Arzt hatte nicht gemeldet, daß sich die beiden ohne entsprechende Erlaubnis in dem Ort aufhielten. Alle drei wurden verhaftet und auf dem Verwaltungsweg verschickt, der Arzt nach Werchojansk in Jakutien, das bereits jenseits des Polarkreises liegt. Weil keine Gerichtsverhandlung stattgefunden hatte und die Polizei im Falle einer administrativen Verschickung an keinerlei prozedurale Bestimmungen gebunden war, wurde seine Frau auch nicht über seinen Verbleib unterrichtet. Sie erfuhr seinen Aufenthaltsort erst 1882 und machte sich auf die damals sechs

Monate dauernde Reise. Aber ihren Mann sah sie nicht wieder, da sie irrsinnig wurde und unterwegs starb. Ebenfalls 1879 wurde der Publizist Wladimir Korolenko infolge einer Verwechslung ebenfalls administrativ verschickt, und nur durch einen außergewöhnlichen Glücksfall konnte seine Familie ihn ausfindig machen und den Irrtum aufklären. Korolenko kehrte so empört über die russischen Ordnungsverhältnisse zurück, daß er 1881 den Treueid auf den neuen Zaren Alexander III. verweigerte. Diesmal war ein Irrtum ausgeschlossen, und Korolenko fand sich abermals in Sibirien wieder. So war also das Schicksal der auf dem Verwaltungsweg Deportierten in einigen Fällen härter als das derjenigen, die ein Gerichtsurteil erhalten hatten. Sie konnten – wenigstens in der Regel – nicht spurlos verschwinden.

Im Sommer 1884 wurde Konstantin Stannikow, der Chefredakteur und Herausgeber der Zeitschrift »Delo« [Das Werk], verhaftet, weil er mit einem in der Schweiz lebenden ehemaligen russischen Revolutionär über eine eventuelle literarische Zusammenarbeit korrespondiert hatte. Nach einem fast einjährigen Gefängnisaufenthalt wurde er kraft Verwaltungsentscheid für drei Jahre nach Tomsk geschickt, doch wußte seine Frau lange nicht, was mit ihm geschehen war. Opfer einer behördlichen Verfolgung wurde auch der Journalist Iwan Belokonskij, Verfasser zahlreicher Arbeiten über die sibirische Deportation und die revolutionäre bzw. liberale Bewegung. Sein Verbrechen bestand darin, daß er zu Hause französische Bücher besaß, die die Zarenherrschaft abfällig beurteilten. Er ging mit seiner vierköpfigen Familie in die Deportation, wo er keine Arbeit fand, so daß er sein gesamtes Hab und Gut verkaufen und schließlich im Elend leben mußte, weil die Behörden verboten, ihn zu unterstützen (Kennan 1907: I, 122-135).

Wenn die außergerichtliche Form der Deportation auch überwog, so gab es wie zuvor auch große Prozesse. So wurden 1883 z.B. 17 Revolutionäre, darunter drei Polen, verurteilt, und 1887 fand nach langer Untersuchung der »Prozeß des 1. März« statt, in dem zusammen mit über einem Dutzend Angeklagter auch Bronisław Piłsudski verurteilt wurde, der Bruder des polnischen Staatsmannes Józef Piłsudski, der dann später ebenfalls deportiert wurde. 1885 befanden sich 55 Mitglieder des »Proletariat« in der Deportation, einer der ersten illegalen politischen Parteien in Polen. Die meisten von ihnen lebten in Kara, neben anderen polnischen und russischen Revolutionären, unter denen man viele später bekannt gewordene Sozialisten antreffen konnte. 1887 wurden 23 Polen aus einer von Maria Bohuszewicz geleiteten illegalen Gruppe nach Sibirien deportiert, 1888 weitere elf Personen aus Zgierz und Łódź wegen sozialistischer Propaganda, sowie viele weitere Einzelpersonen (Troizkij 1978; Szostakowicz 1973 – speziell über Verfolgungen von Revolutionären).

Die Zahl der Personen, die sich 1883-1894 aus politischen Gründen unter Polizeiaufsicht (aber nicht im Gefängnis) in Sibirien befanden, betrug im Jahresdurchschnitt 317 (Roschtschewskaja 1978: 148). Es scheint, daß diese Angaben zu niedrig sind, zumal dort nicht nur Deportierte unter Polizeiaufsicht standen, sondern auch die ständigen Einwohner. Nach genaueren Registern aus dem Jahre 1898 machten die Politischen lediglich 1 % aller Deportierten aus (Gorjuschkin 1978: 135; Troizkijs Schätzungen [1978: 63], nach denen auf 10 000 Deportierte 3 000 Politische kamen, sind übertrieben). 1901 sollen es 8 100 gewesen sein: 4 100 in Gefängnissen, 200 in der Katorga und 3 800 ohne zeitliche Begrenzung oder »zum Wohnen« Angesiedelte, die unter Aufsicht standen. Nimmt man an, daß es insgesamt 300 000 Verurteilte und administrativ Verschickte (ohne Familienangehörige) gab, dann machten die Politischen 2,7 % aus. Diese Proportion erscheint mir sehr wahrscheinlich; der Prozentsatz der Politischen schwankte vermutlich zwischen 1 und 3 %. Ob sie dagegen alle tatsächlich für eine konkrete bewußte politische Tätigkeit nach Sibirien gekommen waren, ist natürlich fraglich. Um deportiert zu werden, genügte es bereits, verdächtigt zu werden, unpassende Bekannte zu haben, und seit dem Jahrhundertende auch, aktiv an einem Streik teilzunehmen.

Von den Verfolgungen, die vorher Angehörigen der Intelligenz und der oberen Gesellschaftsschichten gegolten hatten, wurden nun immer häufiger Arbeiter und Handwerker betroffen. In der Deportation erschienen Angehörige verschiedener Volksgruppen, die Rußland unterworfen hatte, und Juden, die bereits für ihre Teilnahme am Aufstand von 1863 verfolgt worden waren. 1896 wurde beispielsweise eine Gruppe polnischer und jüdischer Arbeiter aus Łódź ins Gouvernement Archangelsk, u.a. in die Bergwerke von Akatui, überstellt, die angeklagt waren, an einem – im übrigen folgenlosen – Bombenanschlag auf das Palais eines Łódźer Fabrikanten beteiligt gewesen zu sein (Ajnenkiel 1938: 191 ff.). Aber nicht alle Teilnehmer an sozialen Bewegungen und nicht alle Oppositionellen wurden unter die »politischen Verbrecher« eingereiht; viele kamen nach Sibirien, weil sie angeblich den Anordnungen der Behörden nicht Folge geleistet hatten, was schließlich nicht als Staatsverbrechen galt.

Man kann Sibirien mit einiger Berechtigung als Völkergefängnis bezeichnen. Hier gab es Russen, Polen, Ukrainer und Weißrussen; Juden aus Rußland, Polen und der Ukraine; Letten, Armenier und Georgier, Rumänen und Deutsche, Griechen und mitunter auch Franzosen und Italiener. Der Grund dafür war die Entwicklung der nationalen und freiheitlichen Bestrebungen im Baltikum, in der Moldau und in den Gebieten der ehemaligen Polnischen Adelsrepublik. Es änderten sich nicht nur die soziale Herkunft der Deportierten, sondern auch die politischen Richtungen, die sie vertraten. Bis etwa 1870 hatten drei Gruppen vorgeherrscht: Teilnehmer an den polnischen Freiheitskämpfen, die im allgemeinen demokratische Ideale vertraten, russische Dekabristen und Mitglieder der demokratisch-liberalen Gruppierungen in den 30er und 40er Jahren und später nihilistische Revolutionäre und Vertreter früher Richtungen des Narodnitschestwo wie »Semlja i Wolja« oder »Junges

Rußland«. Außer ihnen wurden Liberale und Reformer der unterschiedlichsten Schattierungen deportiert. Die ideologischen Unterschiede waren im übrigen nicht scharf, da es noch keine Parteien mit festem Programm und Statut gab. Auseinandersetzungen und Diskussionen verliefen im allgemeinen in maßvoller Form, nicht nur, weil die Ansichten sich nicht grundsätzlich voneinander unterschieden, sondern auch, weil alle Verurteilten zu derselben privilegierten Schicht gehörten – meistens zum Adel –, mehr oder weniger gebildet waren und im Kreis derselben höheren Kultur erzogen worden waren. Wenn man von einer geschlossenen Gruppe sprechen kann, dann bei den Polen, die sich von den Russen durch ihr Verhältnis zum Zarentum unterschieden und durch kulturelle Eigenheiten, die sich aus einer anderen Konfession ergaben.

Seit Ende der 80er Jahre strömten aus Rußland und anderen Reichsteilen politische Deportierte nach Sibirien, die vom Marxismus beeinflußt waren. Etwa ab 1890 entstanden in Rußland und im Königreich Polen regelrechte politische Parteien, die sich nach ihrem Programm und in der politischen Taktik voneinander unterschieden. In illegalen Zeitschriften fochten sie unablässig doktrinäre Kämpfe gegeneinander aus, selbst wenn sie sich nur in eher unwichtigen oder taktischen Fragen unterschieden. Die frühesten statistischen Angaben über die Parteistruktur der Deportierten stammen aus dem Jahre 1906. Aus der Untersuchung von zwei verschiedenen Deportiertengruppen ergeben sich etwas unterschiedliche Zahlen, doch kann man von einem entschiedenen Übergewicht der Sozialrevolutionäre sprechen, sofern die Sozialdemokratie nicht als eine Partei angesehen wird. Die meisten Sozialdemokraten konnten ihre Zugehörigkeit zu Bolschewiken oder Menschewiken nicht genau bestimmen bzw. wußten mitunter gar nichts von einer solchen Unterscheidung (vgl. Lane 1975). Außer den Sozialdemokraten stellten im Laufe der Jahre Parteilose, Anarchisten und Mitglieder der Polnischen Sozialistischen Partei (PPS) immer stärkere Gruppen. Unter den zu schweren Strafen Verurteilten gab es verständlicherweise noch mehr Sozialrevolutionäre, da sie terroristische Methoden anwandten und daher höhere Urteile erhielten.

Nach Ausbruch des russisch-japanischen Krieges wurden die Deportationen vorübergehend eingestellt, so daß man 1905 lediglich 625 politische Deportierte in Sibirien zählte. Maßnahmen gegen revolutionäre Tätigkeit, Propaganda usw. wurden in größerem Umfang erst wieder ab Dezember 1905 ergriffen. Besonders viele Bestrafungen erfolgten 1906 und 1907, aber die Aktion zog sich noch bis 1909 hin. Seit Beginn der Revolution schritten Polizei und Armee wesentlich schneller ein als im Zeitraum 1885-1905. Zwischen 1905 und 1912 wurden etwa 10 000 Personen auf dem Verwaltungsweg nach Sibirien geschickt, die als politische Verbrecher behandelt wurden, obwohl unter ihnen natürlich auch zufällige Teilnehmer an den Ausschreitungen in der Revolutionszeit zu finden waren. Wie Chasjachmetow (1978: 16 f.) angibt, wurden 9 120 Personen »auf administrativem Wege« deportiert und 800 »kraft Vorschriften des Kriegszustandes«. Diese Unterteilung ist nicht logisch, weil die Entscheidungen aufgrund der Bestimmungen des Kriegszustandes ebenfalls auf dem Verwaltungsweg und nicht nur gerichtlich erfolgten. Außerdem ist nicht klar, ob in der Zahl der administrativ Verschickten auch die enthalten sind, die von ihrer *obschtschina* (Dorfgemeinschaft) entfernt worden waren. Im Jahresdurchschnitt wurden in dieser Zeit etwa 33 000 Personen deportiert, so daß die Politischen im Mittel (1 250 pro Jahr) 3,8 % gestellt hätten. Verglichen mit den vorhergehenden Berechnungen erscheint diese Proportion wahrscheinlich.

Für die politische Deportation in der Zeit zwischen der Revolution von 1905 und dem Ausbruch des Ersten Weltkriegs werden Angaben gemacht, die völlig aus der Luft gegriffen scheinen. In ein und demselben Buch kann man lesen, daß es 1912 in Sibirien 6 400 Politische gab, bei Ausbruch des Krieges aber 26 300 (Chasjachmetow 1978: 16 f.). Demnach müßten innerhalb von nicht einmal zwei Jahren 20 000 Personen für politische Delikte bestraft worden sein, was völlig unwahrscheinlich ist. Das krasse Gegenteil findet sich bei Schtscherbakow (1973: 213), der für 1912 nur 1 316 und für 1916 knapp 5 400 politische Häftlinge in der Deportation und nicht 12 500 wie Chasjachmetow angibt.

Nach differenzierten, aber unvollständigen Angaben aus dem Jahre 1886 waren 63 % der Politischen infolge administrativer Entscheidungen nach Sibirien gekommen, der Rest mit einem Gerichtsurteil oder aufgrund einer persönlichen Entscheidung des Zaren. Überträgt man diese Proportionen auf 1912, hätte es in diesem Jahr etwa 2 200 und 1916 bis zu 9 000 politische Deportierte gegeben; folglich sind Schtscherbakows und nicht Chasjachmetows Berechnungen halbwegs wahrscheinlich.

Der durchschnittliche Strafaufenthalt verringerte sich zu Beginn des 20. Jh., da die auf dem Verwaltungsweg Verschickten überwogen, die nicht länger als drei Jahre deportiert werden durften. In den 60er Jahren hatten die Politischen noch durchschnittlich 4,7 Jahre Katorga und 7,9 Jahre Deportation (nach vorzeitiger Entlassung aus der Katorga) zu verbüßen. Hier ist zu berücksichtigen, daß im Sinne des Strafgesetzbuches auf die Katorga eine lebenslängliche Deportation hätte erfolgen müssen, so daß dieser relativ kurze Aufenthalt in Sibirien auf die große Anzahl von Begnadigungen und Amnestien zurückzuführen ist. Aus den Lebensläufen von Revolutionären geht hervor, daß viele von ihnen mehrmals in Sibirien waren. Sie brachten direkt Nachrichten aus Europa nach Sibirien und Nachrichten und Eindrücke aus Sibirien nach Europa. Dieser ständige Informationsfluß veränderte die Vorstellung von Sibirien, das nun nicht mehr so weit entfernt und isoliert und dadurch auch weniger bedrohlich war. Eine eminente Bedeutung der politischen Deportation für die Geschichte Sibiriens bestand auch darin, daß die Verschickten meistens junge Leute waren.

Bis zur Mitte des 19. Jh. lebten die Politischen vor allem in der Gegend von Tobolsk und Omsk; eine gewisse Anzahl von Dekabristen und sehr viele Polen befanden sich außerdem in Irkutsk und Umgebung. Eine große Rolle als Deportationsort für politische Katorgasträflinge spielte, wie bereits erwähnt, Nertschinsk. Mit der Zeit erfolgten immer mehr Deportationen nach Ostsibirien, so daß sich auch das für die Politischen vorgesehene Gebiet wesentlich ausdehnte. In den 60er und zu Beginn der 70er Jahre hielten sich ein Drittel der Deportierten im Gouvernement Irkutsk und fast ein Fünftel in Jakutien auf. Genauere Angaben stammen erst aus der Zeit nach 1890. Aus ihnen ist zu ersehen, wie die Entfernung zwischen den Deportationsorten und Europa wuchs. Infolge des russisch-japanischen Krieges wurden die Deportationen zwar ausgesetzt, aber etwas später füllte sich Ostsibirien wieder mit politischen Häftlingen. Waren es 1890-1894 pro Jahr durchschnittlich nur zehn, 1895-1899 erst 67, 1900-1903 schon 379 »Verdächtige« gewesen, so schnellte diese Zahl im Zeitraum 1907-1912 auf 2 250 hoch. Im Zeitraum 1907-1917 wurden 63,8 % der administrativ Verschickten in den entfernteren europäischen Gouvernements untergebracht, 23,1 % in Westsibirien und 13,1 % in Ostsibirien, wo aber die Anzahl der gerichtlich Verurteilten größer war (Meschtscherskij 1973: 131; Schtscherbakow 1973: 210, 213).

Rußland war ein Land, in dem derart vieles als Verbrechen eingestuft wurde, daß die Zahl derer, die wegen politischer Betätigung verfolgt wurden, in keinem Verhältnis zu analogen Zahlen in anderen Ländern steht. Paradoxerweise bildete sich aber, wie schon erwähnt, in diesem despotisch regierten Land früher und klarer als irgendwo anders der Status eines politischen Häftlings oder politischen Deportierten heraus, so daß schließlich die Bezeichnung »politischer« oder »Staats«-Verbrecher amtlich wurde. Das geschah schrittweise durch einzelne Rechtsakte und Verordnungen, die aus den verschiedensten Anlässen erfolgten; beispielsweise 1826 anläßlich des Dekabristenprozesses, als eine Instruktion verfaßt wurde, nach der Häftlinge, die wegen Verbrechen gegen den Staat verurteilt waren, separiert werden sollten. Die äußeren Umstände brachten es mit sich, daß sie nicht befolgt wurde – höchstens fanden sich in den Gefängnissen Sonderzellen für die Politischen. Weitere Grundsätze zur Behandlung der Dekabristen wurden in Sonderverordnungen der 30er und 40er Jahre des 19. Jh. entwickelt und auf andere Häftlingsgruppen übertragen. Sie gingen von verschiedenen Verwaltungsebenen aus, am häufigsten jedoch von der 1826 eingerichteten Höchsteigenen Kanzlei Seiner Majestät und später von ihrer III. Abteilung, insbesondere von deren Chef, General Alexander von Benkendorf, persönlich.

Nimmt man die wichtigsten und am häufigsten respektierten Besonderheiten der Lage von politischen Häftlingen, dann waren es das theoretische Recht, eine getrennte Gruppe auf dem Marsch nach Sibirien zu bilden und an getrennte Zielorte gebracht zu werden, sowie das (bis zur Mitte des 19. Jh.

nur theoretische) Recht, eine zensierte und eingeschränkte Korrespondenz zu führen und materielle Hilfe von Hause zu erhalten. Zu den besonderen Beschränkungen gehörten erstens das Verbot, bestimmte Beschäftigungen aufzunehmen, und zweitens eine verschärfte Aufsicht. So erforderte beispielsweise die Arbeit bei der Goldwäscherei eine Sondergenehmigung; in Druckereien, Apotheken oder auf einem Post- und Telegrafenamt zu arbeiten war den Politischen strikt untersagt. Sie durften nicht in Gebäuden wohnen, in denen sich Druckereien und Fernmeldeeinrichtungen befanden. Das Verbot umfaßte ferner den Handel mit alkoholischen Getränken, den Transport von Menschen und Gütern, die Ausübung des Arztberufs und jede Unterrichtung von Kindern, selbst in einem Handwerk. Der Verwaltungsdienst aller Ebenen war ihnen verschlossen. Für die Polen galten noch schärfere Beschränkungen der Bewegungsfreiheit als für die übrigen Deportierten, doch wurden sie nicht immer beachtet. Die Aufsicht über die Deportierten übte die Polizei aus. Sie bediente sich dabei beliebig ausgewählter Hilfskräfte, darunter oft Krimineller, die an Ort und Stelle ihre Strafe verbüßten. Sämtliche Verbote und Beschränkungen galten auch für Personen, die die Verurteilten freiwillig nach Sibirien begleiteten.

Selbstverständlich wichen die sibirischen Lokalbehörden unter dem Druck der Verhältnisse häufig von diesen Weisungen ab. War ein Beamter wohlwollend, wählte er aus der Masse von Verordnungen diejenigen aus, die für die Verurteilten vorteilhaft waren; hatte er jedoch keine Lust dazu, gewährte er keine Erleichterungen und wandte alle restriktiven Vorschriften an. Im allgemeinen war die Lage der Politischen besser als die von Kriminellen. Das ergab sich zum geringeren Teil aus den allgemeinen Rechtsbestimmungen, zum größeren Teil aus individuellen und besonderen Anordnungen, vor allem aber aus der Praxis. Die aber hing von vielen Umständen ab: von der Person dessen, der das betreffende Gebiet oder Gefängnis verwaltete, von den ökonomischen und demographischen Bedingungen, von der materiellen Lage und dem Familienstand des Deportierten und von seiner sozialen Position. Im Laufe der Zeit machte sich auch generell eine Besserung bemerkbar. Gegen Ende des 19. Jahrhunderts hatten sich die politischen Häftlinge und Zwangsarbeiter in etwa die gleichen Lebensbedingungen erkämpft, die die administrativ Verschickten in Anspruch nehmen konnten (z.B. bescheidene Verpflegungs- und Mietbeihilfen). Auch die Zustände in den Gefängnissen besserten sich. Das lag zum Teil auch an Faktoren, die nichts mit Justizpolitik zu tun hatten, wie dem wirtschaftlichen Fortschritt in Rußland und Sibirien, dem Ausbau des Eisenbahnnetzes und einer zunehmend kämpferischen Einstellung der Politischen. Eine große Rolle spielten hierbei die Sozialisten, die als erste in der Deportation Widerstand leisteten und dadurch Druck auf die Behörden ausübten, daß sie gleichzeitig die Öffentlichkeit in Westeuropa mobilisierten. Doch brachte die Revolution von 1905 abermals eine Verschlechterung der

Lage der politischen Häftlinge mit sich. Eine geheime Anweisung des Chefs der Gefängnisverwaltung von 1906, die das Justizministerium bestätigte, empfahl ihre Gleichstellung mit gemeinen Verbrechern (Król 1939: 17 f.). Eine solche Anweisung wäre nicht möglich gewesen ohne die Tatsache, daß die Deportierten von 1905/6 zum größten Teil aus dem einfachen Volk stammten und in Rußland – trotz »liberaler« Reformen unter Alexander II. – bis 1917 eine eindeutige Klassenjustiz herrschte.

Hier ist der Ort, die soziale Zusammensetzung der Politischen zu untersuchen und einige Aspekte ihres Alltags darzustellen, soweit die zugänglichen Quellen dies erlauben.

Die wegen politischer Tätigkeit oder um ihrer Überzeugungen willen Verbannten hoben sich deutlich von der »menschlichen Staubwolke« ab, auch wenn sie die gleiche Sträflingskleidung und die gleichen Ketten trugen. Bis 1860 stammten die politischen Verbannten zu 80-90 % aus den höheren, gebildeten Schichten. Im Fall der Polen könnte man behaupten, daß es sich um die Elite der Nation handelte, und für Rußland galt dies sogar bis in die 70er und 80er Jahre des 19. Jh. Zumeist waren es Schriftsteller, Anwälte, Wissenschaftler und Studenten, von denen viele über Rußland bzw. Polen hinaus bekannt geworden sind, darunter etwa Nikolaj Tschernyschewskij, Nikolaj Serno-Solokewitsch, Michajl Bakunin, Benedikt Dybowski und Józef Piłsudski. Es ist unmöglich, alle aufzuzählen, die über den Umweg über Sibirien in die Geschichte eingegangen sind. Ihretwegen wurde Sibirien berühmt und zog immer wieder das Interesse ganz Europas auf sich.

Die Berichte und Erinnerungen aus der Zeit der Deportation, die uns überliefert sind, vermitteln freilich häufig ein falsches Bild von der Welt der politischen Verbannten. Eine genauere Lektüre weniger bekannter Erinnerungen und Briefe und deren Vergleich mit den Aussagen von Außenstehenden läßt manches in anderem Licht erscheinen, als es das dramatisierte und idealisierte Bild von Sibirien wahrhaben will. Wenn vor allem in der sowjetischen Literatur immer wieder der entscheidende Beitrag der Politischen zur Entwicklung der sibirischen Kultur und Wirtschaft betont wird, so muß doch festgehalten werden, daß dieses Verdienst nur einem kleinen Teil der politischen Deportierten zukommt. Zudem gilt, daß das Schicksal der politischen Verbannten längst nicht so hoffnungslos gewesen ist, wie es auf den ersten Blick erscheinen mag. Die meisten kehrten aus der Verbannung zurück, und selbst etliche mehrmals Verschickte brachten es auf ein hohes Alter. Bezeichnend ist der Kommentar Wladimir Burzews (1938: 340): »Wenn man die damaligen Bedingungen bedenkt (...), muß man zugeben, daß die Repressionen der Bolschewiken heute alles in den Schatten stellen, was uns damals [d.h. 1887] von der zaristischen Regierung angetan wurde.«

Was die soziale Zusammensetzung der politischen Verbannten angeht, müssen drei verschiedene Perioden unterschieden werden:

1. Die Zeit der Verschickung der Dekabristen sowie der Teilnehmer an verschiedenen russischen und polnischen Verschwörungen zwischen 1830 und 1848,
2. die Welle der Verschickung polnischer Aufständischer nach 1863 und
3. die Periode der Deportationen zwischen 1905 und 1909.

Zwar war die Verbanntengesellschaft niemals homogen, aber im großen und ganzen läßt sich sagen, daß sie in der 1. Periode überwiegend aus Angehörigen der Oberschicht bestand, während Nichtprivilegierte erstmals als Teilnehmer des polnischen Aufstandes von 1863 in regelrechten Massen nach Sibirien kamen. Die Verbannungswelle ab 1905 kehrte die sozialen Verhältnisse unter den Politischen dann endgültig um, wovon später noch die Rede sein wird.

Alle politischen Verbannten, auch die eher ungebildeten, versuchten, sich in ihrem Verhalten von den Kriminellen abzugrenzen und zu unterstreichen, daß sie eine besondere Kategorie bildeten – nicht »Verbrecher«, sondern »Kriegsgefangene«. Tatsächlich verhielten sich selbst rohe Aufseher gegenüber den politischen Verbannten fast immer nachsichtiger als gegenüber Kriminellen.

Das lebhafte intellektuelle Leben unter den politischen Verbannten wird häufig hervorgehoben. Auch wenn sie in Sibirien häufig ihre besten Jahre verbringen mußten, war die Zeit dennoch nicht vertan. Nur wenige mußten ihren Lebensunterhalt selbst bestreiten, und so gab es reichlich Muße, um ein gesellschaftliches Leben zu führen, zu diskutieren oder sich der Lektüre zu widmen. Verbannte gründeten Museen, bemühten sich um die Bildung der örtlichen Bevölkerung und organisierten die Beschaffung von Büchern. Etliche nutzten ihren Aufenthalt in Sibirien für intensive Forschungen, nicht zuletzt ethnographischer oder naturkundlicher Art. So bereicherte der Aufenthalt in Sibirien unwillkürlich nicht nur das Land, das ihnen zweifellos sehr viel zu verdanken hat, sondern auch die Verbannten selbst.

In vielen Fällen hielten sich russische und polnische Politische anfänglich sogar in den Privathäusern der sibirischen Gouverneure und Polizeichefs auf, wo sie an Bällen oder Empfängen teilnahmen und manche Bekanntschaft knüpften, die sich als dienlich erwies. Vor allem mit adligen Verbannten pflegte die örtliche Oberschicht gerne Umgang. Die polnischen Aufständischen von 1863 fanden indessen bereits andere Verhältnisse vor. Die meisten wurden unfreundlich empfangen oder mieden auch von sich aus die Gesellschaft der Russen. Ein ähnlicher Einstellungswandel läßt sich wenig später aber auch bei den russischen Verbannten beobachten, die zunehmend alle Behördenvertreter als Gegner ansahen, mit denen man nicht einvernehmlich verkehren mochte. Während es anfänglich üblich gewesen war, freimütig die eigenen politischen Überzeugungen zu bekennen –, in dem Glauben, damit zur Verbreitung revolutionärer Ideen beizutragen – kamen die späteren Verbannten zu der Einsicht, daß eisernes Schweigen das würdigste und zugleich sicherste Verhalten sei; schon die russischen Revolutionäre der 70er Jahre hielten sich in der Mehrzahl daran. Wer zuviel redete, brachte tatsächlich auch nicht selten seine politischen Gefährten in Gefahr, und von diesen geächtet, geriet er leicht in die Fänge der *Ochrana* (Geheimpolizei), die sich gerne solcher Kollaborateure wider Willen bediente. Noch in den 70er und 80er Jahren des 19. Jh. jedenfalls überhäuften viele Verbannte die Behörden geradezu mit Informationen, obwohl sich das Schweigegebot als Verhaltensnorm für die Politischen allmählich durchsetzte.

Am Anfang des 20. Jh. galt unter den Politischen bereits ein ebenso detaillierter wie strenger Ehrenkodex: Weder durften sie sich ohne Protest schlagen lassen noch um Gnade bitten oder »Gott beschütze den Zaren« singen. Es war verpönt, vertraulichen Umgang mit Beamten zu pflegen oder seine Privilegien auszunutzen. Letzteres war übrigens ein wichtiger Wandel in der russischen revolutionären Bewegung, da zuvor zwar viele Verbannte Klassengleichheit gefordert hatten, aber auf die Vergünstigungen, die ihnen aufgrund ihres gesellschaftlichen Status zustanden, nicht verzichten wollten.

Insgesamt gab es im Verhalten der Politischen manche Merkwürdigkeit, die nicht recht in die »sibirische Legende« passen will. Zu debattieren wurde beispielsweise zu einem Grundbedürfnis, ja zum Lebensinhalt. Die politischen Kontroversen, die in der Regel hitzig und nicht selten auch gewaltsam ausgefochten wurden, endeten häufig in Resignation, gegenseitiger Beleidigung und unwiderruflichem Zerwürfnis. Daß der doch so dringend gewünschte Meinungsaustausch die Beteiligten tatsächlich zusammengeführt hätte, scheint die Ausnahme gewesen zu sein. Eher kam es zur Verhärtung und Radikalisierung der dogmatischen Positionen. Jedenfalls fand die Tradition der Einmütigkeit aus der Zeit der Dekabristen unter den Gegnern Alexanders II. keine Fortsetzung – wohl nicht zuletzt deshalb, weil dessen Regierungsführung weniger einhellig beurteilt wurde als die Herrschaft Nikolaus' I., die unbestritten als die finsterste Zeit in der modernen russischen Geschichte galt. Ohnehin: Die politischen Verbannten arbeiteten an ihrer eigenen Legende, der sie schließlich selbst zum Opfer fielen. Viele neigten zu Anmaßung und Eitelkeit, umgaben sich allzu gern mit dem Nimbus des Geheimnisvollen und erlagen schließlich der Verlockung zur Phrasendrescherei. Apodiktische und stereotype Urteile durchziehen namentlich die Erinnerungen der Sozialisten am Ende des 19. Jh.

In den 80er Jahren des 19. Jh. traten denn auch immer deutlicher geradezu pathologische Züge im Milieu der verbannten russischen Revolutionäre zutage. So exekutierte eine Gruppe von Narodniki in Selbstjustiz einen Mitverbannten, den sie – wie sich schnell herausstellte, fälschlich – verdächtigt hatte, Fluchtvorbereitungen an die Behörden verraten zu haben. Die Lage der

Verbannten an sich produzierte, wie bei den Kriminellen auch, gegenseitiges Mißtrauen und überzogene Empfindlichkeit, was dazu führte, daß man sich aus dem nichtigsten Anlaß mit seinen Leidensgenossen überwarf.

Bedeutsam für diese Zeit wurde auch, daß inzwischen kaum jemand mehr den Versuch unternahm, Arbeit zu finden und sich in Sibirien einzuleben. Denn die russischen Revolutionäre glaubten fest daran, daß sich nach dem Tod des Zaren alles ändern werde, und ebenso wie diese betrachteten auch bereits Verbannte ein Attentat auf Alexander II. als den entscheidenden Befreiungsschlag. Nach dem tatsächlich erfolgreichen Attentat vom März 1881 blieb indessen alles beim alten, ja, ein Großteil der Bevölkerung verurteilte die Revolutionäre sogar, und infolge der Repressionen kamen radikale Aktivisten in großer Zahl nach Ostsibirien. Auch wurde die Behandlung der Verbannten insgesamt härter, was viele Opfer forderte. Zusammenstöße zwischen Verbannten und Aufsichtspersonal häuften sich. Es kam zu den ersten Hungerstreiks, und die Zahl der Selbstmordversuche stieg.

Um 1880, als es in Sibirien noch viele polnische Aufständische von 1863 gab, tauchten dort Revolutionäre neuen Schlages auf, nämlich die Marxisten. Die Konstellationen änderten sich: Die polnischen Sozialisten verkehrten nun lieber mit den Russen als mit den polnischen Veteranen des Januaraufstands, die ihnen als Angehörige einer vergangenen Epoche gelten. Entsprechend gerieten die jüngeren Aktivisten der Nationalbewegungen aus den von Rußland beherrschten Ländern ihrerseits in Streit mit den Sozialisten, und diese wiederum spalteten sich in verschiedene doktrinäre Gruppen – so etwa die nach dem »Prozeß der 193« bzw. dem »Prozeß der 50« verbannten Revolutionäre, die sich nun über Fragen revolutionärer Strategie entzweiten. Für die jüngere, atheistische Generation der Verbannten wurde ferner vor allem die Religionsfrage zum Anlaß für heftige Kontroversen. Häufig kam es zu zähen Streitigkeiten über praktische Fragen – wie über die Verbreitung illegaler Literatur in den Gefängnissen oder darüber, ob das Selbststudium und die politische Unterweisung der örtlichen Bevölkerung als revolutionäre Aufgaben zu gelten hätten. Die Streitigkeiten darüber kulminierten in den Revolutionsjahren 1905 und 1906, als einzelne Fraktionen proklamierten, es sei jetzt entscheidend, das »einfache Volk« für die revolutionäre Sache zu gewinnen.

Auch »alte« und »junge«, d.h. vor bzw. nach der Zeit Nikolaus' I. Verbannte gingen verschiedene Wege, und zwar nicht zuletzt aufgrund unterschiedlicher Erfahrungen und Perspektiven. Den »alten« drohte nach der Katorga die lebenslängliche Verbannung, während die Höchststrafe für die »jungen«, häufig durch Verwaltungsbeschluß verschickten Verbannten acht Jahre »zum Wohnen« betrug; mit der Verschickung nach Jakutien bestrafte man nur solche unter ihnen, die bei einem Fluchtversuch ergriffen worden waren. So stellten sich die Jüngeren von Anfang an auf die Rückkehr und die Wiederaufnahme ihrer politischen Aktivitäten ein und interessierten sich deshalb auch eher für taktische Fragen als für philosophische Grundsatzprobleme. Über die »großen Fragen« der Theorie zu räsonieren gehörte in revolutionären Kreisen dennoch zum unverzichtbaren Ritual, freilich um den Preis rücksichtsloser Vereinfachungen.

Zu dieser Verflachung der theoretischen Diskussion in Sibirien trug zwangsläufig aber auch das Auftreten ebenso hitziger wie ungebildeter Bauern und Arbeiter bei. Zudem komplizierte sich die Lage nach 1900 durch das Auftauchen der »Sozialrevolutionäre«, von denen sich der Kongreß der russischen Sozialdemokratie 1903 förmlich distanziert hatte. Die Streitigkeiten darüber führten bis zum gegenseitigen Boykott von Sozialdemokraten und Sozialrevolutionären; der psychische Druck, der daraus für die Beteiligten resultierte, war Anlaß für drei Selbstmorde in Folge (vgl. Braginskij 1934; Lure 1934).

In der dritten Phase, nach der Revolution von 1905, strömten Angehörige der verschiedensten Gesellschaftsgruppen, Parteien und Nationalitäten nach Sibirien. Es waren viele Arbeiter, Matrosen und Soldaten darunter, Menschen aus den untersten Schichten also, dazu Krämer und Handwerker. Neben Studenten wurden auch immer mehr Gymnasiasten nach Sibirien verbannt. Obwohl sich an den Straßenkämpfen von 1905 bis 1907 viele Standespersonen und ehrlich Engagierte beteiligt hatten, befand sich unter den politischen Verbannten eine Menge zwielichtiger Gestalten. »Wie viele Raufbolde, wie viele Verbrecher, wie viele Halunken, schlicht gesagt, kommen hierher als angebliche politische Kämpfer! Wie sie den wirklichen Politischen das Dasein vergällen, ist heute die schrecklichste Seite des Lebens!« schrieb ein Verbannter 1908 (zit. n. Chasjachmetow 1978: 192). 1906 waren im Tobolsker Gouvernement 39 % der Politischen Arbeiter und 25 % Bauern, die meist kaum lesen und schreiben konnten und bei aller Radikalität keinerlei fundierte ethisch-politische Prinzipien hatten. Sie sprachen völlig verschiedene Sprachen und gehörten völlig unterschiedlichen Überzeugungsrichtungen an, auch wenn die meisten sich dem atheistischen Marxismus als neuem Glauben verschrieben hatten. Längst galt nicht mehr, daß auch Atheisten unter den Politischen ihr Handeln an christlichen Maximen maßen und der Glaube selbst hartgesottene Verbrecher beeinflussen mochte. In der politischen Verbannung herrschte der kämpferische Atheismus der »Sozialen« vor, von denen sich die Glaubenstreuen der verschiedenen nationalen, liberaldemokratischen und gemäßigt konservativen Richtungen fernhielten.

Die meisten Verbannten waren junge, tatkräftige Leute, die vielfach jedoch an den schwierigen Bedingungen zerbrachen (vgl. ebd.: 185). Die »Alten« beklagten denn auch den sittlichen Niedergang der politischen Verbannten, vermochten aber immer weniger, ihren Führungsanspruch durchzusetzen. Denn die »Jungen« verfügten über frische Erfahrungen mit den veränderten Bedingungen in der Heimat, welche die »Alten« nicht hatten, und sie bezichtigten diese, da die »Alten« von der Partei finanziell unterstützt wurden, »mit Geld die Macht in der Verbannung an sich reißen« zu wollen. Dabei ging es schon längst nicht mehr nur um Intrigen – wie ein Zeitgenosse 1907 zutreffend feststellte –, sondern um fundamentale soziale Gegensätze (Majskij 1907: 11). Die Intelligenz war ebenso der Kritik ausgesetzt, aber auch sie hatte – obwohl die Bezeichnung geblieben war – ihre Zusammensetzung und ihr Profil geändert. Die Intelligenzler waren längst nicht mehr jene vergeistigten Idealisten des 19. Jh., welche sich ohne Rücksicht auf die Konsequenzen in das politische Engagement gestürzt hatten. Vielmehr gehörte ein beträchtlicher Teil inzwischen einer Art neuer osteuropäischer Gesellschaftsgruppe an: den Berufsrevolutionären. Andere wiederum, darunter Journalisten und Beamte, waren einfach von der Flut der Ereignisse mitgerissen worden.

Sicherlich bildeten die Politischen ein belebendes Milieu für die Kultur und die Zivilisation Sibiriens. Sie kämpften für Prinzipien und setzten sich für eine politische Sache ein, an deren Richtigkeit sie unerschütterlich glaubten. Die andere Seite der Medaille war allerdings: »Betrug, Intrigen, Streitigkeiten: Alles, was du willst, bis zum Diebstahl (...)« (*KiS* 5 [1923]: 96 f.). Dies betraf auch den Stil der politischen Aktion selbst: Schon die »revolutionären Enteignungen« von 1905 und 1906 erschienen zweideutig, vollends aber die Raubüberfälle der Anarchisten (1907-1908, 1912 usw.), die nichts als gewöhnliche Verbrechen waren. Die Politischen litten einfach an den gewöhnlichen Verbannungskrankheiten: Apathie, Depressionen, krankhaftem Mißtrauen und Streitsucht. Manche, darunter sogar ehemalige Leitfiguren der Nationalbewegung, begannen zu stehlen und betrügerische Geschäfte zu machen oder verfielen dem Alkohol (nach Schätzungen von 1907/08 mußten in den Gebieten der Massenverbannung rund 7 % der Politischen als alkoholabhängig gelten). »Wirkliche Kämpfer für die Idee gibt es nur noch wenige«, klagte daher ein Verbannter, »und die, die nach Sibirien kommen, bemühen sich, so schnell wie möglich wieder fortzukommen« (zit. n. Chasjachmetow 1978: 188). Auch Geistliche, die sich im allgemeinen ihrem Stand gemäß verhielten und in der Verbannung besonders schweren Prüfungen ausgesetzt waren, entgingen nicht immer dem sittlichen Verfall.

Versuche, sich untereinander zu arrangieren, wurden sofort als »Versöhnung mit dem politischen Gegner«, als »Generalpardon«, abgelehnt – eine Bewertung, die der sowjetische Historiker E. Chasjachmetow bezeichnenderweise teilt. Wer sich resigniert vom gemeinschaftlichen Leben zurückzog, wurde als »Individualist« beschimpft. Bürgerlicher Geschäftssinn galt eher als verwerflich, wenngleich es auch hieß: »Lieber ein guter Kaufmann als ein schlechter Revolutionär.« Trotz gegenseitiger Absprachen unter den politischen Verbannten häuften sich auch wieder die Gnadengesuche (ebd.: 188 f.). Wer Gesuche einreichte, wurde als »Bittsteller« (*podawanzy* oder *proscheni-sty*) beschimpft. Zu den schlimmsten Erscheinungen in der Verbannung gehörten die Kollaboration mit der politischen Geheimpolizei und die große Zahl von Denunziationen, die bei der Polizei eingingen, da sie Mißtrauen und Verbitterung förderten. Streitigkeiten entstanden aber nicht nur wegen politischer, sondern auch wegen nationaler Unterschiede. In den 60er und 70er Jahren des 19. Jh., als die Zahl der Russen in Sibirien noch gering war, kam es unter den polnischen Verbannten offenbar häufig zu Intrigen und Streitigkeiten; auf sibirischem Boden wurden die politischen Differenzen zwischen Anhängern und Gegnern des Aufstands von 1863 weiter ausgetragen. Hinzu kamen die heftigen Kontroversen um die Krugobaikaler Erhebung von 1866 (s.u.). Vor allem aber ist die Zersplitterung der polnischen Verbannten auf deren unterschiedliche soziale Herkunft zurückzuführen, wobei die Einführung der Vorschriften über Privilegierte und Nichtprivilegierte von 1863 die Spannungen noch verschärfte. Überraschen mag schließlich, daß es auch zu Gruppenbildung unter den polnischen Verbannten je nach der regionalen Herkunft kam. So separierten sich die »Kronpolen« oder »Masuren« aus dem Königreich Polen von den »Litauern«, d.h. den Polen aus den Regionen von Wilna und Grodno, ebenso wie von den »Ruthenen« oder »Wolhyniern« aus den südlicheren Teilen der ehemaligen Republik. Namentlich den »Kronpolen« begegneten die anderen häufig mit Widerwillen und Verachtung, da sie in dem Ruf standen, streitsüchtig, ungebildet und sittenlos zu sein – was sich wohl vor allem daraus erklärt, daß viele Verbannte aus dem Königreich Polen aus dem einfachen Volk stammten; überwiegend handelte es sich um junge Handwerker und auch um Bauern, die mehr oder weniger zufällig in den Aufstand verwickelt worden waren. Alles in allem waren die Aufständischen – selbst diejenigen adliger Herkunft – radikale Hitzköpfe ohne ausgereifte politische Ideen.

Historisch gewachsene Ressentiments trennten auch Polen und Russen, die beiden großen nationalen Gruppen unter den politischen Verbannten. Anfänglich mochten die Gegensätze weniger kraß erschienen sein, da in beiden Gruppen das Bewußtsein überwog, einer gemeinsamen, europäisch orientierten Elitekultur anzugehören. Viele Dekabristen unterhielten freundschaftliche Kontakte zu den verbannten polnischen Aufständischen von 1830. Auch der 1851 verbannte Michajl Bakunin z.B. befreundete sich mit Polen und zeigte sich für deren Sache aufgeschlossen. Selbst die Aufständischen von 1863 fanden noch eine gemeinsame Sprache mit den für ihre Überzeugungen verurteilten Russen. Freilich traten auch schon in der ersten Phase Spannungen auf, wie z.B. in der Twerder Festung. Dostojewskijs »Aufzeichnungen aus dem Totenhaus« (1861/62) zeugen ebenso von gegenseitigen Ressentiments wie die Erinnerungen Szymon Tokarzewskis. So tadelte Dostojewskij insbesondere den Hochmut der Polen, ihre »Herrenallüren«, d.h. ihre Distanziertheit gegenüber den Kriminellen, und auch ihren Konservatismus in der Bewahrung eines adligen Lebensstils und ihres katholischen Glaubens. Zwar sah Dostojewskij daneben auch positive Eigenschaften bei den polnischen Verbannten und räumte ein, daß sie von den anderen Verbannten im allgemeinen geschätzt würden. Dagegen störten ihn die vermeintliche Empfindlichkeit der Polen und ihr Mißtrauen namentlich gegenüber den Russen, während sie gegenüber Juden und Tataren keine Vorbehalte zu haben schienen.

Tokarzewski seinerseits replizierte wütend auf Dostojewkij und dessen Gefährten Sergej Durow, wobei er sich, anders als Dostojewskij, gänzlich von seinen Ressentiments leiten ließ. Nach seiner Meinung verdiente der hochmütige Dostojewskij, der vermeintlich selbst »nur dem Adel Rechte zusprach«, keineswegs den Ruf eines wirklichen Revolutionärs, und der »anmaßende« und »brutale« Durow habe ohnehin nie etwas anderes getan, als seine Gefährten mit langatmigen Ansprachen zu langweilen. Sicherlich zogen auch Dostojewskijs großrussischer Nationalismus und sein orthodoxer Messianismus den Zorn Tokarzewskis auf sich, da sie mit dessen polnischem Nationalismus offenkundig unvereinbar waren, und auch Durow unterstellte er, nur die Russen als »Herrenmenschen« anzusehen.

Immerhin blieben die polnischen Verbannten von 1830-1860 im Lande in guter Erinnerung. Die Sibirjaken machten einen deutlichen Unterschied zwischen ihnen und den Verbannten der Phase nach 1863 und pflegten zu sagen: »Früher, das waren noch Leute!« (Pantelejew 1910: 4). Freilich fanden die Verdienste der Polen um Sibirien und dessen Bevölkerung auch weiterhin Anerkennung. Doch ihr guter Ruf erwies sich nicht mehr als ganz so unerschütterlich wie zuvor, was mit verschiedenen, bereits erwähnten Faktoren zusammenhing: dem starken Anstieg der Verbanntenzahlen, der veränderten sozialen Zusammensetzung und der Verschärfung der internen politischen Konflikte. Kritik an den polnischen Verbannten gab es denn auch auf polnischer Seite.

Zunehmend belastet wurde das Verhältnis nicht zuletzt durch das Anwachsen des russischen Nationalismus, denn auf die Polen konzentrierten sich alle Angriffe der konservativen Propaganda, welche die sozialen und politischen Spannungen im Zarenreich zu überspielen suchte. In den letzten Jahren des 19. Jh. wurde der Nationalitätenkonflikt zudem dadurch kompliziert, daß russische Revolutionäre gemeinsam mit internationalistischen Sozialisten aus verschiedenen Ländern gegen die »Sozialpatrioten« Front machten, welche die Unabhängigkeit der von Rußland unterworfenen Länder forderten. Nicht zuletzt deshalb kam es auch häufiger zur Zusammenarbeit zwischen Angehörigen der Polnischen Sozialistischen Partei bzw. der polnischen Nationalisten und russischen Liberalen als etwa zwischen Polen mit unterschiedlicher politischer Orientierung.

Der Leidenschaft des Politisierens konnten die Verbannten, wie berichtet wurde, in Sibirien praktisch ungehindert frönen. Schon in der Zeit der Liberalisierung unter Loris-Melnikow (1880/81) war den Angesiedelten gestattet worden, Versammlungen abzuhalten. Häftlinge durften immerhin den ganzen Tag in den verschiedenen Zellen aus und ein gehen, wobei – anders als bei Kriminellen – selbst Treffen zwischen Männern und Frauen geduldet wurden. In den 90er Jahren des 19. Jh. vermochten die Inhaftierten durch gemeinsame und individuelle Proteste zudem weitere Freiheiten durchzusetzen; so gibt es von der Jahrhundertwende sogar Fotografien, die verbannte Revolutionäre beim gemütlichen Picknick im Grünen zeigen. Die erzwungene Tatenlosigkeit und die relative Bewegungsfreiheit förderten freilich das politische Räsonieren noch mehr als in der Zeit nach 1863. Sogar noch nach der erneuten Verschärfung der Haftbedingungen für politische Verbannte wurden 1907 im Alexandrowsker Gefängnis in Ostsibirien lärmende Versammlungen abgehalten, und auf langen Spaziergängen stritten sich Bolschewiken und Menschewiken ohne Ende (Nowosiński 1932: 80).

Vor allem unter den Sozialisten blühten in der Verbannung Selbsthilfeaktivitäten und Selbststudium. Sie lasen und verbreiteten Schriften und waren, besonders nach 1905, bemüht, politische Aktivität zu entfalten. Die Zahl gerichtlicher Untersuchungen wegen politischer Tätigkeit von Verbannten, wie sie in Ostsibirien schon seit 1897 durchgeführt wurden, wuchs nach 1902 noch einmal beträchtlich. Meistens handelte es sich hierbei um geringfügige Delikte, wie z.B.»anmaßende Äußerungen« über die Person des Zaren. Zahlreich waren auch die Beschlagnahmungen illegaler Literatur. Offensichtlich waren die Behörden über die Lage in Sibirien beunruhigt. 1899 und 1900 deckte die Polizei in Irkutsk und Krasnojarsk Geheimzirkel auf, an denen sich unter der Leitung verbannter Adliger freie Arbeiter, Handwerker, Schüler und Beamte beteiligt hatten. 1901 entstanden die ersten lokalen Komitees revolutionärer Parteien. 1902 kam es in Kansk anläßlich der Beisetzung eines Verbannten zu ersten zaghaften politischen Kundgebungen. Von Januar 1905 an griffen Streiks und Unruhen auf Sibirien über, Gewerkschaften wurden gegründet, ein Jahr später die ersten Terrorakte verübt. Viele Demonstrationen, darunter auch gewalttätige, fanden in Jakutien statt, wohin man seit dem Ende des 19. Jh. die meisten per Verwaltungsakt Verbannten geschickt hatte. Unter den russischen Verbannten waren verschiedenartigste politische Gruppierungen tätig, von den Anarchisten bis zu dem protofaschistischen »Bund des russischen Volkes«. Aber auch die nach Chabarowsk verbannten Polen versuchten, den russisch-japanischen Krieg und die revolutionären Wirren für Aktionen zur Wiederherstellung der Unabhängigkeit auszunutzen. Nach und nach griffen die Unruhen ebenso auf die bäuerliche Bevölkerung und die Eingeborenen über; 200-300 von ihnen gründeten 1906 den »Jakutenbund«.

Auch die »menschliche Staubwolke« wurde vom revolutionären Sturm erfaßt. In Wladiwostok z.B. mündeten die revolutionären Proteste in ein Gemetzel an Offizieren, Beamten und deren Familien, und es kam zu Plünderungen von Privathäusern. Natürlich spielten dabei in Sibirien neben politischen Motiven auch gewöhnliche private Abrechnungen mit Behörden und Beamten eine Rolle.

Die Geschichte des Widerstands politischer Verbannter ist vielfach ausführlich beschrieben worden. Als regelrechten Aufstand klassifizierten die Behörden z.b. das Fluchtkomplott einer Gruppe polnischer Verbannter in Ostsibirien von 1834, an dem freilich auch Russen und Tataren beteiligt gewesen waren. Die Fluchtpläne waren den Behörden verraten worden, und es folgte eine große gerichtliche Untersuchung, die mehr als 1 000 Personen erfaßte und sich über drei Jahre hinzog. Das 1837 gefällte Urteil verfügte grausame Strafen. Ein besonders unruhiges Jahr war 1865, in dem sich Schlägereien, Unruhen und schließlich Aufstände häuften: Im November brachte in Akatui eine Prügelei mit einem Offizier und dem Aufsichtspersonal Verbannten Strafverlängerung ein. Im Dezember desselben Jahres verlangten Polen, die schon in die Ansiedlung Sewakowa entlassen worden waren, bessere Unterkünfte und leisteten den Truppen Widerstand, wofür man sie in Ketten legte und zu 6-12 Jahren Katorga verurteilte. 1871 verweigerten 39 Häftlinge die Arbeit beim Eisschlag, weil man ihnen keine warme Kleidung zuteilen wollte. Sie wurden ausgepeitscht und »zu besonders schweren Arbeiten« abkommandiert, wie es im Urteil hieß (Okladnikow 1968: II, 474 f.; Łukawski 1981: 189 ff.).

Eines der spektakulärsten Ereignisse war die Revolte polnischer Verbannter am Baikalsee von 1866 – in der russischen Literatur auch als Krugobaikaler Aufstand bezeichnet, da sie von Katorgasträflingen getragen worden war, die am Bau der Ringstraße um das Südende des Sees arbeiteten. Diese hatten einen Plan entwickelt, um einer großen geschlossenen Gruppe von polnischen Verbannten die Flucht aus Ostsibirien zu ermöglichen. Daß ein solcher Versuch unternommen werden konnte, zeugt von der Unfähigkeit oder auch Nachlässigkeit der Behörden, die offenbar die Risiken der Konzentration so vieler Verbannter in einer Region völlig übersehen hatten. Das Scheitern der Erhebung trug letztlich zur weiteren Zersplitterung der Verbannten bei, denn etliche hatten den Plan als unrealistisch verworfen, was die Befürworter des Aufstands als Feigheit oder Unterwürfigkeit im Blick auf mögliche Gnadengesuche werteten. Zugleich kam die soziale Differenzierung des polnischen Verbanntenmilieus zum Tragen. Aktive und zufällige Teilnehmer an der Erhebung wurden gleichermaßen hart bestraft. In der Folge wurden die Lebensbedingungen für diese Verbannten beträchtlich verschärft; zudem reagierte die russische Bevölkerung der Region auf das Komplott der Polen entschieden negativ: Diese schienen die gute Behandlung durch die Russen nicht würdigen zu wollen. Erst 1873 wurden die Sanktionen gegen die Polen wieder gelockert und die ersten Begnadigungen gewährt.

Die Flucht einer Gruppe von Häftlingen aus der Katorga in Kara war

1882 der Anlaß, dort härtere Zwangsmittel einzuführen, vor allem den Zwang, Ketten zu tragen und die Schädel der Häftlinge kahl zu rasieren. Dies löste eine Revolte aus, bei der einige Häftlinge sich selbst zu verbrennen versuchten. Die politischen Häftlinge, denen die Beamten auch ihr Geld und die Bücher der Arbeitergenossenschaft beschlagnahmt hatten, erhielten dabei Unterstützung von seiten der Kriminellen; hierbei mochte eine Rolle gespielt haben, daß unter den revoltierenden Politischen zwei Häftlinge aus dem Kaukasus waren, aus dem auch besonders viele der Kriminellen stammten. Der Aufstand wurde niedergeschlagen, die Häftlinge verlegt und das Gefängnis umgebaut. Später brachte man die ehemaligen Aufständischen wieder nach Kara zurück, wo sie nun einem härteren Regime unterlagen als zuvor. Ein zwölftägiger Hungerstreik der Betroffenen erzwang allerdings eine abermalige Verbesserung der Haftbedingungen.

Infolge von Informationen über den illegalen Druck von Pamphleten und Proklamationen ordneten die Behörden 1889 in Jakutsk die Verhaftung einer Gruppe per Verwaltungsakt Verbannter an. Während des Transports der Häftlinge entwickelte sich aus einem anfänglich kleinen Zwischenfall ein Zusammenstoß, der Tote und Verletzte forderte. Die betroffenen Häftlinge wurden vor Gericht gestellt und drei Angeklagte zum Tod durch den Galgen verurteilt. Die Vorfälle von Jakutsk sowie die dadurch ausgelöste Reihe von kollektiven Selbstmordversuchen, die bis zum Ausbruch des Ersten Weltkriegs andauerte, erregten internationales Aufsehen. Die russischen Behörden mußten darauf mit öffentlicher Rechtfertigung reagieren, was zwar nicht zur völligen Aufklärung der Ereignisse führte, wohl aber dazu, daß sich die Lage der politischen Häftlinge unter dem Druck der öffentlichen Meinung verbesserte. Sie konnten fortan entschiedener für ihre Rechte eintreten und den Beamten häufiger Zugeständnisse in bezug auf die Haftbedingugen abtrotzen.

Spätere Revolten waren besser geplant. 1902 hielt sich z.B. im Alexandrowsker Durchgangsgefängnis über drei Tage eine autonome »Gefängnisrepublik«, und 1904 kam es in Jakutsk zu dem nach dem Kaufmann Romanow benannten »Romanow-Protest«: Aufgrund von Berichten, wonach die Überwachung politischer Verbannter verschärft werden sollte, verbarrikadierten sich einige Dutzend bewaffneter Verbannter im Haus des Kaufmanns Romanow, das sie für diesen Zweck zuvor regulär gemietet hatten. Es wurde von der Armee umstellt und 18 Tage belagert. Die Verbannten leisteten vor ihrer Ergebung Widerstand. Sie wurden größtenteils zu langjährigen Katorgastrafen verurteilt. Während sich vormals vor allem Intelligenzler an Protestaktionen beteiligt hatten, war fast die Hälfte der im Haus des Kaufmanns Romanow Belagerten Bauern und Arbeiter verschiedener Nationalität. Der Anteil von Juden unter den Aufständischen, der 1889, bei dem Zwischenfall in Jakutsk, noch bei 85 % gelegen hatte, betrug hier nur 59 %. Der Rest setzte sich aus Russen, Georgiern, Litauern und polnischen Arbeitern aus Łódź zusammen.

Auch wenn in der Literatur der Standpunkt vorherrscht, daß sich nach der Revolution von 1905 die Verbannungsbestimmungen verschärft haben, ist doch deutlich erkennbar, daß sich die Behörden mehr als früher von Aufruhr und Hungerstreiks beeindrucken ließen und daher eher zu Konzessionen bereit waren. Den Wendepunkt in den Protesten politischer Häftlinge stellt erst der berühmte Streik von 1912 in den Goldgruben an der Lena dar, die einer Aktiengesellschaft gehörten und sowohl freie als auch Zwangsarbeiter beschäftigten. Um den Streik zu brechen und die Demonstrationen zu unterbinden, setzte man Militär ein; ungefähr 500 Streikende wurden getötet, worauf es im ganzen Zarenreich zu einer Welle von Streiks und Protesten kam. In der sowjetischen Literatur gilt der Streik an der Lena überdies als Beginn einer neuen Phase der anschwellenden »revolutionären Welle«.

Ein besonderes und oft verschämt übergangenes Kapitel der politischen Verbannung stellt schließlich das Verhältnis zur Gruppe der Kriminellen dar. Die Literatur über die sibirische Verbannung stellt die Milieus der politischen und der kriminellen Verbannten durchweg als zwei getrennte, feindliche Welten dar. Zwar scheint auf den ersten Blick viel für eine solche Sicht zu sprechen; sie bestätigt sich jedoch nicht durchgängig. Getrennt waren die Welten schon deshalb nicht, weil die beiden Gruppen auf dem Weg nach Sibirien oft gemeinsam transportiert wurden und in den gleichen Übergangs- oder Katorgagefängnissen saßen. Sicherlich gehörte für die Politischen der unvermeidliche Umgang mit gewöhnlichen Verbrechern, den es beim Strafvollzug in den westlichen Provinzen nicht gab, zu den schlimmsten Erfahrungen von Katorga und Verbannung. Im letzten Kapitel war bereits von der Aggressivität und den Grausamkeiten im Milieu der Kriminellen die Rede, und entsprechend häufen sich in den Erinnerungen und Briefen vom Ende des 19. Jh. die Berichte über Spannungen und Feindseligkeit zwischen beiden Gruppen, wobei die bewußte Abgrenzung von seiten der Politischen gewiß zur Verschärfung der Gegensätze beitrug. Auf der Etappe und im Gefängnis lieferten sich beide Gruppen regelrechte Schlachten. Freilich gibt es aus der Zeit vor 1880 auch Berichte darüber, daß Politische die Kriminellen positiv beeinflußten und Freundschaften mit ihnen schlossen.

Aus der Analyse der verschiedenartigen Berichte lassen sich zwei allgemeine Schlußfolgerungen ziehen:

1. Im Laufe der Zeit, und insbesondere seit der Erweiterung des politisch-sozialen Spektrums der politischen Verbannten, verschlechterten sich die Beziehungen zwischen beiden Gruppen.
2. Die ältere Generation politischer Verbannter pflegte bessere Beziehungen zu den Kriminellen als die Revolutionäre aus späteren Zeiten; jedenfalls gilt dies für die Sozialisten, dabei vielleicht noch am wenigsten für die Sozialrevolutionäre.

Anscheinend suchte die Linke nur bei Streiks und politischen Aktionen die Nähe zu sozialen Randgruppen, um nach Rückschlägen rasch wieder auf Distanz zu gehen. Dagegen hatte sich in der ersten Hälfte des 19. Jh. die Feindseligkeit zwischen Politischen und Kriminellen zumindest in Grenzen gehalten. Zwischenfälle, wie sie die Sozialisten an der Wende zum 20. Jh. beschrieben, waren noch unbekannt, was nicht zuletzt auch an strenger Überwachung durch die Aufseher gelegen haben mochte. Jedenfalls schienen die Ressentiments gegen ethisch und auch sozial fremde Milieus noch überbrückbar zu sein, zumal die Politischen die Ursachen von Kriminalität ihrerseits zu verstehen suchten. Bei längerem Zusammenleben schwanden die Vorbehalte schließlich oft durch die Gewöhnung. So bestätigten manche der verbannten polnischen Aufständischen zwar einerseits, daß das Zusammentreffen mit den Kriminellen ein Schock gewesen sei und daß es zu den schlimmsten Erfahrungen der Verbannung gehört habe, das Schicksal der Geächteten zu teilen: »Der Zustrom des Abschaums der Gesellschaft war das größte Ärgernis, eine richtige Plage, mit der uns die zaristische Regierung quälte, indem sie uns dazu zwang, Umgang mit dieser Art von Kameraden zu pflegen, die wir wegen der Gefahr unangenehmer Vorfälle und deren Folgen als gleichwertige Verbannte zu achten hatten.« (Chołodecki 1893:55).

Andererseits gab es durchaus freundschaftliche Beziehungen und gegenseitiges Verständnis zwischen den beiden Gruppen. So kam es beispielsweise vor, daß etwa ehemalige russische Beamte, die wegen Bestechlichkeit oder Veruntreuung verurteilt worden waren, die verächtlich »Aufrührer« (*mjatechniki*) genannten Polen demonstrativ schnitten, während die Kriminellen ihnen bereitwillig ihre Dienste anboten. Niemals hätte ein *iwan* einem anderen gewöhnlichen Verbrecher einen besseren Platz abgetreten, was er allerdings für den »Adel«, die politischen Häftlinge, schon zu tun bereit war. In einigen Erinnerungen wird die Meinung geäußert, die Behörden hätten die *iwany* zur Drangsalierung der politischen Verbannten benutzt; glaubwürdige Beweise dafür existieren allerdings nicht. Es gab allenfalls insofern einen Zusammenhang, als sich die unteren Ränge der Aufseher häufig aus den Reihen lebenslänglich verbannter Krimineller rekrutierten.

Beim Zusammenleben in der Zelle hing viel vom Ältesten (Starosten) ab, dem die *iwany* gehorchten und nacheiferten. Wenn es einem Intelligenzler gelang, den Starosten seiner Zelle durch sein Verhalten zu beeindrucken, konnten sich die Umgangsformen in der gemeinsamen Zelle allgemein verbessern. Die Gespräche wurden leiser, die Flüche gedämpfter, das Benehmen höflicher. Der Starost ermahnte und bestrafte bei Verfehlungen, was ergeben hingenommen wurde. Auch machten sich die Kriminellen gelegentlich praktisch für die Politischen nützlich, so in Irkutsk in den 80er Jahren des 19. Jh., wo sie den politischen Häftlingen Informationen zukommen ließen mit Hilfe der sogenannten *paraschniki*, d.h. Häftlingen, die die Latrinenkübel

hinaustrugen. Alles in allem aber blieb die Distanz bestehen. Als z.B. ein
Krimineller für Dienste, die er den Politischen erwiesen hatte, ausgepeitscht
wurde, konnten diese sich nicht zu Protesten durchringen. Das Solidaritätsge-
fühl siegte erst bei der Bestrafung eines anderen befreundeten Kriminellen:
Die Politischen traten in den Hungerstreik, damit der Geschlagene als »Politischer« behandelt werde (Belyj 1923: 115; Kowalik 1924: 159 f.). Interessante
Hinweise auf die Beziehungen zwischen beiden Gruppen findet man auch in
den Aufzeichnungen des polnischen Verbannten Zapalowski (1913: I, 103 ff.),
wonach sich Diebe im allgemeinen gegenüber den Politischen weniger soli-
darisch verhielten als Kapitalverbrecher.

Diebe und Betrüger erwiesen sich auch dadurch als Plage, daß sie die mit
Geld ausgestatteten politischen Verbannten auf dem Weg nach Sibirien gerne
zu »melken« versuchten, wie sie es nannten. In den Ansiedlungsgebieten dann
waren die entflohenen Kriminellen und Landstreicher oft verantwortlich für
Überfälle und Morde, die freilich nicht nur politische Verbannte trafen. Außerdem galt, daß an Überfällen auf die Behausungen politischer Verbannter
nicht selten auch freie Sibirjaken beteiligt waren.

Am Ende des 19. Jh. verringerten sich die Kontakte zwischen beiden
Gruppen, da die Transporte anders organisiert wurden und man auch strikter
auf gesonderte Unterbringung der politischen Gefangenen achtete. Schwer
war es hingegen in den Ansiedlungen auf Sachalin, Kontakte zu unterbinden.
Freilich schien dort zugleich das Mißtrauen der gewöhnlichen Verbrecher
gegen die Politischen besonders fest gefügt, da sich die Politischen bei ihren
»Aufklärungsaktionen« über Gebühr bemühten, sich den Kriminellen anzu-
passen: Sie trugen nur die gewöhnliche Verbanntenkleidung, rauchten die
gleiche Machorka und versuchten sich durch kostenloses Schreiben von Gesuchen einzuschmeicheln.

Etliche der politischen Verbannten blieben stets passiv und bemühten
sich, den Kriminellen nicht in die Quere zu kommen. Sie schränkten aber
durchaus auch ihre eigenen Forderungen ein, um die Unterschiede in der Lage beider Gruppen nicht zu vergrößern. Kriminelle Häftlinge zeigten sich dafür durch Neutralität bei Konflikten mit den Behörden erkenntlich, obwohl
diese Auseinandersetzungen stets allen das Leben erschwerten. Freilich gelang es nicht immer, einen *modus vivendi* zu finden. Zwischen 1906 und
1914 ereigneten sich furchtbare Zwischenfälle – Kämpfe zwischen einzelnen
Häftlingen oder auch ganzen Gruppen, bei denen nicht einmal die Gefängnisaufsicht einzuschreiten wagte. Politischen Verbannten war es nicht erlaubt,
sich in Angelegenheiten der *ugolowka*, der Gruppe der hartgesottenen
Schwerverbrecher, einzumischen. Als sich z.B. 1909 politische Verbannte
für einen achtzehnjährigen Gefangenen einsetzten, der von den *iwany* mißhandelt worden war, brach eine regelrechte Schlacht los, in der die Politischen den Sieg davontrugen, waren sie doch längst nicht mehr bloße Schön-

geister. Unter ihnen befanden sich viele Jugendliche aus dem einfachen Volk, die sich das Prinzip »Auge um Auge, Zahn um Zahn« zu eigen gemacht hatten und vor keiner Schlägerei zurückschreckten, um der *ugolowka* Respekt vor den Politischen beizubringen.

Kapitel 9

Familienleben in Sibirien

Ein ständig beklagtes Übel des Lebens in Sibirien war die Geschlechterdisproportion, die auch unter der dortigen europäischen Bevölkerung und nicht nur unter den Deportierten bestand. In Regierungskreisen sah man durchaus ein, daß die Kolonisierung des Landes durch ehemalige Katorgasträflinge und Deportierte sehr wohl erfolgreich hätte sein können, hätten diese eine Möglichkeit gehabt, Familien zu gründen wie im europäischen Rußland.

1720 erließ Peter I. einen Ukas, dem zufolge die Ehefrauen von Deportierten das Recht hatten, zu wählen, ob sie zusammen mit ihrem Ehemann nach Sibirien gehen oder ob sie die Annullierung der Ehe fordern und daraufhin die Erlaubnis der Kirche zu einer neuen Eheschließung einholen wollten. Die Verurteilten selbst waren in dieser Hinsicht entmündigt und verloren darüber hinaus ihre elterliche Gewalt. Zunächst betraf das nur die auf unbestimmte Zeit zu Katorga Verurteilten, aber 1804 erweiterte der Heilige Synod das Recht zur Annullierung der Ehe auf alle zu Katorga verurteilten Personen; seit 1812 fand es ebenfalls auf administrativ verschickte Bauern Anwendung. Die Rechtsbücher *Swod Sakonow* von 1843 und das neue Strafgesetz von 1845 sowie das Gesetz über die Deportation von 1882 erhielten diesen Grundsatz aufrecht. Das war natürlich für den Zusammenhalt der Familien nicht eben förderlich, weil viele Frauen von dem ihnen zustehenden und von der orthodoxen Kirche sanktionierten Recht Gebrauch machten, sämtliche Beziehungen zu ihren verurteilten Männern abzubrechen. Vermutlich fürchteten sie vor allem das schwere Leben in dem entlegenen, harten Land. 1875 schrieb der Franzose Edmond de Lafrêne in einem Bericht über seinen Sibirienaufenthalt, daß »es ein merkwürdiges und barbarisches Gesetz [ist], das auf unerhört brutale Weise überhaupt nicht mit den Kindern rechnet« (1989: 52). Entgegengesetzte Vorschriften galten übrigens für Juden, deren Ehefrauen seit 1862 die Pflicht hatten, ihre auf dem Verwaltungswege verschickten Männer zu begleiten (Andrychiewicz 1871: 233).

Seit Katharina II. konnten auch Frauen zu Deportation und Katorga verurteilt werden, doch machten sie nur einen geringen Prozentsatz der Deportierten aus, der außerdem noch sinkende Tendenz aufwies. 1824-1861 waren durchschnittlich 10 % der zu Katorga und 15,5 % der zu verschiedenen Formen der Ansiedlung in Sibirien Verurteilten Frauen (Maksimow 1899: II, 268). Nach den Angaben über Personen, die sich tatsächlich in Sibirien aufhielten, lag dieser Prozentsatz etwas höher (16 %), doch ist es durchaus möglich, daß – was häufig genug vorkam – auch begleitende Personen zu den Verurteilten gerechnet wurden. Mit der Zeit schickten die Gerichte im Zarenreich weniger unüberlegt Frauen oder Minderjährige nach Sibirien, wobei sie sich von humanitären Rücksichten leiten ließen. 1874-1893 schwankte der Anteil der Frauen unter den Deportierten zwischen 7,3 und 7,9 %. Diese Angaben umfassen sowohl Verurteilte als auch begleitende Personen; unter den Verurteilten selbst war der Anteil der Frauen geringer. 1901-1910 waren unter allen von gewöhnlichen Gerichten in Rußland abgeurteilten Kriminellen 8,6 % Frauen, während es unter den zu Katorga und Deportation Verurteilten 4,4 % waren. Von den Deportierten aus dem Königreich Polen waren 17,8 % weiblich, darunter 6 % weibliche Katorgasträflinge (*Swod Statistitscheskich Swedenij* 1901-1910).

Relativ hoch war der Anteil der Frauen unter den administrativ Verschickten, die man der Illoyalität und einer gegen die Regierung gerichteten politischen Tätigkeit verdächtigte. 1882-1886 waren es mit 16,8 % besonders viele, was sicherlich im Zusammenhang mit der gesteigerten Aktivität der Narodniki und der wachsenden terroristischen Bewegung stand, da hier Frauen eine sehr große Rolle spielten. Seit dieser Zeit galten »delicately nurtured bomb-throwing girls with nerves of steel« als ein russisches Spezifikum, denn »Russia pioneered the evolution of this type« (Hingley 1977: 217 f.). Auch später war der Anteil der Frauen an den Politischen sehr hoch. 1914 z.B. betrug er 12 %. Doch wegen der insgesamt geringen Anzahl von Politischen, die nach Sibirien deportiert wurden, hatte die Zahl der Frauen in dieser Gruppe keinen Einfluß auf die Gesamtproportion. Aufgrund genauer und glaubwürdiger Angaben aus dem Jahre 1898 kann man davon ausgehen, daß seit Ende des Jahrhunderts bis zum Ersten Weltkrieg der Anteil der Frauen an den in Sibirien lebenden Verurteilten und administrativ Verschickten samt ihren Familien 9 % nicht überschritt.

Nach russischem Strafrecht galt als minderjährig, wer das 16. Lebensjahr nicht vollendet hatte. Häufig wird aber in den Statistiken das 21. Lebensjahr als Grenze angesetzt, was in der Literatur ebenso häufig zu Verwirrung führt. Von den Personen, die 1870-1874 auf der Strecke zwischen Tjumen und Tomsk befördert wurden, waren 15,9 % Kinder, 1875-1879 waren es 16,8 % und 1880-1884 16,6 % (Kennan 1907: II, 49). Bei diesem hohen Prozentsatz dürfte es sich aller Wahrscheinlichkeit nach auch um Kinder gehandelt haben, die Deportierte begleiteten. Nach Angaben, die sich allein auf Verurteilte beziehen, stellten 1874-1878 Jugendliche 10,5 %, 1879-1883 8,6 %, 1884-1888 2,1 % und 1889-1893 nur noch 1,2 %. Wir wissen jedoch nicht, ob es sich hier tatsächlich um eine Abnahme oder um eine Änderung der Kriterien handelt: Zuerst hatte man wahrscheinlich die Jugendlichen bis zum 21. Lebensjahr, später nur noch bis zum 16. Lebensjahr gezählt. Zahlen aus dem Jahr 1898 geben das Durchschnittsalter der Politischen im Kreis Wercholensk mit 28 Jahren an. Über 48 % der Katorgasträflinge aus dem Zentralgefängnis in Alexandrowsk waren 21-35 Jahre und über 34 % 35-50 Jahre alt; 5,5 % hatten noch nicht das 21. Lebensjahr erreicht (Jadrinzew 1892). Aus diesen punktuellen Angaben kann man versuchen, sich ein Bild der Verhältnisse zu machen.

Für das Leben in Sibirien und den Charakter des Landes war es von entscheidender Bedeutung, ob Ehefrauen oder Verlobte der Verurteilten sich entschieden, diese zu begleiten. Mitunter folgten ältere Kinder freiwillig ihrem Vater oder ihrer Mutter; es kam auch vor, daß ein alter Vater seinem Sohn in die Deportation folgte. Es war nicht leicht, sich zu einem solchen Schritt zu entscheiden: Von vornherein war klar, daß man das Schicksal der Verurteilten in allem würde teilen müssen, nicht nur unterwegs, sondern auch am Ziel. Viele Vorschriften für die Deportierten galten ebenso für diejenigen, die sie begleiteten. Unterwegs wurden die Familien zwar auf Staatskosten ernährt, aber sie unterlagen derselben Disziplin wie die Häftlinge; dasselbe galt in der Deportation. Wenn die Familie eines Verurteilten den Wunsch äußerte, ihn zu begleiten, wurde sie verhaftet und auf dem Weg nach Sibirien bewacht.

Begüterte Familien, die politische Häftlinge begleiteten, konnten dieses Verfahren auf verschiedene Weise umgehen, doch war auch das nicht immer möglich. So kam es z.B. 1863 zu folgender charakteristischer Szene: »Am nächsten Tag stürzt einer meiner Kameraden zu mir herein und ruft: ›Die Kosaken bringen deine Frau unter Eskorte ins Gefängnis!‹ Ich erstarre. Ich laufe zum Aufseher und frage, was das zu bedeuten habe, und er erwidert mir: ›Denken Sie vielleicht, daß das Tobolsk ist? Hier macht man mit den Herren keine Umstände.‹ Auf meine Frage, wie ich mich mit den vorgesetzten Behörden verständigen könne, sagt er mit einem zynischen Lächeln, das ich nie vergesse: ›Der einzige, der Ihnen überhaupt helfen kann, bin ich. Ich habe dem Herrn Vizegouverneur 600 Silberrubel für [meine] Stelle gegeben, er muß also warten, bis ich die Summe mit Zinsen von euch wiederbekomme; und meine Frau ist mit dem Herrn Gouverneur so gut bekannt, daß er sich auch nicht einmischt.‹ Daraufhin schlug er mir vor, einen einzelnen Raum im Gefängnis zu mieten.« (Lasocki 1937: 31)

Trotz dieser und ähnlicher Behandlung entschlossen sich mit der Zeit immer mehr Familien zur freiwilligen Deportation, da die Transportmittel be-

quemer wurden und sich die Lebensbedingungen in Sibirien besserten. Aber
es blieb stets eine Minderheit; die meisten Familien blieben zu Hause. 1885
lebten auf Sachalin 3 800 Katorgasträflinge, von denen 1 235 Männer und
148 Frauen zur Zeit ihrer Verhaftung verheiratet waren. In die Deportation
folgten aber nur 166 Ehefrauen und zwei Ehemänner (!). 34 Männer und 40
Frauen schlossen auf Sachalin selbst die Ehe. Von den Angesiedelten hatten
563 Männer und 59 Frauen zu Hause einen Ehepartner. In dieser Gruppe
gelang nur 56 Männern, aber allen 59 Frauen eine neue Eheschließung auf
Sachalin (*Ottschet po Glawnogo Tjuremnogo Uprawlenija* 1886; Kowner
1897: 886).

Von den Personen, die 1824-1861 in »Etappen«, also nicht als freiwillige
Siedler nach Sibirien kamen, stellten die Verurteilten 92,4 %, die restlichen
7,6 % waren begleitende Familienangehörige. Zwischen West- und Ostsibirien bestand in dieser Hinsicht kein nennenswerter Unterschied. Von den
1883 registrierten 95 500 gerichtlich Verurteilten oder administrativ Verschickten waren 79 900 Männer und 15 600 Frauen. Sie wurden begleitet von
105 Personen männlichen Geschlechts, höchstwahrscheinlich zum größten
Teil Kindern, und von fast 2 700 Personen weiblichen Geschlechts, also
Frauen und Kindern (Maksimow 1899: II, 268). Demnach waren von den
insgesamt etwa 98 300 Personen 2,8 % »Freiwillige«. Da die meisten Verurteilten von mehr als einer Person begleitet wurden, kann man davon ausgehen, daß etwa jeder 50. Angehörige bei sich hatte. Von den Polen, die infolge des Aufstands von 1863 nach Sibirien kamen, waren 9,8 % Familienangehörige (Skok 1975: 108).

In den letzten 30 Jahren des 19. Jh. gab es bereits sehr viele Familienangehörige in der Deportation, und gegen das Jahrhundertende machten sie
40 % all derer aus, die nicht freiwillig nach Sibirien zogen. Fast jeder Deportierte hätte dann einen Angehörigen bei sich gehabt, wäre jedem nicht
mehr als eine Person gefolgt. Zwischen 1882 und 1886 kamen mit 47 300
Häftlingen 22 600 »Freiwillige« nach Sibirien, von denen 7 000 Frauen und
15 600 Kinder waren. Von geschlossenen Familien wurden jetzt diejenigen
begleitet, die ihre *obschtschina* (Dorfgemeinschaft) verschickt oder nach
Strafverbüßung nicht wieder aufgenommen hatte, und auch in der Gruppe
administrativ Verschickter stieg der Anteil der »Freiwilligen« rasch an. Die
Angesetzten blieben zumeist allein, weil zu dieser Kategorie vor allem Landstreicher gehörten.

1887-1898 kamen 98 400 Katorgasträflinge und Deportierte verschiedener
Kategorien sowie 58 600 ihrer Familienmitglieder (62,7 % Deportierte und
37,3 % Angehörige) nach Sibirien und Sachalin. Am höchsten lag der Anteil
der Familien in der Gruppe der administrativ Verschickten (42,5 %); unter
den gerichtlich Verurteilten und »zum Wohnen« Deportierten betrug er
36,6 %, während er unter den Landstreichern (die zur Ansetzung verurteilt

waren) lediglich 0,4 % erreichte. Von den »Freiwilligen« waren 0,3 % Männer, 30 % Frauen, der Rest Kinder (Jadrinzew 1892: 463; Salomon 1900:
Anhang 1, 4 ff.). Im Jahre 1898 machten die »Freiwilligen« in Westsibirien
25,9 % aller Deportierten aus, in Ostsibirien 35 %. Theoretisch hatte also im
Durchschnitt etwa jeder dritte Deportierte einen Angehörigen bei sich, selbst
unter den Katorgasträflingen kam ein »Freiwilliger« auf 2,7 Häftlinge (Salomon 1900: 14-18, Anhang 4).

Genauere Angaben liegen für die Jahre 1887-1896 vor, doch betreffen sie
nur Deportierte in den Gouvernements Jenissej und Irkutsk sowie in Transbaikalien. In diesem Jahrzehnt waren 89 % der Deportierten, die nach Ostsibirien kamen, alleinstehend, wobei Frauen noch seltener begleitet wurden als
Männer, und wenn, dann von ihren Kindern und nicht von ihren Ehemännern. Zwar ist beim Anteil derer, die von Familien begleitet wurden, eine
steigende Tendenz festzustellen, aber es läßt sich nicht sagen, ob sie konstant
war, da die Angaben einen zu kurzen Zeitraum umfassen. Auf einen Deportierten, der nicht allein nach Sibirien kam, entfielen durchschnittlich 2,7 begleitende Personen, so daß man sagen kann, daß die statistische Durch-
schnittsfamilie eines Deportierten aus vier Personen bestand (handelte es sich
um eine Frau, waren es drei Personen).

Gleichgültig, zu welchen formal-rechtlichen Kategorien die Deportierten
gehörten – die in Sibirien herrschenden Bedingungen machten sie alle gleich.
Selbst die Unterschiede zwischen der freien Bevölkerung und den Sträflingen
waren hier nicht so groß wie im europäischen Reichsteil. Bereits auf dem
Weg nach Sibirien wurden »Freiwillige« und Verurteilte ähnlich behandelt,
ertrugen sie die gleichen Unbequemlichkeiten, namentlich auf den Schiffen,
wenn ein Teil der Route zu Wasser zurückgelegt werden mußte. Dort, wo die
Deportierten und ihre Familien die Mehrheit der Bewohner stellten, bildeten
sie eine Gesellschaftsgruppe, deren interne Differenzierung auf denkbar einfachen Kriterien beruhte: auf besserer oder schlechterer Nahrung. Selbst das
Aufsichtspersonal war nicht wirklich frei und fühlte sich bedroht. Wollte es
in den Strafkolonien wenigstens relativ sicher und ruhig leben, mußte es darüber hinwegsehen, wenn die Häftlinge die Ordnung verletzten oder sich
strafbar machten; im übrigen war es gar nicht möglich – was bereits mehrmals betont wurde –, alle Vorschriften einzuhalten. Insbesondere verwischten
sich die Unterschiede zwischen Katorgasträflingen, die ihre Strafe verbüßt
hatten und sich niederlassen sollten, und denen, die von den Behörden oder
einem Gericht »zum Wohnen« verschickt worden waren.

Die Polizeiaufsicht galt für alle, für die Häftlinge ebenso wie für ihre
Familien. Weder die freie Ortsbevölkerung (die im übrigen – wenn auch
weniger drastischen – Paßbestimmungen unterlag und von der Polizei beauf-
sichtigt wurde, wenn sie aus irgendeinem Grund engen Kontakt zu Deportierten hatte) noch die Verwaltung, die Polizei oder die Deportationsaufsicht

machten einen Unterschied zwischen Häftlingen und »Freiwilligen«. Das sahen im übrigen auch die »Grundsätze des Aufenthalts in Sibirien« vor. Aus diesem Grund gaben die Beamten auch so häufig in ihren Statistiken die Zahl der Häftlinge und ihrer Familienmitglieder gemeinsam an.

Bis zur Jahrhundertmitte waren die Grundsätze sogar noch strenger: Ein durch ein Gerichtsurteil erfolgter Verlust aller Rechte war erblich, d.h., die Strafe, die einen Verurteilten traf, wurde teilweise auch auf seine Kinder übertragen. Doch waren die Vorschriften in dieser Hinsicht unklar und inkonsequent. 1842 wurde eigens eine Anordnung über Kinder von Staatsverbrechern erlassen, die die Kinder der Dekabristen betraf. Seitdem konnten sie wieder staatliche Schulen besuchen. Weiter hieß es dort, daß ihnen im Falle besonderer Verdienste die Adelsrechte verliehen würden, die ihren Eltern aberkannt worden waren. In Kraft blieben jedoch die Eigentumsbeschränkungen. 1853 wurde angeordnet, daß den Kindern von Staatsverbrechern dieselben Rechte zuständen, die ihre Väter zum Zeitpunkt der Geburt des Kindes besaßen.

Die Söhne von Dekabristen, aber auch von anderen Verurteilten konnten zu einer Sondereinheit, den sogenannten Kantonisten, eingezogen werden. Das waren Kindereinheiten unter der Aufsicht von Soldaten, die sie auf den Militärdienst vorbereiteten (Kodan 1983: 83). Die Kantonisteneinheiten waren eine der erschreckendsten Institutionen in der Geschichte des 19. Jh.; sie bestanden aus Kindern, die ihren Eltern gewaltsam fortgenommen wurden, wenn diese durch ein Gerichtsurteil ihre Rechte verloren hatten. Gegenüber Juden wurde dieses Verfahren generell angewandt. Die Bestimmungen über Deportierte erlaubten Jüdinnen, die ihre von einem Gericht verurteilten Männer begleiteten, nur Jungen bis zum 5. und Mädchen bis zum 10. Lebensjahr mit sich zu nehmen (Salomon 1900: 279).

Wie drastisch die Praktiken waren, die auch alle damaligen Vorstellungen von Gerechtigkeit verletzten, soll nur an einem Beispiel gezeigt werden: Der 1805 in Großpolen geborene Franciszek Knoll hatte am Aufstand von 1830 teilgenommen, war in Gefangenschaft geraten und zu einem in Omsk stationierten Bataillon strafversetzt worden. 1837 war er in den sogenannten Fall Omsk verwickelt, bei dem es um einen angeblichen oder tatsächlichen Fluchtversuch ging. Er wurde zu 3 000 Stockschlägen verurteilt, und als er das Bewußtsein verlor, wurde er mit Wodka wieder zu sich gebracht und zur Ader gelassen. Halbtot wurde er in die Nertschinsker Katorga überstellt, aus der er um die Jahreswende 1849/50 entlassen wurde. Als lebenslänglicher Ansiedler erhielt er 28 ha Land und war nebenbei als Feldscher tätig. Er heiratete eine Kosakin und mußte infolgedessen zur Orthodoxie übertreten. 1859 wurde der Rest seiner Strafe, d.h. die lebenslange Ansiedlung, gelöscht. Er konnte also aus Sibirien fortziehen und hatte das auch vor (seine Frau war 1855 gestorben), als sich herausstellte, daß er keine Erlaubnis zur Ausreise seiner Kinder erhalten konnte, die in Sibirien als Rechtlose geboren worden waren und weiterhin als Deportierte galten. Nach langen Bemühungen bekam er die erforderliche Genehmigung aufgrund einer in einem Protokoll festgehaltenen Versicherung, daß seine Söhne mit 18 Jahren wieder nach Sibirien zurückkehren und sich zum Militär melden würden (Janik 1928: 53). Ob die jungen Knolls dieser Verpflichtung nachkamen oder ob es ihnen gelang, sich ihr zu entziehen, ist nicht überliefert. In einer ähnlichen Situation befand sich Bronisław Szwarce, der für seine Teilnahme am Aufstand von 1863 deportiert worden war. Er hatte eine Sibirjakin geheiratet und mußte seine Kinder nach ihrem Tod illegal aus Rußland nach Krakau schaffen, um zu verhindern, daß sie zwangsweise in ein Waisenhaus gesteckt wurden (Morosowa 1975: 214).

Auch die Vorschriften über die Ehefrauen von Deportierten waren nicht konsequent. Nach dem Ukas von 1821 konnten sie ihre Männer nur dann begleiten, wenn diese nicht für Verbrechen nach Sibirien geschickt wurden, die den bürgerlichen Tod, d.h. den Verlust sämtlicher Rechte, nach sich zogen. Aber dieser Ukas wurde vergessen; schon das Gesetz über die Deportation von 1822 enthielt dieses Verbot nicht mehr. Besondere Erlasse für Ehemänner verurteilter Frauen sind mir nicht bekannt. Es gab eine Reihe detaillierter Vorschriften von verschiedenen Behörden aller Ebenen, die »Chaos und Tohuwabohu« (Kodan 1980: 44) zur Folge hatten. Einige davon erschwerten den Frauen die Reise mit ihren Männern, weil sie beispielsweise die Möglichkeit einschränkten, von Verwandten unterstützt zu werden, oder untersagten, ihre Kinder mitzunehmen. Da diese Vorschriften aber nicht eindeutig waren, wurde das Verbot umgangen, wozu jedoch mitunter Unmengen von Formalitäten erforderlich waren. Die Frauen von Deportierten unterlagen nicht nur Freizügigkeitsbeschränkungen und Polizeiaufsicht, sondern blieben sogar nach dem Tod ihrer Männer in der Kategorie der Beaufsichtigten. Im Prinzip durften sie nicht nach Hause zurückkehren; dazu war eine Sondererlaubnis nötig. Hatten sie diese aber erlangt, durften sie in keiner Landes- oder Gouvernementshauptstadt wohnen und standen außerdem unter geheimer Polizeiaufsicht. Hingegen erhielten sie eine jährliche Unterstützung. Unter diesen Umständen kann man sich nur wundern, wie viele Frauen, auch solche, die viel zu verlieren hatten – Wohlstand, ein Haus, Dienstboten, Verwandte und Freunde –, sich entschlossen, auf all das zu verzichten und sich auf ein wirklich elendes Wanderleben zu begeben. Sehr häufig mußten sie ihre Kinder, sogar kleine, unter Familienobhut zurücklassen, um sie nicht zu gefährden.

Solange die Deportierten aus dem einfachen Volk kamen, kümmerte sich die Regierung nicht allzusehr um die Familienangehörigen und behandelte sie genauso wie die eigentlichen Sträflinge. Doch die Schwierigkeiten begannen, als die ersten Damen der Aristokratie ihren Männern in die politische Deportation folgten. Den Anfang machte die Fürstin Elisaweta Trubetzkaja, die

Frau eines in die Nertschinsker Bergwerke geschickten Dekabristen; die Französin Pauline Gueble folgte als erste Unverheiratete ihrem Verlobten nach Sibirien nach und schloß mit ihm dort die Ehe. Insgesamt befanden sich in dieser Anfangszeit neun Ehefrauen und zwei Verlobte von Dekabristen in Sibirien (Kodan 1983: 45, 49). Damit begann die heroisch-romantische Tradition der Russinnen und im nächsten Jahrzehnt die der Polinnen. Dank ihnen wissen wir viel über das Leben der Politischen und über die Aufopferung, Tapferkeit und Ausdauer ihrer Frauen. Sie waren bemüht, ihren Männern in Sibirien ein echtes Heim zu schaffen und zugleich das kulturelle und geistige Leben zu organisieren. Oft betätigten sie sich karitativ unter den Deportierten wie unter den Einheimischen.

Die Polinnen, die ihren als Verschwörer in den 30er und 40er Jahren und nach 1863 deportierten Männern folgten, hatten es schwerer. Sie stießen nicht immer auf Achtung und Hilfsbereitschaft bei der Begleiteskorte oder bei der Deportationsaufsicht. Im allgemeinen nahm mit der Zeit auch der durchschnittliche Wohlstand der Deportierten ab. Es kam zu verschiedenen Tragödien, von denen eine zur Legende wurde, so daß sich schwer sagen läßt, wo ihr Wahrheitsgehalt liegt: 1835 folgte Albina Wiśniewska ihrem Verlobten Wincenty Migurski in die Deportation, wo sie ihn heiratete und zwei Kinder gebar, die jedoch bald darauf starben. Da das Ehepaar unter Krankheit und Armut litt, beschlossen sie, Wincentys Tod vorzutäuschen. Albina erhielt die Erlaubnis zur Rückkehr, versteckte ihren Mann im Wagen, nahm die Särge mit den Leichen der Kinder und machte sich auf den Weg. Höchstwahrscheinlich war sie zu dieser Zeit zum dritten Mal schwanger. In Saratow entdeckte der Fuhrmann, ein Kosak, die Wahrheit und denunzierte sie, zur Empörung vieler Russen, bei den Behörden. Die Polizei konfiszierte die sterblichen Überreste der Kinder und beerdigte sie in Saratow. Albina kam mit ihrem Mann in die Katorga nach Nertschinsk, wo sie noch einen Sohn gebar. Doch starben Mutter und Kind kurz nacheinander. Migurski wurde seine Strafe 1859 erlassen, und er kehrte allein nach Warschau zurück. Nach der mißglückten Flucht und allen Leiden, die Albina Migurska durchgemacht hatte, galt sie fast als Heilige. Gegen Ende ihres Lebens kamen selbst russische Aristokratinnen zu ihr und baten sie um ihren Segen (Janik 1928: 181 ff.).

Die gebildeten Frauen waren sehr oft berufstätig, vor allem als Lehrerinnen, und verdienten so auch den Lebensunterhalt für ihre Männer, denen das Recht auf Arbeit in verschiedenen Berufen verweigert wurde. In späteren Jahren, als die sozialistische Bewegung verfolgt wurde, gingen seltener Frauen mit den politischen Häftlingen nach Sibirien. Ein Grund dafür war, daß die Deportationen für verbotene politische Betätigung nicht mehr so lange dauerten wie in der ersten Hälfte des Jahrhunderts, so daß sich die weite Reise nicht recht lohnte. Außerdem huldigten die Sozialisten dem Grundsatz, sich »für das Wohl der Sache« nicht an eine Frau zu binden. Dagegen kamen nun viele politisch tätige Frauen, die selbst deportiert worden waren, nach Sibirien.

Weniger Chronisten fand das schwere Leben der einfachen und ungebildeten Ehefrauen von gemeinen Kriminellen. Ihre Anwesenheit in Sibirien wurde nicht so positiv beurteilt wie die der Frauen der Politischen, die meist aus der Ober- und Mittelschicht stammten. Diese Frauen standen im Ruf der Sittenlosigkeit, obwohl manchmal ihre eigenen Männer sie zur Prostitution zwangen. Das war eine Folge der anomalen demographischen und sozialen Situation in Sibirien. In der Deportation, namentlich auf Sachalin, gab es ebenso viele »wilde« wie legale Ehen (Tschechow 1962: 52). Die Kriminellen waren ärmer als die Politischen, besaßen keine Bildung und wurden daher von der Ortsbevölkerung und dem Aufsichtspersonal wesentlich schlechter behandelt. Folglich war auch das Leben der Frauen, die die Kriminellen begleiteten, wesentlich schwerer als das Leben der Frauen von politischen Deportierten. Gegen Ende des Jahrhunderts hatte sich die Situation gegenüber den 60er Jahren schon etwas gebessert. Auch wenn die Vorschriften über die Rechte der Frauen und Kinder von Deportierten nicht geändert wurden, so ging es in der Praxis zumindest den Frauen nicht mehr ganz so erbärmlich, denn es kamen nun immer mehr von ihnen, vor allem als Begleitung von Personen, die ihrer Rechte nicht verlustig gegangen waren.

Es ist hingegen nicht übertrieben, das Schicksal der Kinder als tragisch zu bezeichnen. Das ist bereits am Beispiel der Kinder von Franciszek Knoll und Bronisław Szwarce gezeigt worden. 1899 gab es in Sibirien etwa 5 000 Kinder allein von Häftlingen und Katorgasträflingen; jährlich kamen 870 Kinder im Schulalter hinzu. Von ihnen konnten nur 59 eine Schule besuchen. Die Schulen lagen verstreut, und es fehlten Lehrer (*Tjuremnyj Westnik* 1901: 293 f.). In dieser Situation wurde geduldet, daß Politische diese Funktion übernahmen. Wenn die Eltern arm oder im Gefängnis waren, litten die Kinder am meisten. Bis zum Jahrhundertende gab es sehr wenige Kinderheime, die zumeist durch wohltätige Spenden unterhalten wurden. In Tobolsk und im Gouvernement Tomsk gab es je ein Heim für Waisen und Kinder von Gefängnisinsassen. Tomsk besaß einen Hort für verwahrloste Kinder, Krasnojarsk, Irkutsk, Werchneudinsk und Tschita besaßen Heime für »Arrestantenkinder«. Einen Kinderhort hatte auch das Alexandrowskij Zentral, das Zentralgefängnis für Katorgasträflinge bei Irkutsk. Mitunter nahmen Bauern sich der Kinder von Häftlingen an, aber sie beuteten sie erbarmungslos aus. Kinder gingen im wörtlichen Sinn physisch und moralisch in Massen zugrunde (Salomon 1900: 283 f.).

Betrachtet man die Verhältnisse in Sibirien genauer, insbesondere die Sozialstruktur der Einwohner und ihre Einteilung in formalrechtliche Kategorien, so stellt sich die Frage, wie man eigentlich diejenigen, von denen in diesem Buch die Rede ist, mit einem Wort bezeichnen soll. Als Deportierte? Schließlich waren nicht alle deportiert worden; gegen Ende des Jahrhunderts befand sich schon ein Drittel von ihnen freiwillig in Sibirien. Aber wirklich freiwillig? Ein beträchtlicher Teil war ja zur Auswanderung gezwungen worden, vor allem, wenn es sich um die Familien derjenigen handelte, die von ihrer Dorfgemeinschaft verschickt worden waren. Man kann auch keine einfache Einteilung in »Freie« und »Deportierte« vornehmen; denn die »Freiwilligen« unterlagen der administrativen Verschickung ebenso wie die Deportierten und standen wie diese unter Polizeiaufsicht. »Freie« hießen auch die aus dem Gefängnis entlassenen Katorgasträflinge, die sich niederlassen und selbst für sich sorgen sollten, aber eigentlich weiterhin eine Strafe verbüßten. Es gibt also keine adäquate Bezeichnung, und dieser Mangel ist einer der bezeichnendsten Züge in der sibirischen Geschichte. Er spiegelt die Mannigfaltigkeit und Veränderlichkeit der sozialen Kategorien dieses Landes wider. Vielleicht ist es gerade deshalb so interessant, ihre Geschichte im einzelnen zu studieren und die düstere Legende, die Sibirien umgibt, zu durchdringen.

Kapitel 10

Bewacher und Bewachte

»Nirgendwo hatten Beamte soviel Macht wie in Sibirien, wo sie uneingeschränkt über Schicksal und Eigentum der Menschen verfügen konnten; nirgendwo anders genoß der einzelne so wenig Schutz und Fürsorge wie hier. Rechtsstaatlichkeit war in Sibirien fast unbekannt.« So urteilte der Ethnograph Nikolaj Jadrinzew um 1880 über die sibirischen Verhältnisse (1892: 69 f.). An zahllosen Beispielfällen beschrieb er die Unterdrückung durch hohe und niedere Beamte, die Abhängigkeit der Bevölkerung und die Mißachtung der Menschenwürde. Dabei sah auch Jadrinzew, daß sich die Unterdrücker selbst in jeder Hinsicht in der Rolle von Sklaven befanden: Ständige Erniedrigungen von Vorgesetzten und demonstrative Unterwürfigkeit waren ebenso die Regel wie Denunziation, gegenseitiges Übervorteilen, Schmeichelei und Bestechung, wenn nicht offen, so in Form von gastlicher Bewirtung. »Und doch«, schrieb Jadrinzew, »gelang es nicht, die wirklich unabhängigen Geister zu brechen. Im Vergleich zu Rußland galt Sibirien für viele als das Land der Freiheit.« Entsprechend widersprüchlich erscheinen die Beurteilungen der Lage in Sibirien, soweit es um das Verhältnis zwischen Behörden und freier Bevölkerung und den Verbannten geht.

Tyrannen und Sadisten gab es in Sibirien aufgrund der Kolonisationsgeschichte des Landes häufiger als irgendwo anders. Dennoch bildeten sie sicherlich niemals die Mehrheit. Wo die Quellen konkret über das Aufsichtspersonal der sibirischen Gefängnisse berichten, überwiegen die negativen Urteile eindeutig, und an Zeugnissen über eklatante Fälle von ungerechter Behandlung von Häftlingen und Katorgasträflingen – bis hin zu gezielter Mißhandlung – fehlt es nicht. Freilich ist in Rechnung zu stellen, daß Mißhandlungen gewiß genauer und vollständiger vermerkt wurden als Beispiele für eine besonders humane Behandlung – nicht zu reden davon, daß die »Normalität« vergleichsweise indifferenter Beziehungen zwischen Bewachern und Bewachten, welche im Alltag doch dominiert haben dürfte, kaum zur Sprache kommt.

Daß es Willkür und Übergriffe der Verwaltung gab, war den Reichsämtern in Petersburg bereits zu Beginn der Ära Alexanders I. wohlbekannt. Schon früh wurden daher auch Versuche unternommen, die Verwaltung Sibiriens zu reorganisieren, meist in der Perspektive stärkerer Zentralisierung. Indessen zeitigte die Einführung des Amtes eines sibirischen Generalgouverneurs (1803) ebensowenig Wirkung wie der Versuch, die Probleme durch Ernennung immer neuer Generalgouverneure von der Zentrale her in den Griff zu bekommen. Eine Art »Erdbeben« löste in Sibirien die Inspektionsreise Speranskijs aus (vgl. Kap. I), die die örtlichen Beamten in helle Aufregung versetzte. In den Jahren 1851 bis 1881 jedoch blieben die Behörden der sibirischen Gouvernements wiederum völlig unbehelligt, da die gelegentlichen Inspektionsreisen höherer Beamter aus der Hauptstadt kaum mit wirksamer Kontrolle verbunden waren. Die meisten sibirischen Gouverneure wußten mit allen Mitteln zu verhindern, daß die Inspizienten jemals mit Beschwerdeführern aus der Bevölkerung zusammentrafen. Die Hauptursachen für die Mißstände, gesehen aus der Perspektive der Zentralverwaltung, waren Bestechlichkeit, Veruntreuung von Staatsgeldern sowie Trunksucht und Müßiggang der Beamten. Was aber die staatlichen Interessen beeinträchtigte, machte der unter dem Despotismus lebenden Bevölkerung das Leben im Grunde erst erträglich; eben diese Mißstände bildeten eine Art Sicherheitsventil des Systems und sicherten einen gewissen Spielraum. Für die politische Kultur Rußlands und für die gesellschaftliche Moral der Bevölkerung waren die Zustände allerdings verhängnisvoll. Denn – wie der Volksmund weiß – der Fisch stinkt vom Kopf her. Der Sittenverfall, der oben begonnen hatte, griff allmählich auf die mittleren und niederen Schichten über.

Die niederen Beamten gaben in aller Regel an die Bevölkerung weiter, was sie selbst an Zurücksetzung durch die übergeordneten Instanzen erfahren hatten. Sie nutzten vor allem die Tatsache, daß der Handel schwach entwikkelt war, zu schamlosen Spekulationen. Bauern waren gezwungen, alle benötigten Waren bei einem Monopolisten zu kaufen, der die Preise uneingeschränkt diktierte; die Polizeimeister und Gendarmerieoffiziere wurden regelmäßig bestochen, außerdem fielen ihnen Einnahmen aus dem illegalen Goldhandel und dem Schmuggel zu. Auch die Grubenbesitzer zahlten ihnen Geld, um einen Teil der Erzförderung vor dem Fiskus zu verheimlichen. Und selbst die Verbannten mußten den Aufseher bestechen, damit er sie nicht zu hart schlug, den Postleiter, damit er die Herausgabe der Post nicht verzögerte, den Bezirksschreiber, der sie in die Arbeiterliste eintrug, den Meister im Betrieb, in dem sie ihre Katorgastrafe verbüßten, damit er Nachsicht übte. Freilich – da alle zu zahlen hatten und die alkoholsüchtigen Beamten sich auch mit geringeren Beträgen zufriedengaben, waren die Bestechungssummen verhältnismäßig gering. Auch die Polizei machte in dieser Hinsicht keine Ausnahme. Der Generalgouverneur Ostsibiriens, Nikolaj Murawjow-Amurskij,

unternahm in den Jahren 1847-1861 etliche Reformversuche. »Aber« – wie
ein polnischer Verbannter bemerkte – »solange das Bildungsniveau und das
Gehalt der Beamten nicht erhöht wurden, mußten seine Bemühungen vergeblich bleiben.« (Giller 1867: III, 172)

   Ende des 19. Jh. bildeten sich feste Normen für Bestechungen heraus; es
gab eine »Preisliste« in Naturalien und Bargeld, welche den örtlichen Verhältnissen sowie dem Rang des Bestochenen Rechnung trug. So erhielt ein
Chef der Bergwerkspolizei in den Goldgruben – also kein gewöhnlicher Poli-
zeivorsteher eines Kreises, sondern eines Gebietes, das einem Bergbauunter-
nehmen gehörte – ein Gehalt von 600 Rubeln jährlich; für die Einstellung eines Arbeiters erhob er daneben aber zwei bis drei Rubel, was ihm bis zu
6 000 Rubel jährlich einbrachte. Sein illegales Einkommen war damit, ohne
daß er hätte Diebstahl begehen müssen, zehnmal höher als das legale. Hinzu
kamen gewisse Gaben in Naturalien, wie Brennholz, Wodka, Fleisch, Gemüse und Brot. Private Industrielle mußten den jeweiligen Polizeichef samt seinen Gehilfen – gewöhnlich drei Kosaken und eine Haushaltshilfe – aushalten.
Für eine Aufenthaltserlaubnis im Gouvernement Tomsk, dem zivilisiertesten
und am nächsten zu Europa gelegenen Gouvernement, verlangte ein Wachtmeister gewöhnlich zwischen fünf und zehn Rubel.

   Schon früher war davon die Rede, daß das schlechtbezahlte Begleitperso-
nal von Verbanntengruppen für verschiedene Vergünstigungen unterwegs
Geld verlangte; dafür durfte man etwa das Badehaus besuchen, ein Fuhrwerk
benutzen oder sich mit Frauen treffen. Zu den krassen Fällen zählte allerdings, daß die Begeitoffiziere eines Verbanntentransports ihren Schutzbefoh-
lenen gegen Zahlung von zwei Rubeln pro Kopf erlaubten, eine Karawane
mit chinesischem Tee auszurauben. Auch die 1863/64 nach Sibirien verschickten Polen mußten dafür bezahlen, ein Gespann mieten zu dürfen, bei den
Bauern statt bei den Kriminellen schlafen zu können, keine Ketten zu tragen
und vor den Anfeindungen der Bevölkerung und anderen Widrigkeiten geschützt zu werden.

   Wer Bestechungsgelder annahm, und sei es der schlimmste Trinker, hielt
im allgemeinen seine Versprechungen. Allerdings kam es vor, daß die Be-
gleitoffiziere der Verbanntenkonvois die Ahnungslosigkeit der Verbannten
ausnutzten, indem sie dreist zusätzliche Geschenke forderten und die Bezahlung für dieselben Dienstleistungen ständig erhöhten; bei den Kriminellen
erlaubten sie sich einen solchen »Machtmißbrauch« nicht. Es gab überraschend aber auch ganz untypische Erfahrungen: Nachdem eine Gruppe von
Verbannten auf einer Etappe eine verhältnismäßig ruhige Erholungspause
verbracht hatte, bedachte sie dafür das Etappenpersonal mit den üblichen Geschenken, erhielt diese jedoch vom Etappenvorsteher mit einer höflichen Ent-
schuldigung erstattet (Lasocki 1937: II, 26 f.).

   Die Gefängnisaufsicht wurde aus Soldaten, aus dem Invalidenkorps und den sogenannten Ausgedienten gebildet und zusätzlich mit Rekruten ergänzt. Von diesen Leuten hieß es, daß sie »schlecht bezahlt und mit Grütze und Erbsen ernährt wurden und elende, geflickte Uniformen trugen (...). Die Folge des beklagenswerten Zustandes dieser Leute ist sittlicher Verfall, Betrug und Bestechlichkeit im höchsten Grade. Für ein paar Kopeken setzt sich so ein Soldat ohne Überlegung der Gefahr der Prügelstrafe aus, die unter ihnen so alltäglich verbreitet ist wie Kleingeld.« (Chołodecki 1893: 26)

Es gab wohl kein Land, in dem die Trunksucht so verbreitet war wie in Rußland. Nach der Soldzahlung zechten die Beamten und gaben oft alles bis auf den letzten Heller aus. Danach mußten sie entweder den Gürtel enger schnallen, stehlen oder Bestechungsgelder annehmen.

»In Irkutsk sah ich Soldaten, die sich auf der Straße wälzten oder im Zustand vollkommener Besinnungslosigkeit in der Gosse lagen. Am Krönungstag des jetzigen Zaren Alexander II. bereitete man ein Festmahl fürs Volk und rollte auch einige Fässer Wodka auf den Marktplatz. Unter dem gemeinen Volk, das sich um die Fässer drängte, waren viele Beamte. In den Seitenstraßen lagen die Betrunkenen zuhauf. Sechs tranken sich zu Tode. Die Straßen mußten durch die Polizei von den betrunkenen Beamten gereinigt werden. Bei den Feierlichkeiten anläßlich des Vertrags von Ajgun mit China [am 16. Mai 1858] starben acht Menschen am Wodkagenuß, darunter eine Frau, ein dreizehnjähriger Junge und ein Beamter. In Sibirien nahm die Trunksucht noch schlimmere Formen an und förderte Ausschweifung und Verbrechen. Völlige soziale Demoralisierung wurde zu einer alltäglichen Erscheinung. Ein Viertel aller Verbrechen war ursächlich mit Alkoholismus verknüpft, und die Regierung scheint diese verhängnisvolle Sucht sogar noch zu unterstützen.« (Giller 1867: III, 173)

Für einen Beamten bedeutete der Einsatz bei den staatlichen Bergwerken in Sibirien, vor allem vor 1880, nichts weniger als eine Verbannung, die nur durch die erweiterten Verdienstmöglichkeiten in gewissem Umfang wettgemacht wurde. Der Dienst bei den Bergwerken kam insofern einem militärischen Kommando gleich, als man seinen Posten nicht aus eigenen Stücken verlassen durfte. Der Wodka, das billigste Genußmittel, tötete in dieser Lage die Sehnsucht, und so tranken Ingenieure und Offiziere, Adlige und Nichtadlige ohne Ausnahme.

Die Gesetze und Verordnungen waren ebenso kompliziert wie widersprüchlich, die Bergwerksverwaltung an sich chaotisch:

»Eine Unzahl von Beamten, Aufsehern, Kommissaren, Schachtmeistern und Schreibern, riesige Kanzleien, unendlich viele Schriftsätze und Formalitäten, und doch gab es niemals Ordnung. Die Ineffizienz der Verwaltung verschaffte dem Generalgouverneur in Irkutsk großen Einfluß auf die Bergwerke. Doch war dessen Kanzlei wiederum so wenig mit den Interessen und Bedürfnissen des Bergbaus vertraut, daß die Weisungen des Gouverneurs das Chaos nur noch vermehrten. So gab er z.B. für eine bestimmte Schürfstelle den Befehl aus, eine festgesetzte Menge an Gold zu fördern. Dabei fehlte es dafür objektiv an Arbeitskräften wie an technischer Ausstattung, und dazu machte höhere Gewalt, wie z.B. die Austrocknung der Bäche, die Ausführung des Befehls unmöglich. Die Folge waren Beschwerden, die Entlassung vermeintlich Verantwortlicher, die Einsetzung von Untersuchungskommissionen, die langwierig ermittelten, schließlich die Bestrafung der Zuständigen sowie eine Reihe weiterer

Maßnahmen, welche die Effizienz der Verwaltung letztlich nur weiter minderten. Die Bergwerksgerichtsbarkeit urteilt nach dem Militärrecht.
    Dabei haben die hiesigen Beamten seltsame Vorstellungen von Rechtsstaatlichkeit und Bürgerrechten. Sie stehlen skrupellos, wenn sich die Gelegenheit dazu bietet, und niemand, der davon erfährt, würde dies für schändlich halten (...). Gegenüber Schwächeren verhalten sich die Beamten hochmütig und ungnädig, gegenüber Höherstehenden demütig und kriecherisch. Allerdings leidet der Stolz eines Beamten keineswegs, wenn er im Haus eines Kaufmanns verkehrt oder sich gemeinsam mit Katorgasträflingen amüsiert. In Gesellschaft sind sie höflich, redselig und umgänglich. Niemand käme auf den Gedanken, daß so ein freundlicher Mensch ein Tyrann für diejenigen ist, die von ihm abhängig sind, daß dieser Freund dir nur solange freundlich geneigt ist, wie du Geld hast oder bei höheren Beamten geachtet bist, aber dein Henker werden könnte, sobald du in Unglück und Ungnade fällst.« (Ebd.: 182 f.)

Dieses lange Zitat wäre kaum beachtenswert, wenn nicht viele andere Zeugnisse, nicht nur aus der Mitte des 19. Jh., sondern auch aus späterer Zeit, fast wörtlich dasselbe besagten. Derselben Meinung waren, wie Alexander Salomon in seinem Bericht vermerkt, sowohl hohe Beamte als auch Verbannte und unbeteiligte Beobachter.

Obwohl sich die Beamten stets auf ihre unzähligen Vorschriften beriefen, achteten sie selbst das Gesetz im Grunde kaum. »Such kein Recht in Rußland – hier findest du es nicht«, schrieb ein russischer Oppositioneller und zitierte eine sarkastische Äußerung von Murawjow-Apostol, der auf seine Epauletten gedeutet und gesagt hatte: »Das Recht? Hier ist das Recht!« (Ogorodnikow 1986: 540 f.) 1878 gab ein Polizeibeamter in Jenissejsk den Befehl, einen Bürger mit der Prügelstrafe zu belegen. Als dieser ihm entgegenhielt, daß dies gesetzwidrig sei, antwortete der Beamte einfach: »Ich werde dir zeigen, was das Gesetz ist!« und fügte einen ordinären Fluch an. Er wurde allerdings schwankend, als ein Augenzeuge scharf protestierte, obwohl es sich nur um einen Verbannten handelte (Wischnewezkij 1930: 160).

Mutiges Einschreiten zeitigte manchmal überraschende Erfolge, da man bei den Unterdrückern auf eine stets latente Angst rechnen konnte. Solche Reaktionen, für die es zahlreiche Belege gibt, sind unter anderem mit der weiten Verbreitung der Prügelstrafe erklärt worden:

»Indem ich ständig Zeuge dieses Prügelns wurde, kam ich zu der Überzeugung, daß die Beobachtung langjähriger Kenner der Russen offenbar zutrifft, wonach auch der dreisteste Moskowiter sich fügt, sobald du ihn anschreist, daß auch der Mutigste keinen Widerstand mehr leistet, wenn er sich unterlegen fühlt; daß er Geschrei, Lärmen und Prügeln als Beweis der Überlegenheit ansieht und daß er sich dem Schlagenden gleich einem Edlen oder einem hohen Würdenträger unterwirft; daß der geschlagene Moskowiter schnell die Kränkung vergißt und aus Furcht in seinem Herzen denjenigen achtet, welcher ihn mißhandelt, daß er nur dann kühn ist und aktiv Widerstand leistet, wenn er die Macht auf seiner Seite weiß.« (Giller 1866: II, 173 f.)

Das System des Depotismus stützte sich auf die Macht, Furcht einzuflößen, und hier unterschied sich die Mentalität der Beamten, Militärs oder Polizisten nicht von der eines *iwan*, dessen Hochmut und Dreistigkeit so leicht zu brechen waren.

Die Arbeitsbedingungen in Sibirien demoralisierten aber auch die Ärzte und besonders die Gefängnisärzte, deren Rolle an sich widersprüchlich schien. Sie hatten etwa dafür zu sorgen, daß ein zur Prügelstrafe Verurteilter nicht starb, bevor nicht die volle Zahl der dekretierten Schläge verabreicht worden war. Es ist kaum verwunderlich, daß die meisten Ärzte in Sibirien dem Alkohol verfielen. Im allgemeinen waren die Verbannten froh, wenn sie an die bereits abgestumpften Beamten »alten Schlags« gerieten – gemäßigte Bürokraten, die sich von dem Prinzip »Leben und leben lassen« leiten ließen.

Im Hinblick auf Redlichkeit und Zivilisiertheit gab es unter den russischen Beamten beträchtliche Unterschiede. Man konnte in derselben Situation ebensogut an einen bestechlichen Alkoholiker im Offiziersrang wie an einen einfachen Beamten von hoher Kultur geraten, und beide konnten durchaus derselben aristokratischen Gesellschaftsschicht angehören. Meist betont die Sibirien-Literatur freilich den Willkürcharakter des zaristischen Systems und die Leiden der Verbannten, während die Ahndung behördlichen Machtmißbrauchs kaum Beachtung findet. Es gibt jedoch Belege dafür, daß auch die Verwaltung Sibiriens um Rechtsstaatlichkeit zumindest bemüht sein konnte; mit gutem Willen findet man genug Berichte über gerechte Einzelentscheidungen, die unnachsichtige Verfolgung von Bestechlichkeit oder Grausamkeit, die fürsorgliche Behandlung der Verbannten sowie die Verteidigung der Ansiedler gegen Übergriffe seitens der örtlichen Bevölkerung. So verurteilte man einen Major, der einen Angesiedelten wissentlich zu Unrecht angeklagt hatte, zu einer Haftstrafe, unehrenhafter Entlassung sowie zur Begleichung von drei Vierteln der Kosten, die die Einsetzung einer Untersuchungskommission verursacht hatte.

Wie unterschiedlich die Haltung der Beamten war, läßt sich am Beispiel der Generalgouverneure von Ostsibirien zeigen: Der deutschstämmige Rupert, der vom Ende der 30er Jahre des 19. Jh. bis 1847 amtierte, war den Verbannten entschieden wohlgesonnen. Im Ruf eines Liberalen und guten Verwalters stand zwar auch Murawjow-Amurskij (1847-1861), doch war er im Gegensatz zu Rupert ein starrer Bürokrat, der sich im Grunde nur von den jeweils am Zarenhof herrschenden Meinungen leiten ließ. Obgleich auch er gegen die Korruption eintrat, umgab er sich mit bekanntermaßen zynischen und karrieresüchtigen Mitarbeitern, etwa Michajl Korsakow, der später zum Generalgouverneur von Ostsibirien aufstieg. Von allen Seiten gelobt wurde dagegen zu Beginn der 80er Jahre des 19. Jh. der Vizegouverneur von Tomsk wegen seiner Güte und Anständigkeit. Eine interessante und außergewöhnliche Persönlichkeit war Alexander Despot-Senowitsch, der von 1862-1867 als Gouverneur von Tobolsk amtierte und besonders darum bemüht war, das Schicksal der Verurteilten zu erleichtern. Er gründete Werkstätten für sie, richtete Speisesäle für alte und kranke Ansiedler ein und ging energisch – wenn auch letztlich vergeblich – gegen Trunksucht, Denunziantentum und Unredlichkeit seiner Untergebenen vor. Besonders viel verdankten ihm die für ihre Teilnahme am Januaraufstand verbannten Polen, wovon deren Memoiren in seltener Einmütigkeit zeugen.

Doch auch für die untere Ebene der Verwaltung sind zahlreiche Beispiele für ein positives Verhalten bezeugt. Couragiertere Beamte unterhielten engen Kontakt zu politischen Verbannten, und zwar bis Ende der 70er Jahre des 19. Jh. durchaus als Regelfall. Erst später, als immer mehr Attentäter, Terroristen und Sozialisten nach Sibirien kamen, wurde es verpönt, mit dem sozialistischen »Gesindel« zu verkehren. Auch die sozialistischen Klassenprinzipien standen dem im Wege: Während sich zur Jahrhundertmitte noch Freundschaften zwischen Politischen und der örtlichen »Gesellschaft«, darunter auch mit Offizieren, entwickelten, suchte man später eher den Kontakt zu den Unterschichten. So kamen sich jetzt im Gefängnis und in der Katorga Bewacher und Bewachte vielfach näher, wenn sie gemeinsam revolutionäre Lieder sangen.

Häufiger berichten die Quellen auch hier freilich von Konflikten. Sie wiesen ähnliche Muster auf wie die zwischen Soldaten und Offizieren in einer Armee: Grundsätzlich waren Aufseher und Beamte bedacht, Klagen von unten abzuweisen, da diese den gewöhnlichen Ablauf durcheinanderbrachten und zusätzliche Arbeit machten. Nicht nur aus Furcht vor möglichen Konsequenzen oder aus gekränkter Eitelkeit waren die höheren Beamten daher bedacht, keine Klagen ungestraft durchgehen zu lassen – es sei denn, sie wurden sofort vom Dienst suspendiert, so daß sie sich nicht mehr an den Beschwerdeführern rächen konnte. Zahlreiche Beispiele ließen sich hier anführen: Einige Bewohner von Werchneudinsk fielen der Prügelstrafe anheim, weil sie gegen den Kreispolizeichef (isprawnik), einen Verwandten Murawjow-Amurskijs, Beschwerde geführt hatten. Mit 1 500 Stockhieben wurde auf persönlichen Befehl Nikolaus' I. ein Soldat bestraft, der gegen seinen Obersten geklagt hatte; die Strafe exekutierte der Jenissejer Gouverneur Pawel Samjatin persönlich, ein Bruder des Justizministers. 1888 beschwerten sich 19 Verbannte aus Surgut im Gouvernement Tobolsk beim Innenminister Dmitri Tolstoj über ihre Lebensbedingungen, wofür die »Schamlosen«, wie die sibirische Presse sie bezeichnete, vom Polizeichef und isprawnik weiter nach Jakutien verschickt wurden.

Welche Lebensbedingungen die Verbannten in Sibirien antrafen, hing in hohem Maße von der Person des jeweiligen Gefängnisvorstehers wie auch von den Aufsehern ab. Die Wahrscheinlichkeit, auf primitive und brutale Aufseher zu treffen, war groß, da sich meist nur Gesindel zum Dienst in den sibirischen Gefängnissen und in der Katorga bereitfand. Das gleiche galt für die Polizei. In sibirischen Zeitungen vom Ende der 80er Jahre des 19. Jh. findet man Andeutungen, daß nicht wenige Polizisten vorbestraft seien. »Ich kenne persönlich einige Polizeibeamte«, schrieb Kennan, »wie z.B. den Polizeichef von Minussinsk, denen ich nicht nachts ohne Revolver begegnen möchte.« Er fügte hinzu: »Es gibt nichts in Rußland, worüber man sich im Ausland so falsche Vorstellungen macht, wie über die zaristische Polizei, die in Wirklichkeit die am schlechtesten geleitete, ungebildetste und unfähigste von allen ist, die in Europa existieren.« (1907: II, 22; 141) Ähnlich äußerte sich 20 Jahre später der Chef der Polizei selbst, der Leiter des Polizeidepartements im Innenministerium, Alexander Lopuchin.

»Die Etappengarnisonen setzten sich überwiegend aus den fragwürdigsten Elementen zusammen, aus dem Bodensatz des Heeres, dummen, schlechten und habgierigen Leuten«, erinnerte sich ein Verbannter an seine Erfahrungen während des Weges nach Sibirien 1863. »Aber (...) der Rubel öffnete alle Türen. Je wohlhabender eine Verbanntengruppe war, desto rücksichtsvoller auch die Etappenbehörden. Das Gesindel behandelte man wie Hunde« (Świetorzecki 1916: 125). Hier ist ein wesentliches Merkmal der Beziehungen in Rußland und Sibirien im 19. und am Anfang des 20. Jh. angesprochen: die unterschiedliche Behandlung verschiedener sozialer Gruppen. Wo sich die Verfasser von Memoiren positiv über ihre Aufseher äußern, wird man stets prüfen müssen, ob es sich um privilegierte oder wohlhabende Personen handelte, denn auf solche Verbannten nahmen sogar die schlimmsten Soldaten und Polizisten Rücksicht. Ein politischer Verbannter wurde solange gut behandelt, wie er Privilegien und bürgerliche Rechte genoß. Wurden ihm diese entzogen, so wechselten die Aufseher rasch vom »Sie« zum »du« über, legten ihn in Ketten und behandelten ihn nicht anders als einen Kriminellen. Manchmal wurden sogenannte »Adelsgruppen« in die Verbannung nach Sibirien abgefertigt, durchweg Standespersonen, die für Diebstahl oder Mord verurteilt worden waren. Für die Gerichte galt der gehobene soziale Rang solcher Verbrecher als ein straferschwerender Faktor; doch in der Praxis des Strafvollzugs befanden sie sich in einer deutlich besseren Position als Ungebildete und Unfreie, die ähnliche Verbrechen begangen hatten. Denn sie genossen nicht nur formale Privilegien, sondern konnten auch mit der Unterwürfigkeit der Aufseher rechnen, die sich gegenüber adligen Kriminellen wie Leibeigene gegenüber ihren Herren verhielten (vgl. z.B. Kon 1908: 214; Plichta 1911: 92 ff.).

Die spannungsreiche Atmosphäre zwischen Bewachern und Bewachten in Etappengefängnissen spiegelt ein dramatischer Vorfall wider, der von Agaton Giller überliefert wurde. Er ereignete sich Mitte des 19. Jh. in einer Gruppe von Soldaten, die in ein Strafbataillon nach Sibirien eskortiert wurden. Nachdem sich die Soldaten über ihr zerrissenes Schuhwerk beschwert hatten, erhielten sie eine Ahle und flickten ihre Schuhe unter Aufsicht in der sogenannten Wachstube. Dabei war ein gewisser Shukow, der aufgrund einer unglücklichen Romanze mit der Gouvernante eines hohen Beamten ins Gefängnis gekommen war. Der Unteroffizier, der die Häftlinge beaufsichtigte, verbot Shukow ohne ersichtlichen Grund, seine Schuhe zu reparieren, packte ihn an der Schulter und stieß ihn aus der Stube. Da alle Proteste nichts halfen,

»stieß der ungehaltene Shukow, der der Angelegenheit überdrüssig geworden war, einen bekannten Moskauer Fluch aus, spuckte ihm ins Gesicht und ging zurück ins Etappenlager. Der Unteroffizier meldete den Vorfall dem Etappenvorgesetzten und verlangte Genugtuung. Der Offizier hatte die Klage kaum angehört, als er schon auf den Hof stürzte und dem Starosten befahl, Shukow sofort in die Wachstube zu bringen. Die Arrestanten zögerten, ihn auszuliefern, da er, einmal in den Händen der Wachsoldaten, unweigerlich hart bestraft werden würde. Nach längerer Beratung beschlossen sie, ihn herauszugeben, und stießen ihn vor die Tür, wo die Soldaten ihn schon erwarteten. Diese ergriffen ihn sofort und zogen ihn zur Wachstube. Hier traktierte ihn der Offizier mit Schlägen und Fußtritten, und nachdem er befohlen hatte, ihm die Hände hinter dem Rücken zu fesseln, ohrfeigte er ihn. Er schlug mit der Faust auf Augen und Nase und befahl schließlich, ihn von Kopf bis Fuß auszuziehen und ihn am ganzen Körper mit den harten Enden von Weidenruten zu schlagen. Also prügelten die Soldaten den armen Shukow vom Hals bis zu den Zehen blutig, bis schließlich der Offizier das Zeichen zum Aufhören gab.

Die Häftlinge hörten unterdessen Shukows Schreien und Wimmern und machten einander Vorwürfe, ihn dem wütenden Offizier ans Messer geliefert zu haben. Die Beherzteren wagten sich aus ihrem Quartier hervor, schrien und beschimpften den Offizier. Der Offizier war ein Mensch von 22 oder 23 Jahren, kräftig gebaut und hitzig, durch seine Redeweise und Gestik gab er zu verstehen, daß er sich für einen vollkommenen Soldaten und prädestinierten Helden hielt. Als er das Geschrei und die Beschimpfungen hörte, schickte er ins Dorf, um Alarm zu schlagen und die Einwohner zur Niederschlagung der Meuterei zusammenzutrommeln. Die dreister gewordenen Häftlinge schrien: ›Auch unter uns sind solche, die Epauletten getragen haben. Blas dich also nicht auf und mach keinen Unfug, denn auch du kannst einmal wie wir heute an Ketten nach Sibirien gehen; schaut ihn an! Wir werden es dir schon zeigen, wir reißen dir die Epauletten ab wie einem ehrlosen Schuft‹ usw.

Inzwischen hatten sich die Bauern zu Fuß und zu Pferd, wie für einen Landsturm, mit Peitschen, Dreschflegeln, Forken, Flinten und Stöcken bewaffnet, vor dem Etappenquartier versammelt und es umzingelt, aber nur wenige wagten sich auf den Hof. Der Anblick erschreckte die Häftlinge, die sich vorsorglich hinter die Gitter zurückzogen; Flüche und Beschimpfungen waren nicht mehr zu hören. Der Offizier sah, daß er nun genügend Kräfte zur Niederschlagung der, wie er sagte, Meuterei hinter sich hatte, ergriff also einen Karabiner mit aufgepflanztem Bajonett und stürmte, von einem Zug bewaffneter Soldaten geschützt, die Tür des friedlichen Gefängnisses. Er stürzte sich auf die Häftlinge und fragte, um sich schlagend und schreiend, wer es gewagt habe, ihn zu beschimpfen. Die Häftlinge erhoben sich achtungsvoll und begannen sich gegenseitig zu beschuldigen. Der Offizier schickte sie alle in Gruppen nach draußen, wo ihnen die Bauern und Soldaten Ketten anlegten. Nachdem alle gefesselt waren, führte man diejenigen, welche sich vermeintlich besonders hervorgetan hatten, in die Wachstube, wo man ihnen die Hände auf den Rücken band und sie wie Shukow blutig prügelte.

Das Strafgericht dauerte den ganzen Tag. Die Häftlinge, die die Schreie ihrer geschlagenen Gefährten hörten, stellten sich taub. Der Widerstandswille, der sie anfangs erfaßt hatte, war vollständig gebrochen. Solange sie Shukow allein in Not sahen, brachten sie ihre Unzufriedenheit freimütig zum Ausdruck. Angesichts der drastischen Maßnahmen des Offiziers verflog ihr Mut jedoch rasch. Auch wenn man sie bis zum Jüngsten Tage geschlagen hätte – keiner von ihnen hätte es gewagt, sich zu widersetzen.« (Giller 1866: II, 172 f.)

Viele Berichte weisen darauf hin, daß einigen Aufsehern die Vollstreckung der Prügelstrafe ein sadistisches Vergnügen bereitete; die Mehrheit freilich scheint sie als beinahe ebenso peinlich empfunden zu haben wie die Bestraften. Dabei galt »gerechtes« Schlagen sogar noch Anfang des 20. Jh. weitgehend als akzeptabel. Selbst Verbannte meinten, daß die Aufseher ohne das Mittel der Prügelstrafe nicht mit den Kriminellen fertig geworden wären. Außerdem war schließlich auch in Freiheit die körperliche Züchtigung von Schülern und Soldaten, Dienstboten, Leibeigenen und selbst niederen Beamten durchaus üblich. So erhielt der Gefängnisschreiber von Tomsk eine Strafe von 750 Rutenhieben, weil er seinem Vorgesetzten nicht die angemessene Devotion erwiesen hatte. Während des Schlagens färbte sich das Gesicht des Schreibers schwarz; Teile der Rute blieben in seinem Körper stecken. Alle Häftlinge mußten die Prozedur mitansehen, und sie waren erleichtert, als der Geschlagene endlich starb. Die Prügelstrafe war jedenfalls ein Bestandteil des alltäglichen Lebens, und es gab keinen Anlaß, sie gerade beim Strafvollzug gegen Kriminelle zu beanstanden. Der übermäßige Gebrauch der Prügelstrafe gegen Soldaten allerdings veranlaßte immer häufiger Untersuchungen, und es kam aus diesem Grund bald auch zu Degradierungen verantwortlicher Offiziere – die nun ihrerseits das Los der Verbannten teilten.

Die dramatischsten Zwischenfälle zwischen Aufsehern und Verbannten wurden gegen Ende des 19. Jh. von der Insel Sachalin gemeldet. Es hieß, daß Wächter in den dortigen Strafkolonien verbannte Frauen vergewaltigten, mit Branntwein handelten, sich gemeinsam mit den Häftlingen betranken und stahlen. Ein versteckter Minderwertigkeitskomplex gegenüber den politischen Verbannten trieb sie wohl dazu, selbst kleine Verfehlungen streng zu ahnden. Daher versuchten die Ansiedler, den Beamten möglichst aus dem Weg zu gehen, was natürlich nicht immer gelang. So geschah es, daß ein Ansiedler es nicht rechtzeitig schaffte, einem betrunkenen Beamten auf dem Gehweg auszuweichen, und sich außerdem vor ihm nicht tief genug verbeugte. Der Beamte rempelte den Verbannten grob an, so daß ihm der Hut vom Kopf fiel, worauf der Empörte den Beamten am Hals packte, um ihn jedoch, zur Vernunft gekommen, rasch wieder loszulassen. Der Ansiedler, ein Politischer, wurde dafür »nur« mit 30 Rutenhieben bestraft, denn eine höhere Strafe durfte der Gefängnisvorsteher aus eigener Machtvollkommenheit ohne Gerichtsverfahren nicht verhängen. Nach dem Vollzug der Prügelstrafe erschoß sich der Ansiedler. Eine Delegation von Verbannten erhob beim Gouverneur deswegen Klage, was den Delegierten, auch den per Verwaltungsbeschluß Verbannten darunter, eine Zuchthausstrafe einbrachte. Als deren Frauen sich daraufhin um das Haus des Gouverneurs zusammenrotteten und der Konflikt auch für den Gouverneur brisant zu werden drohte, ließ dieser die Inhaftierten jedoch wieder frei (Jellinskij 1928: 15-18).

Seit den späten 80er Jahren des 19. Jh. beantworteten die politischen Verbannten praktisch jeden Akt von Grobheit und Brutalität der Aufseher mit vehementem Protest. Als etwa der Wachtmeister einer Gefängniskanzlei unanständige Witze über ein verlobtes Paar machte, kam es zu einer Prügelei, dann zu einem Hungerstreik und schließlich zu einer förmlichen Gerichtsverhandlung, und das Urteil gegen die revoltierenden Häftlinge fiel milde aus, da auch das Gericht das Verhalten des Wachtmeisters und der Gefängnisbehörden als Provokation wertete (Burzew 1938: 339). Besonders empfindlich in bezug auf inkorrekte Behandlung zeigten sich die polnischen politischen Verbannten. Die Verhaltensweisen ihnen gegenüber geben ein beredtes Zeugnis von der Mentalität und den Stimmungen in den verschiedenen Schichten der russischen Bevölkerung, aus denen sich die Beamten rekrutierten. Die Polen wurden letztlich doch als Fremde betrachtet, die gegen den russischen Staat und die russische Herrschaft aufbegehrt hatten. Hier überschnitten sich zwei wichtige Trennungslinien: die zwischen Privilegierten und Nichtprivilegierten und die zwischen Russen und Polen. Welche Faktoren gaben hier den Ausschlag – Privilegien, Bildung und Vermögen, die in aller Regel Achtung und Wertschätzung gewährleisteten, oder die nationalen und politischen Gegensätze? Darauf eindeutig zu antworten fällt schwer. Es scheint aber, daß auch für die Behandlung der polnischen Aufständischen von 1863 in der Regel der soziale Status maßgeblich war. Der Rang eines Edelmanns wog die Abneigung gegen die »Aufrührer« im allgemeinen zumindest teilweise auf.

Beispiele für humanes Verhalten gegenüber polnischen Aufständischen sind denn auch zahlreich, wenngleich das Geld hier manchmal eine zentrale Rolle gespielt haben mag. Oft kam es vor, daß Polen von russischen Gendarmerieoffizieren auf dem Weg nach Sibirien durchaus menschlich und ehrenvoll behandelt wurden; nach allgemeiner Erfahrung waren polnische Aufseher wesentlich schlimmer. Manchmal mißhandelten die Begleiter die polnischen Verbannten auf dem Weg nach Sibirien ärger als Kriminelle, andere zeigten sich indifferent, und wieder andere behandelten sie betont wohlwollend, indem sie sie vor Kriminellen, der feindseligen Bevölkerung und notfalls auch vor mißgünstigen Leidensgenossen in Schutz nahmen. Es gab hier keine Regel außer der, daß in etlichen Gebieten die Stimmung grundsätzlich antipolnisch war – besonders nach 1863 sowie nach dem März 1881 –, was auch die Haltung der militärischen Begleitmannschaften beeinflußte. Die Stimmungen waren natürlich schwankend: Wodka verstärkte die Abneigung, und Geldgeschenke lockerten die Umgangsformen. Den größten Eindruck auf die Aufseher aber machte es, wenn ein höherer Beamter die polnischen Verbannten durch Wohlwollen auszeichnete. Selbst in den schlimmsten Zeiten gab es aber gelegentlich auch spontanes Mitgefühl für diejenigen, die für ihre Heimat gekämpft hatten. Eine besonders unnachsichtige Behandlung erfuhren allerdings die verbannten katholischen Priester, auf welche sich aller nationale und religiöse Haß konzentrierte. Und doch gab es auch hier Ausnahmen: Zwei höhere Offiziere in Tunka, denen die verbannten Priester vor Ort auf Gedeih und Verderb ausgeliefert waren, »blieben bei den Geistlichen in bester Erinnerung« (Żyskar 1929: 74-77).

Kapitel 11

Heimkehr um jeden Preis

Alle Quellen sagen übereinstimmend aus, daß für Häftlinge wie Verbannte die Wiedererlangung der Freiheit das höchste Gut darstellte. Darauf war alles Denken und Tun gerichtet, auch um den Preis von Entbehrungen, Hunger und den Gefahren eines Landstreicherlebens. Wohl kam es vor, daß mittel- und obdachlose Verbannte bewußt die eigene Verhaftung provozierten, um den sibirischen Winter in der relativen Sicherheit des Gefängnisses zu verbringen. Doch auch sie schätzten die Freiheit am höchsten, und sobald die ersten Frühlingslüfte in die Zellen drangen, waren sie nicht mehr zu halten. Sibirien war, wie viele Verbannte bewundernd zugestanden, ein Land von besonderer Naturschönheit; auch gelang es vielen, sich zumindest ein Leben ohne Not einzurichten. Und doch blieb bei allen das Bewußtsein, in einem riesigen Gefängnis zu leben. Näher zum europäischen Rußland verlegt zu werden galt denn auch an sich bereits als Strafmilderung, als erster Schritt zur Freiheit. Selbst die wenigen Verbannten aber, welche letztlich nicht von ihrem Recht auf Rückkehr Gebrauch machten, quälten sich mit ständiger Sehnsucht nach der Heimat. Sie wurde für alle, Politische wie Kriminelle, zur Obsession, und wer sie weder erfüllen noch unterdrücken konnte, geriet unweigerlich in Gefahr, psychisch daran zu zerbrechen.

Den legalen Weg in die Freiheit eröffnete die vollständige Verbüßung der Strafe – wenn nicht die heimatlichen Gemeinden die Wiederaufnahme des Freigelassenen verweigerten und er deshalb bis an sein Lebensende in Sibirien bleiben mußte. Außerdem hoffte praktisch jeder auf eine Strafverkürzung aufgrund allgemeiner oder spezieller Amnestien. In regelmäßigen Abständen, wenn sich die Gerüchte über einen bevorstehenden Amnestieerlaß des Zaren verdichteten, gärte es unter den Verbannten – und die nachfolgende Enttäuschung ließ die Stimmung in Depression und Aggressivität umschlagen. Bis ins 18. Jh. galt in ganz Europa die einseitige Begnadigung durch den Monarchen als die rechtmäßige Form der Strafmilderung oder des Straferlasses. In der Folge änderte sich dann aber das politische Verständnis des Gnadenakts: Er wurde mehr und mehr als ein gesellschaftlicher Mechanismus angesehen, eine Art Kompromiß des Regimes mit der Gesellschaft, durch den ein vorgängiger Machtmißbrauch ausgeglichen und der gesellschaftliche Konsens wiederhergestellt werden sollte. Die Amnestie war in diesem Sinne ein politischer Akt, durch den der Souverän untersagte, die Strafverfolgung bestimmter Personen einzuleiten oder fortzusetzen; sie mußte kollektiven Charakter haben und war per definitionem unwiderruflich. Ferner galt seit dem 19. Jh., daß die Amnestie sowohl strafrechtliche als auch soziale Aspekte einschloß, also nicht nur die jeweilige Strafe aufhob, sondern auch den gesellschaftlichen Status des Amnestierten wiederherstellte. In der Hand des Monarchen beziehungsweise Staatsoberhaupts blieb nur das Recht individueller Begnadigung. An diesen Maßstäben gemessen, erscheinen die zahlreichen Amnestien im zaristischen Rußland eher als Scheinamnestien (vgl. Kaczyńska 1989: 134-165).

Die relative Häufigkeit solcher Scheinamnestien in Rußland erklärt sich dadurch, daß sich das Zarenregime oft in der Zwangslage sah, den durch Repression selbst erzeugten Druck wiederum zu mildern. Es läßt sich leicht errechnen, daß ohne Massenamnestien weder Sibirien noch die Gefängnisse in Rußland alle Verurteilten hätten aufnehmen können. Einen Anlaß für Amnestien boten z.B. die Zarenkrönungen. Der Krönungserlaß Alexanders I. von 1801 verfügte die Begnadigung von etwa 500 der insgesamt 700 politischen Verbannten sowie von etwa 12 000 Kriminellen. Der gleiche Zar erließ noch drei weiteren Amnestien, hob sie aber in bezug auf bestimmte Delikte rückwirkend wieder auf – ein eklatanter Verstoß gegen den Grundsatz der Unwiderruflichkeit.

Im Januar 1826 verkündete Nikolaus I. eine Amnestie, die in gewisser Weise auf das Gegenteil von politischer Konsensbildung abzielte: Der Gnadenakt galt nämlich allein den gewöhnlichen Kriminellen und schloß die Dekabristen demonstrativ aus. Vor der Öffentlichkeit wurde dies damit begründet, daß diejenigen, welche sich gegen den Zarenthron erhoben und damit der Todesstrafe verfielen, keinem Gnadenakt zugeführt werden könnten. Freilich kam man in Petersburg bald zu der Einsicht, damit zu weit gegangen zu sein, und nach der Hinrichtung von fünf Dekabristen wandelte der Zar im Juli 1826 die übrigen Todesurteile in Katorgastrafe um.

Nach dem Ausbruch des polnischen Januaraufstands von 1863 sicherte der Zar schon im April jenen Straffreiheit zu, die bis zum 13. Mai die Waffen niederlegen würden. Die Resonanz war jedoch gering, und schon bald erschien ein schärfer formulierter Ukas über die Grundsätze der Verurteilung und Bestrafung polnischer Aufständischer. Anläßlich der Heirat des Thronfolgers wurde dann 1866 ein erster Gnadenerlaß herausgegeben, der allerdings wegen der unklaren Formulierung des Amnestierahmens kaum prakti-

sche Wirkungen zeitigte. Ähnliches galt im Grunde auch für den im Mai
1867 erschienenen Ukas in bezug auf die Bürger des Königreichs Polen: In
groben Umrissen verkürzte er die lebenslängliche Katorga auf eine Frist von
zehn Jahren, andere Strafen um die Hälfte und ersetzte in bestimmten Fällen
härtere Formen des Strafvollzugs durch leichtere. Daß die Amnestie dennoch
eilig ins Werk gesetzt wurde und in Sibirien sogar besonders großzügig zugunsten der Verbannten ausgelegt wurde, hing offenbar mit der Überfüllung
der Gefängnisse und Lager zusammen; die Behörden waren außerstande, mit
der Masse der mittellosen Verbannten fertig zu werden. Die Manifeste von
1866 und 1867 gaben freilich niemandem die volle Freiheit zurück. Die Polizeiaufsicht und das Verbot, an den Heimatort zurückzukehren, blieben bestehen. Ferner schlossen selbst die späteren Amnestien für polnische Aufständische, erlassen 1871 und 1874, die militärischen und politischen Führer des
Aufstands, die von der Aufstandsregierung ernannten Stadtvorsteher und aufständische Nationalgendarmen aus. Erst nach der Begnadigung von 1876 kamen die meisten polnischen Aufständischen in Sibirien frei. Für die letzten
unter ihnen endete die Verbannung 1883, nach 20 Jahren.

Das Krönungsmanifest Alexanders III. von 1883 brachte eine wirkliche
Amnestie, wenngleich nur in einem engbegrenzten Umkreis. Außer Strafauf-
hebungen und -verkürzungen verfügte es – abhängig von der Art der Strafsa-
che und des zu erwartenden Urteils – in vielen Fällen auch die Einstellung
der Gerichts- und Untersuchungsverfahren. Die Amnestie galt auch für Personen, die durch einen Verwaltungsbeschluß ihrer Gemeinde verbannt worden waren; sie durften sich – außer in ihren Heimatgemeinden – künftig an
jedem beliebigen Ort niederlassen. Das Manifest schloß indessen Personen
aus, von denen auch weiterhin vermeintlich eine »Gefahr für das Reich« ausging.

Alexander III. und Nikolaus II. erließen zwischen 1892 und 1896 noch
verschiedene Gnadenmanifeste, die allerdings ebenfalls zahlreiche Ausnahmen enthielten. Im Laufe dieser fünf Jahre hätten von Rechts wegen ungefähr
35 % der Verbannten Sibirien verlassen dürfen, praktisch aber waren es nach
Schätzungen nur 0,7 % bis 1,3 %. Die Gründe dafür, daß die Amnestie derart zögernd in die Praxis umgesetzt wurde, waren unterschiedlich. Zum einen
lag es an der Unfähigkeit der örtlichen Verwaltung sowie an der Einstellung
der Polizeibehörden, die einer allzu »liberalen« Vorgehensweise mißtrauten.
Hinzu kamen jedoch Hindernisse, die mit der Lage der Verbannten selbst zu-
sammenhingen. Ein Teil von ihnen war flüchtig, so daß sie nicht in die Listen der Amnestierten eingetragen werden konnten. Andere hatten kein Geld
für die Rückreise, und wieder andere waren einfach – wie Alexander Salomon sie nannte – menschliche Wracks. Wer immer jedoch dazu imstande
war, machte sich auf den Weg, selbst wenn er dafür seinen mühsam erworbenen Besitz aufgeben mußte.

Die Amnestie war nicht die einzige Form des Straferlasses. Der Zar verfügte auch individuelle Begnadigungen oder stellte schwebende Verfahren ein. Individuelle Begnadigungen wurden ausschließlich aufgrund von Gnadengesuchen des Verurteilten oder naher Verwandter, gewöhnlich der Mutter oder der Ehefrau, gewährt. Solche individuellen Gnadengesuche, von denen es immer viele gab, wurden nicht nur von Russen, sondern zunehmend auch von Polen gestellt. Längst nicht alle freilich erreichten den Zaren; viele wurden schon in den Kanzleien einfach abgelehnt oder zur Prüfung an andere Stellen weitergeleitet. Die meisten Gnadengesuche betrafen kriminelle Strafsachen. Revisionsverfahren wurden fast nie angestrengt – selbst bei offensichtlichen Behördenirrtümern setzte man nicht auf den Rechtsweg, sondern auf die Gnade des Zaren. Strafverkürzungen waren manchmal beträchtlich. Todesurteile wurden in der Regel in Katorgastrafen umgewandelt, die dann meist noch einmal verkürzt wurden, wonach man den Delinquenten als Ansiedler klassifizierte; seit der Revolution von 1905 freilich wurden die Ablehnungen von Gnadengesuchen häufiger. In den politischen Prozessen von 1879-1882 wurden 67 Todesurteile gefällt, von denen 29 in lebenslängliche Katorga umgewandelt wurden, und aufgrund der folgenden Amnestien kehrte ein Teil der Katorgasträflinge nach Rußland zurück.

Amnestien verkürzten gemeinhin die Zwangsarbeit um ein Drittel. Es sind Fälle bekannt, in denen Kriminelle nach acht oder zehn Jahren in Sibirien in die Heimat zurückkehrten, obwohl sie ursprünglich zum Tode verurteilt und dann zu zwanzigjähriger Katorga mit folgender lebenslänglicher Ansiedlung begnadigt worden waren. Zwischen den im gerichtlichen Verfahren verhängten Urteilen und den tatsächlich verbüßten Strafen gab es mithin beträchtliche Diskrepanzen – was ein bezeichnendes Licht auf das Rechtsverständnis der russischen Zentralbehörden wirft: Das Gesetz galt vor allem als ein Mittel zur Einschüchterung der Bevölkerung; es führte dem einzelnen seine vollkommene Hilflosigkeit und Abhängigkeit vom Willen des Autokraten vor Augen. In der Praxis war es schlicht unrealistisch, alle rechtskräftigen Urteile zu vollstrecken, die durch die Härte der Strafgesetze sowie den Mangel an Einspruchsmöglichkeiten zustande gekommen waren.

Ein Weg, der Katorga zu entgehen und Sibirien zu verlassen, war natürlich auch die Flucht. In vielen Fällen spielte dabei die Beschaffung gefälschter Dokumente eine Rolle, und schon in den 30er Jahren des 19. Jh. gab es bei Irkutsk eine »Liebesinsel« genannte Fälscherwerkstatt, die in großem Maßstab für solche Zwecke arbeitete (Maksimow 1899: I, 140). Generell galt, daß viele Katorgasträflinge und Ansiedler sich nicht am zugewiesenen Verbannungsort aufhielten; dies traf auf 30 bis 50 % aller Verbannten zu. Besonders zahlreich waren die Fälle unerlaubter Abwesenheit bei den »angesiedelten Arbeitern«, denn unter dieser Kategorie wurden auch die gewöhnlichen Landstreicher geführt, bei denen alle Versuche zur Seßhaftmachung scheiterten. Die höchsten Abwanderungsziffern wurden im Amur- und Küstenbezirk registriert, die niedrigsten hingegen im Gouvernement Jenissej, gefolgt von Jakutien, da die in diese entfernten Gebiete Verschickten allenfalls auf dem Wege dorthin entfliehen konnten. Die per Verwaltungsakt Verbannten flohen nur selten, da ihre Chancen auf eine baldige legale Rückkehr in die Heimat relativ hoch waren. Nach Untersuchungen aus den Jahren 1887 bis 1898 waren von 81 000 Verbannten je nach Gouvernement nur zwischen 14 und 36 % am angewiesenen Ort registriert. Der Prozentsatz der Abgängigen, die gar nicht erst an ihrem Bestimmungsort eingetroffen waren, schwankte zwischen 11 und 52 %.

Das heißt allerdings nicht, daß durchschnittlich ein Viertel tatsächlich durch Flucht entkam. Vielfach hatte die unzuverlässige Verwaltung lediglich die Registrierung versäumt. Auch handelte es sich eigentlich nicht um Flucht, wenn zahlreiche Verbannte in einen anderen Ort desselben sibirischen Gouvernements abwanderten, um eine Beschäftigung zu finden. Versuche, sich der Behördenkontrolle vollständig zu entziehen und Sibirien ganz zu verlassen, waren in Wahrheit eher selten. Tschechow hatte zwar recht mit der Beobachtung, daß jeder auf die Freiheit begierig war, und sei es auch nur für die Frist einer Woche, und daß selbst härteste Sanktionen die von der Idee der Flucht Besessenen nicht aufzuhalten vermochten, denn »es gibt eine Grenze, jenseits deren schärfere Repressionen nur zu einem zusätzlichen Motiv werden, die Flucht zu versuchen« (Tschechow 1962: 201, 211 f.). Doch ist die von Tschechow angeführte Quote von 60 % Flüchtigen unter den Verbannten auf Sachalin eine reine Fiktion.

Ebensowenig läßt sich belegen, daß – wie manche Autoren meinen – bei einer Verbesserung der Lebensumstände auch die Fluchtneigung der Verbannten abnahm. Jedenfalls läßt sich bei den Politischen eher die gegenteilige Tendenz beobachten: Je mehr Freiheiten ihnen im Laufe der Zeit gewährt wurden, desto schneller wuchs die Zahl der Versuche, aus Sibirien zu entkommen. In der Anfangsphase hatten politische Verbannte Fluchtgelegenheiten sogar bewußt ungenutzt gelassen, da ihre Achtung vor dem Gesetz oder auch der Gehorsam gegenüber den Reichsbehörden sie vor illegalen Schritten zurückschrecken ließ. Auch die Furcht vor Strafe im Falle eines Fehlschlags freilich sowie Bedenken ob der Risiken des Flüchtlingslebens mochten dabei eine Rolle gespielt haben.

Im Jahre 1833 flohen aus Westsibirien 0,6 % aller Verbannten, aus Ostsibirien 4,9 % (in Westsibirien 1,1 % der Katorgasträflinge und 0,5 % der Ansiedler, in Ostsibirien 2,6 % bzw. 5,1 %). Im Durchschnitt für ganz Sibirien bedeutet dies, daß 2,9 % aller Verbannten erfolgreiche Fluchtversuche unternahmen, und zwar 3,2 % der Männer und 1 % der Frauen. Etliche dieser Flüchtlinge wurden allerdings noch nach längerer Zeit identifiziert oder als Landstreicher aufgegriffen. Zum Vergleich: In Frankreich flohen in der

Zeit von 1852 bis 1866 von 17 000 zur Verbannung Verurteilten gut 800, mehr also als durchschnittlich aus Sibirien. Der Erfolg der Fluchtversuche hing natürlich auch von den örtlichen Bedingungen ab. So waren 1832/33 in einer Schnapsbrennerei im Gouvernement Tomsk ungefähr 3 000 Katorgasträflinge beschäftigt, von denen 733, also fast ein Viertel, entflohen. Aus einem ähnlichen Betrieb flohen im Gouvernement Jenissej sogar fast alle Arbeiter, nämlich 259 von 285, und aus einer Salzsiederei in Troizk immerhin noch 290 von 680. Im Gouvernement Irkutsk kam in der Regel auf sechs bis sieben, in manchen Jahren aber auch auf vier bis fünf Katorgasträflinge ein Fluchtversuch.

Zwischen 1833 und 1845 wurden 12 652 Personen, darunter 345 Frauen, ein zweites Mal (nach einem erfolgreichen Fluchtversuch) nach Sibirien verschickt. Berühmtheit erlangte ein polnischer Krimineller, der sogar mehrfach entflohen war und 1832 – bereits als Greis – abermals verbannt wurde. Moslems unternahmen nach allgemeiner Ansicht besonders häufig und hartnäckig Fluchtversuche, aber auch Polen erwarben sich den Ruf notorischer Ausbrecher. Bis Mitte 1835 waren allein im Gouvernement Irkutsk 35 Aufständische von 1830 geflohen oder hatten doch versucht zu fliehen. Fest steht, daß die besonders freiheitsliebenden Tscherkessen sowie Angehörige anderer Berg- und Steppenvölker häufiger als andere Verbannte flohen; ergriff man sie dabei, so wurden sie grausam ausgepeitscht, wenn man sie nicht schon gleich bei ihrer Festnahme totgeschlagen hatte. Dennoch flohen selbst Schwerkranke aus dem Krankenhaus, getrieben von panischer Angst vor jedem weiteren Tag in Unfreiheit.

Nach Zählungen der Behörden flohen von 1847 bis 1857 mehr als 3 100 Ansiedler (24 %) aus dem Nertschinsker Bezirk, von denen nur 19 wieder ergriffen wurden. Später sank trotz der Verbesserung der Bedingungen die Zahl der Fluchtversuche nicht. In den 80er Jahren des 19. Jh. wurden jährlich ungefähr 300 Flüchtige ergriffen, unter denen einige mehrere Fluchtversuche unternommen hatten. Die meisten gaben sich dabei nicht einmal mehr der Täuschung hin, für immer entkommen zu können, aber das Vagabundieren wurde zu einer Sucht, und sie waren froh, sich ein wenig »erholen« zu können.

Die privilegierte Position der politischen Verbannten erwies sich oft als ein Faktor, der die Flucht erleichterte. Viele waren Söhne und Töchter hoher Offiziere und wichtiger Beamter in der Gouvernementsverwaltung wie in der Petersburger Zentrale oder sonstiger wohlhabender und einflußreicher Personen, weshalb sie von vornherein größere Freiräume genossen als Kriminelle. So konnten aus dem Gefängnis von Krasnojarsk 1881 drei Politische in Verkleidung entkommen, da man erst nach längerer Zeit ihre Abwesenheit entdeckte. Einer von ihnen verließ die Stadt Krasnojarsk nicht einmal, sondern lebte unbehelligt in der Nähe des Gefängnisses. Aufgespürte politische Flüchtlinge bestrafte man mit der Verschickung zur Ansiedlung nach Jakutien, nicht wie gewöhnliche Verbrecher mit Auspeitschen und Anschmieden. Im Sommer 1887 wurden einige Häftlinge bei dem Versuch ertappt, von einem Transportschiff zu entkommen, indem sie die Fenster der Kajüten aufbrachen. Ihre Bestrafung bestand lediglich darin, daß man ihnen einige ohnehin regelwidrige Vergünstigungen wie Spaziergänge an Deck entzog. Als daraufhin dennoch ein Tumult losbrach, bei dem das Schiff in Brand gesteckt wurde, mußten sogar diese Vergünstigungen wieder gewährt werden.

Seit Anfang des 20. Jh. wurden Fluchtversuche zur fast unabdingbaren Station in der politischen Karriere der Berufsrevolutionäre. 1904 flohen im ganzen Russischen Reich 711 politische Häftlinge direkt aus Gefängnissen und 551 von der Arbeit außerhalb der Strafanstalten, 1905 waren es schon 1 234 bzw. 617, nicht eingerechnet die 92 Flüchtigen, die bei Überfällen auf Transporte befreit worden waren (*Tjuremnyj Westnik* 1907: 141 f.). Immer mehr wurde die Flucht aus der Verbannung zur Ehrensache, wie unter anderem Trotzki bestätigt. Auch nach dem Abklingen der revolutionären Welle und der Verschärfung der Repressionen (1906-1909) flohen 265 politische Verbannte allein aus dem Gouvernement Tomsk und von 1908 bis 1914 594 aus dem Gouvernement Jenissej. Nach dem Stand von Anfang November 1912 hätten sich in Sibirien mehr als 2 600 per Verwaltungsbeschluß verschickte politische Verbannte aufhalten sollen; tatsächlich waren es aber nur etwa 1 800, da 839 geflohen waren (Chasjachmetow 1978: 78-119)[1]. Oft untersuchten die Behörden die Fluchtfälle nur nachlässig, da die Anzeigen zu spät eintrafen und die Verfolgung zögerlich in Gang kam (vgl. z.B. Wasiltschenko 1921: 64).

Neben individuellen Fluchtversuchen kam es auch zu Kollektivfluchten von Verbannten, die in regelrechte Revolten ausarten konnten, wenn die Flüchtigen beschlossen, sich ihren Weg mit Waffengewalt zu bahnen, wie im Fall der bereits erwähnten Massenflucht am Baikal von 1866. Schon 1828 war im Erzbergwerk von Serentuj der Versuch unternommen worden, zur Befreiung der dortigen Dekabristen eine Revolte zu provozieren, und in denselben Zusammenhang gehört das 1833 vorzeitig aufgedeckte Fluchtkomplott einiger Polen in Omsk. Selbst die grausamen Strafen, die infolge der Denunziation über die Polen verhängt wurden, schreckten ihre Landsleute nicht ab. Im Juli 1835 flohen sechs polnische Verbannte unter der Führung des berühmten Piotr Wysocki aus der Alexandrowsker Schnapsbrennerei im Gouvernement Irkutsk. Auf den Einfluß des Dekabristen Michajl Lunin hingegen waren wahrscheinlich verschiedene Fluchtversuche zwischen 1836 und 1841 aus Bergwerken und Fabriken zurückzuführen, in denen politische Verbannte

---

1 Der Autor gibt an, daß 33-40 % aller politischen Verbannten geflohen sei; dies ist jedoch eine überhöhte Schätzung, da er sicherlich nicht jene abgerechnet hat, die mit Wissen der Behörden abreisten. Es flohen höchstens 30 %.

arbeiteten. Einen besonders dramatischen Verlauf nahm 1868 die Flucht von zehn Polen aus Irkutsk: Nach einem Monat des Umherirrens wurden fünf von Burjäten getötet, die übrigen festgenommen. Zwei von ihnen begingen Selbstmord. 1877 grub der polnische Narodnik Florian Bogdanowicz im Irkutsker »Gefängnisschloß« einen unterirdischen Gang, durch den er und sieben andere Häftlinge in zwei Gruppen aus dem Gefängnis entkamen. Die eine Gruppe wurde aufgegriffen, der anderen gelang die Flucht. 1879 konnte eine Gruppe polnischer Verbannter, die nach dem oben geschilderten Verfahren ihre Namen mit russischen Kriminellen getauscht hatten, aus der Etappe fliehen (Janik 1928: 328; Kodan 1983: 7; Szostakowicz 1973: 67 f., 95).

Wenig Beachtung finden in den Erinnerungen die Fluchtversuche von Kriminellen, die im allgemeinen einzeln untertauchten. Aber auch hier kam es zu kollektiven Fluchtversuchen. Ein solcher wurde 1905 oder 1906 im Gefängnis von Chabarowsk durch den Anführer einer georgischen Bande, »Habicht« genannt, organisiert. Fast einen Monat hatte man an einem unterirdischen Gang gegraben.

»In dieser Nacht«, erinnert sich ein Häftling, »während eines lautstarken Tumults, der in der Zelle der Georgier begonnen und, wie üblich, das ganze Gefängnis erfaßt hatte, ›flogen‹ der Habicht (…) und seine Gefährten ›aus‹. Am übernächsten Tag – die Flüchtigen waren noch auf freiem Fuß – wurde während des Hofgangs der Häftlinge ein hölzernes Literfaß mit Branntwein über die Mauer geworfen. Auf der einen Seite des Fäßchens war mit dem Messer das Wort ›Kaukasus‹ eingeritzt, auf der anderen Seite befand sich die kühne Inschrift ›Habicht‹. Das Faß gelangte nicht in die Hände der Häftlinge, da ein wachhabender Soldat es sicherstellte und in die Gefängniskanzlei trug. Das war die Visitenkarte der ritterlichen Georgier – der kaukasischen Prinzen und des schrecklichen Banditenführers.« (Ossendowski o.J.: 184 f.)

Flüchtige und Landstreicher stellten eine Bedrohung für die freie Bevölkerung dar, da sie aus Hunger auf der Wanderschaft alles stahlen, was ihnen unter die Finger kam. Einige Entflohene schlossen sich zu Banden zusammen, die nicht nur Sibirien, sondern sogar den Ural und Rußland unsicher machten. So gab es Mitte des 19. Jh. eine Bande entflohener Krimineller, die Adelshöfe im Gouvernement Simbirsk überfiel; Mägde aus den Dörfern versorgten sie mit Lebensmitteln und Informationen. Dies ging so weit, daß ein Teil der Gutsbesitzer sich zur Zahlung von Schutzgeldern bereitfand, um sich von Überfällen freizukaufen.

Die Geschichten über individuelle Fluchtversuche sind Legion. Am meisten Furore – seit den Zeiten Beniowskis (eines Teilnehmers an der Barer Konföderation, der 1771 von Kamtschatka geflohen war) – machte 1844 die Flucht des erst zum Tod durch Erschießen und dann zu lebenslänglicher Katorga verurteilten Rufin Piotrowski, eines Aufständischen von 1830/31, der von Tobolsk nach Königsberg ein Jahr lang und fast ausschließlich zu Fuß unterwegs war. Aber auch die gescheiterten Fluchtversuche von Józef Szlenkier und Paweł Landowski, Anführer des polnischen Aufstands von 1863, erlangten Berühmtheit – ebenso wie der des 1864 nach Sibirien verschickten Nikolaj Tschernyschewskij. Zu Fuß machte sich 1866 vom Jenissej aus der polnische Aufständische Jakub Koton auf den Weg in die Freiheit, und nach seiner Ergreifung und erneuten Verbannung ins Gouvernement Irkutsk floh er 1869 wieder; diesmal wurde er erst in Moskau ergriffen und nun nach Jakutien verschickt, von wo er 1873 abermals floh. Er gelangte jetzt bis ins litauische Grodno, um erneut nach Jakutien verschickt zu werden, denn ein weiter entferntes Verbannungsgebiet gab es nicht. Fortan verlegte sich Koton auf die Jagd, und als er damit 4 000 Rubel verdient hatte, machte er sich zum vierten Mal auf den Weg nach Moskau und Petersburg, um endlich über Helsingfors nach Westen zu gelangen.

1883 floh Salomea Waleria Lewandowska, die Frau des Journalisten Iwan Belokonskij, aus der Verbannung. Ungewöhnlich ist auch der Fall von Szymon Tokarzewski, der 1844 im Königreich Polen an der Ściegenny-Verschwörung beteiligt gewesen war. Er wurde 1846 verhaftet und 1848 zu Verbannung und Katorga verurteilt. Nach seiner Freilassung 1857 wurde er 1862 erneut verbannt. Er kehrte zwar bald zurück, wurde aber 1864 wegen seiner Beteiligung am Aufstand abermals verhaftet und zu Katorga verurteilt. 1874 erhielt er die Erlaubnis, sich unter Polizeiaufsicht im Gouvernement Kostroma niederzulassen. Doch kam er von dort illegal nach Warschau zurück, wo er sich – mit falschen Papieren – längere Zeit aufhielt. Auf legale Entlassung hoffend, kehrte er dann aber an seinen Verbannungsort zurück, und tatsächlich konnte er sich 1883 schließlich legal als Freigelassener in seiner Heimat niederlassen.

Die individuellen Fluchtversuche von Kriminellen waren nur selten gut vorbereitet und geplant; häufig war die Flucht vielmehr ein Verzweiflungsakt, oder eine Gelegenheit wurde spontan genutzt. Allerdings gab es auch wahre Meister der Fluchtplanung: Um die Mitte des 19. Jh. fälschten zwei aus Sibirien geflohene Verbrecher Dokumente, und zwar derart gekonnt, daß es ihnen nicht nur gelang, unbehelligt bis ins Gouvernement Perm zu gelangen, sondern sich dort auch als hohe Beamte in geheimer Mission auszugeben. Sie inspizierten örtliche Behörden, drohten mit Strafen für Dienstvergehen und zogen von den erschrockenen Beamten großzügige Bestechungsgelder ein (Giller 1866: II, 201).

Einen anderen besonderen Fall beschreibt Ossendowski (o.J.: 206 f.):

»Als Gefängnisstarost traf ich einen gewissen Schutkow, den man den ›Bibliothekar‹ nannte. Seine Biographie war kurz und traurig. Ein Halbgebildeter, der einmal in einem Amt gearbeitet hatte und dann wegen eines kleinen Delikts für kurze Zeit ins Gefängnis gekommen war. Das schwere Leben hinter Gittern und die Sehnsucht nach Freiheit trieben ihn zur Flucht. Irgendwie floh er, wurde aufgegriffen und zusätzlich zu drei Jahren Haft verurteilt. Aber er floh erneut, und man gab ihm noch einmal drei Jahre. Am Ende wurde aus Schutkow ein stiller und bescheidener Mensch, ein ›ewiger Häftling‹. Er entwickelte lediglich eine besondere Leidenschaft fürs Lesen. Ganze Tage saß er im kärglichen Lesesaal des Gefängnisses, verschlang die verschiedensten Bücher, Monatsschriften und alten Zeitungen, wobei er gleichzeitig die Bibliothek immer nach einem anderen System neu organisierte. Einmal ordnete er die Bücher nach ihrem Inhalt, ein anderes Mal nach Größe oder Farbe des Buchdeckels, dann wieder nach dem Umfang. Weil er in verschiedenen Gefängnissen gewesen war, kannte er alle Bibliotheken und hatte sie alle selbst geordnet. Deshalb nannte man ihn den ›Bibliothekar‹ und schätzte ihn wegen seiner Dienstfertigkeit, Höflichkeit und wegen seiner stillen Art. Er schrieb Briefe für andere Häftlinge, arbeitete an seinen eigenen Memoiren, verfaßte Gedichte und eine Tragödie in 10 Akten, die Shakespeare in den Schatten stellen sollte. Die Wärter achteten ihn, und wenn er nach einem Fluchtversuch wieder von Soldaten und Polizei ins Gefängnis geleitet wurde, pflegte man lächelnd und freundlich zu sagen: ›Belieben Sie, uns wieder zu beehren, Herr Schutkow? Die Bibliothek gerät ohne Sie in völlige Unordnung.‹ ›Mein Gott!‹ seufzte der ›Bibliothekar‹ dann bekümmert und eilte sofort nach der Registrierung zu den Bücherregalen, um seine Arbeit wiederaufzunehmen.

In seinem Kopf waren nicht nur die Namen der Bücher gespeichert, sondern auch ein Sammelsurium von Detailinformationen aus verschiedenen Wissensgebieten. Er prahlte gern mit seinem Wissen und stellte gelegentlich die abenteuerlichsten Theorien auf, die er autodidaktisch entwickelt hatte. Er widersprach sich allerdings nie, und wenn er auf jemanden traf, der sich in einer Sache offenkundig besser auskannte als er, zog er sich beleidigt zurück. Ich habe einige solche ›Bibliothekare‹ im Gefängnis kennengelernt. Ich hielt sie immer für Verrückte, die das Gefängnisleben hervorgebracht hatte, und ich wunderte mich wirklich immer, warum solche harmlosen und ehrbaren Sonderlinge hinter Gittern gehalten werden.«

Eine besondere Situation herrschte auf Sachalin während des russisch-japanischen Krieges. Die Behörden versprachen hier jedem Straffreiheit, der sich zum aktiven Militärdienst meldete. Aus solchen »Freiwilligen« bildete man dann Sondereinheiten für den Fronteinsatz gegen die Japaner. Die meisten desertierten jedoch, während sich die anderen kampflos ergaben. Nach der Einnahme der Halbinsel durch die Japaner zögerten die Besatzungsbehörden, was mit den Verbannten zu tun sei. Unter anderem wandten sie sich an den Gefängnisvorsteher der Ortschaft Rykowskoje mit der Frage, wozu die dort ansässigen Verbannten wohl taugen mochten. Der Vorsteher antwortete, daß sie eigentlich zu nichts taugten – weshalb in der Folge 300 Menschen umgebracht wurden, darunter auch Freie, die im Gefängnis vor den Kämpfen Schutz gesucht hatten. Bis zu dieser Zeit hatte die Bevölkerung unter der japanischen Besatzung nur wenig zu leiden gehabt, da die Armeeführung Plünderungen hart bestrafte; schon für den Diebstahl eines Huhnes drohte die standrechtliche Erschießung. Nun aber fühlten sich die Einwohner Sachalins bedroht, und sowohl Freie als auch Verbannte versuchten, von der Insel nach Sibirien zu entkommen.

Nach dem Ende der Besetzung begann man 1905 erneut, Verbannte auf die Insel zu verschicken. Da indessen die Japaner im besetzten Süden Sachalins die Wirtschaft auszubauen begannen, mehrten sich bald die Versuche, dorthin zu fliehen. Man mußte daher die Verschickung nach Sachalin einschränken und nach und nach auch die Strafkolonien auflösen; dagegen wuchs die freie Bevölkerung. Nach offiziellen Angaben flohen im Verlauf von weniger als zwei Jahrzehnten seit Wiederaufnahme der Verschickungen nach Sachalin über 1 500 Verbannte, von denen freilich mehr als 1 000 freiwillig oder infolge ihrer Ergreifung zurückkehrten. Etwa 450 verschwanden dagegen spurlos, sei es, weil ihnen die Flucht gelang, sei es, daß sie bei der Verfolgung oder unter anderen Umständen auf der Flucht ums Leben kamen.

Die Strafe für einen Fluchtversuch überstieg in der Regel die für das Delikt, für das man ursprünglich verurteilt worden war. Der Strafvollzug selbst reproduzierte und vermehrte somit das Heer seiner Opfer. Von 1827 bis 1846 wurden 18 000 Katorgasträflinge und Angesiedelte allein für Fluchtversuche abgeurteilt. Nach der Novellierung des Strafgesetzbuchs von 1863, die eigentlich auch die Prügelstrafe aufhob, wurde ein zu lebenslänglicher Katorga Verurteilter für den ersten Fluchtversuch künftig mit 60 bis 80 Rutenhieben bestraft und für zehn Jahre in die Kategorie der »zur Erprobung« eingereiht. Die zweite Flucht zog 80 bis 100 Rutenhiebe sowie 12 bis 15 Jahre härtesten Strafvollzugs nach sich, der dritte Versuch dann 2-3 000 Peitschenhiebe beim »Spießrutenlauf« und 15 bis 20 Jahre »Erprobungs«-Status, der vierte schließlich 3 000 Peitschenhiebe. Zu zeitlich begrenzter Katorga Verurteilte wurden etwas milder bestraft, und noch geringer, nämlich 20 bis 30 Rutenhiebe, war die Strafe für Verbannte ohne vorherige Katorgastrafe. Die Praxis wich jedoch von den rechtlichen Regelungen ab, manchmal zum Vorteil der aufgegriffenen Flüchtigen, manchmal aber auch zu ihrem Nachteil. In späterer Zeit wurde die Verlängerung der Katorgastrafe häufiger als die Auspeitschung angewandt, wenngleich die Prügelstrafe, die auch in der Armee bei Desertion üblich war, bis zum Ersten Weltkrieg nicht völlig verschwand.

Für politische Verbannte waren die Erfolgsaussichten eines Fluchtversuchs, wie gesagt, größer als bei Kriminellen. Viele verfügten über Geld oder konnten auf die Hilfe von Verwandten und Freunden rechnen. Außerdem verschaffte ihnen ihre Bildung einen gewissen Vorteil: Sie konnten Landkarten lesen, schriftliche Informationen verwerten und sich dadurch besser auf bestimmte Gefahrensituationen einstellen. Auch zeigte sich die einfache Bevölkerung gegenüber Angehörigen der höheren Stände vielfach willfähriger und weniger mißtrauisch; denn trotz des allgemeinen Mitleids für die Verbannten und Häftlinge behandelte man Flüchtige längst nicht immer barmherzig. Zwar gewährte man ihnen nicht selten Unterkunft, und speziell der Versorgung der Flüchtlinge galt auch die Sitte, entlang der sibirischen Straßen Rüben anzupflanzen sowie nachts Brot, Salz und Butter an zugänglichem Ort bereitzustellen. Doch geschah dies zumeist aus Angst und als Vorbeugung gegen die Aufdringlichkeit und Aggressivität der hungrigen und durchgefrorenen Flüchtigen. Wenn Sibirjaken europäischer Herkunft sie nicht den Behörden auslieferten, so meist aus Furcht vor Rache, denn jeder wußte, daß ergriffene Flüchtige nach ihrer Rückkehr in die Katorga die anderen Sträflinge über solche Vorfälle informierten.

Eingeborene dagegen scheuten sich in dieser Beziehung weniger, zumal sie zu einem großen Teil Nomaden waren. Die Burjäten und Giljaken galten sogar als berufsmäßige Kopfjäger, die keinen Unterschied zwischen Politischen und Kriminellen machten, sondern alle Ergriffenen grausam mißhandelten und die meisten einfach umbrachten. Polizei und Bauern bezahlten ihnen für jeden Erschlagenen 50 bis 60 Kopeken, ohne daß es dafür eine gesetzliche Grundlage gab. Sehr wohl vorgesehen war dagegen eine amtliche Belohnung für die Ergreifung eines Flüchtigen aus der Katorga in Höhe von drei Rubel, wobei nicht ausdrücklich verlangt wurde, ihn lebend auszuliefern. Um der von Burjäten und Giljaken drohenden Gefahr zu entgehen, kehrte jedenfalls ein Teil der Flüchtigen freiwillig zurück.

Die Frage, ob und in welchem Umfang ein Verbannter von seiner Familie unterstützt wurde, spielte bei der Entscheidung, zu fliehen oder in Sibirien zu bleiben, eine große Rolle. Freilich stellte sich die Frage fast ausschließlich den Politischen, da die Mehrheit der Kriminellen keinerlei Unterstützung erhielt. Die Familien politischer Verbannter dagegen taten im allgemeinen alles, um das Los ihrer Nächsten zu erleichtern. Sie richteten Gesuche an die Behörden, um Straferlaß oder Strafmilderung, zumindest aber die Ansiedlung in weniger entlegenen Ortschaften zu erwirken, und hierfür flossen die Bestechungsgelder reichlich – nicht zuletzt an Staatsanwälte und Richter. Doch es gab nicht nur familiäre Hilfe, sondern auch organisierte Unterstützung für fremde Aufständische und für Teilnehmer an patriotischen Verschwörungen und revolutionären Bewegungen in Rußland wie in Polen. So entstand 1832 in Warschau eine eigene Hilfsorganisation, die allerdings bald aufgedeckt und zerschlagen wurde.

In den 40er Jahren des 19. Jh. halfen dann informell die Frauen von adligen Gutsbesitzern, die Korrespondenz zwischen den Verbannten und ihren Familien aufrechtzuerhalten und Geldzuwendungen zu übermitteln. Sie gründeten Frauenzirkel, die sich nicht nur um die Verbannten kümmerten und materielle Hilfe leisteten, sondern sich auch bei Behörden für die Verbannten einsetzten und ihren gesellschaftlichen Einfluß dafür geltend machten (Śliwowska 1987: 417). Da auf russischem Territorium praktisch keine privaten Organisationen geduldet wurden, entstanden solche Vereine vor allem in Galizien. Von dort kam auch ein beträchtlicher Teil der Hilfe für politisch Verfolgte, und hier fanden viele Flüchtlinge aus Sibirien Unterschlupf. In Rußland organisierten adlige Frauen auch die Hilfe für die Dekabristen; später traten dann andere Mittel, nämlich der Einsatz informeller Beziehungen und Bestechung, in den Vordergrund.

In gewissem Grade erstreckte sich die Tätigkeit legaler karitativer Organisationen und der Schutzkomitees in den Gouvernements auch auf die Hilfe für freigelassene Häftlinge. Da organisierte Hilfe für politische Häftlinge im Widerspruch zu den Staatsprinzipien stand, waren allerdings auch die Mitglieder der Hilfsorganisationen Verfolgungen ausgesetzt; jede Einmischung in Beziehungen zwischen Staatsmacht und Verurteilten galt als Beeinträchtigung obrigkeitlicher Prärogativen. Die Tätigkeit der Hilfsinstitutionen beschränkte sich daher zumeist darauf, Gnadengesuche einzureichen und die ärgste materielle Not der Verbannten zu lindern. In den späten 60er Jahren des 19. Jh. wurde das Rote Kreuz in Rußland tätig, doch genoß es bei der Opposition eher einen schlechten Ruf, da es zu sehr von der Polizei abhängig schien und durch diese kontrolliert wurde.

Vor allem im Ausland entstanden unabhängige Organisationen, die in Rußland durch Geheimzellen aktiv wurden. Eine solche Organisation war die 1877 in Genf auf Initiative junger Emigranten gegründete Gesellschaft zur Unterstützung russischer politischer Vertriebener, deren Gründungsakte unter anderem die Unterschriften von Pjotr Kropotkin und Pjotr Axelrod trug; die Gesellschaft kümmerte sich vor allem um Emigranten und flüchtige Verbannte. Anfang 1881 gründeten russische Narodniki das bald zerschlagene »Rote Kreuz des Volkswillens«, dessen Hauptaufgabe sein sollte, die Flucht politischer Aktivisten aus der Verbannung zu organisieren; nicht nur Narodniki profitierten von dieser Hilfe, sondern auch Mitglieder anderer politischer Gruppierungen, nicht zuletzt nationalpolnischer Organisationen (vgl. Szostakowicz 1973: 95 f.).

Zu Beginn des 20. Jh. waren im Exil und besonders in Galizien zahlreiche Hilfsorganisationen für politische Häftlinge aktiv. In Sibirien, im europäischen Rußland und im Königreich Polen übernahmen konspirative Gruppen solche Aufgaben. Die Hilfsorganisationen standen in Verbindung zu verschiedenen, meist linken Parteien, die im Zarenreich im Untergrund arbeiten mußten. Vor allem für die per Verwaltungsbeschluß Verschickten war die Flucht aus der Verbannung mit solcher Unterstützung meist einfacher und weniger abenteuerlich, da es nur relativ unkomplizierter Vorkehrungen bedurfte, um die Ausbrecher mit Papieren zu versorgen, die ihnen gestatteten, unbesorgt mit der Eisenbahn zu fahren. Anscheinend drückten Beamte auch manchmal ein Auge zu, und ohne die zahlreichen Denunziationen wären wohl wenige der Flüchtigen, denen Hilfe von außen zuteil wurde, gefaßt worden. Schon in den 60er Jahren des 19. Jh. verweigerte ein höherer Beamter dem bekannten polnischen Verbannten Bronisław Szwarce zwar die förmliche Begnadigung, fügte jedoch hinzu:»Soll er ruhig fliehen, das kommt ihm zugute und erspart uns viel Mühe.« (Złotorzycka 1936: 179)

Worüber die Quellen so gut wie nichts berichten, ist das Schicksal der aus Sibirien zurückkehrenden Kriminellen. Sicherlich war ihr Los nicht leicht, denn sogar für die politischen Verbannten wurde es zusehends schwieriger, nach ihrer Rückkehr ihren Platz in der Gesellschaft zu finden. Iwan Belokonskij etwa blieb nach seiner Rückkehr aus Sibirien völlig mittellos und war den ständigen Schikanen der Lokalbehörden schutzlos ausgeliefert. Bezeichnend erscheint auch der Fall von Mikolaj Kowalewski, einem Lehrer aus Kiew, der 1878 wegen Illoyalität vom Dienst suspendiert und ein Jahr später per Verwaltungsbeschluß für 5 Jahre nach Minussinsk verschickt worden war. Seine Frau Maria, die Schwester des Schriftstellers Woronzew, wurde wenig später ebenfalls zur Katorga verurteilt und starb 1889 in Sibirien während einer Protestaktion durch Selbstmord. Nach seiner Rückkehr nach Kiew fand Kowalewski keinen Arbeitsplatz, und er traf Verhältnisse an, die ihm unerträglicher schienen als in der Verbannung. Wie er verfielen viele »Sibirier« in Apathie, wenn sie längere Zeit Not gelitten und auch bei den »Genossen« keine Heimat mehr gefunden hatten.

Den Verlust des Selbstwertgefühls bezeugen mehrere ehemalige Verbannte. Sie hielten sich für überflüssig und zum bürgerlichen und wirtschaftlichen Untergang verdammt (Belokonskij 1930: 13-18) – und nicht zuletzt deprimierte die – zwangsläufige? – Erfahrung, daß die bürgerliche Gesellschaft ihre politischen Märtyrer nicht zu würdigen wußte, ihnen weder das vermeintlich angemessene Interesse noch die erhoffte Fürsorge entgegenbrachte. So zerbrach oft der Kontakt mit der Umwelt, und die ständige Polizeiaufsicht über die einmal als Dissidenten Stigmatisierten tat ein übriges, um die Rückkehr zu einem normalen Leben zu vereiteln. Selbst Leo Tolstoj übrigens verweigerte seinen alten Freunden, die zur Verbannung verurteilt worden waren, seine Hilfe. Als George Kennan um Tolstojs Unterstützung bat, ließ dieser ihn wissen, daß er Verurteilte zwar bedauere, er aber nichts für sie tun könne, denn »ihre Taten sind für mich im höchsten Grade unsympathisch. Sie haben selbst Gewalt angewandt, nun müssen auch sie Gewalt leiden.« (Kennan 1892: III, 98)

Auch die legalen Rückkehrer mußten verschiedenen Bedingungen genügen: Sie brauchten Gesundheit und Kraft, vor allem aber mußten sie hinreichend bemittelt sein. Bevor Sibirien durch Eisenbahnlinien mit Europa verbunden wurde, war die Wanderung von Etappe zu Etappe in umgekehrter Richtung die billigste und sicherste Möglichkeit. Man konnte sich auch einem der Konvois anschließen, welche zurückkehrten, um neue Verbannte nach Sibirien zu geleiten – und für Kriminelle wie auch für die unter ständiger Aufsicht Stehenden war dies sogar der einzig gangbare Weg. Stets war er langwierig, da die Wachmannschaften zuerst auf die Ankunft einer nach Sibirien kommenden Gruppe und dann auf das Zustandekommen einer hinreichend großen Gruppe für den Marsch nach Westen warteten. Und ohnehin brauchte man für eine 1 600 km lange Strecke durchschnittlich zehn Monate. Es ist daher kaum verwunderlich, daß ein Teil der Freigelassenen beträchtlich länger als gefordert in Sibirien blieb und dabei weiterhin die übliche Polizeiaufsicht dulden mußte.

Selten ließen sich ehemalige Verbannte auf freiwilliger Basis in Sibirien endgültig nieder; die meisten wurden durch gewichtige Umstände zum Bleiben gezwungen. Fast niemand wollte sich namentlich in Jakutien oder auf Sachalin niederlassen; es fanden sich hier sogar stets mehr freie Kolonisten für die Ansiedlung als ehemalige Verbannte. Über Sachalin schrieb Iwan Juwatschew, der wider Willen zum ständigen Bewohner der Insel geworden war:

»Der Verbannte mußte eine starke, besonders christliche Sanftmut haben, um alle Qualen der Katorga zu verzeihen und nichts nachzutragen. Übrigens gibt es Starzen, asketische Mönche, die Sachalin mit der Wüste vergleichen, wo die Knechte Gottes der Erlösung näher kommen; sie glauben, daß ihr Aufenthalt auf der Insel durch einen besonderen göttlichen Plan für die Errettung ihrer Seelen vorherbestimmt worden sei. Aber auch diese Einsiedler habe ich mit Tränen in den Augen den Psalm Davids zu Gott beten gehört: Herr, erbarme dich unser (...). Ich war in einer besseren Lage als andere; besser abgesichert, erfreute ich mich der Achtung und des Schutzes der Aufsichtsbeamten. Mir stand ein vom Staat gestelltes Haus inmitten eines blühenden Obstgartens zur Verfügung. Vor allem aber hatte ich verschiedene Beschäftigungen, die mich viel Mühe und Konzentration kosteten und mich deshalb von bedrückenden Gedanken und von der Verbitterung über mein Schicksal ablenkten. Dennoch litt ich Schaden an meiner Seele, wenn nicht meinetwegen, so wegen der anderen. Leid – das ist ein derart verbreiteter Gemütszustand auf Sachalin! Nur wenige werden nicht vom Kainsmal der Schwermut gezeichnet, das – wenn überhaupt – erst nach vielen Jahren inmitten glücklicher Menschen in Rußland wieder verschwindet. (...) [vgl. Ms. XI/28]

Traurige Insel der Unglücklichen! Bei aller Zuneigung zu dir möchte ich dich nicht so wiedersehen, wie ich dich verlassen habe. Vielleicht bleibst du die Müllhalde für alle abgehackten, verdorbenen Teile des russischen Staatskörpers, oder aber du wirst, wie andere Regionen, ein eigenständiges Gouvernement mit einer florierenden Wirtschaft und einer eigenen kleinen Flotte. Mit deinem Metall, deiner Kohle, deinen Wäldern, dem Fisch und dem Öl wirst du eine beachtliche Rolle in dem uns rasch näherrückenden Fernen Osten spielen – auf jeden Fall schicke ich dir aus der Ferne meinen Abschiedsgruß und bete zu Gott, daß meine Gefährten, die dir treu geblieben sind, mir so schnell wie möglich folgen und dich auf immer verlassen mögen.« (1901: 286 f.)

Kapitel 12

Leben in Sibirien –
Mythos und Wirklichkeit

Die in diesem Buch vorgestellten Ansichten über Sibirien gehen weit auseinander. Einerseits erscheint die sibirische Sträflingskolonisation als eine irrationale Grausamkeit des Machtapparats, andererseits stellt sich bei näherem Hinsehen heraus, daß Katorga und Verbannung als Instrumente des Strafvollzugs im allgemeinen nicht besonders rigide gehandhabt wurden und daß die Lebensbedingungen der Verbannten sich letztlich nur unwesentlich von denen der normalen Bevölkerung des Zarenreichs unterschieden. Im Vergleich etwa zur Praxis in Französisch-Guayana oder im sowjetischen GULAG mag die Sibirien-Verschickung im zaristischen Rußland sogar als ein durchaus gemäßigtes System des Strafvollzugs gelten[1]. In diesem Kapitel sollen noch einmal zentrale Aspekte des sibirischen Lebens und der sibirischen Gesellschaft zur Sprache kommen, um schließlich eine Gesamtbeurteilung des Phänomens Sibirien bis 1914 zu ermöglichen.

Daß George Kennan von der sibirischen Wirklichkeit schockiert war, kann nicht verwundern, hatte ihn doch bereits die Begegnung mit dem europäischen Rußland tief betroffen gemacht. Vor seiner Sibirienreise hatte er nicht an die Schreckensnachrichten über Sibirien glauben wollen, um danach aber einzugestehen: »Die Not, welche diese Praxis der Verbannung nach Sibirien hervorbringt, findet in der ganzen zivilisierten Welt nicht ihresgleichen. Dabei ist vieles der Nachlässigkeit, Unmenschlichkeit und Bestechlichkeit der Beamten zuzuschreiben, hauptsächlich aber ist es eine Folge des grausamen Systems, das gänzlich aufgehoben werden sollte« (1890: I, Vorwort. Vgl. dagegen Nikolajewskij 1898). Die meisten anderen Berichte gehen

---

1 Dies entgegen dem reißerischen Titel »Le Goulag des Tsars« von Jacqueline Fenner (Paris 1986). Dieses spannend geschriebene Buch ist leider ein Beispiel für die unkritische Faszination für literarische Texte als historische Quelle. Es ist daher einseitig und enthält viele Fehler. Die Verfasserin stützt sich nur auf französische Veröffentlichungen, so daß Quellen- und Literaturgrundlage der Arbeit eng und recht zufällig sind.

in dieselbe Richtung, stammen sie doch überwiegend von Verbannten selbst, die dem System verständlicherweise nichts Gutes abzugewinnen vermochten. Doch sollte man die Verhältnisse in der Verbannung weder an westeuropäischen Maßstäben messen noch an den Vorstellungen von russischen Reformtheoretikern, sondern an den allgemeinen Zuständen im Russischen Reich. Denn erst vor diesem Hintergrund wird verständlich, warum es selbst von seiten Betroffener auch durchaus gemäßigte Urteile über Verbannung und Katorga gibt: In Irkutsk »verbrachte ich nach 1868 sechs Jahre ziemlich erträglich«; »es lebte sich fröhlich in Kara«; »ich muß zugeben, daß ich mich nicht gerade übermäßig abgearbeitet habe« usw. Es ließen sich viele derartige Aussagen anführen.

Wägt man die Effizienz, die Mängel und die Vorzüge der verschiedenen Strafvollzugssysteme des 19. Jh. gegeneinander ab, wird man kein einziges finden, das als völlig zufriedenstellend gelten könnte. Und generell gilt wohl, daß die in gewisser Weise konkurrierenden Bemühungen, Verbrechen angemessen zu ahnden und ihnen zugleich vorzubeugen, stets nur zu Kompromißlösungen führen, die sich natürlich nach dem Grad ihrer Liberalität und Humanität unterscheiden. Jedes System des Strafvollzugs war und wird ein notwendiges Übel sein. War nun Sibirien ein kleineres oder ein größeres Übel?

Das sibirische System war sicherlich eines der effizientesten im Hinblick auf den Grundsatz, daß es die beste Vorbeugung ist, Kriminelle von der Gesellschaft fernzuhalten und ihnen dennoch die Möglichkeit zu geben, nicht hinter Gittern und unter ständiger Aufsicht, sondern unter relativ normalen, wenn auch klimatisch schwierigen Bedingungen zu leben; die französische Strafkolonie Guayana mit ihrem mörderischen Klima erfüllte letztere Bedingung nicht. Zweifellos war die sibirische Verbannung eine bessere Lösung als die Unterbringung der Häftlinge in Gefängnissen mit schlechtesten hygienischen und materiellen Bedingungen. Wenn das sibirische Strafvollzugssystem nicht die Erwartungen seiner Erfinder erfüllte, dann vor allem, weil ihm zu viele Unschuldige unterworfen wurden – so die Landstreicher, aufbegehrende Bauern und Dissidenten. Das Übel lag also vielleicht nicht so sehr im Prinzip von Verbannung und Katorga an sich, sondern im russischen Repressionssystem als Ganzem. Daß der Strafvollzug in Sibirien keine positiven Wirkungen zeitigte, hatte seine eigentlichen Ursachen in der rechtlichen und politischen Struktur des russischen Staates.

Charakteristisch für das System der Autokratie war in der Tat die Tendenz, weite Teile der Gesellschaft zu kriminalisieren. So stellte die Katorga sicherlich ein geeignetes Instrument zur Bestrafung von Schwerverbrechern dar, und es ist auch zumindest rational, daß sich das Regime mit demselben Mittel seiner erklärten Gegner für begrenzte Zeit entledigte. Doch gab es unter den Verbannten allzu viele, die gleichsam zufällig in die Mühlen der Justiz geraten oder nicht einmal vor Gericht gestellt worden waren. Sie waren Opfer einer Beschneidung der Menschen- und Bürgerrechte, wie der

Westen sie eigentlich nicht kannte. Anscheinend diente Sibirien der Autokratie vor allem zur Einschüchterung der Bevölkerung, und in der Furcht, wie Agaton Giller schrieb, »verliert der Mensch das Gefühl für seine innere Kraft, seine Menschenwürde« (1866: I, 68).

Aufschlußreich erscheinen in dieser Beziehung die 16 Schlußfolgerungen aus dem Salomon-Bericht von 1898; er bezieht sich auf Sachalin, hat in gewisser Weise aber auch Gültigkeit für Sibirien im allgemeinen:

1. Die Verbannung führt nicht zur Resozialisierung der Verschickten, sondern demoralisiert sie im Gegenteil; auch bleibt der erwartete wirtschaftliche Nutzen für die Kolonisierung Sibiriens aus.
2. Die Eigentumsrechte der Kolonisten und die Konditionen der Ansiedlung sind nicht präzise genug festgelegt, weshalb die Kolonisation oft planlos erfolgt.
3. Trotz der billigen Arbeitskräfte werfen die staatlichen Bergwerke kaum Gewinne ab.
4. Es gibt zu wenig urbares Land.
5. Das Klima ist zu rauh, als daß die Verbannten das Land gänzlich ohne materielle Ausstattung kolonisieren könnten.
6. Die Einkommen der Bevölkerung sind völlig unzureichend.
7. Die Verteilung der Verbannten entspricht nicht den wirtschaftlichen Bedürfnissen und Möglichkeiten.
8. Ein Gleichgewicht zwischen den Geschlechtern läßt sich nicht herstellen; der Mangel an Frauen aber beeinträchtigt die Kolonisation und verhindert die Entwicklung eines normalen Sittenlebens, weshalb der Kampf gegen die Lasterhaftigkeit und das pathologische Sexualverhalten aussichtslos scheinen.
9. Die Verwaltung in den Verbannungsgebieten arbeitet ineffizient, und sie scheint für ihre Aufgaben nicht hinreichend ausgebildet; sie richtet sich nicht nach rationalen Erwägungen, und die Behandlung von Häftlingen bzw. Ansiedlern ist von Ort zu Ort unterschiedlich.
10. Der Zustand der Gebäude ist schlecht.
11. Die Arbeit ist schlecht organisiert, und die 1866 dafür aufgestellten Grundsätze werden nicht beachtet.
12. In Gefängnissen und Kolonien herrscht Zuchtlosigkeit.
13. Die kriminellen Verbannten üben einen schlechten Einfluß auf die freie Bevölkerung aus.
14. Es gibt keine Schutz- oder Hilfsorganisationen für Häftlinge, weshalb die Freigelassenen auf sich selbst gestellt bleiben.
15. Das Gefängnispersonal ist mit wenigen Ausnahmen seinen Aufgaben nicht gewachsen und sollte mit derartigem Dienst nicht betraut werden.
16. Die Ernährung ist schlecht.

Darüber hinaus hielt Salomon die Verschickung für zu kostspielig, da selbst auf Sachalin, wo es fast keine Fluchtmöglichkeiten gab, neben den normalen Militärgarnisonen noch zusätzlich je ein Aufseher auf 13 Katorgasträflinge kam. Ähnlich war es schon früher auch im übrigen Sibirien; so entfiel in Kara auf zwei bis drei Verbannte jeweils ein Vertreter der Staatsmacht, und zählt man nur die Katorgasträflinge, dann kamen auf jeden Bewachten sogar zwei Bewacher.

Die Kritik am System nahm zu, als sich in Rußland allmählich eine öffentliche Meinung zu formieren begann, die in dieser Frage einerseits von liberalen Kreisen und andererseits von den linken Parteien sowie von der Selbstdarstellung der politischen Häftlinge dominiert wurde. Letztere standen denn auch im Mittelpunkt des öffentlichen Interesses; doch lenkten die Bücher von Tschechow und Doroschewitsch die Aufmerksamkeit auch auf die Lage der gewöhnlichen Kriminellen.

Schon seit den 80er Jahren waren die Chancen, durch die Ansiedlung in Sibirien eine erträgliche Existenz begründen zu können, recht groß. Daher blieben immer mehr Verbannte nach Verbüßung ihrer Strafe hier ansässig; ihre Zahl ist allerdings schwer zu schätzen, da die Migration der Verbannten innerhalb Sibiriens sich behördlicher Kontrolle weitgehend entzog. Dabei dürfte freilich kaum bei allen die Überzeugung von den Vorzügen des Landes den Ausschlag gegeben haben. Denn fest steht, daß namentlich viele Kriminelle nur deshalb in Sibirien blieben, weil sie alt oder krank waren, über keine Mittel zur Rückkehr verfügten oder am Verbannungsort eine Familie gegründet hatten; andere wiederum wußten einfach keinen Ort, an den sie hätten zurückkehren können: Ihr Besitz in der Heimat war verloren, oder die Freunde und Verwandten hatten sich von ihnen losgesagt. Manchmal wollten die Verbannten auch aus Scham nicht mehr zurückkehren.

Welche Stellung hatten ehemalige Katorgasträflinge und Verbannte in der sibirischen Gesellschaft? Auf diese Frage kann hier nur in aller Kürze eingegangen werden. Sicher gilt, daß die sibirische Gesellschaft von der Institution der Verbannung und von den zwangsweisen Zuwanderern stark geprägt worden ist. Es gab vier Bevölkerungsgruppen: die Angehörigen einheimischer Stämme, ferner die sogenannten Sibirjaken europäischer Herkunft, die zumeist von russischen Kolonisten abstammten, die angesiedelten Kosaken und die Verbannten. Bei letzteren Unterschied man nicht immer genau zwischen den bereits Freigelassenen und jenen, welche noch dem Strafvollzug unterlagen. Und je weiter man nach Osten kam, desto mehr verwischten sich auch die Unterschiede zwischen den Sibirjaken und den beiden Kategorien von zwangsweise Angesiedelten. Bedeutsamer für die soziale Identität erscheinen letztlich der Grad des Wohlstands und das Ansehen des Berufs, und hier war die Mobilität zwischen den Gesellschaftsschichten größer als im europäischen Rußland. Ein Verbannter, der durch Handel oder auf andere Weise ein bescheidenes Vermögen erworben hatte, oder ein verbannter Intelligenzler, der in den Staatsdienst getreten war, konnte – auch wenn er seine Strafe noch nicht verbüßt hatte – in der gesellschaftlichen Hierarchie höher stehen als ein freier Sibirjak.

Die zahlreichen Stämme der sibirischen Eingeborenen wurden zum großen Teil allmählich ausgelöscht. Die russische Regierung sah der Zerstörung ihrer Kultur wie ihrer physischen Vernichtung tatenlos zu; ganze Stämme starben seit der Mitte des 19. Jh. an Epidemien wie Pocken, Typhus, Syphilis oder Lepra sowie an Skorbut als Folge von Hunger. Da es in Sibirien an Frauen fehlte, nahmen Sibirjaken und auch Verbannte oft einheimische Frauen. Ebenso wurden Frauen aus sibirischen Stämmen den Kommandanten russischer Festungen »geschenkt« oder verkauft. Schon gegen Ende des 19. Jh. bildete sich jedenfalls vor allem innerhalb der Bauernschaft eine Mischbevölkerung heraus. Der Verelendungsprozeß der Eingeborenen schritt voran, und ihre eigene soziale Ordnung zerfiel.

Die Verbannten waren für die Eingeborenen eine ständige Bedrohung, da das Land, das man den verbannten Zwangskolonisten zuteilte, ihnen als Weidegrund für ihre Viehherden entzogen wurde. Außerdem kam es zu unmittelbaren Zusammenstößen: Während die eingeborenen Jakuten die bäuerlichen Kolonisten bestahlen, bedrohten vagabundierende Flüchtlinge und Landstreicher gleichermaßen die russische wie die jakutische Bevölkerung durch Raub und Mord. So lernten die Eingeborenen alle Russen, und mit ihnen die Europäer schlechthin, zu hassen. Und da sie die Verbannten als die wehrlosesten Vertreter der gefürchteten Fremden erkannten, ließen sie ihnen gegenüber ihrer Feindschaft freien Lauf. Gleichzeitig profitierten sie freilich von der Hilfe politischer Verbannter: Sie wurden vielfach von ihnen medizinisch versorgt und unterrichtet; man tauschte Waren und erwies sich gegenseitige Dienste. Indessen verhinderten diese relativ besseren Beziehungen nicht, daß auch Politische, wenn sich die Gelegenheit ergab, von Eingeborenen beraubt und sogar getötet wurden.

Die Sibirjaken waren stolz auf ihre Freiheit, obwohl sie selbst eher aufgrund äußerer Zwänge als aufgrund freier Entscheidung zu sibirischen Kolonisten geworden waren. Als wirklich frei konnten nur die Kaufleute gelten, die für die Industrie angeworbenen Ingenieure und Techniker und die höheren örtlichen Beamten. Die »Provinzelite« konzentrierte sich im wesentlichen auf Städte wie Tomsk, Tobolsk und Irkutsk, wo sich viele – gemessen an ihrem Stand – einen großzügigeren Lebensstil leisten konnten als im europäischen Rußland. Auch die Lage der Bauern, der sogenannten *tschaldony*, war teilweise besser als in Rußland, da sie hier nicht von adligen Gutsbesitzern abhängig waren; dafür hatten sie freilich andere Lasten zu tragen, so die Instandhaltung von Wegen, Brücken und Furten, die Lieferung von Brennholz für öffentliche Einrichtungen, die Waldbrandbekämpfung, Hilfe als ortskundige Führer bei Vermessungsarbeiten, der Verlegung von Militäreinheiten und bei Goldtransporten, die Einquartierung von Verbannten, die Verfolgung von Flüchtlingen und deren Rückführung ins Gefängnis. Eine besonders drückende Last stellte schließlich auch die Verpflichtung dar, Fuhrwerke für die Häftlingstransporte zu stellen.

Im Bewußtsein der Gebildeteren galten das Leben und der Dienst in Sibirien als schwerer erträglich als im europäischen Rußland. In Sibirien Geborene strebten danach, in den westlichen Gouvernements des Zarenreiches zu studieren – und nach Möglichkeit dort zu bleiben. Die Schattenseiten des Lebens in der Provinz, der schlechte Ruf des Landes und seine geographische Entlegenheit ließen sich für Beamte und Militärs in gewisser Weise dadurch kompensieren, daß Bestechlichkeit und Machtmißbrauch kaum Grenzen gesetzt schienen. Eine Kontrolle durch höhere Instanzen gab es so gut wie nicht, am wenigsten in der stetig komplexer werdenden Wirtschaftsverwaltung, in der sich der Beamtenschaft zahlreiche Gelegenheiten für betrügerische Geschäfte und Ämterpatronage eröffneten.

Die Strafkolonien hatten großen Einfluß auf Kultur und Mentalität der Sibirjaken. Sogar die Umgangssprache wurde vom Gefängnisjargon geprägt, und viele andere Elemente der kriminellen Subkultur gingen in die städtische und dörfliche Volkskultur ein. Daneben aber gab es hier auch chinesische und autochthone Einflüsse und letztlich sogar gewisse Reflexe der französisch orientierten Kultur der russischen Oberschicht – was sich freilich eher in karikaturhaften Formen äußerte. Die Sibirjaken, denen man einen ausgeprägten Sinn für Unabhängigkeit und Egalität nachsagte, gaben in der Tat wenig auf Abstammung, Würden und Titel, dafür um so mehr auf Reichtum und Macht. Die Gewöhnung an die Not der Katorgasträflinge wie an die Härten des eigenen Lebens brachte sie dazu, dem Menschenleben nur geringen Wert beizumessen. Auch wird berichtet, daß die Sibirjaken sich nicht gerade durch Sittenstrenge auszeichneten. Zugleich aber bedingte die Lage des kulturellen Grenzlandes, daß die sibirischen Bauern sich offener und aufgeschlossener für Neuerungen zeigten, und zwar ungeachtet ihres ausgeprägten Selbstwertgefühls. Da es an rechtsstaatlichen Strukturen fehlte, ersetzte man diese durch eine eigene Gesetzlichkeit, und obwohl diese in gewisser Weise eine Schule gesellschaftlicher Autonomie war, führte sie doch häufig zu Exzessen und verfestigte Formen der Selbstjustiz.

Die Beziehungen zwischen Verbannten und Sibirjaken waren in den Städten besser als auf dem Lande. Der sibirische Bauer beutete den hungernden Kriminellen auf der Flucht erbarmungslos aus, da er wußte, daß dieser für ein Stück Brot zu arbeiten bereit war und sich auch niemals beschwerte, um nicht an die Behörden ausgeliefert zu werden. Der Flüchtige wiederum dachte nicht an ein dauerhaftes Dienstverhältnis; er ließ alles bedenkenlos zurück, sobald er ein wenig Kraft geschöpft hatte. Die Erfahrung dieser feindlichen Koexistenz verhärtete die Gegensätze zwischen Bauern und Flüchtigen. Die *tschaldony* fürchteten sich zwar vor Gruppen von Landstreichern, brachten aber erbarmungslos um, wen immer sie allein antrafen.

Mehr als die Einwohner des europäischen Rußland war die sibirische Bevölkerung der Gefahr ausgesetzt, Opfer von Verbrechen zu werden. So erlebte Krasnojarsk im Jahre 1897/98 eine regelrechte Belagerung durch Verbannte, die dank dem Bau der Eisenbahnlinie nunmehr leicht hierhergelangten. Die Verbannten machten nicht nur die Stadt unsicher, sondern durchstreiften auch in Banden die Umgebung, weshalb die eingeschüchterten Einwohner sich nachts in ihren Häusern einschlossen und selbst tagsüber nur in bewaffneten Gruppen auf die Straße gingen. Nach den ersten Überfällen auf Post- und Armeekonvois schritten die Behörden endlich ein und ließen nun sogar gewöhnliche Delikte durch Standgerichte aburteilen. Die öffentliche Ordnung wurde so für kurze Zeit wiederhergestellt, ließ sich aber auf Dauer nicht gewährleisten. Man belangte die Verbannten rasch, zumeist wegen Landstreicherei (und fehlender Pässe), Trunksucht und Raub, aber auch Geld- und Urkundenfälschung, und verurteilte sie zu zusätzlichen Strafen. Gleichzeitig aber kam es zu verschiedenen Racheakten, vor allem Brandstiftungen, etwa weil einem Verbannten Hilfe oder ein Arbeitsplatz verweigert worden war. Welche Wirkung diese Vorgänge auf die Stimmung in der Bevölkerung und auf deren Haltung zu den Verbannten hatten, liegt auf der Hand.

Der Unwille richtete sich auch gegen die politischen Verbannten, da sie – auch wenn man ihre Beweggründe verstand – für die Gemeinden eine Belastung darstellten. Die Dekabristen fanden im Grunde nur bei einer schmalen Oberschicht Wohlwollen und Verständnis, während das einfache Volk schlicht darüber entsetzt war, daß sie gegen den Zaren aufbegehrt hatten. Es brauchte Zeit, bis es den Dekabristen und anderen Politischen gelang, durch ihr Verhalten und ihre praktischen Dienste die Sympathie der örtlichen Bevölkerung zu gewinnen. Später dann führten die rasche zahlenmäßige Zunahme der politischen Verbannten sowie die Veränderung ihrer sozialen Zusammensetzung dazu, daß sich ihr moralisches Profil wiederum verwischte und sie bei der Bevölkerung an Wertschätzung einbüßten. Nicht zuletzt schadeten dem Ansehen der Politischen die spektakulären politischen Terroranschläge – so kam es namentlich nach dem Attentat auf Alexander II. von 1881 zu einer regelrechten Jagd auf Politische und Intelligenzler: Gruppen von Aufgebrachten umringten sie und schrien: »Erwürgt die Politischen! Alle soll man jetzt hängen, zuerst die Gelehrten mit ihren Studenten!« An den Ausschreitungen in Sibirien beteiligten sich auch Bauern, die mancherorts sogar mit Spießen gegen die Politischen vorgehen wollten und sie vielfach tatsächlich aus den Häusern trieben und auf verschiedene Weise schikanierten. Verwaltung und Polizei sahen sich nun in der Rolle, zugunsten der Politischen einzugreifen und sie vor dem Pöbel zu retten.

In normalen Zeiten blieben die Beziehungen zwischen politischen Verbannten und örtlicher Bevölkerung jedoch erträglich. Die Bevölkerung, auch örtliche Beamte, pflegten Umgang mit ihnen, auch wenn die Kontakte längst nicht mehr so eng waren wie vor 1863. Gegen Ende des 19. Jh. hatte ein Politischer nur noch geringe Chancen, in die sibirische Mittelschicht einzuheiraten, und Bauern gaben nicht einmal den Politischen unter den Ansiedlern ihre Töchter zu Frauen. Selbst verbannte Intelligenzler stießen bei den Sibirjaken immer häufiger auf Ablehnung.

Von der Rolle der politischen Verbannten beim wirtschaftlichen Aufbau in Sibirien, bei der Erforschung und Erschließung des Landes war schon die Rede. Doch hat Sibirien offenbar auch seinerseits Impulse für die russische und polnische Kultur gegeben, war es doch nicht zuletzt eine »Schule angewandter Demokratie«: Adlige wurden Handwerker oder Kaufleute und pflügten auf den Feldern sibirischer Bauern, und Angehörige verschiedener Nationen, Stände und Religionen lebten und arbeiteten zusammen. Ferner stimulierten die harten Lebensbedingungen bei den Verbannten Leistungswillen und Erfindungsreichtum. Sie standen unter dem Zwang, sich die Geographie, Geologie, Natur und Kultur Sibiriens zu erschließen, da es unmöglich war, hier ohne ausreichende Landeskenntnis zu überleben.

Für die wirtschaftliche Entwicklung Sibiriens wie für die Lebensumstände der Verbannten spielte die Eisenbahn eine große Rolle. Sie war der wichtigste Faktor bei der beschleunigten wirtschaftlichen Erschließung des Landes, die Ende des 19. Jh. in Gang kam. Die Ansiedlungen wuchsen nun zu wirklichen Städten, die nicht mehr nur ihrem Rechtsstatus nach diesen Namen verdienten. Mühlen, Brauereien und Schnapsbrennereien wurden gegründet, es entstanden zunächst in bescheidener Zahl Tuchfabriken, Schlachthäuser, Gerbereien und Eisenwerke. Wohl handelte es sich meist um nur kleine Unternehmen, doch sah es in vielen Gebieten des europäischen Rußland kaum anders aus. Den dynamischsten Sektor bildete die Erz- und Kohleförderung.

Auch den Verbannten kam diese Entwicklung zugute; unter den veränderten wirtschaftlichen Bedingungen hatte die Verbannung seit dem Ende des 19. Jh. gewiß Vorzüge vor der Gefängnishaft. Aus staatlicher Sicht brachte das System der Verbannung zwar nicht den erhofften praktischen Nutzen für die Erschließung des Landes, es [das System] war jedoch ein einfaches Mittel, sich der Opposition in den westlichen Provinzen sowie der Kriminellen zu entledigen, ohne in den Bau von Gefängnissen investieren zu müssen. Ein französischer Reisender schilderte die Verhältnisse in Sibirien zu dieser Zeit folgendermaßen:

»Es ist weithin bekannt, daß das Schicksal der sibirischen Katorgasträflinge nicht schlimmer ist als das der Delinquenten in Europa. Es gibt keinen Häftling in Amerika, der nicht freudig sein Los mit ihnen tauschen würde. Die Arbeit, die der Sträfling in Sibirien verrichtet, ist alles in allem vernünftig, er freut sich des Tageslichts, hat einen Platz zum Schlafen, an dem er vor Winterkälte und Sommerregen geschützt ist, es gibt Krankenstuben, wo man ihn pflegt. Er kann von Zeit zu Zeit seine Frau sehen, und es gibt sogar Kinderheime. Viele Häftlinge in Europa genießen keinerlei vergleichbare Vergünstigungen.«

Freilich räumt der Autor ein, daß es nicht allen Verbannten in Sibirien so gut ging:

»Der politische Häftling hat diese Privilegien nicht. Seine durch Bildung erworbenen Verhaltensweisen und seine Gewöhnung an Bequemlichkeit und Sauberkeit werden auf eine harte Probe gestellt. Am schlimmsten ist der Umgang mit Schwerverbrechern, den er ständig ertragen muß. Für ihn ist die Strafe wirklich grausam.« (Lafrêne 1989: 62 f.)

Es gab drei unerträgliche Mißstände im sibirischen Strafsystem: die schweren Schäden für die Gesundheit der Verbannten (auch die psychische), den sittlichen Verfall und den Skandal der Prügelstrafe. Bereits der beschwerliche Weg nach Sibirien setzte den Verbannten gesundheitlich zu. Obwohl die verfügbaren Statistiken über die Sterblichkeitsrate kaum als verläßlich gelten können, gibt es plausible Schätzungen. So starben auf den Etappen von Tomsk nach Irkutsk immerhin 12 bis 15 % der Verbannten an den Strapazen (zum Vergleich: Die Sterblichkeitsrate auf britischen Schiffen, die Sträflinge nach Australien brachten, betrug im 18. Jh. ungefähr 10 %). Rund ein Drittel der Häftlinge, die in der ersten Hälfte des 19. Jh. in den sibirischen Ansiedlungen eintrafen, war derart ausgezehrt, daß man sie als »hinfällig« und »arbeitsunfähig« einstufte. In den 70er Jahren zeichnete sich eine gewisse Besserung ab. Zwar galten speziell von den Katorgasträflingen 33 % als gesundheitlich geschädigt, doch betrug die Quote bei den Verbannten insgesamt nur 10 bis 11 %. Stichprobenhafte ärztliche Untersuchungen in Ostsibirien im Jahre 1898 wiesen eine abermalige Besserung aus: Während jetzt noch 28 % der Katorgasträflinge als chronisch krank eingestuft wurden, galt dies bei den übrigen Verbannten nur für 1,6 % und bei den per Verwaltungsakt Verbannten sogar nur für 0,2 % (*Drewnjaja i nowaja Rossija* 2 [1877], Bd. 2, Nr. 8, S. 322; *Tjuremnyj Westnik* 1901: 411; Salomon 1900: 26, Anhang 4: 18).

Verbannten Ärzten blieb es in Sibirien untersagt, ihren Beruf auszuüben. Das Verbot konnte freilich umgangen werden, doch stets nur unter Schwierigkeiten. Verbreitet waren verschiedene Formen der Volksmedizin. Die medizinischen Einrichtungen in den Gefängnissen waren unzureichend, und aus Mangel an freien Betten mußten Kranke gelegentlich in ihren Zellen behandelt werden, wie der folgende Bericht eindringlich schildert: »Unter den Häftlingen war ein Mensch mit einem furchtbaren Krebsgeschwür auf der Wange (...). Ich verstehe nicht, warum man ihn unter den Gesunden ließ und nicht ins Lazarett brachte (...). Außer ihm gab es noch einen anderen Kranken, einen jungen Bauern mit schwärenden Wunden an den Beinen, der sich absichtlich verstümmelt hatte, um vom Wehrdienst befreit zu werden.« (Giller 1866: I, 68)

Die häufig erwähnte psychische Labilität der Verbannten hat sich in den Gesundheitsstatistiken nicht niedergeschlagen. Es ist jedoch bezeichnend, daß Verbannte während des kräftezehrenden Wegs nach Sibirien zwar häufig große Ausdauer bewiesen und vor Ort physisch rasch wieder zu Kräften kamen, seelisch aber zerbrachen. Sie litten akut an der Einsamkeit und dem Bewußtsein, in Sibirien ihr Leben zu vergeuden (s. die Berichte am Ende des Kapitels). Viele verkamen moralisch, stürzten sich in religiöse Hysterie oder verfielen dem Wahnsinn. Bezeichnend für alle aber war ein Zustand permanenter Überreiztheit. Überdurchschnittlich hoch war die Zahl der Selbstmordversuche, selbst bei Kindern; allein unter den politischen Verbannten wurden um die Jahrhundertwende jährlich etwa 40 Fälle registriert. Aber auch das Wachpersonal litt häufig an psychischen Störungen, namentlich paranoiden Zuständen, wie sie oft als Folgen langjährigen Dienstes in Armeegarnisonen diagnostiziert wurden.

Besonders schwer war die Lage der Frauen in der Verbannung. Weibliche Kriminelle wurden von den Wachmannschaften in aller Regel schlechter behandelt als männliche. Auch sahen sie sich schon auf dem Weg nach Sibirien ständigen Nachstellungen durch Bewacher wie durch männliche Verbannte ausgesetzt. Dies galt vor allem in den Etappenlagern, wo die vorgeschriebene Geschlechtertrennung nicht aufrechtzuerhalten war, aber selbst in den Gefängnissen ließ sich das Kontaktverbot umgehen. Frauen, die zu lebenslänglicher Katorga verurteilt worden waren, durften erst nach elf Jahren in Sibirien legal heiraten. Deshalb lebte die Hälfte aller Paare im Konkubinat mit allen seinen rechtlichen Nachteilen. Freilich – auch die Heirat verbesserte die Lage der Frau nicht in jedem Fall. Oft genug kam es vor, daß eine Frau mit Billigung oder auf Druck ihres Ehemanns der Prostitution nachging, um die alltägliche Not zu lindern; ein einflußreicher Liebhaber aus dem Gefängnispersonal oder der Beamtenschaft war eine begehrte Partie. Entsprechend galt aufgrund der schwierigen materiellen Lage in den Verbanntenfamilien, daß Kinder im allgemeinen unerwünscht waren. Die Schwangerschaftsrate blieb daher in Sibirien stets niedrig, die Säuglingssterblichkeit überdurchschnittlich hoch. Ohnehin fehlte es hier an Kleidung und Nahrung für Kinder, und sie waren meist auf sich selbst gestellt.

Zur traurigen Realität Sibiriens gehörte auch die Prügelstrafe, die tief in der Tradition in Rußland verwurzelt war. Bis zur Mitte des 19. Jh. bildete sie einen regulären Bestandteil der meisten Urteile in Strafprozessen, und noch das Strafgesetzbuch von 1845 sah sie als Ersatzstrafe für Gefängnis, Zuchthaus und Geldbußen vor sowie als Zusatzstrafe für Delinquenten, die zur Verschickung in die Katorga verurteilt wurden. Adlige und andere Privilegierte blieben von der körperlichen Züchtigung ausgenommen. Als eigenständige Strafe wurde sie dann 1863 generell abgeschafft, außer für Landstreicherei sowie für falsche Angaben über die eigene Identität. Befugt zur

Verhängung der Prügelstrafe waren die Bezirksgerichte, allerdings nicht
mehr im Falle von Frauen. Ein Gesetz zur völligen Abschaffung der Prügelstrafe für Frauen lag seit 1874 im Entwurf vor, wurde jedoch erst 1893
rechtskräftig.

Beibehalten wurde sie als Disziplinarstrafe gegen Verbannte, und auch
minderjährige Handwerksgesellen, Soldaten und Matrosen durften weiterhin
geschlagen werden. Handelte es sich um verbannte Zwangsarbeiter, so hatten
die Fabrikinhaber und die Leiter der staatlichen Goldgruben das Recht, aus
eigener Macht die Prügelstrafe zu verhängen. Zwar wurde sie seit 1881 nicht
mehr öffentlich vollstreckt, indessen galt der Gefängnishof in dieser Hinsicht
nicht als Öffentlichkeit, so daß doch zumindest die Häftlinge dabei Zeugen
wurden. Es wurden hier zum Teil extrem hohe Strafen verhängt – nämlich
bis zu 6 000 Schlägen, die nicht auf einmal verabreicht wurden, wenn der
Verurteilte vorzeitig das Bewußtsein verlor und ein Arzt die Unterbrechung
der Vollstreckung anordnete. Als drastisches Beispiel kann das Schicksal eines Arbeiters gelten, der fünf Fluchtversuche unternommen hatte: Beim ersten Mal mußte er durch eine Reihe von 500 Soldaten Spießruten laufen,
beim zweiten Mal waren es 1 000 Soldaten; beim dritten Mal mußte er die
Reihe von 500 dreimal durchlaufen, während er beim vierten und fünften
Mal »nur noch« 1 000 beziehungsweise 600 Schläge zu erdulden hatte. Es
sind Fälle bekannt, in denen Verbannte nach dem vierhundertsten Schlag
starben; andere überlebten sogar, wenn sie die Reihe von 1 000 Soldaten –
freilich in Raten – zwölfmal durchlaufen hatten. Als »Full house« (*polnjak*)
bezeichnete man 5 000 Schläge. Besonders in Ostsibirien war das Spießruten-
laufen eine häufig verhängte Strafe, da aus den dortigen Bergwerken jedes
Jahr 3,5 bis 6 % der Arbeiter entflohen, von denen ein Viertel bis ein Drittel
wieder ergriffen wurden.

Für die Vollstreckung der Prügelstrafe gab es verschiedene ausgeklügelte
Methoden, die – je nach Vorgehensweise und Instrument – auch zum Tod des
Delinquenten führen konnten. Es gab Stöcke und Ruten aus langen, elasti-
schen Weidenzweigen, die weniger stark verletzten, obwohl man auch mit
ihnen Menschen zu Tode prügeln konnte. Ferner wurden verschiedene Arten
von Peitschen benutzt, meist aus hartem Leder gefertigt, das besonders ge-
gerbt und getrocknet worden war, um den Riemen möglichst feste, scharfe
Kanten zu geben. Eine solche »Knute« durchschnitt das Fleisch bis auf den
Knochen. Wurden besonders viele Schläge verabreicht, so mußten die Peitschen zwischendurch ausgetauscht werden, da das Blut die Riemen aufweichte und sie dadurch ihre Schärfe einbüßten. Daneben gab es noch eine größere
Peitsche, *batog* oder *plet* genannt, mit einem einzigen fingerdicken Riemen,
der sich nur an der Spitze in drei geflochtene, mit einem kantigen Knoten en-
dende Streifen verzweigte. Die Benutzung dieser Peitsche führte häufig zum
Tod des Geschlagenen.

Die Prügelstrafe wurde entweder auf einer Bank, der sog. »Stute«, vollstreckt, oder man »trieb das Opfer durch die Reihen«, wobei der Delinquent an zwei Gewehre gefesselt war, an denen ihn zwei Soldaten langsam voranzogen. Außerdem gab es die Methode, daß ein Helfer den Delinquenten an den Armen über seine Schultern zog, so daß dieser dem Schergen seinen entblößten Rücken zuwandte. Bei jedem Peitschenhieb auf die gespannte Haut bildeten sich blutunterlaufene Striemen, die wenig später aufplatzten. Selbst nach wenigen Schlägen wurde der Geprügelte dabei zum Krüppel. Die Prügelstrafe konnte schließlich auch mit anderen Formen der Folter kombiniert werden; so gab es etwa die sogenannte »Zwangsjacke« – eine Methode, den Delinquenten derart in Ketten zu legen, daß er sich unweigerlich verletzte.

Überraschenderweise widersetzten sich geschlagene Kriminelle der Prügelstrafe selten. Auch zuschauende Häftlinge protestierten allenfalls dann, wenn sie die vorgeschriebenen Regeln verletzt wähnten, etwa indem der Scherge eine besonders grausame Methode wählte. Und selbst bei den Protesten politischer Häftlinge gegen die Prügelstrafe, die sich gegen Ende des 19. Jh. häuften, ging es seltsamerweise mehr um den »Mißbrauch« der körperlichen Züchtigung als um das Prinzip. Gerechtfertigt wurde die Prügelstrafe von der Gegenseite damit, daß die meisten Verbannten vorgeblich gefühllose Kriminelle waren, die ihre Opfer ihrerseits grausam mißhandelt hatten. Politische Verbannte berichteten, daß die Wachmannschaften die Kriminellen übler behandelte »als wilde Bestien« und daß die Prügelstrafe schon bei geringsten Verfehlungen verhängt wurde, etwa bei unabsichtlichen Rempeleien oder zögerlichen Antworten, vor allem aber als Reaktion auf Beschwerden. Wenn die Prügelstrafe nicht zu Wahnsinn, Verkrüppelung oder gar Tod führte, so doch zumindest zu Abstumpfung und Verrohung.

Um das Verbannungssystem angemessen zu beurteilen, muß man dessen Wandel im Auge behalten. Im ganzen verbesserten sich die Lebensbedingungen der Verbannten im Laufe des 19. Jh., auch wenn es Rückschläge gab. Zumindest in einigen Orten Sibiriens konnte man auch als Verbannter ein erträgliches Leben führen, so etwa in Tobolsk, Ussol oder im Kreis Kara nach den Reformen der 80er Jahre. Minussinsk und Umgebung standen unter den Verbannten sogar im Ruf, das »Paradies Sibiriens« zu sein. Besonders günstig war die Situation der per Verwaltungsakt Verschickten, die in der zweiten Hälfte des 19. Jh. in der Regel nur mehr für drei Jahre verbannt wurden und deren Lebensbedingungen in Sibirien sich nicht von denen in den abgelegeneren Gouvernements des europäischen Rußland unterschieden. Viele von ihnen brauchten nicht zu arbeiten, da ihnen staatliche Hilfen oder Zuwendungen der Familien oder ihrer politischen Partei ein Auskommen sicherten.

Nicht vergessen werden darf trotz alledem das Leid, das die Erfahrung mit sich brachte, aus der vertrauten Umgebung herausgerissen zu werden und den eigenen Lebensplan zerstört zu sehen:

»Am schlimmsten ist die Strafe hier [auf Sachalin], wenn man jegliche Hoffnung auf Freilassung hat aufgeben müssen oder diese sich doch über Jahre verzögert (...), so daß der Mensch die Geduld verliert und langsam ›versachalint‹. Manch klügerer Verbannter ringt sich nach Monaten quälender Zweifel dazu durch, sich auf der Insel niederzulassen und ein Katorgaweib ins Haus zu nehmen. Irgendwann kommen Kinder zur Welt, und mit ihnen entsteht eine natürliche Beziehung zur Sachaliner Heimat. Andere schöpfen Kraft daraus, daß sie ein möglichst normales Leben zu führen versuchen und von künftigem Familienglück in Rußland träumen. Darüber freilich vergehen die besten Jahre, man wird vorzeitig grau, und das Alter steht vor der Tür. Das Bewußtsein, fast das ganze Leben mit dem Warten auf Erfüllung einer trügerischen Hoffnung zu verbingen, lastet schwer auf den Menschen. Sie werden krank, nervös, unzufrieden und gereizt. Es ist schrecklich mitanzusehen, wie sich die Verbannten auf Sachalin körperlich und seelisch quälen! Und wenn sie nicht der Tod durch die Schwindsucht oder eine andere Krankheit ereilt, setzen die Unglücklichen hier mit einer Kugel oder Strychnin ihrem Leben selbst ein Ende. Einige suchen Trost im Wodka. Wenn selbst freie Menschen, auch solche mit Familien und einem guten Auskommen, das Leben auf Sachalin nicht ertragen, was kann man dann von den Verbannten erwarten!« (Juwatschew 1901: 209 f.)

Ein anderer Verbannter schrieb:

»Ich bin weit in der Welt herumgekommen, habe fast ganz Europa gesehen, und ich war, wie man sagt, einmal oben, einmal unten. Das Jahr 1863 bescherte mir Mühen und Not, daher wünschte ich mir wenn schon kein glückliches und frohes, so doch wenigstens ein erträgliches Leben. Wie rosig ich damals alles sah! Was ist das schon, dachte ich, ein paar Jahre, und nehmen wir an: sogar drei oder vier, hier zu verbringen, es ist doch nicht das Ende der Welt. Weit gefehlt! Ich konnte nicht ahnen, mir nicht vorstellen, was das bedeutet: Verbannung. Sie war furchtbar für mich – der Tod wäre besser gewesen als diese Pein, durch die ich gegangen bin; ja, der Tod, denn der Tod ist das Ende der Leiden, ich aber war lebendig begraben. Mit Lachen, Freude fast hatte ich Solwytschegodsk begrüßt. Mein Gott! Konnte ich damals ahnen, daß es mein Grab werden würde, ja – mein Grab, denn hier habe ich alle Gaben begraben, die Gott mir gegeben hat: Jugend, Glauben, alle Zukunftsträume. Nun wohnen statt dessen nur Verzweiflung, Überdruß und Verzagtheit in meiner Seele. Zu einer solchen Verwandlung bedurfte es viel Zeit (...). Neun Jahre Verschickung können viel aus einem Menschen machen; diese neun Jahre machten aus einem Jugendlichen voller edler, glühender Gefühle, der an das Gute und Schöne glaubte, einen alten, angeekelten, schroffen Skeptiker.« (Wielhorski 1873: 12 f.)

Die Gebildeten unter den politischen Häftlingen konnten ihre Gefühle zu Papier bringen, was aber nicht heißt, daß Kriminelle nicht ebenso empfunden hätten. Wer sich schwer den neuen Bedingungen anpaßte und von Gewissensbissen geplagt wurde (was im Kriminellenmilieu deutlich sichtbar war), litt wohl noch mehr, selbst wenn er seine menschlichen Regungen zu unterdrücken vermochte und zu einem langjährig erfahrenen Katorgasträfling oder Häftling wurde. Selbst weitestgehende Abstumpfung konnte die Angst vor körperlichem Leiden und Tod nicht völlig besiegen.

Epilog

Sibirien nach der Oktoberrevolution

Als 1917 das Zarenreich zusammenbrach, übernahmen die bis dahin verfolgten Parteien, deren Geschichte durch Verbannung und Katorga geprägt worden war, die Macht. Die Herrschaft gelangte in die Hände derer, die am eigenen Leibe die Leiden der Verbannung erfahren und einst den zaristischen Gewaltapparat schärfstens kritisiert hatten. Daher schien es, als werde der Mißbrauch Sibiriens als Strafkolonie der Vergangenheit angehören und nun endlich ein »Sibirien ohne Fluch« entstehen (Lepecki 1934).

Während des Ersten Weltkrieges, nämlich seit 1915, waren Katorga und Verbannung praktisch aufgehoben worden. Politische Verbannte verließen ihre Ansiedlungsorte, Kriminelle wurden vorzeitig in die Armee entlassen. Statt dessen entstanden Internierungslager für Kriegsgefangene in Sibirien, für Polen, Tschechen, Deutsche und Gefangene aus anderen Ländern, die sich den Armeen der Mittelmächte angeschlossen hatten. Als Internierungslager benutzte man ehemalige Etappen- und Katorgagefängnisse, es wurden aber auch neue Lager, wie z.b. in Nowonikolajewsk (heute Nowosibirsk), gegründet. Verbannte, die während des Krieges nicht nach Hause zurückkehren konnten, schlossen sich den russischen Truppen an. Seit 1917 bildeten etliche von ihnen, zum Teil im Einvernehmen mit den »Weißen«, eigene Einheiten. Beachtung verdienen auch die Aktivitäten jener Polen, welche nach Ausbruch der Oktoberrevolution versuchten, gemeinsam mit den sibirischen Separatisten (*oblastniki*) für die Unabhängigkeit Sibiriens zu kämpfen. Trotz der Kriegshandlungen zwischen »Weißen« und »Roten« und der Unruhen im sibirisch-chinesischen Grenzland leuchtete die Hoffnung auf, aus Sibirien ein von Katorga und Verbannung befreites Land zu machen.

Die Hoffnung trog – die schlimmste Periode in der Geschichte Sibiriens brach erst an. Schon vor der Machtübernahme der Bolschewiki hatte Lenin häufig angekündigt, die Bourgeoisie und die Faulenzer zur Arbeit zwingen zu wollen. 1918 unterschrieb er ein Dekret über die Zwangsarbeit als Strafe für

Bestechlichkeit und Spekulation, und noch im selben Jahr wurde ein Lager
für die »konterrevolutionäre Bourgeoisie« eingerichtet. 1919 schlug Felix
Dserschinskij dann auf einer Sitzung des Zentralen Exekutivkomitees der
Bolschewisten vor, das Lagersystem beizubehalten, um die Arbeitskraft jener
auszunutzen, die ohne feste Beschäftigung waren oder ohne einen »gewissen
Zwang« nicht arbeiten mochten. Die Lager sollten eine »Arbeitsschule« für
jene sein, die Lenin pauschal als Parasiten, Faulenzer und Hysteriker klassifizierte; noch im selben Jahr wurde das Prinzip der »Umerziehung durch Arbeit« vom Parteikongreß angenommen, dann am 15. April 1919 das Dekret
»Über Zwangsarbeitslager« herausgegeben.

Obwohl die Lager immer grausamer wurden, nannte man sie seit 1933
nicht mehr »Zwangs-«, sondern »Besserungslager«. Später tauchte der Begriff
»Resozialisierung« auf, während man Strafen ohne Gerichtsurteil schlicht als
»Vorbeugung« bezeichnete, als »gesellschaftliche Prophylaxe« (Gliksman
1954: 68). In jedem Gouvernement mußte es Arbeitslager geben, die mindestens 300 Personen aufnehmen konnten. Die Arbeitspflicht wurde bald ge-
setzlich festgeschrieben – und ein halbes Jahrhundert später hatten alle Länder des kommunistischen Blocks, zuerst Kuba und als letztes Polen (1984),
die Zwangsarbeit eingeführt.

Im Jahre 1923 wurde unter Aufsicht der Politischen Hauptverwaltung
(GPU), der späteren Politischen Allunionshauptverwaltung (OGPU), auf den
Solowki-Inseln im Weißen Meer das erste sogenannte Modell- oder Reform-
arbeitslager eingerichtet. In den alten Klostergebäuden, die seit jeher als Gefängnis für Geistliche gedient hatten, wurden nun ungefähr 6 000 Menschen
untergebracht: Mitglieder nicht-bolschewistischer Parteien, Geistliche, Pro-
fessoren, angebliche Spekulanten aus der Ära der Neuen Ökonomischen Politik, Rechtsanwälte, die diese vor Gericht verteidigt hatten, rebellische Häftlinge aus anderen Gefängnissen sowie Systemkritiker, sogenannte »Pamphle-
tisten«. Später kamen vermeintliche Saboteure und schließlich Trotzkisten
und andere Dissidenten innerhalb der Bolschewistischen Partei dazu. 1923
saßen auf den Solowki-Inseln 4 000 Häftlinge ein, 1927 mehr als 20 000 und
1930 rund 30 000. Anfang der 30er Jahre gab es im gesamten Lagerkomplex
einschließlich der Abteilungen auf dem sibirischen Festland sage und schreibe
mehr als 650 000 Häftlinge, von denen 20 % rückfällige Kriminelle waren
(Rossi: 1987: 371). Sie wurden beim Holzschlag, im Transport und beim
Fischfang eingesetzt. Neben der »Resozialisation« und »Prophylaxe« in geschlossenen, gefängnisähnlichen Lagern hielt man ebenso am System der
Verbannung fest. Auch wenn die Verbannten nicht in Lagersiedlungen leben
mußten, standen sie doch unter Aufsicht und durften nur bestimmten Berufen
nachgehen.

Die Neue Ökonomische Politik (NEP) der jungen Sowjetrepublik führte
zwar zu einer Belebung des Marktes, brachte aber letztlich keine Entwick-

lungsimpulse für die Wirtschaft. Da der »sozialistische Sektor« gegenüber dem freien Handel nicht konkurrenzfähig war, kam es unvermeidlich zu sozialen Differenzierungsprozessen, die ihrerseits natürlich den ideologischen Grundlagen des Staates widersprachen. Die staatlichen Möglichkeiten, die Wirtschaft anzukurbeln, waren daher rasch erschöpft. Auf dem Lande lebte man freilich noch immer recht auskömmlich, doch wurden die agrarischen Überschüsse zunehmend vor Ort verbraucht, da es in der Stadt kein Warenangebot gab, das die Vermarktung der landwirtschaftlichen Produkte attraktiv gemacht hätte. So sah sich die sowjetische Regierung gezwungen, zu einer Politik der künstlich forcierten Industrialisierung überzugehen. Dafür mußte man wirtschaftliches Potential vom Lande in die Stadt transferieren und Arbeitskräfte für den unbezahlten Einsatz unter primitiven und schwierigen Bedingungen freisetzen, denn niemand ging freiwillig zur Arbeit nach Magnitogorsk, in die Metall- und Kohlegruben in den nördlichen Gebieten des Landes oder zum Holzschlag in die Taiga. Daher wurde 1928 beschlossen, die von den Repressionen Betroffenen nicht mehr zu Gefängnishaft, sondern zu Zwangsarbeit zu verurteilen. Im Zuge der Kollektivierung der Landwirtschaft und der »Liquidierung des Kulakentums als Klasse« gingen seit 1929 Millionen von Bauern in die Lager. Diesen folgten seit 1933 »Faulenzer, Verleumder, Betrüger« und seit 1936 »Spione« und »Konterrevolutionäre«. Die OGPU wurde somit zum größten »Arbeitgeber« der Welt.

Während und unmittelbar nach dem Zweiten Weltkrieg wurden aus den von der Roten Armee besetzten Gebieten dann die unerwünschten und »gesellschaftlich gefährlichen Elemente« eliminiert. Aus den Grenzgebieten und aus strategisch wichtigen Regionen siedelte man zum Teil die gesamte Bevölkerung aus. Ferner waren nach dem deutschen Einmarsch in die Sowjetunion ganze Fabriken nach Sibirien evakuiert und am Weißen Meer, in den arktischen Häfen, wieder in Betrieb genommen worden, was wiederum nur durch den Einsatz von Zwangsarbeitern möglich war (Dallin 1944: 202); auf diese Weise kamen Hunderttausende in die Lager und Ansiedlungen im asiatischen Teil der Sowjetunion. 1940/41 befanden sich in den Arbeitslagern wenigstens 800 000 Polen, 700 000 Deutsche, 295 000 Ungarn, 67 000 Esten, 38 000 Litauer und 34 000 Letten, ferner viele Italiener, Spanier, Franzosen, Chinesen, Kasachen, Usbeken und armenische Türken. Bis Kriegsende kamen 3,7 Mio. deutsche sowie mehr als eine Million japanische, ungarische und rumänische Kriegsgefangene hinzu. Aus Polen wurden insgesamt mindestens 1,7 Mio. Menschen verschickt (Swianiewicz 1985: 42 f.). Ein Drittel der deportierten Polen und Balten kam in geschlossene Arbeitslager, die übrigen siedelte man vorwiegend in Kolchosen an, die im allgemeinen ebenfalls der »Hauptverwaltung der Lager« (GULAG) unterstanden.

Auch nach Kriegsende verloren die Lager keineswegs an Bedeutung. Zuerst verschickte man sowjetische Soldaten und Offiziere dorthin, die aus

deutscher Gefangenschaft in die Heimat zurückgekehrt waren. Ihnen folgten
später alle möglichen politisch Unliebsamen und Unzuverlässigen; dazu gehörte, wer politische Witze erzählte, kollektive Gesuche oder Proteste unter-
zeichnete, als »arbeitsscheu« eingestuft wurde – darunter auch Schriftsteller –
oder unter die Kategorie der »Sektierer« fiel: Geistliche und gläubige Laien,
die Katechismus-Unterricht erteilten.

Von Verboten betroffen waren in der Sowjetunion weitere Lebensbereiche
als im zaristischen Rußland. Als Vergehen galten etwa abwertende Mei-
nungsäußerungen über System und Regierung, Bekanntschaft oder Verwandtschaft mit Verurteilten, schlechte Arbeit oder die Verbreitung von offiziell
nicht verbreiteten Informationen. Am stärksten war in den Lagern die sogenannte KR-Kategorie vertreten – alle jene, welche nach Artikel 58 des sowjetischen Strafgesetzbuchs für »konterrevolutionäre Tätigkeit« verurteilt worden
waren. Zusammen mit den wegen antisowjetischer Agitation Verurteilten
stellten sie zwischen 1930 und 1960 ungefähr die Hälfte der Lagerinsassen.
Offiziell wurden seit 1939 politische Delikte nicht mehr gesondert klassifi-
ziert, weshalb man verschiedene Umschreibungen zur Kennzeichnung politischer Sträflinge einführte.

Der ethische Relativismus der leninistischen Ideologie rechtfertigte es,
Angehörige verschiedener Gesellschaftschichten bei gleichen Delikten unterschiedlich zu behandeln. Wenn ein Arbeiter einen Mord, Diebstahl oder
Hehlerei beging, wurde seine soziale Lage bei der Urteilsbemessung positiv
gewürdigt, da der Täter zugleich als Opfer schwieriger Lebensumstände betrachtet werden konnte. Dagegen galt ein straffälliger Intelligenzler grundsätzlich als »Volksfeind« und »gesellschaftlich schädliches Element«. Seit
1930 unterschied man drei Häftlingskategorien: Zur ersten gehörten Verbrecher aus der Arbeiterklasse, in der Praxis aber alle die, die zu weniger als
fünf Jahren Freiheitsentzug verurteilt worden waren; die zweite Kategorie
bildeten Arbeiter mit Freiheitsstrafen über fünf Jahren, die dritte aber die sogenannten »arbeitsscheuen Elemente«, die eine Strafe wegen »konterrevolutio-
närer Tätigkeit« verbüßten.

Unterdessen versuchte die Weltöffentlichkeit, die Vorgänge in Sowjetruß-
land zu verdrängen. Auch Persönlichkeiten, denen man schwerlich eine Sympathie für den Kommunismus nachsagen konnte, ließen sich gerne täuschen;
dies galt selbst für westliche Besucher wie den amerikanischen Staatssekretär
Henry A. Wallace und dessen Berater, darunter Professor Owen Lattimore.
Anscheinend konnte man auch die Region von Archangelsk, Jakutien oder
Orte wie Kolyma bereisen, ohne die unter unmenschlichen Bedingungen arbeitenden Gefangenen zu Gesicht zu bekommen. Selbst solche herausragen-
den Persönlichkeiten wie George Bernard Shaw verschlossen ihre Augen vor
der Wirklichkeit, worüber sich schon Ende der 40er Jahre die ehemalige La-
gerinsassin Elinor Lipper (1950) mit Verbitterung äußerte. Robert Conquest

charakterisierte diese Blindheit des Westens dann auch als »eines der absurdesten und in jeglicher Hinsicht entsetzlichen Phänomene in der Geschichte des sowjetischen Arbeitslagersystems« (1978: 203).

Spätere Versuche, sich mit Unwissen zu entschuldigen, sind kaum überzeugend. Natürlich scheuten die sowjetischen Behörden keine Mühe, die Wahrheit zu verschleiern, doch gelangten stets genaue Informationen über das sowjetische Strafsystem in den Westen. Die ersten Berichte über den Terror der Bolschewiken wurden bereits 1919 im westlichen Ausland publiziert. 1930 kam es auch zu ersten internationalen Protestkampagnen gegen die Zwangsarbeit in der UdSSR, die jedoch in der Öffentlichkeit meist auf Unglauben oder Gleichgültigkeit stießen. 1937 erschien in Sofia das Buch des entflohenen Lagerinsassen Iwan Solonewitsch »Rußland im Konzentrationslager«, eines der bis heute besten Bücher über die Lager überhaupt.

Während des Zweiten Weltkriegs dann verloren die ungeheuren Leiden der Häftlinge in den sowjetischen Lagern angesichts des allgemeinen Kriegsleidens ohnehin alles Sensationelle. Nach dem Krieg erregte erstmals der Fall Raoul Wallenberg größeres Aufsehen[1], aber auch hier blieben die Reaktionen des Westens verhalten. Erst die politisch geförderte Sowjetunion-Forschung seit den 50er Jahren machte die Öffentlichkeit nachhaltig auf die Vorgänge in der Sowjetunion aufmerksam. Jetzt sorgten die Veröffentlichung von Solschenizyns »Ein Tag im Leben des Iwan Denissowitsch« und die Deportation Andrej Sinjawskijs und Jurij Daniels im Februar 1966 für einiges Aufsehen. Als die Sowjetunion endlich begann, Dissidenten ausreisen zu lassen oder gegen Spione auszutauschen, stieg auch die Anzahl der Veröffentlichungen über das Lagersystem (vgl. z.B. Shifrin 1977 und 1980). Daraufhin setzte die sowjetische Kampagne gegen die »Verleumder« ein, und gleichzeitig geriet am Ende der 60er Jahre die amerikanische Sowjetologie auch aus internen Gründen in die Krise. Dafür sind unter anderem finanzielle Engpässe als Ursache angeführt worden; doch hing die wachsende Kritik an der »Politisierung der Wissenschaft«, die man vor allem den Vertretern der Totalitarismus-Schule in der Sowjetologie zum Vorwurf machte, mit dem Meinungsumschwung vor dem Hintergrund des Vietnamkriegs und der Watergate-Affäre zusammen (Cohen 1985: 24).

»Wie war es möglich«, fragte Robert Conquest, »daß die klaren und schlüssigen Informationen, die im Westen zugänglich und veröffentlicht waren, keinen Glauben fanden?« (1978: 202 f.) Der Faschismus war besiegt, man hatte sich mit ihm auseinandergesetzt, ihn verdammt und hinter sich gelassen und hielt ihn für unwiederholbare Vergangenheit. Die Kontakte des

---

1 Raoul Wallenberg war ein schwedischer Diplomat, der nach Ungarn ging, um Juden vor den Deutschen zu retten. 1945 wurde er in die sowjetische Kommandantur bestellt und nach Moskau ins Ljubjanka-Gefängnis deportiert. Danach verlieren sich seine Spuren.

Westens zur Sowjetunion erfuhren dagegen keine Unterbrechung, wiewohl das Verbrechen hier weiter fortgesetzt wurde. Sogar die Ära Gorbatschow ist nicht frei von dieser Last, da es bis heute kein russisches Pendant zu den Nürnberger Prozessen gegeben hat und auch das von Wyschinskij in Anlehnung an Lenins »Rechtsideen« entwickelte Normensystem noch immer gültig ist. Es herrscht Unbehagen, da man sich gegen das Eingeständnis wehrt, für Verbrechen gegen die Menschlichkeit mitverantwortlich zu sein. Dazu paßt David Lanes Beobachtung über »die Vorteile eines kurzen Gedächtnisses« (1980: 10 f.). Diejenigen, welche die Wahrheit aufdecken wollten, bezichtigte man stets der »Übertreibung« oder sogar der »Verleumdung« in der Absicht, die Autorität der Sowjetunion im »Kampf um den Frieden« zu untergraben. Um nicht die Utopie zu gefährden, verleugnete man die Wirklichkeit. So erweist sich die Sensibilität für Unrecht und Leid, die der Westen für sich beansprucht, recht häufig als opportunistisch.

Die Diskrepanz zwischen dem Buchstaben des Gesetzes und der Wirklichkeit, die schon für das Rußland der Zarenzeit so charakteristisch war, wurde in sowjetischer Zeit noch krasser. Nach Verordnungen von 1918 bis 1920 galten die allgemeinen Bestimmungen über den Arbeitsschutz von Rechts wegen auch für die Arbeit in den Lagern; die Einhaltung eines achtstündigen Arbeitstags, allgemeiner Gesundheitsschutz sowie garantierte Berufsausbildung und die Bezahlung nach Qualifikation gehörten dazu, und nur für die Lager unter der Verwaltung der Außerordentlichen Allunionskommission (WTschK) sollten andere Bedingungen gelten. Auch wurde 1922 ein milderes Strafgesetzbuch erlassen, nach dem die höchste Freiheitsstrafe zehn Jahre nicht überschreiten durfte. Daß die Praxis indessen anders aussah, hatte mit den zahlreichen, zum Teil geheimen Sonderregelungen zu tun. Die mit Sondervollmachten ausgestatteten Organe wurden nicht abgeschafft, die Zwangsarbeit blieb bestehen, und neue drastische Einzelgesetze verschärften den Strafvollzug. Anstelle von ordentlichen Gerichtsverfahren wurden Systemgegner Sonderprozessen unterworfen. Schon im Dezember 1917 waren solche Sondergerichte unter der Leitung von Dserschinskij eingerichtet worden, die im Schnellverfahren aburteilten. Sie wurden 1919 in »Sonderabteilungen« (OSO) umbenannt und waren befugt, »gesellschaftlich gefährliche« Elemente zu Lagerhaft und sogar zur Exekution durch Erschießung zu verurteilen.

Die alte Praxis, mit Sonderverordnungen zu hantieren und das bürgerliche Recht mit Hilfe der Militärgerichtsbarkeit zu umgehen, fand auf diese Weise ihre Fortsetzung in größerem Maßstab. Wie ein westlicher Sowjetologe richtig beobachtete, war der sowjetische Terror in technischer und funktionaler Hinsicht ein überaus rationelles Instrument zur Stabilisierung des Systems; denn er zwang die Gesellschaft durch Einschüchterung zur Anpassung. Die »Rechtsordnung« war derart konstruiert, daß man je nach den aktuellen poli-

tischen Bedürfnissen jeden willkürlich abzuurteilen vermochte – gemäß der
zynischen Formel, daß das Strafrecht »den Willen des sowjetischen Volkes
zum Ausdruck bringt«. Einzelne rechtliche Bestimmungen konnten dabei
übergangen oder auch kurzerhand modifiziert oder ergänzt werden, da sich
das formale Recht, wie Wyschinskij es formulierte, dem »Revolutionsrecht«
stets unterzuordnen hatte. In der sowjetischen Rechtstheorie definierte man
denn auch die Rechtsordnung als ein vom Staat aufgestelltes Regelsystem mit
dem Zweck, die gesellschaftliche Ordnung zu festigen und dadurch den Aufbau des Kommunismus zu fördern.

Wie im 19. Jh. erschienen auch in sowjetischer Zeit die Organisations-
struktur der Lager und das System der Strafvollzugsbestimmungen unent-
wirrbar kompliziert. Ein wesentliches Prinzip war, daß alle Strafvollzugsanstalten zwei Ressorts unterstanden: die Besserungs- und Arbeitskolonien den
Justizbehörden, die übrigen dem Sicherheitsapparat. Im Jahre 1934 dann kamen alle Besserungs- und Arbeitslager wie auch die Gefängnisse in die Zuständigkeit des Sicherheitsapparats, und die ehemalige Hauptverwaltung der
Besserungs- und Arbeitslager (GUITL) wurde in GULAG umbenannt; die
vollständige offizielle Bezeichnung war seit 1946 »Hauptverwaltung der Besserungsarbeitslager und Arbeitskolonien« (*Glawnoje Uprawlenie isprawitel-
no-trudowych lagerej i trudowych poselenij*). Seit 1941 gab es in diesem System sogar Besserungskolonien für Kinder. Der GULAG wurde ausgebaut,
und es entstanden verschiedene Verwaltungen für »besondere Aufgaben«,
darunter für den politischen Bereich, für das Sanitätswesen, das Bauwesen in
Sibirien (Fernost-Bau) und den Bau von Wasserkraftwerken (Hydrobau). Die
Bediensteten des GULAG unterstanden einer eigenen Gerichtsbarkeit, und
innerhalb der Lagerkomplexe, in denen die örtliche Verwaltung keine Befugnisse hatte, war eine Sonderpolizei tätig.

Eine 1956 in Angriff genommene Reform des Lagersystems brachte zunächst nichts als nominelle Änderungen. Erst die Rückführung eines Teils
der Lager in die Zuständigkeit des Justizressorts führte 1960 zu einer spürba-
ren Liberalisierung des Systems. Andere Strafvollzugsanstalten gingen in die
Verwaltung einzelner Sowjetrepubliken und der örtlichen Sicherheitsbehörden
über. Im selben Jahr wurden auch die Kinderlager als sogenannte Erzie-
hungsarbeitskolonien neu organisiert und dem Justizressort unterstellt. Seit
1963 existierten Besserungs- und Arbeitssiedlungskolonien für Gefangene,
welche bereits die Hälfte ihrer Strafe verbüßt hatten und nach Meinung der
Behörden »auf dem Wege der Besserung« waren. Dies erinnert an die Katorga mit begrenzter Bewegungsfreiheit: Die Häftlinge durften bei ihrer Familie
außerhalb der Gefängnismauern wohnen, sich am Tage frei bewegen und
zivile Kleidung tragen. Schließlich wurden 1970 alle Lager in Kolonien umgewandelt und überall ein einheitliches, sechsstufiges Strafsystem sowie ein
achtstündiger Arbeitstag eingeführt.

Für die Haftbedingungen vor 1934 und nach 1956 war ausschlaggebend, ob die Lager dem Justizressort oder dem Sicherheitsapparat unterstellt waren, und bei letzteren gab es wiederum gewichtige Unterschiede zwischen gewöhnlichen Lagern und solchen mit verschärften Haftbedingungen, den sogenannten Sonderlagern. In welche Kategorie von Lager ein Sträfling geriet, konnte über Tod oder Leben entscheiden. Nicht ohne Grund bezeichneten ehemalige Sträflinge die Sonderlager als Vernichtungslager. Bis zum Ende der 70er Jahre gab es mehr als 40 davon, verteilt in den nördlichen Gebieten des europäischen Rußland, im Rajon Tschelabinsk, in Kasachstan, Tadschikistan, Usbekistan sowie im Küstenbezirk in Sibirien. Die Sonderlager wurden aufgrund geheimer Weisungen des Innenministeriums seit 1948 eingerichtet; aber schon vorher hatten in verschiedenen Lagern Sonderabteilungen bestanden. Die ersten Sonderabteilungen mit eigener Verwaltung gab es auf Kolyma in der Umgebung von Pjostraja Dreswa an der Schelichow-Bucht am Weißen Meer.

Außer »Konterrevolutionären« schickte man Veteranen des Zweiten Weltkriegs dorthin, die in Sondereinheiten gekämpft hatten, sowie ehemalige Kriegsgefangene und sogenannte »Eingekreiste«, das heißt Bewohner von Städten und Regionen, die während des Krieges von Deutschen belagert oder besetzt worden waren. Man machte sich hierbei die Erfahrungen der Solowki-Inseln, des GULAG von 1930-1947 und der nationalsozialistischen Konzentrationslager zunutze. 1953/54 erschütterte eine Streikwelle die Sonderlager, an der sich auch Kriminelle beteiligten, und in der Folge milderten sich die Haftbedingungen, was faktisch einer Abschaffung der Kategorie der Sonderlager gleichkam.

Mit der Zeit wurde eine Tendenz zur Zentralisierung sowie zur Umwandlung ganzer Regionen in Lagerkomplexe erkennbar. Einer dieser großen Lagerkomplexe entstand unter dem Namen »Noryl lag« am Polarkreis, am rechten Ufer des Jenissej. Nahe am Fluß erbauten Sträflinge 1936 die Stadt Norylsk, in der die Lagerverwaltung untergebracht wurde. Nun setzte man die Häftlinge bei der Förderung von Nickel, Kupfer, Kobalt und Kohle sowie in metallverarbeitenden Betrieben ein. Innerhalb des Lagerkomplexes gab es auch ein »Besserungsarbeitslager« sowie ein 1948 eingerichtetes Sonderlager. Ende der 50er Jahre lebten hier ungefähr 100 000 Menschen. Außer dem »Noryl lag« existierte in Sibirien noch eine große Zahl anderer Lager, darunter das von Igarka, die nördlichen Lager mit dem Hafen Dudinka an der Mündung des Jenissej, die Krasnojarsker Lager mit dem Zentrum Kansk, die Lager von Ingas und Absagatsch, die nordöstlichen Lager mit dem Zentrum Magadan, die von Kolyma und Tschukotsk, auf der Beringinsel, an der Lena, in Aldansk und auf Kamtschatka, am Fluß Bureja mit dem Zentrum Iswestkaja, bei Wladiwostok mit dem Zentrum im Hafen Nachotka sowie die Lager auf Franz-Josef-Land.

Seit Anfang der 40er Jahre bestand auf der Wrangel-Insel im Eismeer ein geheimes Lager für italienische und deutsche Kriegsgefangene, insbesondere für Angehörige der SS, der Gestapo und der Wlassow-Armee. Ein Teil der Ausländer wurde 1956 freigelassen, doch befanden sich etliche noch 1962 im Lager, obwohl man sie längst für tot erklärt hatte.

Frauen, die durchschnittlich 20 % der Lagerpopulation und 15 bis 17 % aller Sträflinge ausmachten, wurden im allgemeinen in denselben Lagern wie Männer, freilich in abgetrennten Bereichen untergebracht. Bei Verletzungen der Lagerordnung drohte auch ihnen die Einweisung in ein Sonderlager. Eines dieser Sonderlager befand sich am Fluß Jaja, 180 km östlich von Nowosibirsk. Es wurde Anfang der 30er Jahre hauptsächlich für kriminelle Frauen errichtet, die bei der Produktion von Lagerkleidung und seit 1941 von Uniformen eingesetzt wurden. Besonders von dort gibt es drastische Berichte über die Entwürdigung und Entmenschlichung von Frauen. Schon 1937 wurde eine eigene Kategorie von Lagern speziell für Frauen eingerichtet, deren Ehemänner des »Verrats« bezichtigt worden waren, und 1940 gab es bereits viele Lager dieser Art. Inhaftierte Frauen wurden auch für Schwerstarbeit eingesetzt. So mußten noch in den 70er Jahren 1 500 Frauen, darunter auch stillende Mütter mit Säuglingen, am Flughafen Tolmaschewo bei Nowosibirsk Betonplatten verlegen – eine Arbeit, die angesichts des niedrigen Stands der Mechanisierung in der Sowjetunion selbst für kräftige Männer als schwer galt.

Der größte Schandfleck für das sowjetische Strafsystem waren die Kinderlager. Zwar hatte ein Dekret von 1918 Haftstrafen für Minderjährige unter 17 Jahren abgeschafft, doch erfuhr diese Definition 1922 eine bezeichnende Korrektur: Jugendliche aus der Arbeiter- und Bauernschaft galten noch im Alter von 16 bis 20 Jahren als minderjährig, während »Klassenfremde« spätestens im Alter von 16 Jahren als volljährig betrachtet wurden. 1926 wurde das Alter für Jugendstrafen einheitlich auf 14 bis 17 Jahre festgesetzt; seit 1935 galt als Mindestalter für Jugendstrafen das 12. und seit 1960 wieder das 14. Lebensjahr. Jedenfalls konnte man vor Vollendung des 18. Lebensjahrs bereits mit bis zu zehn Jahren Freiheitsentzug bestraft werden (!).

Minderjährige verbüßten ihre Strafe in sogenannten Besserungsarbeitskolonien für Kinder, von denen es landwirtschaftliche, handwerkliche und industrielle gab und die sich in bezug auf die Haft- und Arbeitsbedingungen kaum von den Besserungskolonien für Erwachsene unterschieden. Dem entsprach die Tatsache, daß es außer den regulären Lagern auch Kinderlager mit verschärften Haftbedingungen gab. In der Praxis kamen in die Kinderlager auch wesentlich jüngere Kinder als nach dem Gesetz vorgesehen; bereits Siebenjährige waren darunter. Denn oft wollten oder konnten die jugendlichen Kriminellen bei ihrer Verhaftung keine Angaben über ihr Alter machen, und die ärztlichen Untersuchungen waren durchaus unzureichend. Zwischen 1947 und 1949 verurteilte man zudem auch zehn- bis fünfzehnjährige Kinder von »Volksfeinden« wegen antisowjetischer Propaganda zu 10 bis 25 Jahren in den Strafkolonien.

Die meisten Kinderlager gab es im europäischen Teil Rußlands, auch wenn mit der Zeit viele Lager im Gebiet zwischen Tomsk und Irkutsk hinzukamen. Die Minderjährigen waren manchmal auf engstem Raum zusammengepfercht, so im Lager Partisanskoje im Kreis Krasnojarsk. In Nowosibirsk brachte man Jugendliche im Alter von 10 bis 18 Jahren im selben Gebäudekomplex unter wie Erwachsene, mit denen sie gemeinsam am Bau des Stadions arbeiteten. In der Umgebung von Nowosibirsk, in der Ansiedlung Gornyj, befand sich ein berüchtigtes Lager mit verschärften Haftbedingungen, in dem noch in den 70er Jahren Kinder Hunger leiden und bis zur Erschöpfung arbeiten mußten.

Das Sowjetsystem produzierte paradoxe Verhältnisse: In gewisser Weise befreite der Sozialismus die Menschen von der Arbeit, da Tausende von Werktätigen künftig nur mehr vorgaben zu arbeiten, andererseits machte er aus der Arbeit, die nach der Doktrin ein Heiligtum war, einen Fluch. Sehr viele Sträflinge waren beim Straßen-, Kanal- und Eisenbahnbau eingesetzt; etliche arbeiteten in Bergwerken, als Personal der Lager selbst und beim Holzschlag. Aus unveröffentlichten Quellen läßt sich ersehen, daß bis 1969 ungefähr 12 000 Häftlinge eine Ölraffinerie bei Omsk und bis 1970 ungefähr 10 000 den Erdölkomplex in Angarsk errichteten. Dabei wurden Sträflinge, insbesondere Fachkräfte, ohne jegliche Sicherheitsvorkehrungen bei Arbeiten mit radioaktiver Strahlung und toxischen Stoffen eingesetzt. Große Unternehmen in der holzverarbeitenden Industrie wie *Glawles* und *Sewles* sowie seit 1935 die Bauunternehmen für alle Eisenbahnlinien waren Unternehmen des Sicherheitsapparats. Eines der größten Unternehmen der OGPU-KGB, *Dalstroj*, befand sich unmittelbar unter der Verwaltung des USWITLAG, der Verwaltung der nordöstlichen Besserungsarbeitslager. Die Aufgabe des Unternehmens war die Ausbeutung der Naturschätze in Nordostsibirien vermittels Zwangsarbeit. Außerdem organisierte *Dalstroj* Kohleförderung und Holzschlag für eigene Zwecke sowie den Bau von Straßen und Häusern. Die *Dalstroj*-Lager verfügten über eigene Schiffe, Fuhrparks und Kultureinrichtungen für das Personal.

Der verrufenste Ort in der Geschichte der russischen und sowjetischen Verbannung waren die Goldgruben im Tal des Flusses Kolyma. Die Katorgasträflinge in den Nertschinsker Bergwerken mußten im 19. und am Anfang des 20. Jh. täglich ungefähr 50 kg Sand fördern und durchspülen, die Bergarbeiter in Kolyma dagegen unter wesentlich schwierigeren Bedingungen 1 500 kg; wer weniger als 80 % der Norm erfüllte, riskierte eine Kürzung der ohnehin mageren Lebensmittelrationen. Das riesige Gebiet, das sich in Nord-Süd-Richtung über 1 300 km und in Ost-West-Richtung über 1 700 km erstreckte, nämlich zwischen dem Ostsibirischen und dem Tschokotsker Meer, Kamtschatka, dem Ochotskischen Meer und Ostjakutien, unterstand nicht der sibirischen Verwaltung, sondern wurde nach eigenen Gesetzen regiert, dem sogenannten »Kolymaer Recht«. Die wahren Herrscher waren die Leiter des USWITLAG: Reinhold Berzin (1937 exekutiert), Garanin (1939 exekutiert), Pawlow, Wischnewizkij (zu 15 Jahren Haft verurteilt) sowie General Nikischew und seine Frau Gribasowa. Während man in Zentralasien und seltener in Sibirien noch auf relativ leichte Arbeit in Sowchosen oder Warenlagern hoffen konnte, mußten in Kolyma selbst Frauen als Holzfäller und Lastenträger arbeiten.

Leistung wurde durch Hunger erzwungen. Nur bei Erfüllung der Norm erhielt der Häftling eine Tagesration, die ihn am Leben erhielt. Im Winter 1941/42 bestand diese Ration aus zwei Suppen und 700 g Brot. Wer weniger als 75 % der Norm erfüllte oder Invalide war, erhielt eine Suppe und 400 g Brot täglich; es galt als ausgemacht, daß, wer auf eine solche Ration gesetzt war, rasch dem Tode entgegenging. Auch in der zaristischen Katorga war die Ernährung im Vergleich zu westeuropäischen Gefängnissen dürftig gewesen, doch immerhin ausreichend, und sie hatte der Verpflegung in der Armee entsprochen. Nach einer Verordnung von 1922 sollten Untersuchungshäftlinge ungefähr 1 900 kcal pro Tag erhalten. Geheim blieben dagegen Weisungen von 1937, die für Schwerarbeiter in den Lagern nördlich des Polarkreises 1 300 kcal vorsahen; freilich wurden dort in Wirklichkeit auch bei Erfüllung der Arbeitsnorm durchschnittlich nur 1 100 kcal zugeteilt. Amerikanische Häftlinge hatten in dieser Zeit Anspruch auf 3 100 bis 3 900 kcal täglich.

Während des Krieges, als fast die gesamte Bevölkerung von Hunger bedroht war, blieb die Versorgung in den Lagern selbst hinter den Mindestnormen der 30er Jahre zurück. Der Einfallsreichtum der Behörden war groß: Die Rationen wurden nicht mehr individuell zugeteilt, sondern für die ganze Brigade, so daß jeder einzelne, der die Arbeitsnorm nicht erfüllte, die Zuteilung für alle in Frage stellte. Gezwungenermaßen spielte sich daher ein, daß die Sträflinge selbst die Arbeitsleistung ihrer Gefährten überwachten. So schien denn auch in den nördlichen Lagern, aus denen man schwer entfliehen konnte, das Risiko gering, Brigaden ohne Aufsicht im Wald arbeiten zu lassen. »Meistens funktionierte die Methode, aus den Sträflingen die maximale körperliche Leistung bei minimaler Bemessung der Lebensmittelrationen herauszupressen, reibungslos (...). Das Gefühl der Sträflingssolidarität schwand vollkommen und machte der besinnungslosen Jagd nach Prozenten Platz.« (Herling-Grudziński 1985: 48 f.)

Man lernte freilich auch zu betrügen, besonders, wo es beim Holzschlag um die Abrechnung der gefällten und abtransportierten Bäume ging; doch hatte auch hier das Fälschen der Normen seine Grenzen. Zur harten körperlichen Arbeit kamen als Belastung die beschwerlichen Wege hinzu, welche die

Sträflinge zu jeder Jahreszeit in unwegsamem Gelände zurücklegen mußten. In den unter Bewachung stehenden Gruppen riskierte, wer nur einen Schritt aus der Marschkolonne trat, auf der Stelle erschossen zu werden. So konnten sich die Jüngeren und Kräftigeren der Schwachen und Kranken, welche die Arbeitsnorm nicht erfüllten, einfach dadurch entledigen, daß sie ein scharfes Marschtempo vorgaben.

Die Sträflingsgesellschaft differenzierte sich in erster Linie nach Nationalität, Konfession, Beruf, Ausbildung und sozialer Herkunft. Politische Unterschiede dürften dagegen kaum eine Rolle gespielt haben, da schon vor 1930 fast alle aktiven Gegner des Kommunismus umgekommen waren. Erst im Zuge der Deportationen aus den von der Roten Armee besetzten Ländern gelangten wieder Vertreter anderer politischer Gruppierungen in die Lager. Da man Kriminelle und Politische nicht mehr getrennt unterbrachte, konnte man in derselben Baracke die unterschiedlichsten Charaktere antreffen: einen Dieb oder rückfälligen Mörder, einen Bauern, der Opfer der Kollektivierung geworden war oder als Soldat die deutsche Kriegsgefangenschaft überlebt hatte, einen Offizier, einen Dichter, der ein spöttisches Gedicht über das Staatsoberhaupt geschrieben hatte, einen Priester, einen ehemaligen Funktionär der kommunistischen Partei, einen Ingenieur oder einen Wissenschaftler.

Die Beziehungen unter den Häftlingen wurden auf minimale Kontakte reduziert, da wegen der harten Bedingungen nur noch das Überleben zählte. Der Überlebenskampf löschte Mitleid und Solidarität aus, da die Mitgefangenen zu einer größeren Bedrohung als die Wärter wurden. Insofern ist das Bild des politischen Häftlings in den meisten Lagererzählungen gewiß idealisiert, wie auch von Zeugen bestätigt wird. »Kann man überhaupt ohne Mitgefühl leben? Das Lager hat gelehrt (...), daß man es kann«, bekannte Gustaw Herling-Grudziński (1985: 77). In seinen Erinnerungen beschreibt er die Gefühle, die nach und nach selbst die Aufrechten erfaßten: die Angst, das Mißtrauen, die Schroffheit und den Ekel – etwa vor den durch Mangelernährung Erblindeten oder den Todgeweihten aus dem »Leichenhaus«, wie die Baracke für die nicht mehr Arbeitsfähigen genannt wurde (ebd.: 198 f.).

Wie Robert Conquest über Kolyma schrieb, war das Lager ein Mikrokosmos, in dem »eine völlig neue Gesellschaftsordnung entstand, nicht nur in bezug auf die formalen und institutionellen Strukturen, sondern auch im Hinblick auf das Geflecht wirtschaftlicher und sonstiger Beziehungen (...). Das Gesellschaftssystem Kolymas spiegelte in krasserer Form das Gefüge von Privilegien, Herrschaft, Ausbeutung und Unterordnung wider, wie es schon früher in der Sowjetunion in Erscheinung getreten war.« (1978: 67)

Der frühere *iwan* trug im GULAG den Namen *urka*. Wie zuvor terrorisierte er die Zelle oder Baracke und ließ sich gegen die Politischen ausspielen – und er endete grausam, wenn er seine Machtstellung einbüßte. Kriminelle, aber auch Politische nahmen neu ankommenden Häftlingen die bessere Kleidung weg und verwehrten ihnen den Zugang zu besseren Plätzen. Indessen, jemandem die tägliche Ration Brot zu stehlen galt als ein schlimmeres Verbrechen als Mord. Totschlag gehörte in den Lagern zum Alltag, und Spiele, bei denen man sein Leben als Einsatz verpfändete, waren unter den Sträflingen beliebt und verbreitet. Aus den Reihen der Kriminellen rekrutierten sich auch viele der Lageraufseher, was sicherlich ein Grund für die Grausamkeit war, mit der sie die Sträflinge behandelten. Da während des Krieges die offizielle Propaganda zur Mobilisierung gegen den äußeren wie den inneren Feind aufrief, wurde die Hemmschwelle jetzt noch niedriger. Schon aus nichtigem Grund wurden Sträflinge im Lageralltag von den Wärtern kaltblütig erschossen.

Erstaunlicherweise wurden Epidemien, wie sie noch in den 20er Jahren in den Lagern ausgebrochen waren, im folgenden Jahrzehnt zur Seltenheit, obgleich sich die hygienischen Bedingungen nicht verbesserten. Die häufigsten Todesursachen unter den Sträflingen waren allgemeine Entkräftung und die Exekution durch Erschießen. Chronische Krankheit befreite nicht von der Arbeitspflicht. Bei akuten Erkrankungen mußte der Betroffene nachweisen, daß er Fieber hatte – normalerweise 37,3° C, in den Sonderlagern für »Konterrevolutionäre« 38° C. Ein Lazarettaufenthalt, von dem jeder Lagerinsasse träumte, war die einzige Möglichkeit, sich zu erholen und besseres Essen zu bekommen. Um in die Krankenstation eingewiesen zu werden, verstümmelten sich Sträflinge selbst oder zogen sich absichtlich ansteckende Krankheiten zu. Aus dem Lagerkrankenhaus führte der Weg aber unweigerlich wieder zurück in die Baracke, in der man abermals der Enge, der Kälte, dem Gestank und dem Ungeziefer ausgesetzt war. Nach stichprobenhaften Untersuchungen gegen Ende des Zweiten Weltkriegs waren von den Sträflingen, die seit 1939 ins Lager gekommen waren, nur noch ungefähr 70 % am Leben. Auch in den Lagern in Kasachstan und in der Ukraine schien die Gesundheit der Sträflinge ständig bedroht, zumal in den unbarmherzig heißen Wüstenstrichen.

Und doch waren die Überlebenschancen hier bei weitem größer als etwa in der Umgebung von Archangelsk oder Magadan. So galt im sibirischen Norden, daß laut Lagerordnung die Arbeit erst dann wegen widriger Wetterumstände eingestellt werden durfte, wenn die Temperatur bei Windstille unter –35° C sank oder wenn eine Windgeschwindigkeit von mehr als 20 m/s gemessen wurde; 1936 wurde die bewußte Temperaturgrenze durch geheime Weisung auf –40° C und für Kolyma sogar auf –55° C gesenkt. Ohnehin wurden die Messungen geheimgehalten, und viele Sträflinge berichteten, daß sie auch bei sicherlich niedrigeren Temperaturen und gleichzeitig starkem Wind zur Arbeit getrieben wurden. Erst 1960 kehrte man wieder zu dem Arbeitsverbot bei –35° C zurück. Neben der grimmigen Kälte machte den Sträflingen auch der fast ständig wehende Wind zu schaffen, da er rasch zur Erschöpfung führte. Nach Berichten aus dem Kolyma-Gebiet kam es bei den

Sträflingen ferner auch oft zu Anfällen kollektiver Hysterie, wenn sie den Gebirgspaß überschritten, der die Goldgruben von den Barackenlagern trennte (Krakowiecki 1987: 187-197).

Wohl am augenfälligsten wurde die Unmenschlichkeit des Systems aber durch den Fall des Dampfschiffs »Dshurma«. Es gehörte zur *Dalstroj*-Flotte, die dem OGPU unterstellt war, und beförderte im Spätherbst 1933 12 000 Häftlinge nach Magadan. Da der Eisgang in diesem Jahr früher als gewöhnlich eingesetzt hatte, blieb das Schiff unterwegs stecken. Die freie Schiffsbesatzung wurde nun evakuiert, die Rettung der Sträflinge dagegen mit Hinweis auf die »Unwirtschaftlichkeit« des Aufwands abgelehnt. Als im Februar 1934 der Eisbrecher »Tscheluskin« in denselben Breiten eine Havarie hatte, lehnten die Behörden Hilfsangebote ausländischer Schiffe ab, da diese die im Eis feststeckende »Dshurma« mit den 12 000 Leichen der Erfrorenen hätten sichten können (vgl. u.a. Rossi 1987: 101).

Zu Fluchtversuchen aus GULAG-Lagern kam es im Vergleich zur Zarenzeit außerordentlich selten. Wer auf der Flucht gefaßt wurde, der wurde exekutiert, und zur Abschreckung stellte man die Leiche dann für einige Tage auf dem Barackengelände zur Schau. Schon die Fluchtabsicht war strafbar, wobei als Beweis dafür etwa schon der Besitz eines kleinen Vorrats an Zwieback gewertet wurde. Für die Ergreifung eines Flüchtigen belohnten die Behörden sibirische »Kopfjäger« mit Geld oder mit knappen Konsumgütern; als angemessen galten etwa 35 kg Mehl und 1 kg Zucker. Da es nicht einfach war, Flüchtige lebendig zu fassen, wurden sie von den »Jägern« einfach erschossen. Sie schnitten der Leiche den Kopf ab (anfangs reichte das rechte Ohr) und verwahrten diesen im Winter in einem vor wilden Tieren geschützten Versteck. Wenn die »Kopfjäger« mehrere Köpfe gesammelt hatten, brachten sie sie in einem Sack ins Verwaltungszentrum des Lagers, wo man ihnen nach Identifizierung der Opfer die Belohnung auszahlte.

In der sibirischen Bevölkerung allerdings blieb im allgemeinen die alte Tradition des Mitleids mit den Sträflingen lebendig. Man konnte den hinter Lagerdraht Eingesperrten nicht helfen, um so mehr aber den Verbannten außerhalb des Lagers. Dabei zeigten wie früher religiöse Gruppen, so die Baptisten, besonders große Solidarität und Hilfsbereitschaft.

Im Vergleich zum zaristischen Regime arbeitete das sowjetische Regime weitaus wirkungsvoller in seiner »gesellschaftlichen Prophylaxe«, wie es im stalinistischen Sprachgebrauch hieß. Widerstand von seiten der Sträflinge wurde seltener. Seit dem Ende der 20er Jahre galten Hungerstreiks als »konterrevolutionäre Handlung«. Nur selten wurden förmliche Beschwerden eingereicht, da diese nicht nur in der Regel erfolglos blieben, sondern meist auch von den Behörden gar nicht erst entgegengenommen wurden. Über Streiks von Sträflingen, zu denen es vermutlich erst nach dem Zweiten Weltkrieg kam, drang kaum etwas nach außen, zumal nur wenige aus solchen Lagern freigelassen wurden, in denen Streiks stattgefunden hatten. 1946 setzte man in einem der Lager am Jenissej Gas gegen Streikende ein, wobei angeblich 5 000 Menschen starben. In den Jahren 1947 und 1948 ging eine Welle der Rebellion durch die Lager, die auch auf das Schiff »Kim« übergriff, das sich auf dem Wege nach Magadan befand. Die Aufbegehrenden wurden kurzerhand mit Wasser übergossen, so daß nur noch Kranke mit schweren Erfrierungen und gefrorene Leichen am Bestimmungsort ankamen.

Um Rebellionen niederzuschlagen, bediente sich die Lagerverwaltung auch Krimineller; belegt ist dies im Fall eines Streiks von ehemaligen Frontsoldaten der Roten Armee. Die große Streikwelle von 1953/54 wurde durch Gerüchte ausgelöst, wonach die Sträflinge in den Sonderlagern von der Amnestie, die nach Stalins Tod verkündet worden war, ausgeschlossen bleiben sollten. Trotz der systematischen Isolation der Lager von der Außenwelt – viele Sträflinge etwa hatten lange Zeit nichts vom Ausbruch des Krieges erfahren – traten Hunderttausende in verschiedenen Lagern im ostsibirischen Norylsk, in Kasachstan und Workuta gleichzeitig in den Streik. Dabei schlossen sich Kriminelle den Politischen an, und auch freie Lohnarbeiter verließen ihre Arbeitsplätze. Streikkomitees wurden gegründet, die unabhängig voneinander fast die gleichen Forderungen stellten, nämlich Einhaltung der Gesetze, Beseitigung der Mißstände in den Lagern, Besserung der Haftbedingungen und deren Vereinheitlichung, das heißt die Abschaffung der Sonderlager. In Moskau wurde eine Kommission zur Prüfung der Forderungen gebildet, worauf die Sträflinge in Erwartung der angekündigten Untersuchungen vor Ort die Streiks aussetzten.

Die Regierungskommission nahm Verhandlungen auf und stellte in deren Verlauf verschiedene Zugeständnisse in Aussicht, bis die Solidarität und Entschlossenheit der Streikenden allmählich zu bröckeln begann. Dann setzte man Truppen des Innenministeriums, ausgerüstet mit Maschinengewehren und Panzern, gegen die Streikenden ein, und zwar auch gegen Frauenlager. Wer dem Massaker entkam, wurde vor Gericht gestellt. Einige wurden zum Tode verurteilt, die meisten, soweit sie älter als 25 Jahre waren, mit verschärfter Haft in Zuchthäusern und in den weiter bestehenden Sonderlagern bestraft. Trotz der blutigen Niederschlagung der Streiks verbesserten sich aber die Haftbedingungen in den normalen Lagern, besonders im Hinblick auf die Verpflegung. Manchen Sträflingen erlaubte man nun sogar, bei ihren Familien außerhalb des umzäunten Lagers (zona) zu wohnen. Die Verbesserungen hatten jedoch nur kurzen Bestand, und noch bis Mitte der 80er Jahre schwankte die Politik des Strafvollzugs ständig zwischen Humanisierung und erneuter Verhärtung.

Häufig ist gegen die westliche Sowjetologie der Vorwurf erhoben worden, das Ausmaß des Verbrechens übertrieben dargestellt zu haben. Doch gilt einerseits, daß es angesichts der hohen Zahl der Opfer in der Sowjetunion allemal gerechtfertigt scheint, von einem Völkermord zu sprechen, andererseits würde selbst eine Differenz von zwei oder drei Millionen in der Opferbilanz das grundsätzliche Urteil über das Wesen des sowjetischen Strafsystems nicht beeinflussen. Die Unterschiede in den Schätzungen resultieren nicht zuletzt daraus, daß eine genaue Definition dessen fehlt, wer als Opfer des sowjetischen Strafsystems zu gelten hat. Einstweilen scheint es jedenfalls unmöglich, eine präzise Statistik zu erstellen, da nur offenkundig fragmentarische Daten zur Verfügung stehen (Jasny 1951: 405).

Die Zahlenangaben über die Opfer des Regimes schwanken zwischen 5 und 70 Millionen. Die Zahl der Sträflinge und Lagerinsassen betrug 1912 183 000, 1922 etwa 57 000 und 1924 86 000; für 1927 liegen die Angaben zwischen 122 000 und 200 000. Um 1931/32 dann betrug die Zahl aller, die sich in Haft, in Arbeitslagern und in der Verbannung befanden, nach vorsichtigen Schätzungen zwei Millionen, und sie stieg von nun an rapide an, nämlich auf fünf Millionen 1933 bis 1935 und auf sechs Millionen 1936/37, wobei Freilassungen und Todesfälle nicht berücksichtigt sind. Nach anderen Angaben betrug die Zahl der Gefängnis- und Lagerinsassen um diese Zeit sogar schon 16 Millionen (Rossi 1987: 449, 701, 708 f.; Conquest 1968: 454, 474; 1983: 120 f.). Die mittleren Schätzungen für 1937/38 ergeben jedenfalls, daß sich mindestens 5 % der sowjetischen Bevölkerung in Strafanstalten befanden und diese Rate ständig stieg. Hochgegriffene Schätzungen für die 40er und 50er Jahre gehen entsprechend von 17 bis 22 Millionen Sträflingen in Lagern und Gefängnissen aus, andere von einer reinen Lagerbevölkerung von 6,5 Millionen für 1940 und 7 Millionen für 1941. Ferner geben die unterschiedlichen Angaben Anlaß zu der Vermutung, daß in der Zeit von 1917 bis 1950 rund 20 Millionen Menschen durch Erschießung, an Hunger oder aufgrund der Lagerbedingungen ums Leben kamen.

Eine verhältnismäßig große Gruppe unter den Opfern des sowjetischen Repressionsapparats waren – gemessen an der polnischen Gesamtbevölkerung – die Polen: 1939/40 gelangten bei einer Gesamtzahl von 1,7 Millionen Deportierten und Inhaftierten eine Million Polen in Lager, Gefängnisse und in die Verbannung. Davon kamen 440 000 bis 900 000 in Arbeitslager, wo ungefähr die Hälfte starb. Insgesamt lebten 1947 nach einigen Berechnungen 8 bis 12 Millionen Menschen in Lagern. Nach anderen Untersuchungen überschritt die Zahl der arbeitenden Lagerinsassen niemals 3,5 Millionen. Wenn man dazu freilich die Kinder, Invaliden, schwangeren Frauen und andere nicht arbeitsfähige Personen hinzuzählt, die ungefähr 40 % der Lagerbevölkerung ausmachten, so betrug die Gesamtzahl aller Lagerinsassen doch immerhin mindestens 5,8 Millionen (Jasny 1951: 405-417). Erst ab 1956 sanken die Zahlen wieder, so daß sich in den 70er Jahren noch ungefähr drei Millionen Menschen und in den 80er Jahren noch vier Millionen in Strafanstalten befanden, also 5,3 bzw. 6,1 % der sowjetischen Gesamtbevölkerung.

In unzähligen Publikationen werden Ziele und Funktionsweisen der sowjetischen Repressionspolitik diskutiert. War der GULAG notwendig? Gewiß war er notwendig, um die Ziele, welche die sowjetische Regierung sich selbst gesetzt hatte, zu erreichen. Andererseits läßt sich der GULAG nicht allein mit dem großen Bedarf an Arbeitskräften in Industrie, Transport und Bauwesen erklären; denn allzu offenkundig blieb die Produktivität der Zwangsarbeit von Sträflingen hinter der freien Arbeit zurück. Zudem standen dem Nutzen der Zwangsarbeiter für den Industrialisierungsprozeß hohe Kosten für die Erhaltung des Terrorapparats gegenüber (Katz 1975: 567). Solche Einwände mußten jedoch nicht immer stichhaltig sein, da das System insgesamt nicht nach rationalen Grundsätzen funktionierte. Auch konnte sich Zwangsarbeit unter bestimmten Bedingungen als die angemessene Lösung erweisen – nämlich dort, wo dem Leben des Individuums kein Wert beigemessen wurde (vgl. Connor 1972: 411 f.; Gliksman 1954: 72 ff.; Swianiewicz 1985: 128, 205). Immerhin läßt sich aufgrund offizieller Angaben errechnen, daß 1941 die Kosten für den Unterhalt eines Häftlings (Nahrung, Kleidung, Wohnraum, ärztliche Behandlung) 66 Rubel monatlich, also rund 800 Rubel jährlich betrugen, während der Aufwand für einen freien Arbeiter sich auf 4 300 Rubel pro Jahr belief; der sowjetische Staat sparte also rund 21 Milliarden Rubel. Und zieht man davon die Kosten für die Aufrechterhaltung des gesamten Apparats ab, der in kleinerem Umfang freilich auch ohne das Zwangsarbeitssystem existiert hätte, bleibt immer noch eine »Ersparnis« von zwei Milliarden Rubeln.

In den 30er Jahren wurde die Arbeitslosigkeit auf der ganzen Welt zu einem sozialen Problem. Die UdSSR umging es durch unproduktive oder auch minimal vergütete Beschäftigung. So überwand der Sozialismus tatsächlich den Kapitalismus und seine Gesetze: Die Berechnung von Kosten und Nutzen spielte keine Rolle mehr, und das Leben eines Menschen und seine Gesundheit zählten nicht. Daher ist es wenig sinnvoll, die Effektivität des GULAG nach marktwirtschaftlichen Gesichtspunkten zu untersuchen. Sowohl im Blick auf die ideologischen Zielsetzungen als auch auf die Funktionsweise der sozialistischen Wirtschaft erscheint der Verschleiß an Menschen im GULAG rationell kalkuliert. Angesichts der harten Bedingungen war es bei den damaligen Lohnverhältnissen unmöglich, freie Arbeiter für die entsprechenden Arbeiten zu gewinnen; zudem ließen sich mit Hilfe des GULAG jegliche freiheitlichen Bestrebungen wirksam unterdrücken.

Nur ein außerordentlich hartes Vorgehen erlaubte es dem Repressionssystem, über einen verhältnismäßig langen Zeitraum effektiv zu bleiben, denn sobald die Unterdrückung nachließ, löste dies eine Kettenreaktion aus. So standen die massenhaften Repressionen des Sowjetregimes denn auch nicht in einem unmittelbaren Zusammenhang mit akuten äußeren oder inneren Bedrohungen; die Säuberungen erwiesen sich sogar als unnütz und schädlich für die Stabilität des Regimes. Dagegen entsteht der Eindruck, als hätten die Herrschenden zumindest intuitiv die Gefahr wahrgenommen, daß jede Wende zur Normalität die betäubte Fähigkeit der Bevölkerung zum Widerspruch gegen das absurde System erneut wecken könnte. Insofern bestand die Logik der Repressionen darin, die Bevölkerung in Angst zu halten; der Terror hatte seinen Zweck in sich selbst.

War die Aufrechterhaltung des sowjetischen Sozialismus wirklich an die Existenz der Lager geknüpft? Auch westliche Sowjetunion-Experten haben die Zwangsläufigkeit dieser Entwicklung zum Teil in Zweifel gezogen; die Alternative zum GULAG sahen sie in geeigneteren Strategien für die wirtschaftliche Entwicklung des Landes, gestützt auf ausländisches Kapital und die rationellere Nutzung der eigenen Ressourcen. Solche Thesen bleiben jedoch auf eine kontrafaktische Argumentation angewiesen. Es gibt keinen historischen Beleg dafür, daß ein sozialistisches System leninistischer Prägung ohne Terror ausgekommen wäre.

In der Publizistik wie auch in der wissenschaftlichen Literatur findet sich vielfach die einleuchtende, aber unreflektierte Ansicht, daß der GULAG eine bloße Fortsetzung der Katorga gewesen sei und die GPU-KGB mit der zaristischen *ochrana* gleichzusetzen sei. In Wahrheit glichen sich die beiden Systeme weder in ihrer Funktion noch ihrer Struktur. Gewiß trat das sowjetische System zum Teil das »materielle« Erbe von Verbannung und Katorga an, was etwa die Übernahme von Baulichkeiten oder bestimmten Institutionen betraf. Darüber hinaus aber sind die Gemeinsamkeiten rein äußerlich, wie sich beim Überblick über die Lagerorganisation und die Haftbestimmungen im Sowjetstaat gezeigt hat. Versuchen wir, die Ergebnisse des Vergleichs zusammenzufassen: Vor allem forderten Katorga und Verbannung selbst in der schlimmsten Epoche (bis in die 50er Jahre des 19. Jh.) auch relativ betrachtet längst nicht so viele Opfer wie der GULAG. Obwohl auch im Zarenreich gelegentlich Sträflinge mit Verminderung oder Verschlechterung ihrer Essensrationen bestraft wurden, ließ man sie nicht systematisch verhungern, und auch an Kälte starben im 19. Jh. nur Flüchtige. Zwar kannten die sowjetischen Lager nicht mehr die furchtbare Prügelstrafe, aber statt dessen machten sich schlimmere Methoden breit: Statt die Delinquenten zu schlagen, exekutierte man sie kurzerhand durch Erschießen.

Offizielle Angaben über die Exekutionen gibt es nicht. Die Todesstrafe an sich war seit 1920 abgeschafft, wurde aber noch im selben Jahr durch eine geheime Verordnung wieder eingeführt. Seit 1934 erlaubte ein Beschluß des Obersten Sowjet sogar, Minderjährige vom 12. Lebensjahr an für Sabotage an Eisenbahnlinien mit dem Tode zu bestrafen. Auch im 19. Jh. verübten Aufseher oder Etappenbegleiter Grausamkeiten, doch vermochten sie nicht, wie das Personal des GULAG, einen Sträfling ungestraft zu töten; in den GULAG-Lagern wurden die Erschießungen ergriffener Flüchtiger oder arbeitsunfähiger Lagerinsassen nicht einmal registriert. Auch gab es im Zarenreich in Sibirien keine Offiziere wie den sowjetischen Oberstleutnant Garanin, Chef des USWITLAG Kolyma, der – zuerst in Workuta – als Leiter eines Erschießungskommandos in eigener Verantwortung Listen von Hinzurichtenden erstellte; auf seinen Befehl wurden 1937/38 auf Kolyma 26 000 Menschen erschossen. Im Laufe von 92 Jahren starben im Zarenreich aufgrund von Todesurteilen sowie an den Folgen der Prügelstrafe nicht mehr als 10 500 Menschen; dagegen kamen in den sowjetischen Lagern nach vorsichtigen Schätzungen infolge der harten Haftbedingungen oder durch Hinrichtung 20 Millionen Menschen ums Leben.

Von der verzweifelten Lage der GULAG-Sträflinge zeugt auch das Verschwinden der alten Gewohnheit, die Tage bis zur Entlassung zu zählen, auf eine Amnestie zu hoffen oder von Freiheit zu träumen. Die Praxis lehrte, daß weder das im Urteil festgesetzte Strafmaß noch etwa Amnestiebeschlüsse für das individuelle Sträflingsschicksal Bedeutung hatten. Amnestien waren in der Sowjetunion stets an Bedingungen gekoppelt – zum Beispiel, daß die Amnestierten nur auf Baustellen unter der Kontrolle der Sicherheitsorgane arbeiten durften –, und namentlich politische Häftlinge waren vielfach von vornherein von der Amnestie ausgenommen. Es wurden sogar geheime Amnestien [sic!] erlassen. Ferner galt: Während man im Zarenreich kriminelle Katorgasträflinge und Verbannte nur dann nicht nach Verbüßung der verhängten Strafe freiließ, wenn sie in der Haft neue Straftaten begangen hatten, verfügten die Sowjets schon 1918, niemanden aus den Lagern zu entlassen, der nicht durch Arbeit vollständig für seinen Lebensunterhalt als Sträfling aufgekommen war.

Katorgasträflingen war es gestattet gewesen, des öfteren ihre Familien zu sehen, während dieses Recht für politische Häftlinge unter Stalin 1933 aufgehoben wurde. Im Zarenreich waren in der Verbannung die Kriminellen schlechter behandelt worden als die Politischen; in den GULAG-Lagern war es umgekehrt. In sowjetischer Zeit verstärkte sich ferner die Isolation der Sträflinge von der Außenwelt; auch wurde die Geheimhaltung verschärft – wer den GULAG verließ, mußte sich schriftlich verpflichten, keine Informationen über die Situation in den Lagern weiterzugeben, und wer das Schweigen brach, konnte erneut zu Lagerhaft verurteilt werden. Schließlich waren zwar auch im Zarenreich viele ausschließlich wegen ihrer Überzeugung oder sogar ganz ohne greifbaren Grund in die Verbannung geschickt worden, aber in der Sowjetunion wuchs das Ausmaß der Repression gegen diejenigen, welche sich nicht einmal falsche Gedanken hatten zuschulden kommen lassen, ins ungeheure.

Niemals mithin erreichte die Mißachtung der Rechtsstaatlichkeit im Zarentum solche Dimensionen wie unter den sowjetischen Machthabern. Deshalb ist ein Vergleich des GULAG mit den nationalsozialistischen Konzentrations- und Vernichtungslagern wohl angemessener. Dafür spricht auch die Tatsache, daß der deutsche Innenminister sich bewußt die sowjetische Tscheka als organisatorisches Vorbild wählte, als er 1934 die Grundsätze der Konzentrationslager und des administrativen Freiheitsentzugs durch die Gestapo ausarbeitete. Das Prinzip der stalinistischen und nationalsozialistischen Lager war dasselbe. Beide standen im Dienste einer Ideologie, beiden lag ein Wirtschafts- und Umerziehungsplan zugrunde, und beide hatten die Gleichschaltung der Gesellschaft zum Ziel. Auschwitz und Kolyma sind »zwei Flügel eines Satans«, schrieb ein ehemaliger Häftling des »weißen Krematoriums« Kolyma: »Es kann nichts Schlimmeres mehr geben als Kolyma. Und Auschwitz? (...) Ich mache eine entsetzliche Entdeckung. Das menschliche Elend kennt keine Grenzen!« Es ist ein Wechselgesang: »Vernichtungslager Auschwitz – Besserungsarbeitslager Kolyma, Strafkommando – *schtrafkomandirowka*, die ›Muselmänner‹ von Auschwitz – die ›Todgeweihten‹ Kolymas« (Krakowiecki 1987: 241, 248).

Der Vergleich könnte noch fortgesetzt werden: »Deutschland und Rußland: Zwei Länder, welche der Erste Weltkrieg – aus verschiedenen Gründen – an den Pranger Europas gestellt hatte. Zwei Länder, die inmitten der Ruinen der alten Ordnung (...) nach einem Weg suchten. Zwei Länder, in denen seit Anfang der zwanziger Jahre Gewalt in unterschiedlichen Konstellationen entfesselt worden war, die der Welt das entsetzliche Schauspiel systematischer Menschenvernichtung boten; was die beiden Staaten jedoch unterscheidet, ist die Kurzlebigkeit der Gewaltherrschaft in Deutschland und die Dauerhaftigkeit sowie das Sendungsbewußtsein des russischen Regimes.« (Carrère d'Encausse 1988: 380).

Was die nationalsozialistischen und sowjetischen Lager freilich unterschied, ist die Tatsache, daß in ersteren tatsächliche Gegner des Regimes oder der SS eingesperrt und ermordet wurden, während in letzteren Arglose einsaßen, die sich gegen keine Regel des Regimes vergangen hatten, und ferner gläubige, also überzeugte Sozialisten.

Jorge Semprun, Kommunist und ehemaliger Buchenwald-Häftling, sagt dazu:

»Solschenizyn zerstört erst einmal die Unschuld, in der wir uns gefielen. Wir kehrten in die Nazilager zurück, wir waren die Guten, die Schlechten waren bestraft worden, Gerechtigkeit und Vernunft begleiteten unsere Schritte. Aber im gleichen Augenblick fuhren manche unserer Kumpel ab (und vielleicht hatten wir sie gekannt, vielleicht hatten wir mit ihnen fünfzehn Gramm Schwarzbrot geteilt?), um sich irgendwo im Hohen Norden zu Iwan Denissowitsch zu gesellen, um dort lächerlicherweise eine sich unter dem Schnee ausdehnende sozialistische Stadt mit ihren unbewohnten Betonskeletten zu erbauen. Nach dieser Erzählung ist für jemanden, der zu leben – wirklich zu leben – versucht, innerhalb einer marxistischen Auffassung von der Welt keine Unschuld mehr möglich.« (1981: 390)

Und Gustaw Herling-Grudziński schrieb:

»Ich denke mit Entsetzen und tiefer Scham an das Europa, das entlang dem Bug zweigeteilt worden ist. Auf der einen Seite beteten Millionen von sowjetischen Gefangenen um die Befreiung durch die deutsche Armee, auf der anderen Seite setzten Millionen von Häftlingen, die in den nationalsozialistischen Konzentrationslagern von den Krematorien bedroht waren, ihre Hoffnung auf die Rote Armee.« (Herling-Grudziński 1985: 183)

Ließe sich – fragt Semprun – das Wesen des nationalsozialistischen und sowjetischen Unterdrückungssystems knapper ausdrücken als mit der Feststellung Hegels, daß die furchtbarste Tyrannei darin besteht, den Menschen mit kalter Vernunft allein als ein arbeitendes und produzierendes Wesen zu betrachten, oder auch als ein Wesen, das der »Verbesserung« bedarf? (Ebd.: 141 f.)

Warum beschließe ich mein Buch über die Geschichte Sibiriens als Strafkolonie mit Betrachtungen über den GULAG? Als Antwort läßt sich wiederum Semprun zitieren:

»Ich wußte schon, daß ich diese Unschuld des Gedächtnisses zerstören müßte. Ich wußte, daß ich meine Erfahrungen in Buchenwald, Stunde für Stunde, mit der verzweifelten Gewißheit, daß es gleichzeitig russische Straflager, das Gulag von Stalin gab, wiederaufleben lassen müßte.« (1981: 391)

Herling-Grudziński, der in seinen Erinnerungen diese Worte Sempruns zitiert, fügt hinzu: »Niemand, dem daran gelegen ist, das Wesen unseres Jahrhunderts zu erfassen (...), kann vor dem Scheinwerfer Kolyma fliehen, der auf Buchenwald gerichtet ist« (1984: I, 89). Unwissen ist keine Rechtfertigung mehr. Ist es aber sinnvoll, alte Wunden aufzureißen? Dazu Abraham Shifrin in seinem »Reiseführer« der Sowjetunion (1980: 357):

»Welche Absicht durchzieht mein Buch? Will ich euch erschaudern lassen oder verblüffen? Nein. Nach den Tragödien von Auschwitz und Majdanek, nach der Massenvernichtung unserer Zeit in Kambodscha und Vietnam fällt es schwer, die Menschheit in Erstaunen zu versetzen. Wenn ihr aber ein Gewissen habt, dann begebt euch in Gedanken zu den Verbrechen, die in der Sowjetunion noch immer begangen werden: Mehr als 60 Jahre lang sind dort Menschen gequält und zerbrochen worden. Mehr als 60 Millionen unschuldige Menschen ließen in den Lagern ihr Leben (...). Eure ›Linke‹, die heute in euren Ländern der kommunistischen Ideologie den Weg bahnt, muß sich das Schicksal der Sozialisten in Rußland und Osteuropa in Erinnerung rufen: Wer sie vernichtete, war an erste Stelle das KGB. Wenn ihr gegenüber den Taten in der Sowjetunion gleichgültig bleibt und nicht zum aktiven Kampf übergeht, müßt ihr damit rechnen, daß euch und euren Kindern das Leben rechtloser Lagersklaven bereitet wird (...) Ihre Panzer stehen ständig an der Schwelle Europas (...). Ihre Raketen sind von Kuba aus auf die Vereinigten Staaten gerichtet, ihre Kriegsschiffe haben Zugang zu allen Weltmeeren, und in ihren Botschaften sind Listen zur Verhaftung der Intellektuellen in euren Ländern vorbereitet.«

Dieser Appell wurde 1980 geschrieben; es bleibt zu hoffen, daß er für immer seine Aktualität verloren hat.

Literatur

Ajnenkiel, Eugeniusz (1938), »Bomba w pałacu Kunitzera«, in: *Niepodległość* 17, S. 177-194.

Amburger, Erik (1966), *Geschichte der Behördenorganisation Rußlands von Peter dem Großen bis 1917*, Leiden.

Andrychiewicz, Władysław (1871), »Kara zesłania w teorii i prawodawstwach«, in: *Przegląd Sądowy* 11, S. 1-33; 197-241.

Armstrong, John A. (1972), »Old-Regime Governors: Bureaucratic and Patrimonial Attributes«, in: *Comparative Studies in Society and History* 14/1, S. 2-29.

Asadowskij, M.K. (1929), *Sibirskaja Sowjetskaja Enziklopedija*, Moskau.

Bajkalow, Anatol W. (1932), »The Conquest and Colonization of Siberia«, in: *Slavonic and East European Review* 10, S. 557-571.

Belokonskij, Iwan P. (1887), *Po tjurmam i etapam. Otscherki tjuremnoj shisni i putewyje sametki ot Moskwy do Krasnojarska*, Orel.

– (1930), *W gody besprawija*, hg. v. M.M. Konstantinow, Moskau.

Belyj, J. (1923), »Wospominanija«, in: *KiS* 6, S. 93-116.

Braginskij, M.A. (1934), »Staraja jakutskaja polititscheskaja ssylka 70-80e gody XIX w.)«, in: Ders., *Sto let jakutskoj ssylki*, Moskau, S. 115-173.

Brodowitsch, S. (1899), »Pojesdka na Sachalin«, in: *Russkie Wedomosti* 36, Nr. 270, S. 2; Nr. 281, S. 2 f.

Burzew, Wladimir (1938), »Moje spotkanie z Piłsudskim (w więzieniu na Syberii i za granicą)«, in: *Niepodległość* 18, H. 3 (50), S. 331-344.

Carrère d'Encausse, Hélène (1988), *Le malheur russe. Essais sur le meurtre politique*, Paris.

Céré, Paul (1872), *Les populations dangereuses et les misères sociales*, Paris.

Chasjachmetow, Ernist (1974), »Poloshenie polititscheskich ssylnych Sibiri meshdu rewoljuzjami 1905 i fewralja 1917 gg.«, in: *SRS*, Lfg. 2, S. 175-193.

– (1978), *Sibirskaja polititscheskaja ssylka 1905-1917 gg. (Oblik organisazij i rewoljuzionnyje swjasi)*, Tomsk.

Chołodecki, Józef Białynia (Pseudonym: Walenty Ćwik) (1893), *Pięć lat w kraju niewoli. Wspomnienia Sybiraka*, Czerniowce.

Chrolenok, S.F. u.a. (Hg.) (1984), *Ekonomitscheskaja politika zarisma w Sibiri w XIX- natschala XX weka*, Irkutsk.

Cohen, Stephen (1985), *Rethinking the Soviet Experience: Politics and History since 1917*, New York.

Connor, Walter (1972), »The Manufacture of Deviance: the Case of the Soviet Purge, 1936-1938«, in: *American Sociological Review* 37, Nr. 4, S. 403-413.

Conquest, Robert (1968), *The Great Terror: Stalin's Purge of the Thirties*, New York.

- (1978), *Kolyma: The Arctic Death Camps*, London.

- (1983), *The Harvest of Sorrow: Soviet Collectivisation and the Terror-Famine*, New York.

- (1985), *Inside Stalin's Secret Police: NKVD Politics 1936-1939*, Stanford/London.

Coquin, François Xavier (1969), *La Sibérie. Peuplement et immigration paysanne au XIXe siècle*, Paris.

Czernik, Wandalian (1914), *Pamiętniki weterana 1864 r.*, Wilna.

Dallin, David J. (1944), *The Real Soviet Russia*, New Haven.

Dekabristy na katorge i ssylke. Sbornik nowych materialow i statej, sostawlennyj Kommissijej Wsesojusnogo Obschtschestwa Politkatorshan po prasdnowaniju stoletnego jubileja wosstanija dekabristow (1925), Moskau.

Doroschewitsch, Wlassij M. (1901), *Sachalin*, 3 Bde., Warschau.

Dostojewskij, Fjodor (1980), *Aufzeichnungen aus einem Totenhaus*, München.

Dulow, A.W. (1973), »Rewoljuzionery schestdesjatych godow w sibirskoj ssylke«, in: *SRS*, Lfg. 1, S. 21-25.

Feldschtejn, Grigorij (1893), *Ssylka. Otscherki jego genesisa, snatschenija, istorii i sowremennogo sostojanija*, Moskau.

Firlej-Bielanska, K. (1923), *Nullo i jego towarzysze*, Warschau.

Foucault, Michel (1975), *Surveiller et punir. Naissance de la prison*, Paris.

Friedrich, Carl J. (Hg.) (1954), *Totalitarism. Proceeding of a Conference Held at the American Academy of Arts and Sciences*, Cambridge.

Genkin, J. (1924), »Tobolskij Zentral«, in: *KiS* 10, S. 161-177.

Gernet, Michajl ([3]1960-62), *Istorija Zarskoj tjurmy*, 4 Bde., Moskau.

Gilarowskij, Wladimir (1962), *Moje wędrówki*, Warschau.

Giller, Agaton (1866), *Podróż więźnia etapami do Syberii w roku 1854*, 2 Bde., Leipzig.

- (1867), *Opisanie Zabajkalskiej krainy w Syberii*, 3 Bde., Leipzig.

Gliksman, Jerzy G. (1954), »Social Prophylaxis as a Form of Soviet Terror«, in: Friedrich, S. 60-74.

Gorjuschkin, Leonid (1976), *Agrarnyje otnoschenija w Sibiri perioda imperialisma (1900-1907 gg.)*, Nowosibirsk.

- (Hg.) (1978), *Ssylka i obschtschestwenno-polititscheskaja shisn w Sibiri, XVIII – natschalo XX w.*, Nowosibirsk.

- (Hg.) (1983), *Polititscheskie ssylnyje w Sibiri (XVIII – natschala XX w.)*, Nowosibirsk.

- (Hg.) (1985), *Ssylnyje dekabristy w Sibiri*, Nowosibirsk.

- (1988a), *Obschtscheje i osobennoje w agrarnom raswitii Sibiri wo wtoroj polowine XIX – natschala XX w.w.*, Nowosibirsk.

- (Hg.) (1988b), *Polititscheskaja ssylka i rewoljuzionnoje dwischenie w Rossii, konez XIX – natschalo XX w.*, Nowosibirisk.

- (1989), *Pereselentscheskoje dwischenie i selskoje chosjajstwo Sibiri wo wtoroj polowine XIX – natschale XX wekow*, Nowosibirisk.

- u.a. (Hg.) (1980), *Promyschlennost i rabotschie Sibiri w period kapitalisma. Materialy k »Istorii rabotschego klassa Sibiri«*, Nowosibirisk.

Herling-Grudziński, Gustaw (1984), *Dziennik pisany noca*, Warschau.

- (1985), *Inny świat. Zapiski sowieckie*, Paris.

Hingley, Ronald (1977), *The Russian Mind*, New York.

Hobsbawm, Eric J. (1962), *Sozialrebellen. Archaische Sozialbewegungen im 19. und 20. Jahrhundert*, Neuwied-Berlin.

Jadrinzew, N.N. (1872), *Russkaja obschtschina w tjurme i ssylke*, St. Petersburg.
– (1892), *Sibir kak kolonija. K jubileju trechsotletija. Sowremennoje poloshenie Sibiri. Jejo nushdy i potrebnosti. Jejo proschloje i buduschtscheje*, St. Petersburg.
Janik, Michał (1928), *Dzieje Polakówna Syberii*, Krakau.
Janson, J. (1922), »Is shisni wercholenskoj ssylki (Nemnogo statistiki)«, in: *KiS* 4, S. 97-103.
Jasny, Naum (1951), »Labor and Output in Soviet Camps«, in: *Journal of Political Economy* 59, October, S. 405-419.
Jellinskij, B. (1927), *Pod swon zepej. Roman is shisni sachalinskich polititscheskich ssylnych*, 2 Bde., Leningrad-Moskau.
– (1928), *Sachalin: Tschornaja shemtschuschina Dalnego Wostoka*, Moskau-Leningrad.
Juntunen, Av Alpo (1985), »Forvisningarna av Finlandare till Sibirien under autonomin och de Forvisade i Sibirien«, in: *Nordisk Tidskrift for Kriminalvidenskab*, S. 263-273.
Juwatschew-Miroljubow, Iwan P. (1901), *Wosem let na Sachaline (1887-1897 gg.)*, St. Petersburg.
Kaczyńska, Elżbieta (1982), *Człowiek przed sądemt. Społeczne aspekty przestępczośći w Królestwie Polskim, 1815-1914*, Warschau.
– (1984), »Sibérie – la plus grande prison du monde (1815-1914)«, in: Petit, S. 213-224.
– (1989), *Ludzie ukarani. Więzienia i system kar w Królestwie Polskim, 1815-1914*, Warschau.
Kalb, Ernst (Hg.) (1905), *Kirchen und Sekten der Gegenwart*, Stuttgart.
Katin-Jarzew (1925), »W tjur'me i ssylke«, in: *KiS* 15 (1925), S. 182-211; 16, S. 136-157.
Katz, Barbara G. (1975), »Purges and Production: Soviet Economic Growth, 1928-1940«, in: *The Journal of Economic History* 35 (1975), Nr. 3, S. 567-590.
Kennan, George (1890/92), *Sibirien*, 3 Bde., Berlin.
Kodan, Sergej W. (1980), *Polititscheskaja ssylka w sisteme karatelnych mer samodershawija perwoj polowiny XIX w. Utschebnoje posobie*, Irkutsk.
– (1983), *Sibirskaja ssylka dekabristow (istoriko-juriditscheskoje issledowanie)*, Irkutsk.
– (1984), »Ssylka i kolonisazija Sibiri w 1820-1850-ch godach (politiko-prawowyje aspekty)«, in: Chrolenok, S. 15-24.
Kon, Felix (1908), *Etapem na katorgę. Ze wspomnień proletariatczyka*, Krakau.
– (1921), »Na Kare«, in: *KiS* 2, S. 3-42.
– (1936), *Sa pjatdesjat let*, 2 Bde., 2. Aufl., Moskau.
Kowalik, S. (1924), »Rewoljuzionery-narodniki w katorge i ssylke. (Po litschnym wospominanijam)«, in: *KiS* 11, S. 139-171.
K[owner], A. (1897), »Tjuremnyje wospominanija«, in: *Istoritscheskij Westnik* 67, S. 161-189, 555-573, 875-900; 68, S. 105-130.
Krakowiecki, A. (1987), *Książka o Kołymie*, London.
Kraushar, Alexander (1895), *Konfederaci barscy na Syberii (1774)*, Krakau.
Król, Michał (1935), »Nasza droga na Syberię (Wspomnienia z okresu rewolucyjnego 1905 r.)«, in: *Sybirak* 2, S. 42-50.
– (1939), »Katorga na Amurze«, in: *Sybirak* 2, S. 15-24.
Krotow, M. (1924), »Romanowskij protest w proklamazjach polititscheskich ssylnych«, in: *KiS* 12 (1924), S. 167-180.
– (1925), *Jakutskaja ssylka 70-80ch godow. Istoritscheskij otscherk po neiswestnym materialam*, Moskau.
Kucherov, Samuel (1953), *Courts, Lawyers and Trials under the Last Three Tsars*, New York.
– (1970), *The Organs of Soviet administration of Justice: Their History and Operation*, Leiden.
Kuczyński, Antoni (1972), *Syberyjskie szlaki*, Breslau.

Labbé, Paul (1904), *Les Russes en Extrême-Orient*, Paris.
Lafrêne, Edmond de (1989), »Syberyjski raport«, hg. v. Agata Tuszyńska, in: *Zeszyty Historyczne* 87, S. 45-66.
Lane, David (1975), *The Roots of Russian Communism*. *A Social and Historical Study of Russian Social Democracy 1898-1907*, Assen.
– (1980), *Politics and Society in the USSR*, New York.
Lasocki, Wacław (1933, 1937), *Wspomnienia z mojego życia*, 2 Bde., Krakau.
Lepecki, M.B. (1934), *Sybir bez przekleństw. Podróż do miejsc zesłania marszałka Piłsudskiego*, Warschau.
Łepkowski, Tadeusz (1972), *Piotr Wysocki*, Warschau.
Librowicz, Zygmunt (1884), *Polacy w Syberii*, Krakau.
Lipper, Elinor (1950), *Elf Jahre in sowjetischen Gefängnissen und Lagern*, Zürich.
Łukawsi, Zygmunt (1978), *Ludność polska w Rosji 1863-1914*, Breslau.
– (1981), *Historia Syberii*, Breslau.
Lure, G. (1934), »Jakutskaja ssylka w dewjanostyje i dewjatsotyje gody«, in: Braginskij, S. 174-207.
Majskij, W. (1907), »Charakteristika sowremennoj polititscheskoj ssylki w Tobolskoj Gubernii«, in: *Sibirskie Woprosy* 3, 16, S. 7-14.
Maksimow, S. (1899/1900), *Syberia i ciężkie roboty*, 3 Bde., Warschau.
Mamsik, Tamara S. (1983), »Ssylnyje religiosnyje protestanty w Sibiri w perwoj tschetwerti XIX w. (prawitelstwennaja politika)«, in: Gorjuschkin 1983, S. 177-197.
– (1985), »Chosjajstwo ssylnych dekabristow bratew Kuchelbekerow«, in: Gorjuschkin, S. 126-148.
Meschtscherskij, A.P. (1973), »Osobennosti, partijnyj sostaw polititscheskoj ssylki w Sibiri w konze XIX – natschalaXX weka«, in: *SRS*, Lfg 1, S. 125-143.
Mężyński, Leonard (1910), *Wspomnienia z powstania styczniowego i sybirskiej katorgi, 1863-1869*, Tarnopol.
– (1916), »Pochód na Sybir«, in: Oppman, S. 35-62.
Michowicz, Janina (1971), »Zastosowanie kar głównych wobec uczestników powstania styczniowego«, in: *Rocznik Łódzki* 15, S. 217-242.
Morosowa, Olga P. (1975), *Polskij rewoljuzioner-demokrat Bronisław Schwarze*, Moskau.
Mowrer, Lilian T. (1941), *Arrest and Exile. The True Story of an American Woman in Poland and Siberia 1940-41*, New York.
Nikolajewskij, N. (1898), *Tjurma i ssylka. Otscherki polititscheskoj i religiosnoj ssylki*, Moskau.
Nowosiński, Stanisław (Pseudonym: Zawierucha) (1932), »Z czasów rewolucji 1905 r. i późniejszych walk o niepodległość Polski«, in: *Niepodległość* 6, S. 64-81, 240-255.
Ogorodnikow, Paweł (1986), *Dziennik Więźnia 1862-1863*, hg. v. W. Djakow u. J. Stackelberg, Warschau.
Okladnikow, A.P. (Hg.) (1968/69), *Istorija Sibirii s drewnejschich wremjon do naschich dnej*, Leningrad.
Oppman, A. (Hg.) (1916), *Etapami na Syberię. Obrazy i wspomnienia*, Warschau.
Orzechowska, Elżbieta (1986), »Na syberyjskim wygnaniu«, in: *Tygodnik Powszechny* 4, S. 4.
Ossendowski, Antoni F. (o.J.), *Dzieje burzliwego okresu. (Od szczytu do otchłani)*, Posen.
Pantelejew, Longon F. (1910), »Is proschlogo polskoj ssylki w Sibiri«, in: *Sibirskie Woprosy* 6, 5, S. 4-18.
Perrot, Michelle (Hg.) (1980), *Impossible prison. Recherches sur le système pénitentiaire au XIXe siècle réunies*, Paris.

Petit, Jacques G. (Hg.) (1984), *La Prison, le Bagne et l'Histoire*, Genève.

Plichta-Pólkozic, Stanisław (1911), *Pamiętnik z czasów 1863-1872. Opowiadanie*, Warschau.

Poljakow, M. (1928),»Wospominanija o kolymskoj ssylke«, in: *KiS* 45/46, S. 158-172; 47, S. 113-122.

Przed 60-ciu laty. Pamiętnik, Nationalbibliothek Warschau, Nr. II. 8827.

Raeff, Marc (1956), *Siberia and the Reforms of 1822*, Seattle 1956.

– (1982), *Comprendre l'ancien régime russe. État et société en Russie impériale. Essai d'interpretation*, Paris.

Roemer, Michał J. (1839-44), *Dziennik Michała Józefa Roemera*, 3 Bde., Ms. Nationalbibliothek Warschau, Nr. III. 8689.

Roschtschewskaja, L.P. (1978),»Sapadnosibirskaja polititscheskaja ssylka w period reakzji 80-ch godow XIX weka«, in: Gorjuschkin, S. 141-159.

Rossi, Jacques (1987), *Sprawotschnik po Gulagu. Istoritscheskij slowar sowetskich penitenzjarnych instituzji i terminow, swjasannych s prinuditelnym trudom*, London.

Rude, Georg (1978), *Protest and Punishment. The Story of the Social and Political Protesters Transported to Australia, 1788-1868*, Oxford.

Salomon, Alexander P. (1900), *Ssylka w Sibir. Otscherk jejo istorii i sowremennogo poloshenja. Dla wysotschajsche utschreshdennoj Kommisji o meroprijatijach po otmene ssylki*, St. Petersburg.

Schtscherbakow, N.N. (1973),»Tschislennost i sostaw polititscheskich ssyl'nych Sibiri, 1907-1917 godow«, in: *SRS*, Lfg. 1, S. 199-242.

Semenowskij, Wassilij (1848), *Robotschie na sibirskich solotych promyslach.Istoritscheskoje issledowanie*, 2 Bde., St. Petersburg.

Semjonow, Juri (1937), *Die Eroberung Sibiriens. Ein Epos menschlicher Leidenschaften. Der Roman des Landes*, Berlin.

Semprun, Jorge (1981), *Was für ein schöner Sonntag!*, Frankfurt/M.

Setsch, Alexander (1904),»Sachalin kak kolonija«, in: *Russkaja Mysl* 5, Nr. 9, S. 1-19.

Shifrin, Avraham (1977), *Das Verhör. Die Arbeitslager in der UdSSR*, Uhldingen.

– (1980), *UdSSR. Reiseführer durch Gefängnisse und Konzentrationslager in der Sowjetunion*, Uhldingen.

Siwiński, Jan (1905), *Katorżnik, czyli pamiętniki Sybiraka*, Krakau.

Skok, Henryk (1975), *Polacy nad Bajkałem, 1863-1883*, Warschau.

Śliwoska, Wiktoria (1987),»Pierwsze organizacje pomocy dla więźniów i zesłańców syberyjskich w zaborze rosyjskim (ośrodek wołyńskopodolski pod patronatem Ksawery Grocholskiej i Róży Sobańskiej), in: *Przeglad Historyczny* 78, H. 3, S. 411-449.

Solonjewitsch, Iwan (1938), *Rosja w obozie koncentracyjnym*, Lemberg.

Statschinskij, A. (1922),»Otscherki tjuremnogo byta«, in: *KiS* 4, S. 17-33.

Sutherland, Edwin H. (1939), *Principles of Criminology*, Chicago.

Swianiewicz, Stanisław (1985), *Forced Labor and Economic Development: An Enquiry into the Experience of Soviet Industrialisation*, Westpoint.

Świętorzecki, Apolinary (1916),»Ze wspomnień wygnańca«, in: Oppman.

Szostakowicz, Boleslaw S. (1973),»Poljaki – polititscheskije ssylnyje konca 70-ch natschala 90-godow XIX weka w Sibiri«, in: *SRS*, Lfg. 1, S. 52-124.

– (1979),»K istorii polskoj polititscheskoj ssylki w Sibir w 1890-e gody«, in: *SRS*, Lfg. 3, S. 38-55.

Taganzew, Nikolai S. (1887-92), *Lekcji po russkomu ugolownomu prawu*, 4 Bde., St. Petersburg.

Teterin, N.J. (1924),»Suchaja gilotina«, in: *KiS* 10, S. 178-195.

Thesby de Belcour, François Auguste (1776), *Relation ou Journal d'un officier français au service de la confédération de Pologne, pris par les Russes et relégué en Sibérie*, Amsterdam.

Tokarzewski, Szymon (1907), *Siedem lat katorgi. Pamiętniki, 1846-1857*, 3 Bde., Warschau.

– (o.J.), *Pośród cywilnie umarłych. Obrazki z życia Polaków na Syberii*, Warschau.

Tolstoj, Lew ([um] 1900), *Sa tschto? Rasskas is wremjon polskich wosstanij*, Moskau.

Trachtenberg, W.F. (1908), *Blatnaja musika.»Shargon« tjurmy*, hg. v. J. Beaudouin de Courtenay, St. Petersburg.

Troizkij, Nikolaj A. (1978), *Besumstwo chrabrych. Russkie rewoluzionery i karatelnaja politika zarisma, 1866-1882 godow*, Moskau.

Tschechow, Anton (1962), *Sachalin*, in: Werke, Bd. 9, Warschau, S. 5-213.

Tscherkunow, A.N. (1926),»Shisn polititscheskoj ssylki i tjurmy po perechwatschennym pismam«, in: *KiS* 26, S. 171-185.

Wasilewskij u.a. (Hg.) (1988), *Istoriografija i istotschniki isutschenija istoritscheskogo opyta oswojenija Sibiri, Lfg. 1 Dosowetskij period. Tesisy dokladow i soobtschenija Wsesojusnoj nautschnoj konferenzii (15-17. Nojabrja 1988 g.)*, Nowosibirsk.

Wasiltschenko, S. (1921),»Po padjam Sabajkala«, in: *KiS* 2, S. 59-73.

Wielhorski, Zygmunt (Pseudonym: Kierdej) (1873), *Wspomnienia z wygnania*, Posen.

Wilkow, Oleg (Hg.) (1974/1978), *Goroda Sibiri*, 2 Bde., Nowosibirsk.

– (1983),»Promyslowo-promyschlennoje oswojenie Sibiri krestjanami w konce XVI – natschala XVIII weka«, in: *Woprosy Istorii* 1, S. 23-39.

Wischnewezkij [o. Vorname] (1930),»Jenissejskaja ssylka w 1878-1893 godach. W etape«, in: *KiS* 8/9, S. 157-175.

Wischnewskij, N. (1924),»Is istorii tjuremnych wospominanij semidesjatnika«, in: *KiS* 11, S. 212-219.

Witaschewskij, N. (1914),»Na Kare«, in: *Golos Minuwschego*, Bd. 2, Nr. 8, S. 110-147.

Wolicki, Konstanty (1876), *Wspomnienia z czasów pobytu w Cytadeli Warszawskiej i na Syberii*, Lemberg.

Yaney, George L. (1973), *The Systematization of Russian Government. Social Evolution in the Domestic Administration of Imperial Russia, 1711-1905*, Urbana-Chicago-London.

Zapalowski, Władysław (Pseudonym: Płomień) (1913), *Pamiętniki z roku 1863-1870*, 2 Bde., Wilna.

Zlotorzycka, M. (1936),»Polskie powstanie nad Bajkałem w 1866 r.«, in: *Niepodległość* 14, S. 161-197.

Żyskar, Józafat (Pseudonym: Ahasfer) (1929), *Tunka. Opowiadanie o wsi Tunka, gdzie było na zeslaniu 150 księży, oparte na wspomnieniach naocznych świadków i odnośnych dokumentach*, Warschau.

Abkürzungen

CGIAL	–	Centralnyj Gosudarstwennyj Istoritscheskij Archiw (St. Petersburg)
GSW	–	Gazeta Sądowa Warszawska
KiS	–	Katorga i Ssylka
SRS	–	Ssylnyje Rewoljuzionery w Sibirii

Register

Aus unserem Programm

Eric J. Hobsbawm
Das imperiale Zeitalter 1875-1914
1989. 459 Seiten, gebunden

Ein Zeitalter wird besichtigt. In diesem Werk stellt der – neben E.P. Thompson – wohl bekannteste englische Historiker die letzte Phase des »langen 19. Jahrhunderts« dar: die entscheidende Zeitspanne, die die moderne Welt geformt hat.

Eric J. Hobsbawm
Nationen und Nationalismus
Mythos und Realität seit 1780
1991. 239 Seiten

»Keineswegs soll die Macht nationaler Gefühle in der Welt von heute bestritten oder heruntergespielt werden, vor allem zu einer Zeit, da es den Anschein hat, als wäre Fremdenhaß in dieser oder jener Spielart in den meisten Regionen des Erdballs die vorherrschende Form der Volksideologie. Doch Symptome, auch wenn sie noch so heftig zu spüren sind, dürfen nicht mit einer Diagnose, Prognose oder Therapie verwechselt werden.«

Eric Hobsbawm

Campus Verlag • Frankfurt/New York

Kiyoshi Inoue
Geschichte Japans
1993. 692 Seiten gebunden

Die Geschichte Japans – mit den Augen eines Japaners gesehen: Bis heute gibt es in deutscher Sprache kein Buch, das die japanische Geschichte von den Anfängen bis zur Gegenwart umfassend behandelt. Diesem Mißstand hilft dieser Band auf exzellente Weise ab.

Felix Gilbert
Geschichte – Politik oder Kultur?
Rückblick auf einen klassischen Konflikt
1992. 101 Seiten

Was verbirgt sich hinter dem, was wir Geschichte nennen? Berichtet sie von vergangener Politik oder von vergangener Kultur? Und welche der beiden »Realitäten« hat das menschliche Leben in der Vergangenheit stärker geprägt?

Die großen Historiker Leopold von Ranke und Jacob Burckhardt haben jene beiden Konzepte, das der politischen und das der Kulturgeschichte, idealtypisch entwickelt.

Das Verbindende der beiden Werke liegt in der gemeinsamen Verpflichtung auf Universalgeschichte, die freilich für beide identisch ist mit europäischer Geschichte. Es ist dieses Europa als lebendiger kultureller Zusammenhang, das zu immer neuer Aktualisierung verpflichtend auf uns gekommen ist: Geschichte als reflektierter Bezug zu überlieferten Werten.

Campus Verlag • Frankfurt/New York